公認心理師/臨床心理士/指定大学院受験対策

心理学
キーワード&
キーパーソン事典

第2版

心理学専門校ファイブアカデミー［著］

ナツメ社

はじめに

　2017年にわが国初の心理職の国家資格である公認心理師について定めた公認心理師法が施行されました。この国家資格制度により、一定の資質を有するこころの専門家が、人びとのこころの健康の保持増進に寄与することが望まれます。そして、今後は公認心理師試験を受験しようとする方が増えてくるでしょう。

　公認心理師試験では出題基準が定められています。その基本的な考え方としては、公認心理師としての業務を行うために必要な知識や技能の到達度の確認をねらいとしています。つまり、公認心理師試験に合格するためには、心理に関する支援者として、臨床心理学だけでなく、基礎心理学や医学、業務に関連する法制度などについての幅広い知識が求められています。

　本書は、公認心理師試験を受験するにあたって、押さえておかなければならない重要キーワード及びキーパーソンについて、ブループリントやこれまでの試験問題を踏まえて紙幅の許す限り盛り込み、平易な言葉でまとめて解説しています。また、補足説明やイラストも加えて、キーワードについての理解が深まるように工夫されています。試験に合格するためには、まずは知識のインプットが重要です。本書を学習の起点として内容を精読されてもよいですし、タイトル通り「キーワード事典」として使用されてもよいでしょう。また、公認心理師試験だけでなく、臨床心理士資格試験や臨床心理士指定大学院受験等にも対応可能だと考えております。

　本書が、こころの専門家を目指し、この本を手にしてくださった方がたへの一助となれば幸いです。

　　　　　　　　　　　　　心理学専門校ファイブアカデミー

公認心理師試験・臨床心理士試験・指定大学院受験対策
心理学キーワード&キーパーソン事典

Contents

はじめに ……………………………… 3
本書の使い方 ………………………… 8

第1章 公認心理師としての職責
01 公認心理師 ………………………… 10
02 倫理 ………………………………… 14
03 訓練 ………………………………… 16

第2章 基礎心理学(統計)
01 研究法 ……………………………… 20
02 心理統計 …………………………… 32

第3章 基礎心理学(統計以外)
01 心理学史 …………………………… 48
02 知覚・認知 ………………………… 54
03 学習 ………………………………… 88
04 動機づけ・情動 …………………… 100

05 人格 ……………………………… 114
06 脳・神経系 …………………… 122
07 社会心理学 …………………… 138
08 発達心理学 …………………… 172

第4章 心理アセスメント

01 心理アセスメント …………………… 214
02 質問紙法検査 ………………………… 220
03 投映法検査 …………………………… 226
04 描画法 ………………………………… 230
05 作業検査法・神経心理学的検査 …… 234
06 知能検査・発達検査 ………………… 240
07 認知症検査 …………………………… 246

第5章 心理支援

01 精神分析的心理療法 ………………… 250
02 分析心理学 …………………………… 258
03 個人心理学・新フロイト派 ………… 262
04 自我心理学派 ………………………… 264
05 対象関係論・日本の精神分析理論
 ……………………………………………… 272
06 行動療法 ……………………………… 278

005

07 認知行動療法 ……………………… 286
08 人間性心理学 ……………………… 292
09 家族療法 …………………………… 298
10 東洋的心理療法 …………………… 304
11 遊戯療法 …………………………… 306
12 統合的心理療法 …………………… 310
13 集団療法 …………………………… 312
14 コミュニティ心理学 ……………… 316
15 その他の心理支援キーワード …… 322

第6章 精神疾患とその治療

01 身体疾患 …………………………… 326
02 ストレス理論 ……………………… 336
03 診断基準 …………………………… 342
04 神経発達症群・子どもの問題行動
　………………………………………… 344
05 統合失調症・双極症・うつ病 …… 350
06 不安症群・強迫症 ………………… 352
07 心的外傷後ストレス症・解離症群
　………………………………………… 356

08 身体症状が関わる精神疾患 ……… 360
09 摂食症群 …………………………… 364
10 睡眠・覚醒障害群 ………………… 366

11 依存症 ………………………… 368
12 神経認知障害群 ………………… 370
13 パーソナリティ症群 …………… 374
14 薬理作用 ………………………… 378

第7章 関係行政論

01 保健医療 ………………………… 386
02 福祉（児童）…………………… 394
03 福祉（障害者）………………… 402
04 福祉（高齢者）………………… 410
05 教育 ……………………………… 414
06 司法・犯罪 ……………………… 420
07 産業・労働 ……………………… 426

第8章 最重要キーパーソン

基礎心理学 ………………………… 438
臨床心理学 ………………………… 449

さくいん …………………………… 466
おもな参考文献 …………………… 479

007

本書の使い方

本書は公認心理師・臨床心理士資格試験及び臨床心理士指定大学院の合格に必要な知識を、効率的に得られるように、重要なキーワードについてまとめています。持ち歩きに便利な携帯サイズの学習ツールですので、通勤・通学電車の中や仕事の休憩時間などを利用して学習に役立ててください。

■重要度

各用語について★マークで重要度の高さを表しています。重要度の内容が右記の通りです。

> ★★★─最重要用語です。必ず理解しておきましょう。
> ★★─試験に出やすい用語なので、確認しておきましょう。
> ★─比較的重要な用語です。

■当該項目の内容

項目内で学習することを解説しています。重要な解説の部分は文字の色が変わっていますので、キーワードとともにしっかり理解しましょう。

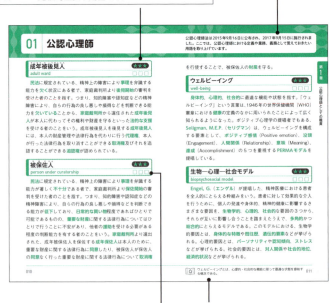

■チェックマーク

キーワードの内容が理解できたか、覚えることができたかを確認するときに使用できます。使い方は自由ですので、活用してみてください。

■一問一答

学習したキーワードをどのくらい理解しているのかすぐに確認できるように、問題を用意しています。解答は次のページにあるので挑戦してみましょう。

第1章

公認心理師としての職責

- 01 公認心理師 …………………… 10
- 02 倫理 …………………………… 14
- 03 訓練 …………………………… 16

01 公認心理師

成年被後見人 ★★★
adult ward

　民法に規定されている、精神上の障害により事理を弁識する能力を欠く状況にある者で、家庭裁判所より後見開始の審判を受けた者のことを指す。つまり、知的障害や認知症などの精神障害により、自らの行為の良し悪しや損得などを判断できる能力を欠いていることから、家庭裁判所から選任された成年後見人が本人に代わってその権利や財産を守るといった法的な支援を受ける者のことをいう。成年被後見人を後見する成年後見人には、本人の財産管理や法律行為を代わりに行う代理権、本人が行った法律行為を取り消すことができる取消権及びそれを追認することができる追認権が認められている。

被保佐人 ★★★
person under curatorship

　民法に規定されている、精神上の障害により事理を弁識する能力が著しく不十分である者で、家庭裁判所より保佐開始の審判を受けた者のことを指す。つまり、知的障害や認知症などの精神障害により、自らの行為の良し悪しや損得などを判断できる能力が低下しており、日常的な買い物程度であればひとりで可能であるものの、重要な財産に関する法律行為についてはひとりで行うことに不安があり、他者の援助を受ける必要がある程度の判断能力を有する者のことをいう。家庭裁判所より選出された、成年被保佐人を保佐する成年保佐人は本人のために、重要な財産に関する法律行為に同意したり、被保佐人が保佐人の同意なく行った重要な財産に関する法律行為について取消権

公認心理師法は2015年9月16日に公布され、2017年9月15日に施行されました。ここでは、公認心理師における定義や業務、義務として覚えておきたい用語を取り上げています。

を行使することで、被保佐人の**財産**を守る。

ウェルビーイング ★★★
well-being

身体的、**心理的**、**社会的**に最適な機能や状態を指す。「ウェルビーイング」という言葉は、1946年の世界保健機関（WHO）憲章における**健康**の定義のなかに用いられたことによって広く知られるようになった。ポジティブ心理学の提唱者でもある、**Seligman, M.E.P.（セリグマン）**は、ウェルビーイングを構成する要素として、**ポジティブ感情**（Positive emotion）、**没頭**（Engagement）、**人間関係**（Relationship）、**意味**（Meaning）、**達成**（Accomplishment）の5つを重視する**PERMAモデル**を提唱している。

生物―心理―社会モデル ★★★
biopsychosocial model

Engel, G.（エンゲル）が提唱した、精神医療における患者を全人的にとらえる枠組みをいう。患者に対して効果的な介入を行うために、個人の発達や身体的、精神的健康に影響するさまざまな要因を、**生物学的**、**心理的**、**社会的**な要因の3つから、それらが互いに影響し合うことを踏まえたうえで、**多角的**かつ**総合的**にとらえるモデルである。このモデルにおける、生物学的要因とは、**身体的な特徴**や**既往歴**、**遺伝的要素**などが挙げられる。心理的要因とは、**パーソナリティ**や**認知傾向**、**ストレス**などが挙げられる。社会的要因とは、**対人関係**や**社会的地位**、**経済的状況**などが挙げられる。

第1章 公認心理師としての職責

Q ウェルビーイングとは、心理的・社会的な機能に限って最適な状態を意味する概念である。

また、このモデルにおいて重要なことは、各要因に関する専門家が各自の領域に**特化した支援**を行うだけでなく、それぞれが他の要因とのつながりを考慮しながら、支援を行っていくことで専門家同士の**建設的な連携**が可能となることである。

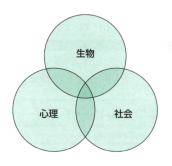

科学者—実践家モデル ★★★
Scientist-Practitioner model

1949年にコロラド州で開催された**ボルダー会議**において提唱された**心理臨床家**の教育モデルである。この会議において心理臨床家とは、心理学研究者としての**科学性**と、心理臨床家としての**実践性**を併せもつ者とされる。つまり、クライエントの心に触れる心理臨床家には、**高い専門性**が求められ、学会等に臨床データを提出する能力がある**研究者**であると同時に、アセスメントと治療に関する最新の**研究知見**を実践に適用し、**臨床的介入**の適正な評価が可能な**実践家**であることが期待される。このモデルは、**心理臨床家**の成長を促す考え方として、浸透しつつある。

エビデンス・ベースド・アプローチ／ナラティブ・ベースド・アプローチ ★★★
evidence based approach / narrative based approach

エビデンス・ベースド・アプローチとは、**科学的根拠（エビデンス）**に基づいた心理臨床実践を指す。これまでの心理臨床実践に対する、心理臨床家の**勘**や**経験**、各自が依拠する**学派の理論**に頼りすぎているといった批判や、**社会的責任**の遂行から発展してきた。エビデンス・ベースド・アプローチの例として、

×：ウェルビーイングとは、心理的・社会的に限らず、身体的にも最適な機能や状態を指す。

ランダム化比較試験やメタ分析などの研究方法によって効果が確認された介入方法の適用が挙げられる。

ナラティブ・ベースド・アプローチとは、クライエントの語り（ナラティブ）の物語性に着目した心理臨床実践を指す。語りには、語り手であるクライエントの現実を構成する生成機能があり、それによって自らの経験が組織化されたり、意味づけがなされる。心理臨床場面は、クライエントが自身についての物語を語ることで、経験に意味を見出し、自分自身の心のなかに収める場ともいえることから、多くの心理臨床家がクライエントのナラティブに関心を寄せるようになってきた。ナラティブ・ベースド・アプローチの例としては、クライエントの語る物語を、クライエント自身が再構築して新たな物語をつくることで問題解決を図るナラティブ・セラピーが挙げられる。

ラポール ★★☆
rapport

カウンセリングや心理療法において、セラピストとクライエントの間に存在する信頼関係をいう。ラポールが形成されると、クライエントはセラピストに対して、安心して自分の感情を表現したり、自由にふるまうようになる。心理支援が効果的に行われるためには、ラポールの形成が不可欠である。

ラポールの形成には、セラピストはクライエントに対して自己一致・無条件の肯定的受容・共感的理解といった、クライエント中心療法におけるセラピストの三条件の態度で臨むことが重要である。

> セラピストの三条件は、重要ですから押さえておきましょう。

Q. 1949年のボルダー会議で提唱された心理臨床家の教育モデルは、エビデンス－ナラティブ・ベースドモデルである。

02 倫理

守秘義務 ★★★
duty of confidentiality

　業務のなかで得られた個人の秘密を**本人の同意なく、第三者に開示**してはならないことである。クライエントとの**信頼関係**を築くために重要であり、心理臨床家として最も**基本的な義務**のひとつである。しかし、それは**絶対的**なものではなく、クライエントに**自傷他害**の恐れがある場合や、**法律上の義務**として開示する必要がある場合などは、**例外的状況**であるとされる。

　ただし、これらの事態が起こった場合でも**クライエントの同意**を得たうえで開示を行うことが望ましい。そのため、あらかじめクライエントに守秘義務と情報開示について**インフォームド・コンセント**を行っておくべきである。

2つの倫理原則について、どちらかを守ろうとすると、どちらかが守れなくなることから葛藤がもたらされる状態を倫理的ジレンマといいます。

インフォームド・コンセント ★★★
informed consent

　クライエントが十分な説明を受けたうえで同意することを指す。インフォームド・コンセントは、セラピスト―クライエント関係の開始時における、口頭や書面での説明への同意で終わるのではなく、関係の最初から最後までの**プロセス全体**のなかで**継続的**に行われるものである。その際に、説明する側が注意すべき点としては、①クライエントが理解できるように**平易な言葉**で説明したり、内容の**提示の仕方**について配慮し、**質問の**

×：1949年のボルダー会議で提唱された心理臨床家の教育モデルは、科学者―実践家モデルである。

職業倫理とは、ある特定の職業集団が自らによって定めた、専門家としてそれぞれに課される行動の規範を指します。ここでは公認心理師の職業倫理として重要な守秘義務や多重関係などについて取り上げます。

場を保障すること、②2つ以上の選択肢が提示されていること、③一度同意をし、途中で同意を撤回する場合においても不利益を被らないことなどが挙げられる。

多重関係 ★★★
multiple relationships

セラピストとクライエントが、職業的契約関係以外の関係をもつ、あるいは過去にもっていたことを指す。セラピストとクライエントが恋人関係になるといった例が挙げられる。心理臨床において多重関係は望ましくないとされている。

その理由として、①セラピストがクライエントの秘密を知ることによって優位な立場になり、セラピスト自らの利を図ることがないようするため、②ときにはクライエントと対決しなければならない場合もあるが、友人や親密な関係であるとそれができにくくなってしまうため、③カウンセリングで話した内容が他の場面に漏れるかもしれないといった心配から、クライエントが自己開示しにくくなってしまう恐れがあるためなどが挙げられる。多重関係を回避することにより、セラピストとクライエントの双方を守り、カウンセリングの効果を保障する。

心理臨床家は、クライエントに対して、個人的な会食や贈り物の授受などの個人的関係に発展する期待を抱かせるような言動は慎まなければなりません。

Q 守秘義務はいかなる理由があろうとも守らなければならない、絶対的なものである。

03 訓練

共感疲労
compassion fatigue

Figley, C.R.（フィグレイ）が提唱した、援助者がクライエントの苦痛や不安などの**ネガティブな感情**に共感することで、**身体的、心理的**に疲弊することをいう。もともとは、外傷的な体験をした人たちに関わることによって生じるストレスを「**二次的外傷性ストレス**」と呼んでいた。現在ではストレスを感じる側の立場に立った概念として、**共感疲労**と呼ばれている。特に、**グリーフケア**や**トラウマケア**では、援助者がクライエントの苦しみを自分自身のことのように感じるあまりにストレスが生じ、**共感疲労**が起こりやすいとされる。

その一方で、援助者がこのような職業上の強いストレスに曝されながらも、**満足感**をもって支援をしている状態をStamm, B.H.（スタム）は**共感満足**と呼んだ。

感情労働
emotional labor

社会学者のHochschild, A.R.（ホックシールド）が提唱した、肉体労働、頭脳労働に続く第三の労働形態であり、労働者自身の感情を**コントロールする**ことが求められる労働をいう。感情労働では、自分の**感情状態**にかかわらず、必要に応じて、自分の本来の感情を**押し殺し**、職業的に**適切な態度**をとることが求められる。感情労働を行う職業としては、顧客や利用者に**満足感**を与えることが職務である客室乗務員やコールセンターのオペレーターなどの接客業やサービス業、相手がこちらの要求に応えるように**恐怖**を与える借金の取立人などが当てはまる。

×：法律上の義務がある場合など、正当な理由がある場合は、情報を開示することもある。

> 心理臨床家としての訓練は資格取得で終わらず、生涯続く継続学習を通じて職業的成長のために必要なことです。ここではスーパービジョンや教育分析などを取り上げています。

Hochschild, A.R.（ホックシールド）は、感情労働者があまりにも**献身的**に職務に従事しすぎることで**燃え尽きてしまう**危険性を指摘している。

燃え尽き症候群
burnout syndrome

それまで**熱心に仕事に打ち込んでいた人**が、突然燃え尽きたかのように意欲を失い、**心身の不調**を抱える現象をいう。Freudenberger, H.（フロイデンバーガー）によって提唱された。**バーンアウト**とも呼ばれる。看護師や教師をはじめとした**対人援助職者**に多いとされ、長期にわたる援助活動によって**心的エネルギーの消耗**や**感情の枯渇**をきたし、クライエントの人格を無視するような対応や達成感の低下などがみられる。**真面目**な人や、仕事以外の**趣味**がない人、また周囲からのサポートを受けられない人がより陥りやすいといわれている。

スーパービジョン
supervision

カウンセリングや心理療法において、知識や経験の浅いセラピストである**スーパーバイジー**が自分の担当する**事例**について、より知識や経験の熟達したセラピストである**スーパーバイザー**に報告し、適切な援助の方向づけを得るための**指導**や**助言**を受けることである。スーパービジョンは、原則としてカウンセリングの進行と**並行**して行われる。

> スーパービジョンは頻出問題です。

Q 初心者の場合、スーパービジョンを受ける頻度は少なくして、自分で技法を工夫することが大切である。

スーパービジョンには、①スーパーバイジーの専門家としての知識や技能の向上を促すための**教育的機能**、②スーパーバイジーの業務を監督し、調整するといった**管理的機能**、③スーパーバイジーを精神的に支えたり、自己理解の一助となる**支持的機能**があるとされる。また、形態によって、スーパーバイザーとスーパーバイジーが一対一で行う**個人スーパービジョン**、スーパーバイザーとスーパーバイジーが一対一でスーパービジョンしているところを他のスーパーバイジーが観察するグループ・スーパービジョンなどがある。

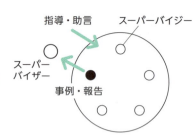

教育分析
training analysis

精神分析家になるために心理臨床家が受ける精神分析のことである。教育分析は、精神分析家が分析治療の妨げとなる可能性のある自分自身の**無意識**に抑圧されている**葛藤**や**問題**をよく理解するために行う。また、心理臨床家が精神分析を受けることは、同時に**精神分析療法**を体得することにもつながる。その他に、心理臨床家が**自己理解**を深める方法としては、自分が担当しているケースについて指導を受ける**スーパービジョン**がある。

> 教育分析によって、心理臨床家はクライエントの気持ちを体験的に理解できることから、自分自身を知るとともに、その意義は大きいとされます。

×：初心者ほど積極的にスーパービジョンを受けるべきであるとされる。

第2章

基礎心理学（統計）

01 研究法 …………………………… 20
02 心理統計 ………………………… 32

01 研究法

観察法
observational method ★★★

　人間や動物の行動を**自然**あるいは**人為的**な状況のもとで観察、記録し、分析することで、観察対象の行動の**質的、量的な特徴**やその**法則性**を解明する方法である。種類としては、**自然観察法、実験的観察法**がある。自然観察法は、人為的な操作を加えずに、観察対象の**ありのまま**を観察する方法である。実験的観察法は、研究目的に合わせて、**人為的**に状況を**操作する**ことでそこで生じた行動を観察する方法である。

　観察法の長所とは、**乳幼児**や**動物**などの言語報告による情報収集がむずかしい対象にも適用可能なことや、**日常的**な状況での行動観察の場合、その結果が日常生活における対象のありようを反映している程度である**生態学的妥当性**が高いことが挙げられる。その一方で、記録や評価が観察者の**主観**の影響を受けやすいことや、**実験的**な状況での行動観察の場合、その**生態学的妥当性**が低い恐れがあることなどが挙げられる。

行動目録法
behavior inventories ★★☆

　観察法で用いられる記録方法のひとつである。**カテゴリー・チェック法**とも呼ばれる。観察場面で起こりそうな行動や観察したい行動のカテゴリーリストを**事前**に作成しておき、観察場面で該当行動が生じるたびに**チェック**していく。全観察時間内における各カテゴリーの**生起頻度**を数えることで、数量的な分析に用いることも可能であるため、**時間見本法**でよく用いられる。また、行動目録法は、ある程度明確な**仮説**が設定されてい

ここでは、心理学の研究方法としてもアセスメント方法としても重要な観察法や面接法、研究法として重要な実験法、臨床心理学で用いられることの多い事例研究法といったさまざまな研究方法について取り上げています。

る場合に用いられ、仮説に沿って**適切なカテゴリーリスト**を作成することが重要である。

評定尺度法
rating scale method ★★★

観察法で用いられる記録方法のひとつである。観察対象の行動について、あらかじめ設定されたいくつかの**評価次元**に沿って評定していく方法である。例えば、ある子どもの算数の授業における授業態度について、「非常に消極的」から「非常に積極的」や、「非常に退屈」から「非常に楽しい」などの5段階でそれぞれ評定するといったことが挙げられる。評定尺度法は、評定者の**主観**の影響を受けやすいという限界があるため、**複数の評定者**がそれぞれ独立に評定を行うことで、その**信頼性**を確認したり、評定の**平均値**を評定値としたりなどの手続きが求められる。

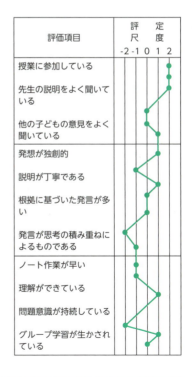

行動描写法とは、観察場面で起こりそうな行動カテゴリーリストを事前に作成し、観察場面でその行動が生じるたびにチェックする方法である。

行動描写法

specimen records method

　観察法で用いられる記録方法のひとつである。観察状況下で生起した観察対象の**すべての行動**を、**時間の流れ**に沿ってその詳細を描写する方法である。観察対象の行動や出来事が生起した**自然な流れ**が把握しやすく、また行動や出来事を詳細に記録しているため、その後の**再検討**が可能であるという長所がある。その反面、記録に**手間**がかかったり、**不要なデータ**も記述されうるため、その**整理や分析**がむずかしいという短所がある。

面接法

interview method

　比較的**自由**で**制限の少ない**状況下において、被面接者と対面して話し合い、同時にその**非言語的な表現**も観察することで、情報を収集しようとする方法である。種類としては、**構造化面接**、**非構造化面接**、**半構造化面接**がある。構造化面接は、質問内容やその提示順序があらかじめ**設定されている**方法である。構造化面接は、面接の**信頼性**は高いが、質問内容への説明を行うことができないため、被面接者が質問内容を誤解する恐れがあり、面接の**妥当性**に問題が生じる場合がある。非構造化面接は、被面接者に**自由**に語ってもらう方法である。非構造化面接は、質問内容への説明を行うことができることから、被面接者の質問内容への誤解が避けられるため、面接の**妥当性**は高い。しかし、面接の進め方が面接者の技量に負うところが大きく、**信頼性**に問題が生じる場合がある。半構造化面接は、質問内容はおおむね決まっているが、提示順序や尋ね方は被面接者との対

構造化面接、非構造化面接、半構造化面接の違いを把握しておきましょう。

×：行動目録法（カテゴリー・チェック法）である。

話の流れで**変えること**が可能であり、**構造化面接**と**非構造化面接**の長所を兼ね備えた方法である。

構造化面接
structured interview ★★★

面接法において、あらかじめ質問項目や回答形式を**設定した**かたちで行う方法をいう。事前に質問が準備されており、対象者や面接状況に応じてそれらを**変化させる**ことはない。そのため、**複数**の面接者がいる場合などでは、それぞれの面接内容の**一致**を図る目的から用いられる。ただし質問内容への説明を行うことができないため、対象者が質問内容を**誤解する**恐れがある。

非構造化面接
unstructured interview ★★★

面接法において、質問項目や回答形式を事前に**設定しない**かたちで行う方法をいう。**話の流れ**に応じて面接者が**臨機応変**に質問や説明を行い、対象者が自ずと**語るような面接**がなされる。「面接」というより「**語り合い**」であり、形式的な面接では引き出すことができない、より**生き生きとした語り**を得ることができる。

Q 面接法において、質問項目や回答形式を事前に設定せずに、話の流れに応じて面接者が臨機応変に質問を行うものを半構造化面接という。

半構造化面接
semi-structured interview

　面接法において、事前に質問項目や回答形式を**設定する**一方で、話の流れに応じて**臨機応変**に質問の**追加・変更**を行う方法をいう。対象者の**語り**に応じた面接の進行により、対象者の**語りに沿った情報**を得ることができ、また、**面接者の関心**に応じて、より**深い内容の語り**を引き出すこともできる。このような**柔軟性**こそが、半構造化面接の最大の利点であるといえる。

実験法
experimental method

　実験者が効果的な**実験デザイン**を計画し、意図的・計画的に**独立変数**を操作し、**従属変数**との因果関係について明らかにする方法である。独立変数とは、実験者によってあらかじめ設定される**条件**や**要因**をいう。従属変数とは、**独立変数**の影響を受けて変化するものを指す。例えば、ある心理療法の抑うつ低減効果を検証するために、心理療法を実施する群と、実施しない群（**統制群**）を設定する。このとき、心理療法は**独立変数**であり、抑うつの程度が**従属変数**である。また、実験参加者の年齢や性別、薬物療法の有無など、心理療法以外に抑うつの程度に影響を与える要因を**剰余変数**という。剰余変数はできるだけ**一定になるよう統制しておく必要**がある。もし各群の参加者に、これらの要因に差異が認められる場合、**交絡**が生じて心理療法の**効果**を捉えることができなくなる。

　また、心理療法の効果には**個人差**があるため、少数のデータでは**偏り**が生じる可能性がある。こうした偏りは、実験参加者の数、つまり**サンプルサイズ**を大きくすることによって少なくすることができる。

×：非構造化面接である。

カウンターバランス
counterbalancing

　実験法において**剰余変数**を統制する方法のひとつである。カウンターバランスは、実験参加者の**個人内変動**を統制するために用いられる。例えば、ある実験でA条件、B条件という2つの条件があり、すべての参加者が最初にA条件、次にB条件という順序で2つの条件を経験するとする。この場合、B条件の前にA条件を経験したという**順序の効果**が結果に影響する可能性がある。そのため、このような順序効果を**相殺する**ために、A条件の次にB条件を行うA→B順序条件、B条件の次にA条件を行うB→A順序条件を設定し、それぞれの順序条件について**同人数**の参加者を割り当てる。

プラセボ効果
placebo effect

　本来**効果のない偽薬**を処方しても、**暗示的な作用**が働くことによって、一定程度の**改善効果**が現れることをいう。新薬の効果検証ではプラセボ効果を**統制**するための手続きがなされる。**偽薬**に限らず、**心理的介入**や**手術**などによっても同様の効果が生じうるため、効果検証の際にはプラセボ効果を**統制**する必要がある。ただし、たとえプラセボ効果であっても、それによって症状が改善するに越したことはないということから、**積極的**にプラセボ効果を利用する考え方もある。

Q. 実験法において実験条件の順序効果を統制する方法としてカウンターバランスがある。

単一事例実験

single case experimental design

ひとりの人間、あるいは一匹の動物を対象とした実験デザインのことであり、**シングルケース実験**、**N＝1実験**とも呼ばれる。対象の**特殊性**により十分なサンプルサイズが確保できない場合、あるいは**個人内変数**の詳細な**時間的変化**をとらえたい場合に用いられる。単一事例実験では、ある**処遇**によって、**目的変数（従属変数）**がどのように**変化**するかを検証する。例えば、褒めるという処遇が、学習時間という目的変数へ及ぼす影響を検証する場合、そもそも褒めるという**処遇がない**場合に、対象が通常どの程度学習を行うかを測定しておく必要がある。このときの値を**ベースライン**と呼ぶ。褒めるという処遇により、学習時間が**ベースライン**よりも増加すれば、**処遇の効果**が実証されることになる。

こうしたベースラインと処遇後の差を検討する方法を**ABデザイン**と呼ぶが、これをさらに組み合わせた**ABAデザイン**、**ABABデザイン**、複数のベースラインを対象にする多重ベースラインデザインなどが用いられることもある。

■ABABデザインを用いた結果の例

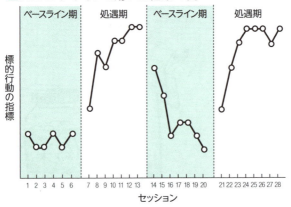

ディセプションとディブリーフィング ★★★
deception / debriefing

　研究の**目的**を参加者にあらかじめ知らせると、その結果に**歪み**が生じる恐れが予想されることがある。そのため、参加者に対して**別の目的**を偽って伝えることを**ディセプション**という。また、参加者に伝えられた別の目的を**カバーストーリー**という。

　その一方で、**研究倫理**として、研究者は参加者に**偽りの情報**を与えてはならない。そのため、実験や調査の終了後に、研究者は参加者に**本来の研究目的**を説明し、実験や調査の過程で生じた**疑念**や**ストレス**などを取り除く必要がある。

　このように、参加者に対して本当の**研究目的**を伝えることを**ディブリーフィング**という。その際、研究者は十分な時間をとって、研究の目的、仮説、社会的意義を説明するだけでなく、**なぜ偽って伝えなければならなかったのか**を参加者に理解してもらうことが重要である。

> 研究を行う際に必要な倫理的配慮について理解を深めておきましょう。

SD法 ★★★
semantic differential method

　明るい―暗い、重い―軽いなどのいくつかの**形容詞対**からなる数段階の評定尺度を用いて、ある対象への**イメージ**を評価する手法である。**Osgood, C.E.（オズグッド）**によって開発された。

　SDとはセマンティック・ディファレンシャル（semantic differential）のことで、**意味微分法**とも呼ばれる。

Q 研究目的を伝えることが結果に影響する恐れがある場合に、参加者に別の目的を偽って伝えることをディブリーフィングという。

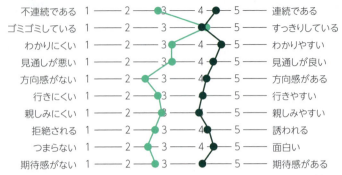

リッカート法

Likert scaling ★★★ ☐☐☐

Likert, R.（リッカート）によって開発された、**態度**を測定する手法である。リッカート法では、ある文章に対する**合意・非合意**や**評価の程度**について、いくつかの段階に区分された**評定尺度**を用いて測定する。

例えば、「勉強は役に立つ」という文章に対して、「4.とてもそう思う」「3.ややそう思う」「2.あまりそう思わない」「1.全くそう思わない」などのように、**数値**を付与した選択肢を設定する。リッカート法による測定値は、本来は**順序尺度**としてみなすべきであるが、実際には**間隔尺度**として扱われる場合が多い。

心理学の研究ではリッカート法による測定がよく用いられています。

×：ディセプションという。ディブリーフィングとは、研究の終了後に本当の研究目的を伝えることである。

質的研究

qualitative research

　おもに**言語データ**を扱い、分析やその結果も**言語**で記述される研究法を指す。臨床心理学において質的研究が求められる背景として、心理臨床の研究対象は、多くの変数が**複雑**に影響し合っていたり、**少数の事例**を扱うこともあるため統計処理がむずかしく、**量的研究**のみではそれらを検討することが困難なことが挙げられる。また、その特徴としては、**量的研究**では明らかになりにくい、対象者の**思考**や**心的力動**の過程を把握することに適していることや、対象者の**文脈**や**時間的な流れ**を切り離すことなくとらえることなどが挙げられる。特に**仮説生成**においてその有効性が発揮される。

　代表的な方法に、対象者の言動や出来事をその生起の**文脈**を重視し詳細に記述して考察する**事例研究法**や、対象者から得られる**データ**と研究者の**仮説**との対比を繰り返し、抽出された**概念**を関連づけて**ボトムアップ的**に理論を産出する**グラウンデッド・セオリー・アプローチ**などがある。

事例研究法

case study method

　事例研究法とは、**一事例**、あるいは**少数事例**に対する調査や観察などを通して、対象に関する詳細な**記述**や、**仮説生成**などを図る研究法である。多くの場合、統計的手法を用いる**仮説検証的研究**と**対比的**に論じられる。仮説検証的研究のように、研究者が何らかの変数を**選択的**に絞り込むのではなく、対象やその状況を**ありのままとらえる**ことに力点が置かれる。臨床心理学では、対象とする事例の**個別性**や**特殊性**に焦点を当て、より**精細な分析**、**考察**をもって、心理的な**問題解決**に寄与することを目的とする場合が多い。

Q 質的研究の方法として、事例研究法やクラスター分析がある。

KJ法
KJ method

川喜田二郎が創案した、**仮説生成**や新たな発想のための**データの整理・分類法**である。**観察**や**インタビュー**などによって得られたデータや、既存の**概念**や**理論**、さらには**ブレインストーミング**によって出された意見などを、それぞれ**カード**に記述していき、因果、対立、矛盾などの**カード間の関係**を考慮しながら**グループ**にまとめ、全体の構造を**図解**していく。一連の過程によって**全体の構造**がわかりやすくなるというだけでなく、新たな**視点**や**発想**が導かれるとされる。

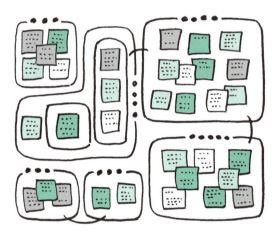

グラウンデッド・セオリー・アプローチ
grounded theory approach: GTA

質的研究において用いられる方法論のひとつである。インタビューやフィールドワークでの観察等で得られた**質的データ**に基づいて**ボトムアップ的**に理論を生成する研究法である。

グラウンデッド・セオリー・アプローチには、さまざまな手

×：クラスター分析は、量的研究の方法である。

続きが提唱されているが、共通するおおまかな手順としては、①データを適切なまとまりに区切って**ラベル**をつける、②似たもの同士のラベルをまとめて、**カテゴリー名**をつける、③データの**収集**と**分析**は交互に継続して行われ、新しいデータを収集する際はできるだけ多くの**概念**を見出せるようにデータを戦略的に収集する**理論的サンプリング**を行う、④理論的サンプリングを行っても、データから新たな**概念**が生成されない**理論的飽和**に至ったら、分析終了を検討するといったプロセスが挙げられる。

エスノグラフィー ★★★
ethnography

フィールドで生起する、研究対象である事象を詳細に記述する方法である。もともとは、**文化人類学**における未開の民族の文化や生活様式の調査に起源をもつ。

具体的には、フィールドへの**参与観察**やそのなかにいる人びとへの**インタビュー**を通じてデータを収集し、その分析や解釈を通して、事象の**構造**や**意味**を明らかにしていく。エスノグラフィーには、従来の研究が**客観性**や**数量化**を重んじて見落としがちだった、フィールドを**内側**から理解するための手続きによって、事象についての新たな理解が得られる利点があり、量的研究では把握できなかった**問題解決**や、**問題**とは認識されてこなかった課題を明らかにするための有効な手段となりうるとされている。

> Q グラウンデッド・セオリー・アプローチでは、インタビューや観察などで得られた質的データからトップダウン的に理論を生成する。

02 心理統計

推測統計と記述統計
inferential statistics / descriptive statistics

推測統計とは、ある集団の**一部**から得られたデータをもとに、その**集団全体**の特徴や傾向を**推測する**統計を指す。調査の対象となる集団全体のことを**母集団**といい、母集団から選ばれた調査対象者を**標本**という。標本は**無作為抽出**によって選ばれることが望ましい。一般的に、母集団は非常に**大きな集団**であるため、そのすべてを調査することがむずかしい。そのため**無作為抽出**によって標本を選び、そこから得られた**標本平均**や母集団の分散の推定値である**不偏分散**などの統計量を用いて、母平均や母分散を推定する。

記述統計とは、対象となる集団から得られた**データ**を整理、要約して、その特徴や傾向を**記述する**統計を指す。国勢調査や、ある小学校における児童の身長や体重の平均値や全体的な分布の程度を調べるといったことが例として挙げられる。

名義尺度
nominal scale

Stevens, S.S.（スティーヴンス）による測定尺度の4水準のひとつにあたる。名義尺度の数値は、単なる**記号**以上の意味をもたない。例えば、男性に1、女性に2を振り分けたとしても、その**大小関係**や**平均値**は、意味を有する値とはならない。同じカテゴリーに属する対象には、同じ数値が割り振られる。名義尺度の例としては、**性別**や**血液型**、野球の**背番**

A ×：グラウンデッド・セオリー・アプローチでは、質的データからボトムアップ的に理論を生成する。

号などが挙げられる。

順序尺度 ★★★
ordinal scale

Stevens, S.S.（スティーヴンス）による測定尺度の4水準のひとつにあたる。順序尺度においては、数値間の**順序、つまり大小関係のみ**が明らかであり、その間隔は必ずしも**等間隔ではない**。順序尺度の例としては、**成績**や徒競走の**順位**などが挙げられる。

間隔尺度 ★★★
interval scale

Stevens, S.S.（スティーヴンス）による測定尺度の4水準のひとつにあたる。間隔尺度においては、数値間が**等間隔**であることが保証されている。例えば、摂氏10度と20度の差は、20度と30度の差と同じである。**平均**をはじめとしたほとんどの統計量を計算することができる。ただし、0という数値が「**存在しない**」ことを意味しない、すなわち**原点**をもたないという性質を有する。

例えば、先の温度の例の場合、**摂氏0度**は温度が「**存在しない**」ことを意味せず、あくまでマイナスからプラスへの**通過点**にす

Q 間隔尺度は原点をもつことから、測定値の乗除の演算が可能である。

ぎない。間隔尺度の例としては、カレンダーの**日付**や**摂氏の温度**などが挙げられる。

比率尺度 ★★★
ratio scale

Stevens, S.S.（**スティーヴンス**）による測定尺度の4水準のひとつにあたる。比率尺度においては、数値間が**等間隔**であることが保証されているほか、「**存在しない**」ことを意味する0、すなわち**原点**が存在し、あらゆる統計量を計算することができる。**重さ**や**長さ**といった**物理的な数値**がこれに該当する。

比率尺度の例としては、**身長**、**体重**、**金額**などが挙げられる。

代表値 ★★★
measure of central tendency

データの分布の**特徴**を表す数値のことをいう。**平均値**や**中央値**、**最頻値**などが挙げられる。平均値とはn個の観測値の**総和**を**nで除した値**をいう。中央値はn個の観測値を**小さい順**に並べた場合の中央にある値である。最頻値は**最も頻度の高い観測値**のことを指す。各代表値は、それぞれの目的に応じて用いられる。

例えば、平均値は代表的な指標であり、他の統計量を算出する際にも使用されるが、**外れ値の影響**を受けやすいという性質がある。一方、中央値は平均値に比べて**外れ値の影響**を受けにくく、代替的にこの値を用いる場合もある。

> 平均値、中央値、最頻値の違いについて把握しておきましょう。

×：間隔尺度は原点をもたず、乗除の演算はできない。

分散
variance ★★★

　データのばらつきの程度を示す**散布度**であり、**偏差の２乗**の平均値である。データの分布は、**平均値**だけではどのように分布しているかがわからないため、**散布度**も併せて提示する場合が多い。

　個々のデータの値が**平均値**からどのくらいずれているかの指標を**偏差**という。しかし、**偏差**には**プラス**のものと**マイナス**のものがあり、それらを合計しても**0**になるため、散布度として利用することができない。そこで、偏差の２乗を合計して偏差のプラスマイナスの影響を取り除き、**データ数**で割ったものが**分散**である。

標準偏差
standard deviation; SD ★★★

　分散は、個々のデータの値を**２乗**しているため、**単位**がもとのデータとは異なる。例えば、もとのデータの**単位**がcmであれば、それを２乗しているためcm^2になってしまう。そこで、分散の**正の平方根**（$\sqrt{\ }$）をとることによって、**単位**を元に戻した指標が**標準偏差**である。**平均値**と**標準偏差**の値がわかれば、データ全体がどのような分布になっているかがある程度明らかになるため、**散布度**としてよく用いられている。

正規分布
normal distribution ★★★

　平均値を中心に**左右対称**の釣鐘型の分布をいう。**平均値**と**最頻値**と**中央値**が一致しているといった特徴がある。また、**標準偏差**が大きくなると、分布曲線の山は**低く**なり、左右に広がって**平ら**になる。**標準偏差**が小さくなると、分布曲線の山は**高く**

Q　標準偏差とは、偏差の２乗をデータ数で割ったものである。

なり、より尖った形になる。平均値から標準偏差でいくつ分離れているかで個々のデータの相対的な位置がわかり、平均値±1標準偏差の範囲にはデータ全体の約68%が、平均値±2標準偏差の範囲にはデータ全体の約95%が含まれる。母集団の分布が正規分布を仮定できるかどうかによって、適用可能な統計手法が決まっている。

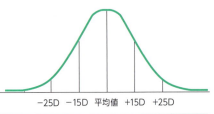

−2SD　−1SD　平均値　+1SD　+2SD

標準得点
standard score

　標準化とは、個人のデータについて、その集団における相対的位置がわかるようにローデータを変換する手続きをいう。また、標準化により、単位や平均値などの異なるデータ同士を比較することも可能になる。標準得点とは、標準化によって得られる得点を指す。一般的に、標準化は平均値0、標準偏差1になるようにローデータを変換することが多く、このようにして得られた標準得点をz得点という。また、平均値50、標準偏差10の正規分布に近似するように標準化したものをT得点といい、教育分野では偏差値として用いられている。

統計的仮説検定
statistical hypothesis testing

　母集団から抽出された標本統計量に関する仮説が、正しいか正しくないかを統計的に推測することをいう。統計的仮説検定は、①あらかじめ棄却されることを前提とする帰無仮説と、帰無仮説が棄却されることで採択される対立仮説の設定、②検定を行うための検定統計量の選択、③帰無仮説の正否の判断基準

×：偏差の2乗をデータ数で割ったものは分散である。標準偏差は分散の正の平方根をとったものである。

となる**有意水準**の設定、④実際のデータによる**標本統計量の実現値**の算出、⑤**帰無仮説**の正否の判断といった手順で進められる。このような手続きによって、標本aとbにみられる関連や違いが、母集団AとBにおいてもみられる関連や違いであるかを推測する。

有意水準
significance level

　統計的仮説検定において、**帰無仮説**を棄却するかどうかの判断基準となる確率値を指す。**α（アルファ）**で表され、慣習的に５％や１％とされることが多い。有意水準は、**検定**を行う前に設定される。有意水準を５％や１％に設定することは、**帰無仮説**が正しいということを前提としたうえで、標本統計量の実現値が確率的には**ほとんど生じない**ことを意味する。それにもかかわらず、その値の生じる確率が有意水準を下回れば、もともとの**帰無仮説**が間違っていると判断され、帰無仮説は**棄却される**。ただし、統計的仮説検定においては、**帰無仮説**が正しいにもかかわらずそれを**棄却**してしまう危険性もある。その確率は**有意水準**と同じであり、そのため**危険率**とも呼ばれる。

片側検定と両側検定
one tailed test / two tailed test

　棄却域とは、**帰無仮説**に基づく標本分布において、**標本統計量**の**実現値**がその領域に含まれると、**帰無仮説**を棄却するとあらかじめ設定された領域を指す。統計的仮説検定では、**対立仮説**の内容によって、**棄却域**をどのように設定するかが異なってくる。

　片側検定は、例えばAよりもBのほうが大きいや高いといった対立仮説に**方向性**がある場合に用いられ、棄却域を分布の**片**

すそに設定する。両側検定は、例えばＡとＢに差があるといった対立仮説に**方向性**がない場合に用いられ、棄却域を分布の**両すそ**に設定する。両側検定の場合、棄却域が分布の**左右**にあるため、それぞれのすそに設定される確率はもとの**有意水準**の半分である。例えば、有意水準５％の場合、左右のすそには **2.5** ％ずつ設定される。そのため、片側検定と両側検定では、**片側検定**の方が帰無仮説が棄却されやすい。

第１種の誤りと第２種の誤り ★★★
type Ⅰ error / type Ⅱ error

統計的仮説検定で生じる可能性がある２種類の誤りをいう。第１種の誤りとは、帰無仮説が**真**であるにもかかわらず、帰無仮説を**棄却**してしまう誤りである。つまり、真実は「差がない」にもかかわらず、**帰無仮説**を棄却し、「差がある」として**対立仮説**を採択してしまう誤りである。第２種の誤りとは、帰無仮説が**偽**であるにもかかわらず、帰無仮説を**採択**してしまう誤りである。つまり、真実は「差がある」にもかかわらず、**帰無仮説**を棄却せずに、「差がない」としてしまう誤りである。なお、第１種の誤りを犯してしまう確率は、**有意水準α**と等しく、**危険率**とも呼ばれる。また、第２種の誤りを犯してしまう確率は β と表現される。偽である帰無仮説を正しく棄却できる確率を検定力といい、$1-\beta$ で表される。

パラメトリック検定とノンパラメトリック検定 ★★★
parametric test / non-parametric test

パラメトリック検定とは、統計的検定において、母集団分布に**正規分布**のような特定の分布を仮定する検定をいう。**t検定**や**分散分析**などがパラメトリック検定に含まれる。正規分布のような特定の分布の仮定は、厳密な意味では満たされないこと

×：最初に棄却されることを前提とする帰無仮説を設定する。

がほとんどであるが、ある程度のズレであれば、得られる結果にそれほど大きな影響はないことが知られている。このような性質を**頑健性**という。ただし、**特定の分布**を仮定することが困難だったり、**サンプルサイズ**が小さい場合は、結果に歪みが生じてしまうため、特定の分布を仮定しない**ノンパラメトリック検定**が用いられる。ノンパラメトリック検定には、**U検定**やx^2**検定**などが含まれる。

t検定
t-test

　2群の**平均値差**の検定に用いられる手法である。t検定を行う際には、一般的に、①各群とも母集団が**正規分布**に従う（**正規性**）、②各群の母集団の**分散**が等しい（**等分散性**）、③**無作為抽出**という条件が満たされる必要がある。ただし、**正規性**の仮定に関しては、たとえそれが満たされない場合でも、得られる結果にそれほど大きな影響はないという**頑健性**を有している。**等分散性**が満たされない場合はそれほど**頑健性**はないため、**等分散性**を前提としない**ウェルチの検定**が用いられる。

分散分析
analysis of variance; ANOVA

　3群以上の**平均値差**を検定する分析手法である。2群の平均値差の検定には**t検定**が用いられるが、繰り返しのt検定は**第一種**の誤りを犯す確率を増加させるため、**3群以上**の場合には分散分析が用いられる。分散分析において、結果に影響を与える変数を**要因**といい、要因のなかのカテゴリーを**水準**という。例えば、1日の運動量に影響を与える**要因**として「年齢層」が、その**水準**として「20代、30代…」というカテゴリーがあると表すことができる。要因がひとつの場合は**一要因分散分析**が、

帰無仮説が正しいにもかかわらず棄却してしまうことを第1種の誤りという。

2つの場合は**二要因分散分析**が行われる。特に二要因分散分析では、一方の要因に関わらないある要因自体の効果である**主効果**と、ある要因の効果についてもう一方の要因の**水準**によって違いがみられる**交互作用**が検討される。例えば、先の運動量の例に「性別」という要因を加えた場合、性別にかかわらず年齢層ごとに運動量が異なれば、「年齢層」の**主効果**がみられたことになる。また、年齢層ごとの運動量が男女で異なれば、年齢層と性別の間に**交互作用**がみられたことになる。

1要因の分散分析と2要因の分散分析の違いについて理解しておきましょう。

相関 ★★☆
correlation

2つの変数の関連について、一方の変数の**変動**にともない、もう一方の変数がどのように**変動**するかを示したものである。一方の変数の**増加**にともない、もう一方の変数も**増加**する傾向があれば、2変数間には**正の相関**があるとされる。一方の変数の**増加**にともない、もう一方の変数が**低下**する傾向があれば、2変数間には**負の相関**があるとされる。変数が間隔尺度以上の場合、関連の強さと方向を具体的な数値で表したのが**ピアソンの積率相関係数（相関係数）**であり、**−1**から**1**の範囲の値をとる。ただし、相関関係がみられるからといって2変数間に**因果関係**を断定することはできない。

変数が順序尺度の場合は、順位相関係数を算出します。

散布図 ★★★
scatter plot

2つの量的変数について、それぞれ縦軸と横軸にとり、各測

定値が対応する**交点**をグラフ上に**プロット**した図をいう。散布図は、2つの量的変数の関連を**おおまかに**把握するのに役立つ。また、散布図から読みとることができる情報は、2つの変数間の関連が**強い**か**弱い**か、2つの変数間の関連は**直線的**か**曲線的**か、極端な測定値である**外れ値**があるかどうか、異なる傾向をもつ下位集団があるかどうかなどである。

そのため、散布図により2つの量的変数の相関関係を**視覚的**にとらえることができる。2つの量的変数が直線的な関係の場合、プロットが**右上がり**の場合は正の相関、**右下がり**の場合は負の相関、プロットに**規則的な散らばり**がみられない場合は無相関を示す。

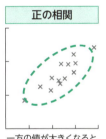

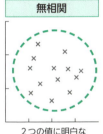

正の相関	負の相関	無相関
一方の値が大きくなると、他方の値も大きくなる。	一方の値が大きくなると、他方の値が小さくなる。	2つの値に明白な関係がみられない。

χ^2検定 (かいにじょうけんてい)

chi-square test ★★☆

質的変数間の連関を検定する場合に用いられる統計手法である。具体的には、期待されるデータの分布に対して、**実際のデータ**がどの程度乖離しているかを問題とする。例えば、性別によって野菜の好き・嫌いに差があるかを検討したところ、男性では好き30%、嫌い70%、女性では好き70%、嫌い30%だったとする。男女の回答者数が同じ場合、仮に**性別**によって野菜の好き・嫌いに**差がなければ**、理論上は男女とも好き50%、

Q 相関係数が高い場合には、2変数の間に因果関係があるとみなされる。

嫌い50%の回答になるはずである。しかし実際には男女ともこの想定とは**乖離**した回答の割合を示しており、**性別**によって野菜の好き・嫌いに**差**があることが推測される。

独立変数と従属変数 ★★★
independent variable / dependent variable

実験や調査において、研究者が操作する**条件**や**要因**のことを独立変数（**説明変数**または**予測変数**）といい、独立変数の**操作**及び**変動**にともなって生じる結果のことを従属変数（**目的変数**、**基準変数**または**結果変数**）という。独立変数と従属変数の関係を明らかにするのが、研究の目的のひとつである。例えば、音声刺激の違いが反応時間に与える影響を明らかにしたい場合、独立変数は**音声刺激**、従属変数は**反応時間**となる。

重回帰分析 ★★★
multiple regression analysis

2つ以上の量的な説明変数によって**ひとつ**の**量的**な目的変数を説明・予測する分析手法をいう。重回帰分析では、ある説明変数が目的変数に与える影響の度合いを、他の説明変数の**影響**を取り除いた**偏回帰係数**という指標によって示す。例えば、勉強時間がテスト得点に与える影響を検討する場合、テスト得点に**影響**を与える要因として、知能や家庭環境など、他のさまざまなものが考えられる。重回帰分析では、そうした他の要因の影響を**取り除いた**うえで、勉強時間がテスト得点にどの程度**影響を与えるか**を検討することができる。ただし、説明変数間の**相関係数**が**高い**場合には、

■重回帰分析の例のイメージ図

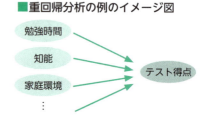

A ×：相関が高い場合でも、因果関係があるとは限らない。

算出される偏回帰係数の値が**不安定**になる**多重共線性**の問題が生じる。

因子分析 ★★★
factor analysis

複数の項目の背後にある**共通因子**を探る手法をいう。因子分析では、**項目間に相関係数**がある場合、これらの背後に共通因子が存在し、各項目に**影響**を与えていると想定する。このとき、**共通因子**から与えられる**項目への影響の大きさ**を**因子負荷**という。複数の項目から**比較的少数**の因子を抽出するため、**構成概念の構造**を探る際に用いられることが多い。

主成分分析 ★★☆
principal component analysis

複数の観測された変数が**共有する情報**を合成し、より少ない変数に**集約する**手法をいう。例えば、国語、算数、理科、社会、英語の5科目の得点から個人の学力を評価する場合、学力を示す指標として各科目を合計した合計得点では、各科目の**平均点**や**標準偏差**が異なるため、評価が不平等になる恐れがある。そこで、各科目の得点に**重みづけ**を与えることで情報を平等に反映させ、各科目の情報をなるべく**損失**が少ないように、**総合得点**というひとつの変数に合成する。

因子分析と混同されることも多いが、主成分分析は**データの要約**であり、因子分析のように**潜在変数**を想定していない。また、因子分析では抽出された因子間に**相関**がみられることもあるが、主成分分析では第1主成分とその次に抽出される第2主成分以降の主成分とは**無相関**である。

重回帰分析において、説明変数間の相関係数があまりにも低い場合には、多重共線性の問題が生じる恐れがある。

パス解析
path analysis

観測変数間に相関関係や影響の方向性を仮定し、変数間の関連をパス図を用いて統計的に分析する手法である。構造方程式モデリングと同様に、研究者が変数間の関連や影響をモデルとして自由に描くことができ、適合度という指標によってそのモデルの統計的妥当性を評価することができる。

構造方程式モデリング
structural equation modeling; SEM

潜在変数や観測変数を用い、変数間の複雑な関連モデルを統計的に分析する手法である。因子分析や重回帰分析を織り交ぜたモデルを解析する手法とイメージすることができる。研究者がモデルを自由に設定することができ、またそのモデルの統計的妥当性を適合度という指標によって評価することが可能である。

クラスター分析
cluster analysis

クラスター分析とは、さまざまな特徴をもつ複数の対象を、その特徴の類似度によっていくつかのクラスターをつくり、分類する統計方法である。類似度は距離で示され、類似度の高いもの同士は近くに配置される。対象がどのような順序でクラスターとしてまとめられていくかについて過程を示した図をデンドログラム（樹状図）という。

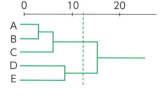

×：多重共線性の問題が生じるのは説明変数間の相関係数が高すぎる場合である。

クラスター分析には、対象を**類似度**の高いものから順次クラスターをつくる**階層的クラスター分析**と、あらかじめ**クラスターの数**を決めておき、その数に合わせて対象を分類する**非階層的クラスター分析**がある。

信頼性
reliability

測定内容が、**安定性**と**一貫性**を有している程度のことをいう。測定における安定性とは、**同一**個人が**同一**条件の下で**同じ**テストを繰り返し受けたときに、**同等**の結果が得られる程度を指す。安定性としての信頼性とは、同一対象に**同じ**テストを2回行い、測定値間の**相関係数**を算出する**再検査法**や、**性質**が等しいテストを**2種類**作成し、**2つ**の測定値間の**相関係数**を算出する**平行テスト法**によって求められる。ただし、前者の場合は同じテストを**繰り返し**行うことによる練習効果が、後者の場合は**性質**の等しいテストを2つつくることが**実質的に不可能**であることが問題点として存在する。

一方、測定における一貫性とは、テストを構成する複数の**項目**について**同等**の結果が得られる程度を指す。例えば、不安尺度の場合、それぞれ項目内容は**異なる**ものの、同一対象であれば同程度の測定値が得られることが求められる。一貫性としての信頼性は、**折半法**や**α係数**の算出によって求められる。

クロンバックのα係数
Cronbach's coefficient alpha

信頼性の指標のひとつで、測定内容の**内的整合性**（**内的一貫性**）の程度を表す値である。α係数は、**折半法**におけるすべての分け方の組み合わせについて**信頼性係数**を算出し、それを**平均**することによって求められる。α係数は0から1の範囲の値

信頼性における安定性の指標として、Cronbachのα係数がある。

をとり、項目数が**多い**ほど、その値は**大きくなる**という性質がある。

妥当性
validity ★★★

測定内容が測定対象を的確に**測定**している程度のことを妥当性という。妥当性は、**内容的妥当性**、**基準関連妥当性**、**構成概念妥当性**の3つに大きく分けられる。

内容的妥当性とは、テスト項目の**内容の適切**さを、**専門家などの判断**によって確認するものである。

基準関連妥当性は、**外的基準**との関連性によって示されるものである。外的基準とは、そのテストが測定しようとしているものをより忠実に**反映している**と考えられる**指標**のことである。例えば「抑うつ尺度」の場合、実際にうつ病を罹患しているか否かや、他の確立されたうつ病検査の得点などが外的基準となる。このとき、外的基準がテストの実施とほぼ**同時**に得られる場合を**併存的妥当性**、テストの実施よりも後に得られる場合を**予測的妥当性**という。

構成概念妥当性とは、テストが測定しようとしている概念に関する**理論的予測**が、実際のデータによって**実証されるか否か**によって示されるものである。構成概念妥当性の確認方法としては、テストとその概念を測定している既存の尺度の測定値間の**相関係数**や、テストの**因子構造**、異なる特性を有する群間の**得点差**など、さまざまなものが用いられ、総合的に評価される。

妥当性が高いと信頼性が高くなりますが、信頼性が高いからといって妥当性が高いとは限りません。

×：Cronbachのα係数は、信頼性における一貫性（内的整合性）の指標である。

第3章

基礎心理学
(統計以外)

01 心理学史 ……………………………… 48
02 知覚・認知 …………………………… 54
03 学習 …………………………………… 88
04 動機づけ・情動 ……………………… 100
05 人格 …………………………………… 114
06 脳・神経系 …………………………… 122
07 社会心理学 …………………………… 138
08 発達心理学 …………………………… 172

01 心理学史

精神物理学
psychophysics

Fechner, G.T.（フェヒナー）によって創始された**外的な刺激**と、それによって生じる**内的な感覚の関係**を明らかにしようとする学問である。Fechner, G.T.（フェヒナー）以前も、Weber, E.H.（ウェーバー）による、**弁別閾**（ΔI）は**原刺激**（I）の値に応じて**比例的**に変化するという**ウェーバーの法則**が知られていた。Fechner, G.T.（フェヒナー）はこれをもとに、**感覚の強度**（E）は、刺激の**物理的強度**（I）の**対数**に比例して変化するという**フェヒナーの法則**を提唱した。

その後、**フェヒナーの法則**は一部の刺激にしか当てはまらないことが示され、Stevens, S.S.（スティーヴンス）によって、**感覚の大きさ**（E）は**刺激強度**（I）の**ベキ（n）乗**に比例するという**スティーヴンスの法則**が提唱された。

要素主義
elementalism

心の世界を**最小の構成要素**に分解して、その**結合の法則**を明らかにしようとする立場をいう。1879年に**ライプツィヒ大学**に世界初の心理学実験室を設立した**Wundt, W.（ヴント）**が代表的な人物である。彼は統制された**実験状況**において実験参加者に自分自身の意識についての**内観**を課し、その**構成要素**を明らかにしようとした。また、

> Wundt, W.（ヴント）の思想を受け継ぎ発展させたのが、Titchener, E.B.（ティチェナー）です。彼は構成主義を提唱しました。

心理学史とは、「こころとは何か？」についての研究の歴史です。Wundt, W.（ヴント）以前ではおもに哲学の領域で議論されてきました。ここでは、心理学における代表的な立場・理論を取り上げています。

それらの要素がひとつの意識内容として統合される働きを統覚と呼んだ。精神活動を実証的に研究することによって心理学を哲学から独立させた彼を、現代心理学の創始者とするのが一般的である。

機能主義
functionalism

心を生物学的欲求の充足のために出現した有機体の環境への適応の手段と考えて、精神活動の目的や機能を明らかにしようとする立場である。プラグマティズムの哲学が背景にあり、Titchener, E.B.（ティチェナー）の構成主義と対立し、アメリカを中心に発展した。James, W.（ジェームズ）、Dewey, J.（デューイ）、Angell, J.R.（エンジェル）が代表的な人物である。Angell, J.R.（エンジェル）やDewey, J.（デューイ）に学んだWatson, J.B.（ワトソン）は、やがて意識ではなく、行動に対して機能主義的な研究を行う行動主義を主張することになった。

精神分析
psychoanalysis

Freud, S.（フロイト,S.）が創始した心の理論や心理療法、心の研究方法についての学問体系である。おもな理論として、①心が意識・前意識・無意識の3層からなるとする局所論、②心がイド（エス）・自我・超自我の3つの機能からなるとする構造論、③イド（エス）・自我・超自我の力関係によって心理的現象が生じるとする力動論、④リビドーの充当や分配から不

内観法とは自分自身の意識過程を直接のデータとみなす研究方法で、要素主義のWundt, W.が発案した。

適応や防衛機制を考える経済論、⑤イド（エス）・自我・超自我の相互関係やリビドーの分配を発達のなかでとらえる発達論、⑥社会適応という視点から心理的現象をとらえる適応論などが挙げられる。

フロイト, S.

行動主義 ★★★
behaviorism

　目に見えない意識ではなく、客観的に測定可能な行動のみを心理学の研究対象とする心理学の立場である。現代心理学において基本的な方法論のひとつとして確立されている。1910年代前半、Watson, J.B.（ワトソン）は当時主流であった内観法による意識心理学と対立し、行動主義を提唱した。行動主義心理学における学習とは、条件づけにより形成される刺激と反応の連合によって生じるという連合理論に基づいている。

新行動主義 ★★★
neo-behaviorism

　Watson, J.B.（ワトソン）の行動主義に修正を加えた、新しい行動主義の立場である。Watson, J.B.（ワトソン）の行動主義のもとでは、意識的な概念を一切排除し、客観的に測定可能な行動のみを研究対象として、刺激と反応の関係を機械論的にとらえた。新行動主義では、Tolman, E.C.（トールマン）やHull, C.L.（ハル）のように、刺激と反応の間に生体の内的過程、すなわち媒介変数を組み込む立場や、

Skinner, B.F.（スキナー）の立場を徹底的行動主義ともいいます。

Skinner, B.F.（スキナー）のように生体の自発性に着目する立場が現れ、従来の行動主義のような刺激と反応の機械論的なとらえ方を脱する動きがみられた。

ゲシュタルト心理学
gestalt psychology

ドイツのWertheimer, M.（ウェルトハイマー）によって創始された心理学の一学派である。ゲシュタルトとは、「要素に還元できない、まとまりのあるひとつの全体がもつ構造的特性」を意味する。Wundt, W.（ヴント）に代表される要素主義を否定し、人間の知覚や思考、行動における全体性を重視した。Wertheimer, M.（ウェルトハイマー）の仮現運動の研究に端を発し、知覚を中心に研究がなされ、知覚の体制化におけるプレグナンツの法則が提唱された。

Wertheimer, M.（ウェルトハイマー）以降は、Köhler, W.（ケーラー）やKoffka, K.（コフカ）、Lewin, K.（レヴィン）が、ゲシュタルトの原理を学習や行動などに取り入れて研究を行った。

レヴィン

人間性心理学
humanistic psychology

人間を主体的で自由意志をもつ存在としてとらえる立場である。精神分析では無意識が、行動主義では外的な環境が、それぞれ人間行動を支配しているという立場をとるが、人間性心理学はこれら2つの立場を批判し、人間の意志や自己実現を重視する。欲求階層説で知られるMaslow, A.H.（マズロー）や実存分析のFrankl, V.E.（フランクル）、さらにはクライエント中心療法のRogers, C.R.（ロジャーズ）がこの立場をとる人物

Watson, J.B.は意識心理学を批判し、直接観察可能な行動のみを心理学の研究対象として扱うべきだとした。

として知られている。

認知心理学
cognitive psychology

広義には**知的機能**の解明に関わる心理学全般を指すが、狭義には1950年代後半以降の**人工知能研究**に影響を受けた心理学の一分野で、人間を**高次の情報処理システム**とみなし、その**情報処理過程**を解明することで、心的活動を理解しようとする分野のことを指す。観察可能な**行動**のみを研究対象とし、**刺激**と**反応**の結びつきによって説明する**行動主義**の限界を背景として、**コンピュータの開発**や**情報科学の発展**にともない成立してきた。具体的な研究領域として、知能・理解・記憶・思考・言語などが挙げられる。

「認知心理学」という言葉は、Neisser, U.（ナイサー）の著書『認知心理学』に由来します。

エソロジー
ethology

動物行動学、比較行動学とも訳され、**人間を含めた動物全般の行動**について比較研究を行う学問である。動物の行動や生態の**観察**を通じて、**動物行動の本質**や**人間行動の理解**に寄与することを目的とする。心理学においては、**アタッチメント理論**の提唱者である **Bowlby, J.M.（ボウルビィ）** が、**母子関係**の構築・機能について、エソロジー的な視点が有効であると認識し、自身の考えや理論に取り入れた。

ボウルビィ

臨床心理学
clinical psychology

おもに心理的あるいは行動的問題の**治療**や**支援**、及びこれらの問題の**予防**を通して、人びとの**心理的・行動的な健康の向上**を目指す心理学の一分野である。1896年に**Witmer, L.（ウィトマー）**がペンシルベニア大学に心理クリニックを開設したのが、その始まりだといわれる。その後、Binet, A.（ビネー）らによる知能検査の開発といった**精神測定法**や、Freud, S.（フロイト,S.）の精神分析理論に端を発する**力動的心理学**がその後の臨床心理学の発展に寄与したといえる。

今日の臨床心理学は、社会心理学や認知心理学などの関連するさまざまな他の領域との関係を深めながら、その領域を拡大している。

コミュニティ心理学
community psychology

コミュニティにおける人びとの**精神衛生**の問題を扱う臨床心理学の一領域である。1965年の**ボストン会議**がその始まりとされる。これまでの臨床心理学の考え方とは異なり、不適応の問題を個人のなかにある**病理**ではなく、**社会システム**と**個人**が複雑に**相互作用**し合ったものとして理解する。この関連を概念的・実験的に明らかにすることによって、個人・集団及び社会システムがよりよく機能するような**介入方法や方略**を提供することを目的とする。

また、個人の不適応問題の軽減や消失を目指すような**治療的アプローチ**ではなく、不適応を抱えにくいコミュニティの実現を目指す**予防的アプローチ**の視点を重視している。なお「コミュニティ」とは、地域といった意味だけでなく**共同体感覚**をもった人びとのなかでつくられる社会的集団や組織も含んでいる。

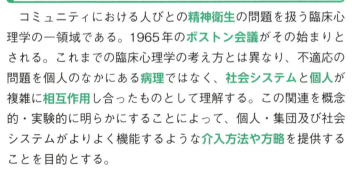

人間性心理学は要素主義心理学を批判し、対抗勢力として発展してきた学派である。

02 知覚・認知

共感覚
synesthesia

　ある刺激によって、**本来の感覚**以外に**別の感覚**が不随意的に生じることをいう。黒字で「あ」という文字刺激が提示されると、ほとんどの人は黒字の「あ」という文字しか知覚しないが、共感覚をもつ人は「あ」という黒い文字のほかに、色を感じたり、音が聞こえることがある。

　共感覚は古くからその存在が知られていたが、**客観的**な研究方法がなかったため、長い間非科学的なものとされていた。しかし、近年では**脳**の活動を可視化する技術が開発され、**fMRI**や**PET**などによる**脳機能イメージング技術**によりヒトの脳の働きを観察することが可能になった。例えば、音を聴いたときに色が見える色聴の共感覚者の脳活動をfMRIで計測したところ、**聴覚野**だけでなく、一般的には活動することのない**視覚野**における**色知覚野**が賦活することを確認されている。

刺激閾（しげきいき）／弁別閾（べんべついき）
stimulus threshold / discriminative threshold

　刺激閾とは、**感覚**が生じるために最低限必要な**物理的エネルギー量**のことである。例えば、目かくしをした状態の実験参加者の手のひらに羽毛を乗せたとしても、それがあまりに軽すぎる場合は乗せられたことに気づかない。つまり、物理的には明らかに刺激が存在していても、**刺激の強度**が低いと感覚は生じず、感覚が生じるか生じないかの**境目のエネルギー量**を刺激閾（絶対閾）という。

　弁別閾とは、**差異の感覚**が感じるために最低限必要な**物理的**

054　×：人間性心理学が批判したのは精神分析や行動主義である。

エネルギー量のことである。例えば、目かくしをして両方の手のひらに同量の羽毛を乗せた状態の実験参加者に対して、片方の手のひらにさらに羽毛を乗せたとしても、それがあまりに軽すぎる場合は片方が重くなったことに気づかない。つまり、物理的には明らかに刺激の変化が存在していても、差異の強度が低いと変化を感じられない。差異を感じるか感じないかの境目のエネルギー量を弁別閾（丁度可知差異）という。

ウェーバーの法則
Weber's law

Weber, E.H.（ウェーバー）が見いだした、弁別閾は基準となる刺激量の変化に比例することを示した法則である。例えば、40gの標準刺激において弁別閾が1gであるならば、標準刺激が2倍の80gになったとき、弁別閾も2倍の2gとなる。Δ（弁別閾）／I（刺激量）＝k（定数）の式で表される。この定数の値は感覚の種類によって異なり、ウェーバー比と呼ばれる。この法則は無制限に成り立つものではなく、ある強度の範囲内でのみ成立する。

フェヒナーの法則
Fechner's law

ウェーバーの法則を前提としてFechner, G.T.（フェヒナー）が見いだした、心理的な感覚の大きさは物理的な刺激強度の対数に比例することを示した法則である。E＝KlogIの式で表される。Kは感覚の種類によって異なる定数である。

例えば、室内の照明の数を増やして物理的な明るさが2倍に

フェヒナーの法則はΔ（弁別閾）／I（刺激量）＝k（定数）という式で表され、kはフェヒナー比と呼ばれる。

なったとしても、心理的な感覚としては2倍まで大きくならない。ウェーバーの法則同様に、フェヒナーの法則も無制限に成り立つものではなく、ある強度の範囲内でのみ成立する。

スティーヴンスの法則
Stevens' law ★★☆

Stevens, S.S.（スティーヴンス）が見いだした、心理的な感覚の大きさは物理的な刺激強度のベキ乗に比例することを示した法則である。ベキ法則とも呼ばれ、$E = kI^n$の式で表される。kとnは感覚の種類によって異なる定数である。

Stevens, S.S.（スティーヴンス）は、標準刺激と比較させて、ある刺激の感覚的な大きさを数値によって直接的に回答させるマグニチュード推定法を開発し、心理的な感覚量を数値化することを可能にした。この方法によってさまざまな感覚について測定した結果、見いだされたのがスティーヴンスの法則である。

ウェーバーの法則、フェヒナーの法則、スティーヴンスの法則の違いをしっかり把握しましょう。

対比
contrast ★★☆

2つの強度の異なる刺激が呈示された場合、強い刺激はより強く感じられ、弱い刺激はより弱く感じられることをいう。例えば、同じ明度の灰色であっても、白を背景とした場合は暗く、黒を背景とした場合は明るく見える。対比する刺激が同時に呈示されるのであれば同時対比、時間的に前後して呈示されるのであれば継時対比という。

×：ウェーバーの法則についての説明である。kはウェーバー比と呼ばれる。

明順応／暗順応
light adaptation / dark adaptation

持続的に刺激が呈示されることにより、感覚受容器の刺激閾が上昇して、**感覚が弱まる**ことを順応という。明順応とは**暗い場所**から急に**明るい場所**に移ると、非常にまぶしく感じられるが次第に慣れてくる現象を指す。暗順応とは**明るい場所**から急に**暗い場所**に移ると、最初は何も見えないがやがて少しずつ周りの様子が見えるようになる現象を指す。

視細胞には**錐体**と**桿体**の2種類があり、明るい場所では**錐体**が、暗い場所では**桿体**が機能する。明順応はごく**短時間**で成立するのに対して、暗順応は桿体が完全に機能するまで**30分以上**かかる。

プルキンエ現象
Purkinje phenomenon

視細胞には**錐体**と**桿体**という光を感じる細胞がある。これらの閾値はそれぞれ異なり、錐体は**明所視**、桿体は**暗所視**において働く。そのため、**錐体**が十分に機能している昼間と、**桿体**しか機能していない夕方では、**色の明るさの見え方**が異なってくる。例えば、昼間では黄色い花が明るく見えているが、暗くなると花よりも緑の葉の方が明るく見える場合がある。このような現象をプルキンエ現象という。

閾下知覚（いきかちかく）
subliminal perception

刺激閾以下の刺激に対する知覚をいう。そもそも刺激閾とは、**感覚**を生じさせる**最低限の刺激量**のことであるが、刺激の物理的な強度が弱い場合、**感覚**及び**知覚**は生起しない。しかし、たとえ**主観的**には感覚や知覚が生起していないと判断されても、

Q 明順応は暗順応に比べて短時間で完了する。

人間の行動に何らかの影響が及ぼされる場合がある。例えば、映画が映写されているスクリーンの上に、食べものの広告を知覚できないくらいの提示時間で二重映写したところ、売上が増加したという実験は有名である。

知覚の恒常性
perceptual constancy

　感覚受容器に与えられる刺激が変化しても、その刺激に対して生じる知覚があまり変化せず比較的安定している現象をいう。恒常現象ともいう。例えば、5m先にいた友人が10m先に移動した場合、網膜像上の友人の大きさは半分になるにもかかわらず、知覚される友人の大きさはほとんど変わらない。大きさの恒常性、形の恒常性、明るさの恒常性、速度の恒常性などさまざまなものがある。知覚の恒常性は、人が外界を安定した世界として知覚し、適応するための重要なメカニズムである。

幾何学的錯視
geometrical-optical illusion

　平面図形の長さや大きさ、角度、方向、湾曲などの幾何学的性質が、刺激の客観的な性質や関係とは異なって知覚される現象をいう。代表的なものとして、線分の見かけの長さが、矢羽や斜線を付加することによって変化するミュラー・リヤー錯視や、同じ大きさの円でも大きい円の周りに置かれると小さく、小さい円の周りに置かれると大きく見えるエビングハウス錯視などがある。幾何学的錯視は、そのように見えるのが錯視によるものとわかっていても、錯視効果が解消されるわけではない。

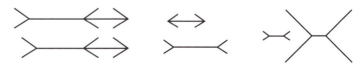

主観的輪郭
subjective contour ★★★

物理的には**存在しない**にもかかわらず、周囲の**刺激位置**によって知覚される**輪郭線**のことをいう。**切れ込み**のある3つの円形の切れ込み部分を結ぶように**三角形**が知覚される**カニッツアの三角形**が代表的である。主観的輪郭線では、輪郭の内と外で**明るさ**や**色**に**差**がみられたり、**面**が形成されて**層**に分かれ、重なりが知覚される。

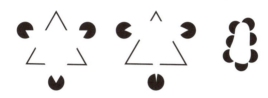

反転図形
reversible figures ★★★

客観的には**同一図形**であるが、知覚的には**複数の見え方**が存在する図形をいう。**多義図形**ともいう。代表的なものとして、「ルビンの杯」のように図となる領域と地となる領域が交代する**図地反転図形**や、「若い婦人と老婆」のようにひとつの図形から意味的に2つ以上の対象を見いだすことができる**意味反転図形**がある。

プレグナンツの法則
law of prägnanz ★★★

ゲシュタルト心理学の中心概念であり、人は外界の対象を**最も簡潔**で**規則的**な**よい形**として知覚する傾向をいう。

Q プレグナンツの法則は、機能主義心理学の中心概念である。

Wertheimer, M.（ウェルトハイマー）によって提唱された。簡潔で規則的なよい形は心理的に快をもたらすとされている。具体例としては、**近接**、**類同**、**閉合**、**よい連続**、**よい形**、**共通運命**の要因などが挙げられる。

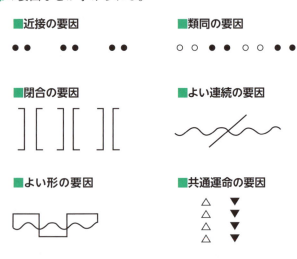

仮現運動 ★★★
apparent movement □□□

物理的な運動が生じていないにもかかわらず、**見かけ上の運動**を知覚する現象をいう。狭義には、**Wertheimer, M.（ウェルトハイマー）**が見いだした**β運動**をいう。β運動とは、**2つの視対象**を**時間的・空間的**に離して呈示することで、時間的に**先**に呈示された方から**後**に呈示された方に向かって、**移動**したように知覚される現象である。踏切の警報機などが例として挙げられる。

×：ゲシュタルト心理学の中心概念である。Wertheimer, Mによって提唱された。

自動運動

autokinetic movement

暗所で**停止した光点**を凝視し続けたときに、実際には動いていないにもかかわらず光点が**不規則**に動いて見える現象をいう。動きの知覚のしやすさや動きの程度には個人差があり、**被暗示性**の高い人が知覚しやすいとされる。**眼球運動**や**頭部**、**身体**の動きが運動に反映されたものと考えられているが、そのメカニズムは明らかにされていない。

自動運動は社会心理学における集団規範の実験に用いられました。

誘導運動

induced movement

2つの視対象が**囲むもの**と**囲まれるもの**の関係であるとき、実際には**前者**が動いていても、**後者**が動いているように知覚される現象をいう。例えば、停車している電車に乗っているとき、隣のホームに停車していた電車が動き始めると、自分の乗っている電車が進行方向とは**逆方向**に動き始めたように感じられる。一般的には、**囲むもの**の方が静止した背景として知覚されるため、**囲まれたもの**の方が動いているように知覚されやすい。

Q 流れる雲に囲まれた月を見ていると、月が動いているように見える現象を自動運動という。

運動残効

motion aftereffect

一定方向に動く対象をしばらく見た後、静止した対象を見ると、この静止対象が動く対象とは逆方向に動いて見える現象をいう。代表的なものとして、落下する滝の流れを見つめた後、周囲の岩などを見ると静止しているはずの岩が上に登って行くように感じられる滝の残効（滝の錯視）、渦巻きを回転させたものを見つめた後、静止した渦巻きを見ると渦巻きの拡大・縮小運動が見られる渦巻き残効がある。

マガーク効果

McGurk effect

McGurk, H.（マガーク）によって明らかにされた、視覚情報が聴覚情報に干渉する現象をいう。具体的には、「ガ」と発音する口の動きに、「バ」という音声を重ねた映像を呈示すると、「ガ」でも「バ」でもない「ダ」という第3の聞こえ方をする錯聴である。

目や耳などの異なる感覚受容器を通じて入力された感覚情報が、脳内において統合されることを多感覚統合という。通常、このような感覚間の相互作用を意識することがないのは、各感覚から得られる情報が相補的で矛盾がないからであるとされる。マガーク効果のように、各感覚間に矛盾のある状況を人為的に作りだしたときに、マガーク効果のような特有の錯覚が生じるのである。

×：誘導運動である。

奥行き知覚
depth perception ★★★

　事物を**立体的**に、あるいは空間に三次元的な**広がり**を知覚することをいう。視覚の場合、刺激は**網膜**において二次元的に受容されるが、知覚的世界は奥行き方向へと広がっている。奥行きを知覚する手がかりとしては、**調節**や**輻輳**、**両眼視差**といった眼とその周辺の身体的要因、対象の相対的な**大きさ**や**重なり**、**陰影**などの経験的要因が挙げられる。

調節／輻輳（ふくそう）
accommodation / convergence ★★★

　両者とも**奥行き知覚**の手がかりである。調節とは、**注視**する対象までの距離にしたがって、眼球のなかの**水晶体**を薄く、または厚くして**焦点**を合わせる働きをいう。カメラの**ピント合わせ**に似ているが、人間の場合は近くを見るほど水晶体を**厚く**し、遠くを見るほど水晶体を**薄く**する。ただし、調節による奥行き手がかりの有効範囲は**2m**くらいまでと考えられている。

　輻輳とは、**注視**する対象が**遠く**から**近く**へと移動したときに生じる両眼の**内側**への**回転運動**をいう。輻輳による奥行き手がかりの有効範囲は**20m**くらいと考えられている。水晶体の厚さを調節する**筋肉**や、眼球を動かす**筋肉**の運動が脳に伝えられ、対象までの距離が検出されることによって、**奥行き**を知覚すると考えられる。

Q　視覚情報が聴覚情報を干渉する現象をストループ効果という。

両眼視差
binocular disparity ★★★

左右の眼の位置の差によって左右の**網膜上の像**に**ズレ**が生じること、あるいはその**ズレ**を指す。右眼だけで対象を見た場合と、左眼だけで同じ対象を見た場合では対象の見え方が異なる。これは、人間の場合左右の眼の位置が約**6cm**離れているために生じる。この両眼に与えられる**網膜像のズレ**から、対象までの距離を算出し、**奥行き**を知覚できると考えられる。

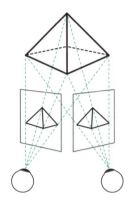

信号検出理論
signal detection theory; SDT ★☆☆

もともとは**ノイズ**のなかから**信号**を検出するために工学領域で開発された理論である。その後、心理学において、**実験参加者の感度**を評価するものとして応用された。人の知覚する刺激は、**純粋**な物理的刺激ではなく必ず**ノイズ**が存在する。つまり、実験参加者が**ノイズ**のなかからどの程度正しく**信号**を検出することができるのかを評価するための理論である。

信号への反応として①**ヒット**：信号の存在を正しく認識する、②**コレクト・レジェクション**：信号がないことを正しく認識する、③**ミス**：信号の存在を見落とす、④**フォルス・アラーム**：信号がないにもかかわらず、信号の存在を報告するがある。

トップダウン処理／ボトムアップ処理
top-down processing / bottom-up processing ★★☆

トップダウン処理は**概念駆動処理**とも呼ばれ、**既存の記憶**や

×：マガーク効果である。ストループ効果とは、感覚情報と言語情報の競合現象をいう。

知識を活用して立てた仮説や予測、期待をもとに情報を処理する。例えば、文章の意味は、つねに文章中に明示されているとは限らない。**既存の知識**や**スキーマ**を活用し、文章の意味を推測したり、解釈したりする。

ボトムアップ処理は**データ駆動処理**とも呼ばれ、まず**感覚情報**に基づいた**部分処理**が行われ、より**高次なレベル**へと処理が進んでいく。例えば、文章を読むときに、文字→単語→短文→文章というように、低次なレベルから高次なレベルへと意味理解を進めていく。

アフォーダンス
affordance

環境が人間や動物に与える**意味**や**情報**のことであり、「与える」という意味の"afford"をもとに、**Gibson, J.J.（ギブソン）**が提唱した造語である。認識論の立場では、一般的に人間や動物は、外界からの刺激を**感覚器官**を通じて受容し、それらに対して心的に**意味**を与えると考える。

一方、アフォーダンスの立場では、環境は単なる**物質的な存在**ではなく、それ自体が**直接的**に**意味**を「**アフォードする（与える）**」ものであると考える。例えば、膝下ほどの高さの平面の台は、われわれに座るという行為について**アフォード**する。このようなアフォーダンスの考え方は、現在では工学的な領域にも広く応用されている。

選択的注意
selective attention

さまざまな情報や刺激のなかから、**特定のものだけ**に注意を向けることをいう。多数の人が会話をしている状況において、自身のことが取り上げられていると、それがたとえ遠くであっ

ても気づく現象である**カクテルパーティー効果**などが例として挙げられる。

選択的注意のメカニズムが情報処理のどの段階で起こるのかについては、**両耳分離聴**や**ストループ課題**などを用いて、多くの研究が行われてきた。はじめに、注意による情報の選択が情報処理の初期段階で起こるとする**初期選択説**が提唱された。しかし、初期選択説では説明できない実験結果により、情報の選択は刺激の処理後に起こるとする**後期選択説**が提唱された。

カクテルパーティー効果
cocktail-party effect ★★★

パーティー会場のように複数の人びとが自由に会話をしている環境において、**多数の音声**のなかから**特定の人の話**を聞くことができる現象を指す。感覚受容器を通じて入力される多くの情報から、必要なときに必要な情報だけに**選択的**に注意を向け、効果的に処理する過程を**選択的注意**という。カクテルパーティー効果は選択的注意の代表例である。

カクテルパーティー効果を説明する理論として、**情報処理システム**の初期段階に存在する**フィルター**が内容だけでなく物理的な特徴に基づいて情報を選択的に通過させるという**フィルター説**が提唱されている。しかし、注意を向けられない情報もある程度の処理がなされるという実験結果から、注意を向けられていない情報は**フィルター**によって完全に排除されるのではなく、弱められて通過することができるという**減衰説**が提唱された。

両耳分離聴
dichotic listening ★★★

左右の耳にそれぞれ**別の音声**を聞かせることを指す。左右の

×：トップダウン処理である。ボトムアップ処理とは、まずは感覚情報に基づいた部分処理が行われ、より高次なレベルへと処理を進める方法である。

耳に別々の文章を聞かせ、どちらかの耳から聞こえた音声を**追唱**させると、**指定された方**から聞こえたものについては**追唱**できるが、**反対の耳**から聞こえたものはほとんど**追唱**できない。ただし、追唱しない方の音声にピーという**機械音**を挿入すると、**内容**は覚えていないが**音**が含まれていることは覚えている。このことから、聴覚における注意のあり方とは、注意を向けられなかった音声については**物理的処理**はできても、**意味的処理**が困難であり、注意を向けられた音声のみを**意識的**に処理することが明らかにされた。

■注意の両耳分離実験

ストループ効果 ★★★
Stroop effect □□□

Stroop, J.（ストループ）が提唱した、**感覚情報**と**言語情報**の**競合現象**をいう。例えば、赤インクで書かれた「青」という文字について色名を答える場合と、色のついた紙の色を答える場合では、前者の方が後者よりも**反応**が遅れたり、**間違え**たりする。一般的に人は**文字を読む**ことが自動化されており、**文字の色**に注意を向けることがむずかしくなっているために起こると考えられる。

心的回転 ★★★
mental rotation □□□

視覚的イメージを形成し、それを心的イメージとして**脳内**で

Q たくさんの人が会話している環境でも、自分に関する話題に気づくことができる現象をカクテルパーティー効果という。

操作し回転させることをいう。Shepard, R.（シェパード）とMetzler, J.（メッツラー）は、標準図形と比較図形を呈示し、実験参加者にその**異同判断**を行わせたところ、両図形の**角度差**が大きいほど**照合**に時間がかかることが示された。つまり、心的イメージが**具体物**のように**回転操作**されていることが示唆された。

スキーマ／スクリプト
schema / script

　スキーマとは、ある**概念**や**イメージ**を表現するための、**抽象的**で一般的な**知識のまとまり**をいう。われわれの知識は情報が単体としてバラバラに存在するのではなく、関連する情報同士が結びついて**構造化**されていると考えられる。例えば、洗濯機についてのスキーマは、洗濯機そのものだけでなく、家電製品スキーマや浴室スキーマ、家スキーマと結びついているだろう。

　スクリプトとは、**日常的に経験される出来事**についての一連の**知識**をいう。例えば、友人から「歯が痛くて病院に行った」という話を聞いたとき、ほかのことは明確に伝えられなくても、聞き手は**スクリプト**の働きによって、歯医者に行って治療したのだろうと類推する。スキーマやスクリプトは、認知活動における**枠組み**として作用し、情報を**判断**したり、**理解**するために用いられる。

言語相対性仮説
linguistic relativity hypothesis

　言語の形式が**思考**や**知覚**の形式を決定するという考え方であり、**サピア・ウォーフ仮説**ともいう。

　例えば、英語では「雪」を表す言葉は"snow"の1語だけであるが、エスキモー語では雪の状態によって複数の言葉がある。このように、言語相対性仮説は個人がどのような**言語**を使用するかによって、その個人の**思考**や**知覚**が形づくられると考える。

　言語相対性仮説には、言語が思考を**規定する**という**強い仮説**（**言語決定論**）と、言語が思考の内容に**影響**を及ぼすという**弱い仮説**（**言語相対論**）の2つの考えがある。

メンタルレキシコン
mental lexicon

　人間が脳内に保持している**単語**の集合体をいう。**心的辞書**とも呼ばれる。記憶研究の立場では、メンタルレキシコンは**長期記憶**における**意味記憶**に貯蔵されていると考えられている。

　ある事物について言語的な名称を知らなくても、知っている概念を組み合わせて表現することは可能であることから、メンタルレキシコンにおいて**語彙的表象**と**概念的表象**は別々に保持されていると考えられている。

　語彙的表象には単語の**形式的な情報**である**形態**や**音韻**などの情報が含まれており、概念的表象には**意味的な情報**が含まれている。単語の概念的表象がネットワーク状につながっているとするのが**意味ネットワーク理論**である。また、意味ネットワーク理論を前提に、単語の処理メカニズムについても考慮しているのが**活性化拡散モデル**である。

Q　心的回転の実験では、標準図形と比較図形の角度差にかかわらず、両図形の異同判断の時間は変わらないことが示された。

意味ネットワークモデル
semantic network model

Collins, A.M.（コリンズ）とQuillian, M.R.（キリアン）によって提唱された、意味に関する情報は**階層構造**をなし、**リンク**で結合した**ネットワーク**を形成しているというモデルである。例えば、「動物―鳥―カナリア」というような**上位―下位**の階層が仮定され、上位の概念は下位の概念の**カテゴリー**として機能する。

また、**異なるカテゴリー**の下位概念同士は直接は**結びついていない**ことを仮定しており、例えば「カナリア」と「ダチョウ」はどちらも「鳥」の下位概念だが、直接的な線分では結びついていない。この理論では、**同じ階層の概念間の関係**は考慮されておらず、「カナリア」と「ダチョウ」は似ていないにもかかわらず、どちらも「鳥」の下位概念として**同じ階層**にあるなど、理論的な限界も多い。

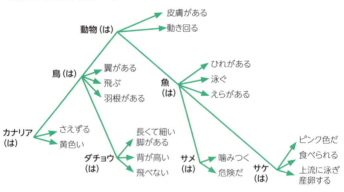

活性化拡散モデル
spreading-activation model

Collins, A.M.（コリンズ）とLoftus, E.F.（ロフタス）による、意味ネットワークモデルを改良したモデルで、概念同士は意味

×：角度差が大きいほど、異同判断にかかる時間は長くなる。

的に類似性の高いものほど近くに配置され、共通する特徴にしたがって他の概念と連結される立体的ネットワークモデルである。概念間の連結は、類似性に基づく結びつきの強さとみなされ、距離として表現される。例えば、「カナリア」のように「鳥」の典型と考えられる概念と、「ダチョウ」のように典型的とは考えにくい概念では、「鳥」との距離が異なって表現される。

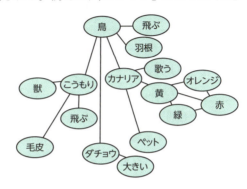

機能的固着 ★★★
functional fixedness

創造的思考の妨害要因である、問題解決者が先行経験によって問題場面に置かれた対象の本来的、習慣的な機能に固着してしまう心理的構えのことを指す。

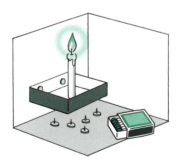

Duncker, K.（ドゥンカー）は、実験参加者を、ろうそく、マッチ、画鋲の道具が紙箱に入れられて渡される群と、紙箱に入れられずにテーブルに置かれている群に分け、木の壁に沿って床につかないようにろうそくをともすよう求めた。すると、道具がテーブルに置かれていた群では全員が課題を解決できたのに対して、道具が紙箱に入れられていた群では半数以下の実

意味ネットワークモデルとは、意味的に類似性の高い概念同士が近くに配置される立体的ネットワークモデルである。

験参加者しか解決できなかった。道具が紙箱に入れられて渡されると、紙箱を「ものを入れる道具」としてみてしまい、燭台として使うといった**解決方法**が阻害されたと考えられる。経験や習慣によって**固定化**された紙箱の機能についての**認知**を転換し、目的に合わせて**再体制化**することによって、紙箱に燭台としての機能を発見するという**創造的思考**が生じたのである。

アルゴリズム／ヒューリスティック
algorithm / heuristic

　両者とも問題解決場面における**情報処理プロセス**を指す。ある問題を解決する際に、所定の方法に従えば**時間**はかかるが**必ず解決**につながる方法をアルゴリズムといい、必ずしも解決につながるとは限らないが、成功すれば解決に要する**時間**や**労力**を大幅に減らせる方法をヒューリスティックという。ヒューリスティックは、規則的な手順で正解に導く**アルゴリズム**とは異なり、人間の限りある**認知資源**を節約し、速やかに**近似的な解**を得るために日常的に頻繁に用いられている。

　例えば、ある町に自分の親戚がいるかどうかを調べる場合に、電話帳に掲載されているすべての人に電話をかけていく方法が**アルゴリズム**で、自分と同じ名字の人だけに電話をかけていく方法が**ヒューリスティック**である。前者の場合、膨大な**時間**と**労力**を要するが、親戚の有無に関してはほぼ**正確な解答**が得られる。後者の場合、成功すれば少ない**時間**と**労力**で解答が得られるが、結婚などの理由で違う名字を名乗っている親戚を**見落としてしまう**可能性がある。

確証バイアス
confirmation bias

　何らかの仮説や考えを証明しようとする際、さまざまな情報

のなかからその**仮説**に合致するような**情報**を**選択的**に重視したり、獲得する傾向のことをいう。その結果、仮説にとって**都合の悪い情報**は軽視されたり、無視される。そのため、すでにもっている仮説や考えは**維持**されやすく、それに対する**反証**を探すことはほとんどない。確証バイアスが現れやすい課題として、Wason, P.C.（ウェイソン）によって考案された**4枚カード問題**がある。

4枚カード問題
four-card problem

Wason, P.C.（**ウェイソン**）によって考案された課題のことである。それぞれに母音A、子音K、偶数4、奇数5が書かれた**4枚のカード**がある。これらのカードについて、「表が母音なら、裏は偶数である」という規則がきちんと適用されているかどうかを確かめる場合、どのカードをめくる必要があるのかを解答するという課題である。

この課題は、人は**肯定された情報**にまず目が向きやすく、本来ならその**反証**も併せて確認すべきところを怠ってしまうことを示している。このように、**仮説や考えに合う情報**ばかりに目が向き、その**反証を考えない傾向**を確証バイアスという。

代表性ヒューリスティック
representativeness heuristic

ある事象が**特定のカテゴリー**に属する確率について、その事象がそのカテゴリーを**見かけ上**よく代表しているかどうかに基

先行経験によって問題場面に置かれた対象の本来的、習慣的な機能に固着してしまう心理的構えのことを学習の構えという。

づいて判断する**直観的な方略**のことをいう。**客観的**な確率論に基づいた判断ではなく、**主観的**にある事象が生じる確率を**過大**に見積もる傾向がある。

例えば、Tversky, A.（トヴァスキー）とKahneman, D.（カーネマン）の、「リンダは31歳の独身女性である。非常に知的で、はっきりものを言う。大学時代は哲学を専攻しており、学生の頃は社会主義と差別問題に関する活動に深く関わり、核兵器反対のデモにも参加したことがある。さて、リンダの今を推測する場合、彼女が銀行員であるのと、彼女が銀行員で女性運動で活動しているのと、可能性が高いのはどちらか」という「**リンダ問題**」がある。後者は前者の**部分集合**であるので、確率としては前者の方が高いはずだが、多くの人は後者の確率が高いと考えてしまう。

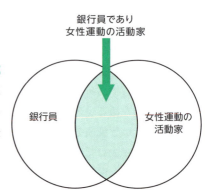

利用可能性ヒューリスティック ★★★
availability heuristic

ある事象の**生起頻度**について、それに当てはまる事例の想起しやすさに応じて判断する**直観的な方略**のことをいう。記憶の想起しやすさは**現実の生起頻度**を必ずしも反映しているわけではなく、**目立ちやすい事象**は**選択的**に想起されて、その生起頻度が**過大**に見積もられる傾向にある。例えば、Tversky, A.（トヴァスキー）とKahneman, D.（カーネマン）の実験では、「k」で始まる単語と、**3文字目**が「k」の単語で

はどちらが多いかという問いについて、多くの実験参加者が前者と答えている。実際には、後者の方が前者よりもはるかに多いにもかかわらず、後者に該当する単語を思い出すよりも、前者に該当する単語を思い出す方が容易であったため、そのように回答したと考えられる。

係留と調整ヒューリスティック ★★★
anchoring and adjustment heuristic

　ある事象について、**最初に与えられた情報**にとらわれた判断をする直観的な方略のことをいう。係留とは、船などを**つなぎとめる**ことを意味する。そして、船が係留地点からそれほど遠くまで動けないのと同じように、情報が与えられた後の調整は**むずかしいこと**が多い。例えば、ある人口の少ない離島について、「50人よりも多いか、少ないか」という質問を行い、「多い」及び「少ない」という回答のそれぞれに、「それではどのくらいいると思うか」という質問をする。すると、ほとんどの人が「100人」や「30人」などの「50人」から極端に離れない回答をする傾向にある。つまり、「50人」を係留地点として、判断しているためである。

　人の情報処理能力には**限界**があるため、すべての情報を**同時**に処理することは不可能である。そのため、入手した情報を**逐次的**に処理するプロセスをとる。その際に与えられた**初期値**が異なると、最終的な**推定値**も大きく異なるのである。

再認ヒューリスティック ★★★
recognition heuristic

　再認ヒューリスティックとは、**既知のもの**とそうでないものからなる選択肢の中から判断する場合、**既知のもの**を高く評価してしまう直感的な方略のことをいう。例えば、既知の都市と

Q: ある事象の生起頻度について、それに当てはまる事例をどれだけ思い出しやすいかに応じて判断する直観的な方略を代表性ヒューリスティックという。

075

そうでない都市のうち、人口の多い方を判断させるという課題について、「知っているから大都市であろう」と判断する場合などが挙げられる。

ヒューマンエラー ★★☆
human error

意図しない行為によって事故や品質不良などの**意図しない結果**が生じることを指す。**手間**や**コスト**を省くことを優先して、**安全**を阻害する恐れのある行為を意図的に行う**不安全行動**とは異なる。

ヒューマンエラーの分類には、すべき行為をし忘れてしまった**オミッションエラー**と、間違った行為をしてしまった**コミッションエラー**がある。また、人間の情報処理過程に沿って、錯覚や見間違い、聞き間違いなどの情報や操作対象の知覚や認知の失敗である**入力エラー**、認知した情報に基づいた判断や決定の失敗である**媒介エラー**、やり間違いやし損ないといった動作や操作の失敗である**出力エラー**に分類されることもある。

ヒューマンエラーによる事故を防ぐためには、人間は**間違えること**を前提として、エラーが起きないような機器やシステムの設計をする**フールプルーフ**や、エラーが起こっても**安全**だけは確保されるシステム設計をする**フェールセーフ**などの対策が挙げられる。

プロスペクト理論 ★☆☆
prospect theory

行動経済学とは人びとの**経済行動**を説明することを目指した学問であり、**消費者心理**に関する分野も扱っている。プロスペクト理論は、Kahneman, D.（カーネマン）とTversky, A.（トヴァスキー）が提唱した**意思決定理論**であり、行動経済学に大

×：利用可能性ヒューリスティックである。

きな影響を与えた。

プロスペクト理論では、人は**損失**を忌避する傾向があると考える。**得られた利益**と**被った損失**を額面通りの金額として認識せず、同じ金額では利益を得られたときの**高揚感**よりも損失による**落胆**の方が大きいことが実験によって明らかにされている。このことから、利益が認識される状況においては「損をしたくない」と**リスク回避的**になり、損失が認識される状況においては「損失を取り戻そう」と**リスク志向的**になるとされている。

再生法／再認法
recall / recognition

両者とも記憶に関する研究方法であり、**記銘した情報**について**確認する**方法である。再生法とは、記銘した情報をそのまま思い出して**再現する**方法である。試験の**穴埋め問題**や**記述問題**のように、覚えたものを思い出して書きだすといった例が挙げられる。再認法とは、目の前に提示された情報が**以前記銘したものかどうかを判断する**方法である。試験の**多肢選択問題**や**正誤判断問題**のように、提示された情報について以前覚えたことと一致するかどうかを判断するといった例が挙げられる。一般的に**再認法**の方が**再生法**よりも学習成績がよいとされる。

再学習法
relearning method

記憶に関する研究方法のひとつである。一度**完全**に記銘した**記憶リスト**を、一定時間後に**再び記銘**し、最初に記憶したときと比較して、どのくらい**学習時間**や**試行数**に差があるのかを測定する方法である。Ebbinghaus, H.（エビングハウス）の記憶研究において、**記憶の忘却**を測定するために用いられた。

彼は**自分自身**を被験者とし、まず32個の**無意味綴り**を完全

Q 再認法とは、記銘したものをそのまま思い出して再現する方法である。

に暗記した。そして最初に覚えたときよりも、2回目以降に同じ内容を覚え直そうとするときのほうが短時間で覚えられることを利用し、最初のときと2回目以降のときに暗記に要した時間や試行数の差を測定した。そして、記憶の間接的な保持率である節約率を算出し、エビングハウスの忘却曲線が見いだされた。

エビングハウスの忘却曲線 ★★★
Ebbinghaus curve of retention □□□

Ebbinghaus, H.（エビングハウス）は、自分自身を被験者として記憶内容が時間経過にともなって忘却される過程を調べた。再学習法によって得られる記憶の間接的な保持率である節約率を算出し、横軸に時間、縦軸に節約率をプロットして描いたものが忘却曲線である。この曲線は最初の20分で急激に下降するが、その後は一定の水準を保つなだらかな経過をたどる。

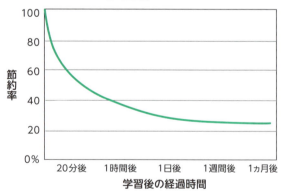

■エビングハウスの忘却曲線

記憶の2貯蔵庫モデル ★★★
two-store memory model □□□

記憶の保持について、短期記憶と長期記憶という2つの異な

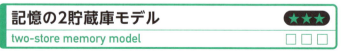

×：再生法である。再認法は、提示された刺激が以前記銘したものかを判断する方法である。

る情報の**貯蔵システム**を想定する記憶モデルを指す。Atkinson, R.（アトキンソン）とShiffrin, R.（シフリン）が提唱した。このモデルでは、情報はまず**感覚登録器**に一時的に保持され、そこで**注意**を向けられた情報が**短期記憶**に送られ、一定時間保持される。さらに、短期記憶内で**リハーサル**を受けた情報が**長期記憶**に転送され、**半永久的**に保持されることになる。このモデルが支持される根拠として、**系列位置効果**が挙げられる。

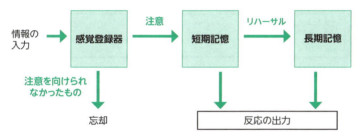

系列位置効果 ★★★
serial position effect

系列学習において系列の**順序**によって学習成績に影響が見られることを指す。縦軸に**想起成績**、横軸に**系列位置**をプロットして描いた**系列位置曲線**から、系列の**冒頭部分**の想起成績がよい**初頭効果**と、系列の**末尾部分**の想起成績がよい**新近効果**が見られ、系列の中間部分が最も保持されにくいことが知られている。このような効果は、**短期記憶**、**長期記憶**といった**記憶の2貯蔵庫**の存在を示すとされている。つまり、初頭効果は**リハーサル**が行われやすい冒頭部分の情報が**長期記憶**に転送されたものであり、新近効果は情報提示直後であるため、**短期記憶**からの想起とされている。

再学習法とは、Ebbinghaus, H.が記憶の再認研究をするために用いた方法である。

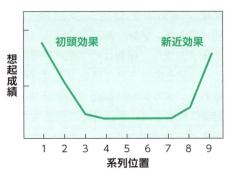

感覚記憶
sensory memory

各**感覚受容器**によって得られたすべての情報が**符号化**されずに、そのままのかたちで**瞬間的**、**一時的**に保持された記憶をいう。例えば、視覚刺激の記憶である**アイコニックメモリー**の持続期間は**1秒**以内、聴覚刺激の記憶である**エコーイックメモリー**の持続期間は**数秒**以内とされる。感覚記憶は情報処理における最初の、**符号化**以前の段階である。

このように、**一時的に**記憶されたすべての情報のうち、**注意**を向けられた情報のみが**短期記憶**に送られ、注意を向けられなかった情報は忘却される。

短期記憶
short-term memory

持続期間が**15〜30秒**程度の短い**一時的**な記憶をいう。容量限界があり、成人の場合でも**7±2チャンク**程度とされている。短期記憶は、情報を反復想起する**リハーサル**によって**短期記憶内**に維持されたり、**長期記憶**に転送される。つまり、**リハーサル**による記銘処理がなされなければ、**忘却**されてしまうのである。

×：再学習法は、忘却の研究のために用いられた方法である。

近年では、短期記憶を一時的な**情報の貯蔵庫**としてではなく、会話や読書、計算などの**情報処理のフィールド**としてとらえる見方から**作動記憶（作業記憶）**とも呼ばれる。

7±2チャンクは「マジカルナンバー」とも呼ばれます。

維持リハーサル／精緻化リハーサル ★★★
maintenance rehearsal / elaborative rehearsal

短期記憶内に貯蔵された情報を、意図的あるいは無意図的に何回も**反復して想起する**ことをいう。リハーサルには、同じ情報を単純に反復する**維持リハーサル**と、情報に対する**イメージ処理**や**意味的処理**によって、すでに獲得している情報と関連づける**精緻化リハーサル**の２つがある。短期記憶の貯蔵時間は限られており、入力された情報は何もしないと失われてしまう。**リハーサル**によって、**短期記憶**からの忘却を防いだり、**長期記憶**へと転送することが可能になる。

作動記憶（作業記憶） ★★★
working memory

短期記憶を単なる情報の**一時的な貯蔵庫**ととらえず、**情報処理のフィールド**としての機能を重視した考え方である。つまり、会話や学習、計算、推理などのさまざまな**認知機能**に合わせて**情報処理**を遂行するための記憶である。

Baddeley, A.（バッデリー）は、視覚的・空間的情報を処理するための**視空間スケッチパッド**、言語的情報を処理するための**音韻ループ**、視空間スケッチパッドと音韻ループからの情報を統合して保持したり、長期記憶へのアクセスと統合を行う**エピソード・バッファ**、これらの下位システムを制御する**中央**

Q 短期記憶を一時的な情報の貯蔵庫としてではなく、情報処理のフィールドとしてとらえた考え方を作動記憶という。

実行系からなるモデルを提唱している。

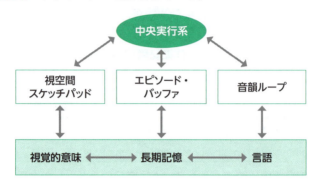

長期記憶 ★★★
long-term memory

　容量限界がなく、半永久的に保持される記憶を長期記憶という。短期記憶内の情報の一部がリハーサルにより、長期記憶に転送されると考えられる。記憶内容によって、宣言的記憶と非宣言的記憶に分けられる。

　宣言的記憶とは、言葉によって記述することができる事実に関する記憶である。宣言的記憶は一般的な知識としての記憶である意味記憶と、いつ・どこで・どのようなことが生じたのかといった経験に関するエピソード記憶に分けられる。

　非宣言的記憶とは、言葉によって記述することができない記憶をいう。技能や手順に関する手続き記憶、先行する情報が後の情報に影響を及ぼすプライミングなどが含まれる。

長期記憶の分類も出題されているので、しっかり覚えておきましょう。

プライミング ★★★
priming ☐☐☐

　先行する**プライム刺激**の受容が後続する**ターゲット刺激の処理**に**無意識的**に**促進的**な効果を与えることや、**長期記憶**のなかの特定の情報が過去の経験から**想起されやすくなる**ことを指す。条件によっては、**抑制的**な効果を示す場合もあり、この場合は**ネガティブ・プライミング**という。

　プライミングは、プライム刺激の想起を意識しなくても生じることから、**潜在記憶**に分類される。

　例えば、**プライム刺激**として、「しんりがく」を提示し、一定時間後に「□□りがく」といった**単語完成テスト**を行うと、多くの実験参加者が「せいりがく」などではなく、「しんりがく」と回答する。つまり、先行刺激である「しんりがく」が後続する課題の処理に**促進的な効果**をもたらしたのである。

プライミングは活性化拡散モデル（P70）によって説明できるとされています。

潜在記憶／顕在記憶 ★★★
implicit memory / explicit memory ☐☐☐

　過去経験の**想起意識**の有無による記憶の分類のうち、**思い出す**という意識をともなわない記憶を潜在記憶という。

　例えば、自転車に乗るときに、自転車のこぎ方を思い出しながら足を動かしているわけではない。また、何を食べるか決める際に、意識しなくても、その決定は多くの過去経験の影響を受けている。

　一方、**思い出す**という意識をともなう記憶を顕在記憶という。例えば、試験問題を解くために記憶したことを思い出したり、先週友だちと映画を観に行ったというような記憶である。

Q　先行するプライム刺激の受容が、後続するターゲット刺激の処理に意識的に促進的な効果を与えることをプライミングという。

展望記憶
prospective memory

人との約束や予定など**未来**に行うことについての記憶をいう。今夜友だちと食事に行く、来週旅行に出かけるといった例が挙げられる。一般的に、展望記憶はある行為を意図した時点からそれを行うまでに**ある程度の時間**が置かれており、その間にそのことが一旦**意識**から離れている場合を指す。

また、展望記憶は意図した時点で意図した行為を行うために、はっきりとした想起手がかりのない状況で**タイミングよく**想起される必要がある。なお、過去についての記憶を**回想記憶**という。

処理水準モデル
levels of processing

Craik, F.I.M.（クレイク）と **Lockhart, R.S.**（ロックハート）によって提唱された記憶モデルである。ある情報に対する認知的処理は、**感覚的**、**物理的**な分析を行う**浅い水準**から、**抽象的**、**意味的**、**連想的**な分析を行う**深い水準**まで階層構造をなしている。記憶は、認知的処理の副産物であり、情報を**深く**処理すればするほど、**保持**が良好であると考える。

例えば、言葉の文字の形態や音韻に注意するような**浅い処理**を行うよりも、意味を考えたり、何かと関連づけるような**深い処理**を行う方が、その言葉の**記憶保持**は優れる。

浅い水準
刺激の感覚的・物理的特性の処理
言語的・音韻的処理
意味的な処理
深い水準

×：無意識的に促進的な効果を与える。

記憶の変容

memory distortion

　長期記憶内の情報は、そのまま保持されているのではなく、さまざまな要因によって変容することがある。**Bartlett, F.（バートレット）** は、**北米ネイティブアメリカン**に伝わる民話を**イギリス人**に聞かせ、のちに想起を求めた。

　すると、話の**短縮**や筋立ての**明瞭化**、理解しにくいものは選択的に**忘却**、**単純化**、つじつまを合わせるための**内容の挿入**など、記憶の変容には一定の法則性がみられることが明らかにされた。

　この実験結果から、彼は、新奇刺激を記憶する際、もともとその個人がもっている**スキーマ**に沿って、**解釈**しやすいかたちで情報を**再構成**していると主張した。

自伝的記憶

autobiographical memory

　人が人生において経験した**出来事の記憶**をいう。自伝的記憶は**エピソード記憶**の一種であるが、より**自己**に深く関与する記憶とされる。

　自伝的記憶は、出来事を経験した時期と想起率の関連に特徴があるとされている。具体的には、最近の出来事の想起率が高い**新近性効果**、0歳～5歳くらいに経験した出来事の想起率が極端に低い**幼児期健忘**、10代～30代に経験した出来事の想起率が高い**レミニセンス・バンプ**である。レミニセンス・バンプは、**高齢者**において顕著にみられるとされる。

　自伝的記憶の機能として、**自己**、**社会**、**指示**の3つが挙げられる。自己機能は、自己の**連続性**や**一貫性**を支えたり、過去と現在を対比させることで成長した**望ましい自己像**を維持する。社会機能は、相手に自分の経験を話すことにより記憶を共有す

> Q: 記憶の変容を研究するために、北米ネイティブアメリカンに伝わる民話をイギリス人に聞かせる実験を行ったのは、Baddeley, A. である。

ることで**親密性**や**凝集性**が高まり**対人関係**を形成、維持する。指示機能は、過去経験が類似の状況における**行動**や**判断**の決定や動機づけ、**価値観**や**態度**を確認する。

フラッシュバルブ記憶 ★★★
flashbulb memory

劇的で**感情**を強く動かされるような**重大な出来事**について、それを**知らされたときの状況**を**鮮明**かつ**詳細**に**想起できること**をいう。

有名な例として、**J. F. ケネディ大統領暗殺事件**を聞いた当時成人だった多くの人は、そのとき自分がどこにいて何をしていたのかを詳しく説明できたことが挙げられる。そのように当時を**鮮明**に思い出すことができる記憶であるとされているが、その要因として、人びとやマスメディアがそのような重大な出来事を**定期的**に話題にすることが多いため、**リハーサル**を行う機会が多く、詳細な記憶の保持につながっていることが指摘されている。

フラッシュバルブ記憶が、通常の記憶と異なるとされる特徴として、①想起の際にその出来事を聞いたときの場所や活動、情報源、感情、事後状況などを報告している、②その想起が、完全で、鮮明で、かつ忘れにくいといったことが挙げられます。

気分―状態依存効果 ★★★
mood state dependent effect

ある気分で記銘された情報が、再生時に**同じ気分**であるとより想起されやすい現象を指す。

例えば、楽しい気分のときに学習した内容は楽しい気分のときにより思い出され、悲しい気分のときに学習した内容は悲し

×：記憶の変容の研究を行ったのはBartlett, F.である。

い気分のときにより思い出されることである。つまり、気分─状態依存効果は記銘時と再生時の気分に着目し、記銘時の気分が想起に影響を及ぼす現象である。なお、気分一致効果は現在の気分に着目し、それと一致する情報の想起が促進される現象である。

感情に限らず、一般的に、記銘した文脈と再生するときの文脈が一致していれば想起は促進される。これを記銘特殊性原理と呼ぶ。

メタ認知
metacognition ★★★

認知についての認知、すなわち自己の認知活動の監視を通して、行動目標に沿った評価及び制御を行う、高次の認知活動のことを指す。近年、メタ認知が日常のさまざまな高次の認知活動と密接に関連していることが知られている。

メタ認知は、メタ認知的知識とメタ認知的活動に大きく分けられる。メタ認知的知識とは、「人は失敗のなかから学習する」「人は自分と同じ考えを他者ももっていると考えがちである」などの認知についての知識や、「長い文章は意味を取り違えやすい」「絵を描くとわかりやすい」などの課題やその解決方略の知識を指す。また、メタ認知的活動とは、自らの認知状態の監視や評価、目標設定や計画、認知の修正など、認知状態のコントロールを指す。

> レミニセンス・バンプとは、10代〜30代に経験した出来事の記憶の想起率が高い現象である。

03 学習

学習の生物学的制約 ★★★
biological constraints on learning

動物にはそれぞれの種に生存のための特有の仕組みが生得的に備わっており、そのような傾向が学習を規定する。これを学習の生物学的制約という。例えば、ラットに甘味のある溶液と光を同時に呈示した後に、体調不良を引き起こす薬剤を注射すると、ラットはその溶液を飲まなくなった。また、別のラットに、甘い溶液と光を呈示した後に、電気ショックを与えると光を避けるようになった。つまり、条件づけには、刺激と反応の結合が容易な組み合わせと、困難な組み合わせが種によって存在する。

古典的な学習理論は、あらゆる種に対して、あらゆる刺激や反応、強化子に適用できる一般法則を明らかにしようとしていた。しかし、1970年頃からそのような古典的な学習理論の枠組みに当てはまらず、生物学的な文脈によってはじめて意味をもつ学習が実験結果として示されるようになった。

レスポンデント条件づけ ★★★
respondent conditioning

生理的な反射を引き起こす無条件刺激と中性的な刺激である条件刺激を対呈示することによって、条件刺激だけで生理的な反射と同じ反射である条件反応を形成させる一連の手続きのことをいう。古典的条件づけともいう。代表的な実験としてPavlov, I.P.（パヴロフ）の実験が挙げられる。

Pavlov, I.P.（パヴロフ）は、イヌの舌に肉粉（無条件刺激）を与える際に、ベル音（条件刺激）を聞かせることを繰り返し

学習とは経験による持続的な行動変容と定義されています。ここでは、代表的な学習理論であるレスポンデント条件づけやオペラント条件づけ、問題解決などについて取り上げています。

ていると、肉粉がなくベル音を聞かせただけでもイヌが唾液を分泌するようになることを発見した。また、Watson, J.B.（ワトソン）の**アルバート坊や**の実験もレスポンデント条件づけに基づいた実験として有名である。

オペラント条件づけ ★★★
operant conditioning

ある状況での**自発的**な行動である**オペラント行動**に対し、**報酬**や**罰**となる刺激を与えることによって、その**行動頻度**を変容させる一連の手続きのことをいう。**道具的条件づけ**ともいう。Skinner, B.F.（スキナー）が代表的な研究者である。彼は、**スキナー箱**と呼ばれるレバーを押すとエサを得ることのできる実験装置を用いて、ネズミがエサを得る手段としてレバーを押すことを習得する過程を示している。

そして、オペラント条件づけは、**弁別刺激―オペラント行動―強化刺激**という一連の連鎖からなる**三項随伴性**によって制御されると指摘した。

般化 ★★★
generalization

ある刺激に対して条件づけされた反応が、**他の刺激**に対しても**同様**に生じることをいう。レスポンデント条件づけでは**条件**

> レスポンデント条件づけは、弁別刺激―レスポンデント行動―強化刺激の三項随伴性によって成立する。

刺激について、オペラント条件づけでは弁別刺激について生じる。縦軸に反応数、横軸に刺激類似度をプロットして描いた曲線は、原学習の刺激との類似度が低

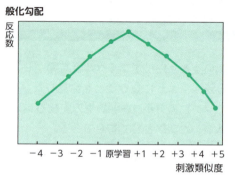

くなるほど反応は低下するため、原学習の刺激をピークとする勾配が現れる。これを般化勾配という。

弁別 ★★★
discrimination

ある特定の刺激に対してのみ、反応が生じるようになることをいう。レスポンデント条件づけにおいて、イヌに原学習としてある音を条件刺激として無条件刺激を対呈示し、ほかの音には対呈示しないと、その音には条件反応が生じるが、ほかの音には条件反応が現れなくなるといった例が挙げられる。

また、オペラント条件づけにおいては、ハトに赤いランプがついたときにキーをつつくとエサがもらえるようにし、オレンジのランプがついたときにはキーをつついてもエサがもらえないという条件づけを行うと、赤いランプがついたときにはキーつつきが見られるが、オレンジのランプがついたときにはキーつつきが見られなくなるといった例が挙げられる。

強化／消去 ★★★
reinforcement / extinction

レスポンデント条件づけにおける強化とは、条件刺激と無条

×：三項強化随伴性によって成立するのはオペラント条件づけである。

件刺激を対呈示することをいう。また、条件刺激と無条件刺激を対呈示することによって条件反応が形成された後に、無条件刺激は呈示せずに条件刺激のみを呈示することを消去という。

オペラント条件づけにおける強化とは、オペラント反応の後に随伴した結果によって、その反応頻度が増加することをいう。オペラント条件づけにおける強化には、例えば食べ物などの快刺激が呈示されることによって反応頻度が増加する正の強化、痛みなど嫌悪刺激が除去されることによって反応頻度が増加する負の強化がある。また、オペラント反応が形成された後に、随伴していた結果が生じなくなることによって、オペラント反応の生起頻度が次第に減少し、やがて生起しなくなることを消去という。

自発的回復 ★★★
spontaneous recovery

レスポンデント条件づけにおいて、消去によって条件反応が生起しなくなった後、しばらく休止期間をはさんで再び条件刺激を呈示すると、一時的に条件反応が回復する現象をいう。Pavlov, I.P.（パヴロフ）は、消去は条件反応を積極的に抑制する生理作用である内制止によるものだと考えた。つまり、消去は刺激─反応の結合を消滅させるのではなく、反応を抑制するだけであって、刺激の休止により内制止の働きが一時的に緩んだ後に条件刺激を再び呈示することで自発的回復が生じると考えた。

罰 ★★★
punishment

オペラント条件づけの手続きにおいて、オペラント反応の後に随伴した結果によって、その反応頻度が減少することをいう。

Q 消去が成立した後、しばらく休止期間をおいて再び条件刺激を呈示すると、一時的に条件反応が回復する現象をハンフリーズ効果という。

罰には、例えば叱責などの嫌悪刺激が**呈示**されることによって反応頻度が減少する**正の弱化**、給与など快刺激が**除去**されることによって反応頻度が減少する**負の弱化**がある。

	快刺激	嫌悪刺激
呈示	正の**強化** 行動の頻度が**増す**	正の**弱化** 行動の頻度が**減る**
除去	負の**弱化** 行動の頻度が**減る**	負の**強化** 行動の頻度が**増す**

オペラント条件づけにおける強化と弱化の関係は表のようになります。

強化スケジュール ★★☆
reinforcement schedule

特定のオペラント反応についてどのように**強化**していくかについての**規則**のことを指す。

特定のオペラント反応が生起するごとに強化を与えるものを**連続強化スケジュール**という。

一方、特定のオペラント反応が生起するごとではなく、一部に強化を与えるものを**部分強化スケジュール**という。部分強化スケジュールは、強化と強化の**時間間隔**や**反応回数**などに基づいて、いくつかの種類に分類される。

固定時隔スケジュールは反応回数に関係なく、一定の**時間間隔**で強化を行うものである。**変動時隔スケジュール**は強化と強化の間の**時間間隔**をランダムに変化させるものである。**定比率スケジュール**は一定の**反応数**ごとに強化を行うものである。**変動比率スケジュール**は強化に必要な**反応数**をランダムに変化させるものである。

部分強化スケジュールにおいて、学習された反応の**消去抵抗**が高くなることを**ハンフリーズ効果**あるいは**部分強化効果**という。

×：自発的回復である。

嫌悪条件づけ
aversive conditioning

　生体に**嫌悪刺激**を用いた条件づけを行うことによって、反応の**生起頻度**を低減させたり、特定の対象などに**嫌悪感情**を形成させることを指す。

　レスポンデント条件づけにおいては、Watson, J.B.（ワトソン）の行った**アルバート坊やの実験**が例として挙げられる。アルバート坊やは当初、**白ネズミ**を怖がることなくペットとしてかわいがっていた。その彼の前に**白ネズミ**を置き、彼が手を伸ばしたときに背後で**大きな音**を発生させた。彼は**大きな音**に対して**恐怖反応**を示し大きな声で泣いた。この手続きを繰り返したところ、彼は**白ネズミ**を置いただけで、大声で**泣く**ようになった。

　つまり、**無条件刺激**である大きな音と、**条件刺激**である白ネズミを**対呈示**することにより、大声で泣くという**恐怖反応**が条件づけられたと考えられる。

ガルシア効果
Garcia effect

　ある食べ物を摂取した後で**体調不良**が発生すると、その**味覚**を手がかりとして、その食べ物を摂取しなくなる現象を指す。**味覚嫌悪学習**ともいう。Garcia, J.（ガルシア）は、ラットに甘味のある**サッカリン溶液**を摂取させた後、放射線や嘔吐剤などで**体調不良**を引き起こさせたところ、次に**サッカリン溶液**を与えても摂取しなかった。ガルシア効果は、**1回の対呈示**だけでも形成することが知られている。さらに、脳内における**味覚情報**と**内臓感覚情報**の連合学習によるものであることが明らかにされており、音や光などを条件刺激にしてもこのような現象は現れず、**味覚**に限って現れる。

Q　部分強化スケジュールにおいて、消去抵抗が高くなることをガルシア効果という。

逃避学習／回避学習 ★★★

escape learning / avoidance learning

嫌悪刺激が呈示されてから逃避行動が起こるまでの時間が短縮していく過程を逃避学習という。逃避学習は嫌悪刺激の呈示→逃避行動→嫌悪刺激の停止という過程を経るため、オペラント条件づけにおける負の強化と解釈できる。一方、弁別刺激に続いて嫌悪刺激が呈示される前の回避行動を獲得する過程を回避学習という。回避学習は、学習の初期においては、弁別刺激の呈示→嫌悪刺激の呈示→逃避行動→嫌悪刺激の停止という過程を経るが、学習が進むにつれて、弁別刺激の呈示だけで回避行動をとるようになり、回避学習が成立する。回避学習は嫌悪刺激が呈示されなくなってからも行動が消去されないことから、負の強化として解釈することがむずかしい。このことについて、Mowrer, O.H.（マウラー）は学習の2要因説を提唱した。どちらもシャトルボックスと呼ばれる実験装置を用いることが多い。

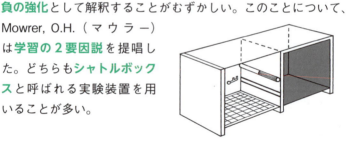

学習の2要因説 ★★★

two-factor theory of learning

Mowrer, O.H.（マウラー）による、回避学習にはレスポンデント条件づけとオペラント条件づけの両過程が働いているという理論である。例えば、シャトルボックス内の白い部屋にネズミを入れてしばらくすると電撃を与えるが、ネズミが隣の黒い部屋に移動すれば電撃を回避できる。試行を繰り返すと、ネズミは、白い部屋に入れられただけで電撃を受ける前に逃げるという回避学習が成立する。しかし、回避学習が一旦成立すると、

×：ハンフリーズ効果である。

電撃を受けないにもかかわらず回避行動の消去は進まない。

このことについて、Mowrer, O.H.（マウラー）はレスポンデント条件づけにおける電撃と白い部屋の対呈示により、白い部屋への恐怖反応が生じ恐怖低減の動因が生じると考えた。この動因は、オペラント反応である白い部屋からの回避行動によって低減され、そのために回避行動は強化され続けると考えた。

学習性無力
learned helplessness

自らの行動が結果に結びつかないことを学習することにより、自分は何をしても無駄だという認知から、不快な事態に対する解決への試みが放棄され、無気力になることをいう。

Seligman, M.E.P.（セリグマン）は、イヌを被験体に電撃を受ける装置を用いて、電撃から逃れられない状況を繰り返し経験させられた実験群と、そのような経験を経ていない統制群に、回避実験を行った。その結果、統制群が数回の試行で回避行動を行えるようになったのに対し、逃避不可能な状況を経験した実験群はじっとしたまま動かず電撃の苦痛に耐え続けているだけであった。また、Seligman, M.E.P.（セリグマン）は、愛する人との死別や失業、重篤な病気などに直面し抑うつ状態にある人は自分が無力であることを認知することから、ある種の抑うつの形成について学習性無力で説明できることを指摘した。

実験神経症
experimental neurosis

弁別実験において、弁別刺激として与える2種類の刺激が類似しており弁別が困難な場合、被験体が見せる神経症的状態をいう。Pavlov, I.P.（パヴロフ）は、イヌを被験体として、円形と楕円形の視覚弁別実験を行った。当初は、弁別しやすい円

形と楕円形を用いて、電撃による嫌悪条件づけを行ったところ、弁別が正常に成立した。しかし、真円に近い楕円形の弁別刺激によって、弁別が困難になり電撃を受ける可能性が高い状況では、イヌは弁別ができなくなるばかりか、興奮状態となって吠えたり噛みつくといった異常行動を示した。一旦その状態になると、弁別容易な刺激を用いた課題を行っても、学習が困難になることが知られている。

潜在学習
latent learning

行動には現れない潜在的な学習過程をいう。Tolman, E.C.（トールマン）らによって提唱された。彼らは、ネズミを、最初から迷路の出口にエサが置かれていた強化群、最後までエサが置かれなかった統制群、初めの10日間はエサが置かれなかったが11日目からエサが置かれた実験群の3群に分けて、迷路学習を行った。その結果、実験群も最初は統制群と同じように、強化群に比べて誤反応が多かった。しかし、エサが置かれるとすぐに強化群と同様に誤反応が少なくなった。つまり、実験群のネズミは、エサが呈示されるまでは誤反応なく出口に到着するという行動は現れなかったが、潜在的な学習は進んでおり、エサの導入によって行動として顕在化したと考えられる。

Tolman, E.C.（トールマン）は、これを手段―目的関係の学習と考え、実験群のネズミは迷路という手段と、エサという目的の関係について学習し、それがサイン・ゲシュタルトとして形成されたと考えた。

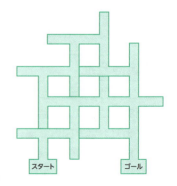

※：学習性無力の実験はSeligman, M.E.P.によって行われた。

観察学習
observational learning

　学習者が**直接**経験したり強化を受けたりせず、**モデル**となる他者の行動を**観察**することによってその行動を学習することをいう。**Bandura, A.（バンデューラ）** が提唱した。学習者が観察中に、モデルの行動に対して与えられる強化を**代理強化（間接強化）**といい、観察学習を促進する効果をもつ。Bandura, A.（バンデューラ）の、大人の**モデル**が**攻撃的行動**をしたときに褒められる様子を見て、幼児の**攻撃行動**が増加したという実験は有名である。観察学習は、モデルの行動に対して注意を向ける**注意過程**、モデルの行動を記憶する**保持過程**、記憶したことを行動として再現する**行動生産過程**、それらの3過程の生起を動機づける**動機づけ過程**の4過程によって成立するとされている。

バンデューラは自己効力感（P102）も提唱しています。

試行錯誤学習
trial and error learning

　Thorndike, E.L.（ソーンダイク） が「**ネコの問題箱**」という実験で見いだした、問題解決方略である。問題箱に入れられたネコは、はじめはさまざまな行動をしては**偶然**に脱出に至るだけであった。しかし、**試行**を繰り返すうちに、箱に入れられるとすぐに脱出できるようになった。Thorndike, E.L.（ソーンダイク）は試行錯誤学習が成立する原理として、生体が

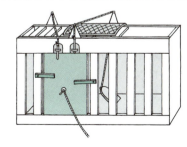

Q 「ネコの問題箱」を用いた試行錯誤学習の実験は、Köhler, W.によって行われた。

ある状況で起こした**反応**のうち、生体に**快**や**満足**をもたらした反応は**その状況**と強固に結びつき、同じような状況でその反応が生じやすくなるという**効果の法則**を提唱した。

洞察／学習　★★★
insight / learning

Köhler, W.（ケーラー） がチンパンジーを用いた実験で見いだした、問題解決方略である。**試行錯誤**によって徐々に誤りを減らしていくのではなく、過去の経験や問題場面についての**情報**を**統合する**ことによって「ああ、そうか」と**一気に解決への見通し**を立てることをいう。

Köhler, W.（ケーラー）は、棒が2本置いてある檻のなかに**チンパンジー**を入れ、1本使っただけでは届かない**檻の外**に、**バナナ**を置いて観察した。その結果、チンパンジーは最初はいろいろな方法を試すが、あるとき「2本の棒を組み合わせる」という解決方法に**突然**たどり着く。このことは、問題場面の初期状況において把握されたその場の**構造**が、バナナを取るという目的に沿って**再体制化**された結果と考えられる。

ケーラー

学習の構え　★★★
learning set

いくつかの種類の学習課題を経験することによって、その種類の課題の**学習の仕方**を学習することを指す。**Harlow, H.F.（ハーロウ）** が提唱した。

彼は、アカゲザルを被験体として、2つの図形のうちの一方が正刺激で何試行か繰り返すと変化する**弁別学習実験**を行った。はじめは、サルは特定の刺激への反応を学習するにすぎなかっ

×：試行錯誤学習の実験を行ったのはThorndike, E.L.である。

たが、さまざまな正刺激を経験するうちに、2つの刺激の一方が正刺激で、もう一方が誤刺激であるという**課題の性質**を学習し、最終的には高い正解率を示すようになった。つまり、サルは経験によって**課題の性質**を理解し、**学習の仕方**を学習するという学習の構えを形成したのである。

学習の転移
transfer

先に学習したことが、**後の学習**に**促進的**あるいは**抑制的**な影響を与えることを指す。

先行学習が後続学習に**促進的**な影響を与えることを**正の転移**という。スケートができるとスキーの上達も早いといった例が挙げられる。先行学習が後続学習に**抑制的**な影響を与えることを**負の転移**という。例えば、軟式テニスを習っていた人が硬式テニスに切り替えると、ラケットのもち方など軟式テニスでのクセが抜けず、習得が困難な場合がある。

また、右手や右脚といった身体の**片側**の器官を用いた先行学習が、左手や左脚といったもう**片側**の器官を用いた後続学習に影響を与えることを**両側性転移**という。

結果の知識
knowledge of result; KR

何らかの学習の際に、学習者に対して**反応の正誤**や**成否**についての**情報**を与えることである。10cmの線分を描く練習の場合、試行のたびに長さを測定して伝えるといった例が挙げられる。

学習者は与えられた**情報**を手がかりにして、**現状と目標との差**を把握し、必要に応じて**学習活動**を修正し、最終的には学習を達成することができる。

> 身体の片側の器官を用いた先行学習が、もう片側の器官を用いた後続学習に影響を与えることを両側性転移という。

04 動機づけ・情動

外発的動機づけ
extrinsic motivation

　動機づけとは、ある行動をする際にその動因や行動を**方向**づけたり**持続**させるプロセスを指す。**報酬**や**賞賛**といった、何かを得るための手段として行動することを**外発的動機づけ**という。外発的動機づけの考え方は、行動主義から生まれ、新行動主義の**Hull, C.L.（ハル）**が提唱した**動因低減説**によって注目された。動因低減説とは、食欲などの**生理的欲求**が満たされない状況で高まった**動因**を低減するために人は**行動し**、動因が低減された行動が**強化される**という考えである。

内発的動機づけ
intrinsic motivation

　報酬や**賞賛**を獲得するために行動するのではなく、行動の遂行によって**満足**や**喜び**を見いだすように、**行動そのもの**が目的となっていることをいう。内発的動機づけは、**能動的・主体的**な学習に関わるものとして教育心理学分野で注目され、数多くの研究が行われている。例えば、Lepper, M.R.（レパー）は、**意欲的**な活動に対して、**外的**な報酬を与えると、内発的動機づけが**低減する現象**を明らかにしている。これを**アンダーマイニング効果**という。

アンダーマイニング効果
undermining effect

　内発的に動機づけられた行動に対して、**外的な報酬**などを与えることによって動機づけが**低下する**現象をいう。過正当化効

動機づけ・情動は人間の行動を生起させるうえで重要な役割を果たしています。ここではさまざまな動機づけ、欲求、情動の生起説などについて取り上げています。

果ともいう。例えば、ボランティア参加者が予期せぬ金銭報酬を渡されてしまうと、ボランティアをする意欲が失われてしまう場合がある。もともとはその**行動自体**が報酬の役割をしていたにもかかわらず、それに対して**外的な報酬**を与えることによって、その行動が外的な報酬を得るための**手段**のようにみなされるようになり、**内発的動機づけ**が低下すると考えられている。

機能的自律性
functional autonomy

Allport, G.W.（オルポート）が提唱した、**生得的な欲求**を満たすための**手段**として用いられてきた行動や事物が、その過程のなかで**自律的**なものへと変化し、そのこと自体が**欲求の対象**となることをいう。例えば、よい成績をとるために数学を勉強していたが、やがて数学のおもしろさに気づき、自ら進んで数学を勉強するようになるといったことである。つまり、もともとは**外発的動機づけ**による行動や事物が、**内発的動機づけ**によるものに変化することである。

ヤーキーズ・ダッドソンの法則
Yerkes-Dodson's law

Yerkes, R.M.（ヤーキーズ）とDodson, J.D.（ダッドソン）が提唱した、**覚醒レベル**と**パフォーマンス**は**逆U字**の関係であるという説である。ある水準までは覚醒レベルの増加とともにパフォーマンスは**高く**なるが、その水準を超えると逆にパフォーマンスが**低下**してしまう。つまり、**寝起き**のような**覚醒レベル**の低い場合や、強い**緊張**や**不安**が喚起されるような**高ストレ**

Q アンダーマイニング効果とは、内発的に動機づけられた行動に対して、外的な報酬を与えることにより内発的動機づけが高まる現象である。

ス状態よりも、**適度な覚醒状態**が高いパフォーマンスを示すということである。

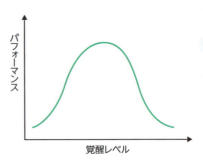

自己決定理論 ★★☆
self-determination theory

Deci, E. L.（デシ）とRyan, R. M.（ライアン）による、動機づけ理論である。**内発的動機づけ**と**外発的動機づけ**を、これまでの二項対立的な分類ではなく、行動の**自己決定性**（自律性）の程度から一次元上に位置づけ、自己決定性の程度が最も高いものが**内発的動機づけ**であるとした。また、外発的動機づけを自己決定性の低いものから、**外的調整、取り入れ的調整、同一化的調整、統合的調整**の4段階に分け、外発的に動機づけられた行動も、内面的な自己決定のプロセスを経て、内発的動機づけへと変化し得ることを示した。

さらに、**自律性、有能感、関係性**という3つの生得的な心理的欲求を満たすことが、**内発的動機づけ**を高めるとした。

自己効力感 ★★★
self efficacy

ある状況において自分は**適切に**行動することができるという**主観的な判断**や**確信**をいう。Bandura, A.（バンデューラ）が提唱した。自己効力感は、①自分の**達成経験**や**成功経験**などの行動の達成、②自分と似た**他者**の成功体験の観察による**代理経**

×：内発的動機づけは低下する。

験、③他者からの**説得**や**励まし**などの**言語的説得**、④**心身の良好さ**や**高揚感**などの遂行時の**生理的状態**という４つの情報をもとに形成される。

自己効力感は**操作可能**であり、操作の結果として**行動変容**をもたらすことができる。また、自己効力感が高められた結果、行動が変化したことを本人が実感することも可能である。このような特徴は、**行動改善**を行う上で必要であり、臨床心理学的な意義が大きいとされている。

カフェテリア実験
cafeteria experiment

Young, A.（**ヤング**）が行った、**食行動**における**ホメオスタシス**の働きを検証するための実験である。特定の栄養成分の摂取を制限された**特殊飢餓状態**のネズミなどを被験体とし、各種のエサが**自由**に摂取できる**カフェテリア形式**のような状況において、その食行動を観察した。すると、ネズミは不足していた栄養成分が含まれた食物を**選択的**に摂取し、生存に必要な栄養成分を補っていた。このことは、食経験の少ない**乳児**でもみられることが明らかにされている。

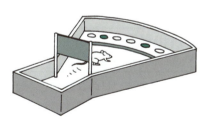

感覚遮断
sensory deprivation

感覚器官のある一部分もしくは全体に対して、刺激となる情報を操作して、**遮断**もしくは**制限**することを指す。**Heron, W.**（**ヘロン**）は、半透明の**ゴーグル**（視覚遮断）、**イヤホン**（聴

覚遮断）、筒（触覚遮断）を用いて各感覚を極端に制限した実験を行った。その結果、感覚遮断の状態が２～３日続くと、**幻覚**や**幻聴**、**身体的違和感**などが生じることが示された。長距離の運転などでも、同様の効果があるとされており、人は常に**刺激**や**変化**を求めており、身体的・心理的な活動の欲求をもつとされる。

達成動機
achievement motivation

社会的動機づけのひとつで、ある**優れた目標**を立て、それを**高い水準**で達成しようとする動機づけをいう。Atkinson, J. W.（アトキンソン）は、達成行動には**達成目標**への**接近動機**と**失敗**に対する**回避動機**という相反する動機が働き、達成動機はこれらの**合成**であると考えた。

彼の理論に基づいた研究では、達成動機の高い人は成功と失敗の確率が**五分五分**の中程度の難易度の課題を好むことが明らかにされている。

親和動機
affiliation motive

社会的動機づけのひとつで、他者と**友好的な関係**を築き、維持したいという動機づけである。**Schachter, S.（シャクター）**は、女子大学生を対象に、電気ショックを受ける**苦痛**や**不安**を感じた人は、そうでない人に比べて、他者と**一緒にいることを選ぶ**傾向にあることを実験によって明らかにしている。このことから、**不安**が親和動機を高めることが明らかにされた。

> シャクターは情動の２要因説（P108）の提唱者でもあります。

動因低減説
drive-reduction theory

Hull, C.L.（ハル）によって提唱された、生体は自らの内部にある**動因**によって行動が引き起こされ、**動因**を低減させた行動が**強化**されるという理論である。

例えば、飢えという動因は、摂食行動により低減され、その行動が強化される。動因低減説は生体の**ホメオスタシス**に基づいた学習理論である。

かつては、行動の説明に対して**本能**や**動因**が用いられ、行動は飢えや性といった**限定的**で**一次的**な動因に基づく生体内の**緊張**や**刺激**によって引き起こされると考えられていた。それに対する反証として、**探索動機**や**知的好奇心**といった刺激や情報を積極的に求める**生得的な傾向**があることが実験によって明らかにされてきた。このような流れが**内発的動機づけ**の起源であるとされている。

コンフリクト
conflict

2つ以上の**相互排他の欲求**が、**同じ強度**をもって**同時に存在**し、どれかを選択すると、他のものは**あきらめなくて**はならず、**どれも選択できず**にいる状況を指す。

コンフリクトは、一般的に、①それぞれの対象が同程度の**正の誘因性**をもつ**接近―接近コンフリクト**、②それぞれの対象が同程度の**負の誘因性**をもつ**回避―回避コンフリクト**、③ひとつの対象が同時に**正と負の誘因性**をもつ**接近―回避コンフリクト**、④複数の対象がそれぞれ**正と負の誘因性**を併せもつ**二重接近―回避コンフリクト**がある。

Q 動因低減説はTolman, E.C.が提唱した、行動は自らの内部にある動因によって引き起こされ、動因を低減させた行動が強化されるという理論である。

フラストレーション耐性 ★★★
frustration tolerance

われわれのなかには、同じような欲求阻止状態であっても、欲求不満に陥らなかったり、その状態に耐えて適応的に行動できる人もいる。

そのような**欲求阻止**や欲求不満に耐える能力をフラストレーション耐性という。**Rosenzweig, S.（ローゼンツヴァイク）**が提唱した。発達の過程において、子どもが**適度な欲求不満**を経験したり、周りの他者が欲求不満状況における**適切なモデル**を示したりすることなどによって形成されると考えられている。

> Rosenzweig, S.（ローゼンツヴァイク）はP-Fスタディ（P228）を開発しました。

フラストレーション―攻撃仮説 ★★☆
frustration-aggression hypothesis

Dollard, J.（ダラード）と**Miller, N.E.（ミラー）**の提唱した、フラストレーションは何らかのかたちで**攻撃反応**を引き起こすという説である。

その特徴として、①攻撃反応の強さは**フラストレーションの高さ**に比例する、②攻撃反応の抑制は予想される**罰**、**失敗**に関連する、③**攻撃反応の抑制**はフラストレーションの追加になるために**攻撃性**はさらに高まり、**攻撃反応**はフラストレーションの低下になるために**攻撃性**が低下する、④攻撃反応が抑制されると、攻撃対象の**置き換え**が起こり、八つ当たりや自傷、自殺などが起こるといったことが挙げられる。

×：動因低減説は、Hull, C.L.が提唱した。

欲求階層説 ★★★
need hierarchy theory

　人間は**自己実現**に向かって絶えず成長していくという人間観に基づいて、Maslow, A.H.（マズロー）が提唱した欲求に関する理論である。

　ピラミッド型の欲求の階層構造の基底層には食欲、呼吸、性欲などの身体的基盤をもつ**生理的欲求**がある。これらが満たされると、安心、安全を求める第2層の**安全欲求**が生じ、次に集団への所属や他者との友好的な関係を求める第3層の**所属**と**愛情欲求**、他者から尊敬や尊重を求める第4層の**承認**と**自尊欲求**が生じる。これらは**欠乏欲求**とも呼ばれる。最高層は、自分が潜在的にもつ可能性を実現しようとする**自己実現欲求**であり、**成長欲求**とも呼ばれる。

ジェームズ・ランゲ説 ★★★
James-Lange theory

　James, W.（ジェームズ）とLange, C.（ランゲ）によって提唱された情動生起に関する古典的理論で、**末梢起源説**とも呼ばれる。外界からの刺激によって**身体反応**が起こり、その状態の変化を**大脳**が知覚することによって情動が生起するという説である。つまり、「**泣くから悲しい**」という言葉に表されるように、涙を流すという**身体反応**があるから**悲しい**と感じるのである。

フラストレーション耐性を提唱したRosenzweig, S.は、TATを開発した。

キャノン・バード説
Cannon-Bard theory

Cannon, W.B.（キャノン）とBard, P.（バード）によって提唱された**ジェームズ・ランゲ説**を修正した情動生起に関する理論であり、**中枢起源説**とも呼ばれる。

この説によると外界からの刺激は感覚受容器から**視床**を経由して大脳皮質に送られ、大脳皮質で処理された情報が**視床**に伝え返される。これによって生じた視床の興奮が、大脳に**フィードバック**されて情動が生起すると同時に**身体反応**も生じるとする説である。

情動の2要因説
two-factor theory of emotion

Schachter, S.（シャクター）らによって提唱された情動生起に関する理論である。情動が生起するためには、**生理的覚醒状態**とその状態に対する**認知的評価**の2つの要因が必要であるという説である。

彼らの実験では、実験参加者を3群に分け、Ⅰ群の参加者には**アドレナリンの作用**について正しい情報を教えて注射した。Ⅱ群の参加者にはアドレナリンをビタミン剤であると**偽りの情報**を伝えて注射した。Ⅲ群の参加者には**生理食塩水**を注射したのみで、何の情報も与えなかった。

その後、3群は陽気にあるいは怒ったようにふるまう**サクラ**と一緒に部屋に通され、自分自身の情動状態を評価させられた。その結果、**Ⅱ群**の参加者が**サクラ**と同じ情動を経験する傾向が認められた。

つまり、生理的覚醒の原因を**アドレナリン**に帰属できなかったⅡ群の参加者は、**他者の情動**によって**自分も情動**が**喚起**されたと評価することにより、実際にも情動が生起したのである。

×：Rosenzweig, S.が開発したのはP-Fスタディである。

アージ理論
urge theory

戸田正直が提唱した、感情に関する拡張的な理論である。一般的に、感情とは非合理的なものとみなされることが多い。しかし、アージ理論では、感情を進化論的な視点から環境適応にとって合理的な機能をもつものという前提に立つ。つまり、感情とは生存のために環境に適応するための遺伝的に与えられたシステムであり、認知された環境に応じて適切な行動を選択させるプログラムを「アージ」という。

アージは、食欲や性欲などの基本的な欲求に対応する維持アージ、恐怖や不安などの外界の脅威に対応する緊急事態アージ、予測や思考などの認知的情報に対応する認知アージ、協力や援助などの他者との関わりに対応する社会関係アージに分けられる。

また、アージの過程には、状況を認知してアージを起動させる起動相、アージの起動によって行動を決定する意思決定相、決定した行動を実行させる行動相、実行された行動について振り返る事後評価相の4つがあり、段階的に順次処理されることで機能する。

表情フィードバック仮説
facial feedback hypothesis

Tomkins, S.（トムキンス）が提唱した、大脳への表情筋のフィードバックによって情動経験が引き起こされるという考えである。「泣くから悲しい」と主張したジェームズ・ランゲ説がそのもとになっている。

実験参加者を、歯でペンをくわえる笑顔群と、唇でペンをくわえる非笑顔群に分け、それぞれマンガを読ませてそのおもしろさを評定してもらった。

Tomkins, S.は、キャノン・バード説をもとにして、表情フィードバック仮説を提唱した。

その結果、笑顔群の方がマンガをよりおもしろいと感じることが明らかにされた。

つまり、笑顔の表情の筋肉活動が大脳にフィードバックされて、おもしろいという感情が生じたと考えられている。このように受動的に変化させることによっても気分の変化がみられたことから、現在ではうつ病の患者の抑うつ気分の改善への臨床的応用が検討されている。

感情と認知の独立説 ★☆☆
independence theory of affect and cognition

Lazarus, R.S.（ラザラス）や Arnold, M.B.（アーノルド）が指摘した感情生起における認知の重要性に対して、Zajonc, R.B.（ザイアンス）が提唱した。感情と認知は独立しており、認知的評価を経ずに感情は生起するという説である。

彼は、刺激に対する感情は、短時間で自動的に生じることから、認知的評価を必要とせず、むしろ認知的評価に先立つと主張した。感情と認知の独立説の根拠として、単純接触効果を挙げた。単純接触効果とは、もともとは中性的な刺激であっても、それに繰り返し接するだけでその刺激に対する好ましさが増すという現象である。この現象は刺激を意識できないほどの閾下でも生じることが知られている。

拡張―形成理論 ★★☆
broaden-and-build theory

Fredrickson, B.L.（フレデリクソン）の提唱した、ポジティブ心理学におけるポジティブ感情の機能に関する理論である。彼女は、ポジティブ感情の機能として拡張と形成の2つを挙げている。

拡張機能とは、ポジティブ感情の経験によって、注意や認知、

A ×：ジェームズ・ランゲ説である。

行動の範囲といった**思考—行動レパートリー**が一時的に**広がる**ことである。

また、形成機能とは、ポジティブ感情によって**思考—行動レパートリー**が拡張した後に、身体的、知的や社会的なさまざまな**個人資源**が継続的に**形成**されることである。

また、Fredrickson, B.L.（フレデリクソン）はこの理論を、ポジティブ感情の経験が思考—行動のレパートリーが拡張し、個人資源の形成がなされることで、個人に人間の**螺旋的変化と成長**が生じ、結果として**ウェルビーイング**につながるという**4段階**の螺旋的な構造によって説明している。

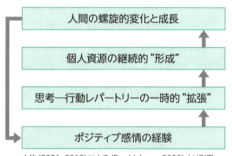

大竹（2006, 2010）による（Fredrickson, 2002）より引用

エクマンらの表情研究
Ekman's study of facial expression

Ekman, P.（エクマン）らは、喜び、驚き、恐れ、悲しみ、怒り、嫌悪の**6種類**の基本的な感情の**表情写真**をアメリカ、日本、ブラジル、チリ、アルゼンチンの**5ヵ国**の実験参加者に呈示したところ、**表情による感情判断の一致率**が極めて高いことが示された。このことから、基本的な感情の表情表出やその認知には**普遍性**があることが示唆された。

Q Fredrickson, B.L.は、ポジティブ感情の機能として、収束と形成を挙げている。

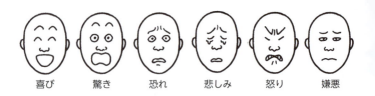

| 喜び | 驚き | 恐れ | 悲しみ | 怒り | 嫌悪 |

Plutchik, R.（プルチック）の基本的感情論 ★★★
Plutchik's theory of primary emotions

　Plutchik, R.（プルチック）は、感情とは生体が**環境**に適応するために**進化**してきた機能であり、**喜び・受容・恐れ・驚き・悲しみ・嫌悪・怒り・期待**を基本的情動とした。

　そして、これらの基本的情動について、喜び―悲しみ、怒り―恐れなど、**相対する感情**が対極に、かつ**類似の感情**が隣り合う位置に**円環状**に配置され、また、悲嘆―悲しみ―物思いといった**感情の強弱**によって下方に伸びる**逆円錐形**の立体構造を提唱した。

　また、基本的情動以外の情動は２つの基本的情動が**混合**することで生じるとした。例えば、喜びと受容が混合することで愛となる。

　なお、感情の混合は**隣同士**のものだけでなく、ひとつ置きや２つ置きに配置されている感情同士においても成立するとされている。

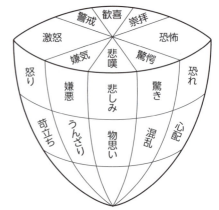

×：ポジティブ感情の機能として、拡張と形成を挙げた。

Schlosberg, H.（シュロスバーグ）の表情説
Schlosberg's theory of facial expression

　Schlosberg, H.（シュロスバーグ）が提唱した、**表情の分類**に関する理論である。

　彼は、実験参加者に対して、さまざまな表情の写真を似たようなものは近くに、そうでないものは遠くに配置させる手続きで分類させたところ、**幸福・驚き・恐れ・怒り・嫌悪・軽蔑**の6つのカテゴリーに分かれることを明らかにした。

　また、これらの表情カテゴリーは**円環状**に配置され、**快―不快**（P-U）と**注意―拒否**（A-R）といった感情的な意味の2軸からとらえることができるとし、さらに活動水準による**緊張―睡眠**（T-S）の軸を加えた**逆円錐状**の3次元モデルを提唱した。

P-U：快―不快の次元
A-R：注意―拒否の次元

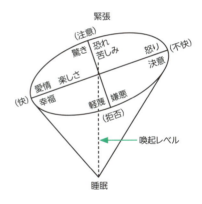

情動を快―不快、覚醒―睡眠の二次元からとらえる二次元説という考え方もあります。

Q　Schlosberg, H. は、表情は快―不快、注意―拒否、緊張―睡眠の3次元からとらえることができるとした。

05 人格

類型論
personality typology

一定の原理に基づいて**典型的な性格**をいくつか設定し、個人をそれに当てはめてパーソナリティの理解に役立てようとする考えである。その起源はギリシャ時代までさかのぼり、**ドイツ**において発展した。**全体的**な典型例が示されているため**直感的**に理解できる。しかし、その反面、複数の類型の特徴をもつ**中間型**はとらえることがむずかしい。その類型に特徴的な性質をもっているかどうかが注目されるので、**他の性質**が無視されやすいといった限界もある。代表的な例として、クレッチマーの類型論やシェルドンの類型論、ユングの類型論、シュプランガーの類型論がある。

クレッチマーの類型論
Kretschmer's typology

精神科医であった**Kretschmer, E.**（**クレッチマー**）は、**精神病患者**の**臨床観察**に基づいて、**体型**と**気質**、**病前性格**との間に相関関係を見いだし、性格類型論を提唱した。躁うつ病の患者には**肥満型**が多く、気質的には**循環（躁うつ）気質**で、その性格は**社交的**、**陽気**などの一方で、**もの静か**、**陰気**などを併せもつ。統合失調症の患者には**細長型**が多く、気質的には**分裂気質**で、

肥満型

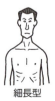
細長型

筋骨型

その性格は**非社交的**、**神経質**などの一方で、**従順**、**鈍感さ**を併せもつ。てんかんの患者には**筋骨型**が多く、気質的には**粘着気質**で、その性格は**執着強さ**、**几帳面**などの一方で、**怒りっぽさ**、**頑固さ**を併せもつ。また、この考えはのちに健常者にも当てはまるとした。

シェルドンの類型論
Sheldon's typology

Sheldon, W.H.（シェルドン）は、**健常な男子学生**の**身体計測**に基づいて、**体型**と**胎生期**の**胚葉発達**の統計的な関連から性格類型論を提唱した。

内胚葉型は消化器系がよく発達した**肥満型**で、気質的には**内臓緊張型**と呼ばれ、**社交的**、**安楽**を好むといったものである。**外胚葉型**は神経系や感覚器系がよく発達した**痩せ型**で、気質的には**頭脳緊張型**と呼ばれ、**非社交的**、**過敏**である。**中胚葉型**は筋肉や骨がよく発達した**筋骨型**で、気質的には**身体緊張型**と呼ばれ、**活動的**で、**精力的**である。これは、**クレッチマーの類型論**と類似している。

ユングの類型論
Jung's typology

Jung, C.G.（ユング）は、まず心的エネルギーであるリビドーが外に向かう**外向型**と、内に向かう**内向型**の2つに分けた。さらに心の機能を、**判断（合理）機能**として、①ものごとを筋立てて判断する**思考機能**と、②好き、嫌いによってものごとを判断する**感情機能**があり、**知覚（非合理）機能**として、③五感を

Q　Sheldon, W.H.は、特性論の立場から、外胚葉型、内胚葉型、中胚葉型の3つのタイプを打ち出した。

使って判断する**感覚機能**と、④あることから別のことをひらめいて判断する**直観機能**に分けた。

これらの組み合わせによる**8類型**、つまり、外向的思考、内向的思考、外向的感情、内向的感情、外向的感覚、内向的感覚、外向的直観、内向的直観がユングの性格8類型であり、**タイプ論**とも呼ばれる。

シュプランガーの類型論
Spranger's typology

Spranger, E.（シュプランガー）は、個人が生活領域の何に**価値**を置くかにより性格を**6類型**に分けた。

つまり、①理論的であることを重視し、客観的・普遍的な事柄を尊重する**理論型**、②経済性や効用性を重視し、最大限の利益を追求する**経済型**、③美と調和を重視し、芸術的な活動に傾倒する**審美型**、④他者との関係を重視し、他者への愛や奉仕によって満足を得る**社会型**、⑤権力をもつことに関心があり、他者を支配・命令することによって満足を得る**権力型**、⑥神秘的・宗教的な活動に関心をもち、聖なるものからの愛や救いを感じることを望む**宗教型**である。

特性論
personality trait theory

個人の行動において、ほかの人と比べて**持続的**に**一貫して**もっている傾向を**特性**という。

特性論は、特性をパーソナリティを構成するさまざまな側面とし、**測定**することによって個人のパーソナリティの理解に役立てようとする考えである。**因子分析**の導入により、**アメリカ**や**イギリス**で発展した。特性の**量的差異**によって**個人差**を記述できることから、**客観的**であり、個人のパーソナリティを**詳細**

×：Sheldon, W.H.による分類は特性論ではなく類型論である。

にとらえることが可能である。

しかし、その反面、**全体像**としてのパーソナリティはとらえにくいといった限界もある。代表的な例として、キャッテルの特性論、アイゼンクの特性論、Big Five などがある。

キャッテルの特性論
Cattell's trait theory

Cattell, R.B.（キャッテル）は、まずその個人に特有な**独自特性**と、すべての人に備わっている**共通特性**があると考えた。また、質問紙や行動観察によって得られたさまざまな特性の相関から **35 の表面特性**を見いだし、それらから因子分析によって **12 の根源特性**を抽出した。その後、4つの特性がつけ加えられ、最終的には **16 の根源特性**とした。独自特性、共通特性、表面特性、根源特性はそれぞれに**相互作用**し合い、その結果として全体的な人格特徴や行動様式が形成されると考えた。

16の根源特性に基づいて作成されたのが16PFです。

アイゼンクの特性論
Eysenck's trait theory

Eyesenck, H.J.（アイゼンク）は、**類型論**と**特性論**の両方の考え方を取り入れ、**4つの水準**からなるパーソナリティの**階層構造**を考えた。下位のものから日常生活において個人に特有の行動である**特殊的反応**、特殊的反応がいくつか集まって反復される**習慣的反応**、いくつかの習慣的反応の背後に想定される**特性**、特性の背後に想定される因子である**類型**である。

彼は類型として、**外向性―内向性**、**神経症的傾向**、**精神病的傾向**の３つを指摘している。

Eyesenck, H.J.は類型型と特性論の考えを取り入れて、5つの水準からなるパーソナリティの階層構造を提唱した。

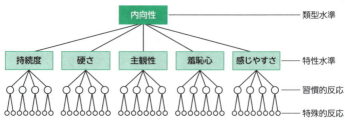

Big Five
Big Five

　個人のパーソナリティを **5つの特性** によって説明しようとする理論である。**Goldberg, L.R.（ゴールドバーグ）** が、Allport, G.W.（オルポート）以来の研究の流れをくみ、基本的なパーソナリティ特性の次元を語彙と **因子分析** によって5つに収束させたものである。活動的な傾向である **外向性**、不安や抑うつ、傷つきやすい傾向である **神経症傾向**（**情緒不安定性**）、新奇なものごとを求める傾向である **開放性**、共感性や優しさを意味する **協調性**（**調和性**）、真面目さや努力家を意味する **勤勉性**（**誠実性**）である。

Big Fiveと同様に、個人のパーソナリティを5つの特性によって説明する理論として、5因子モデル（Five Factor Model）があります。これは、Costa, P.T.（コスタ）とMcCrae, R.R.（マックレー）によって、複数のパーソナリティ理論や語彙研究を基礎としてまとめられた理論です。

サイモンズの親の養育態度と子どものパーソナリティ ★★★
Symonds's theory of parent-child relationships

　Symonds, P.M.（サイモンズ）は、親の養育態度が **家庭のシンタリティ**（**雰囲気**）に影響を与え、それが子どものパーソナ

リティに影響すると考えた。親の養育態度には、**受容―拒否**、**支配―服従**の2次元があるとし、その組み合わせによって、**過保護型**（受容―支配）、**残忍型**（拒否―支配）、**甘やかし型**（受容―服従）、**無視型**（拒否―服従）の4つの養育タイプを想定した。過保護型の親の子どもは**依存的**で、**嫉妬心**が強い傾向にある。残忍型の親の子どもは**逃避的**であり、**不安・神経質**な傾向にある。甘やかし型の親の子どもは**自己中心的**で、**抑制**がきかない傾向にある。無視型の親の子どもは、**情緒不安定**であり、**警戒心**が強い傾向にある。

つまり、どのタイプも子どもに与える影響としては望ましくないものであり、2次元の**中間点**にある態度が最も望ましいと考えた。

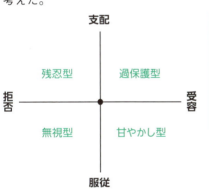

Symonds, P.M.（サイモンズ）は、親の養育態度に対応して、形成される子どもの行動やパーソナリティ、態度について、行動目録表や人格診断表、態度に関する質問票によって、その関連を明らかにしています。

Cloninger, R.（クロニンジャー）のパーソナリティ理論 ★★★
Cloninger's personality theory

Cloninger, R.（クロニンジャー）は、パーソナリティは、刺激に対する**自動的な反応**であり**遺伝**の影響が大きい**気質**と、**意識的な行動**であり**自己洞察**によって変化・成長しうる**性格**から構成されると考えた。気質は**4つの次元**からなり、衝動的で新

BigFiveとは、外向性、神経症傾向、開放性、協働性、勤勉性の5因子である。 119

奇刺激を求める傾向である**新奇性追求**は**ドーパミン**、用心深く未知あるいは不確かな刺激に対して行動を抑制・回避する傾向である**損害回避**は**セロトニン**、情緒的であり社会的関係性の影響を受けやすい傾向である**報酬依存**は**ノルアドレナリン**との関連が想定されている。ただし、忍耐強くひとつのことをやり通す傾向である**固執**は特定の神経伝達物質との関連は想定されていない。

性格は**3つ**の次元からなり、個人が選択した目的や価値観に沿って状況に適合し、行動を調整する傾向である**自己志向性**、寛容的で他者と同一化し受容する傾向である**協調性**、すべてのものは全体の一部であるという統一意識やスピリチュアリティに関連する傾向である**自己超越性**が挙げられる。これらの気質と性格はCloninger, R.（クロニンジャー）によって開発された**TCI-R**によって測定される。

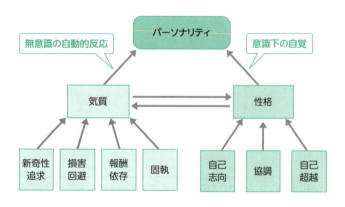

パーソナル・コンストラクト理論 ★★★
personal construct theory

Kelly, G.A.（ケリー）が提唱したパーソナリティ理論である。人はさまざまな事象を経験し、それらの間の**類似性**や**相違**を認

×：協働性ではなく、協調性である。

知することで、**コンストラクト**と呼ばれる認知構造を形成する。人は、注意深い**観察**によって自らを取り巻く**環境**を解釈した後に、まず選択可能な**コンストラクト**のなかから関連するものを絞り込み、最終的にあるコンストラクトを選択する。それに基づいて最もよい**結果**を生むと予測される**行動**がなされる。つまり、コンストラクトは**外界**を認知し解釈する枠組みである。

Kelly, G.A.（ケリー）は、個人のコンストラクトを理解することが、個人のパーソナリティをとらえることにつながると考えた。彼は、個人のコンストラクトをとらえるアセスメント手法として**レパートリー・グリッド法**を開発した。

一貫性論争 ★☆☆
consistency debate

Mischel, W.（ミッシェル）の主張が発端となったパーソナリティに関する論争をいう。

それまでの特性論では、**特性**によって人間の行動には**時間**と**状況**を超えた**一貫性**があると考えられていた。しかし、Mischel, W.（ミッシェル）は、これまでの実証的な研究を検討し、パーソナリティ特性と関連した行動に**通状況的一貫性**はみられないと特性論を批判した。

また、彼は**社会的学習理論**の立場から、行動の決定因として**パーソナリティ特性**などの**個人内要因**よりも、**環境**や**状況**といった**外的要因**を重視した。彼のように、状況が行動を決定すると考える立場を**状況主義**と呼ぶ。Mischel, W.（ミッシェル）の主張を契機として、状況主義者と特性論者との間で「**人か状況**か」といった論争が長年なされたことから、**人間―状況論争**とも呼ばれる。

パーソナリティの一貫性論争は、行動主義者であるWatson, J.B.の主張が発端となった。

06 脳・神経系

神経細胞
neuron ★★★

　神経系を構成する最小単位であり、**ニューロン**とも呼ばれる。神経細胞の大きさや形状はさまざまであるが、基本的な形態は**細胞体**、**樹状突起**、**軸索**から構成されている。

　細胞体は他の一般細胞と同様に、**核**や**ミトコンドリア**などが含まれており、細胞の活動に必要な**エネルギー**をつくり出す。樹状突起は**細胞体**から**樹枝状**に伸びた短い突起で、ほかの神経細胞からの情報を受け取る**アンテナ**の役割をしている。軸索は**細胞体**から長く伸びた**1本**の突起であり、**神経終末**で細かく枝分かれして、他の神経細胞へ情報を**伝達する**。神経細胞間の接続部分を**シナプス**という。

　樹状突起で受け取られた情報は**電気信号**として**軸索**を通って神経終末まで伝えられる。軸索は絶縁体である**髄鞘**で覆われているが、髄鞘間の切れ目である**ランビエの絞輪**は電気抵抗が低いため、電気信号は**ランビエの絞輪**間を飛び飛びに伝わっていく。このような伝導の仕方を**跳躍伝導**という。

　神経終末と他の神経細胞が接続する**シナプス**では電気信号によって情報を伝えることができないため、**神経伝達物質**による情報伝達が行われる。

グリア細胞
glial cell ★★☆

　神経細胞とともに脳を構成する細胞であり、**神経膠細胞**とも呼ばれる。その数は神経細胞をはるかに上回り、**10倍**以上ともいわれる。おもに**アストロサイト**、**オリゴデンドロサイト**、

×：パーソナリティの一貫性論争は、社会的学習理論の立場にあるMischel, W.の主張が発端となった。

人間の心的現象は脳の作用から生じているとされています。そのため、心理学では大脳生理学の知識も重要です。ここでは脳の主要な部位・機能、睡眠、高次機能障害などについて取り上げています。

ミクログリアなどの種類がある。グリア細胞は、これまで神経細胞の機能を助ける支持細胞に過ぎないとされていたが、近年多様な機能をもつことが明らかにされてきた。

具体的には、アストロサイトは神経栄養因子・成長因子の貯蔵・産生機能、血液脳関門の形成・血流の調整、イオンや神経伝達物質、グルコースなどの取り込み機能、オリゴデンドロサイトは情報伝達を速めるための髄鞘の形成、ミクログリアは免疫作用があるとされている。

中枢神経系／末梢神経系 ★★★
central nervous system / peripheral nervous system □□□

神経は脳を中心として、体内のすみずみまで張りめぐらされ、全身を統制している。体内の神経ネットワークは中枢神経系と末梢神経系とに大別される。中枢神経系は、脳及び脊髄から構成される頭蓋と脊柱管のなかにある神経である。その機能的役割は、末梢神経を通じて受容器からの情報を

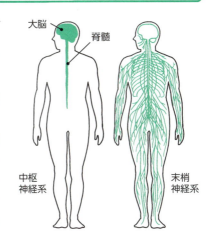

得て、それを処理し、末梢神経を通じて効果器を働かせる情報を伝えることである。

末梢神経系とは、中枢神経系以外の神経のことであり、脳か

神経細胞内の情報伝達は、神経伝達物質によって行われる。

ら直接末梢組織に延びる脳神経と脊髄に出入りする脊髄神経から構成される。

体性神経系／自律神経系
somatosensory system / autonomic nervous system

　末梢神経系を機能的に分類すると、**体性神経系**と**自律神経系**に大別できる。体性神経系とは**随意運動**と**感覚**を担っている神経である。受容器からの感覚情報を中枢神経に伝える**感覚神経**と、中枢神経からの運動指令を体内の各部位に伝える**運動神経**に分けられる。

　自律神経系とは、大脳の支配から独立して、**内臓器官**や**分泌腺**を統制する神経である。身体活動を活発化させる**交感神経系**と身体を安静化させる**副交感神経系**に分けられる。相反する機能をもつ両者が互いに**拮抗的**に作用することによって、体内環境の**ホメオスタシス**が維持される。

交感神経系／副交感神経系
sympathetic nervous system / parasympathetic nervous system

　内臓器官や**分泌腺**などを支配する自律神経系は、**交感神経系**と**副交感神経系**から構成される。交感神経系は、心拍数の**増加**や血圧**上昇**、胃腸の運動抑制、グリコーゲンの分解によるエネルギーの**消費**など全身を**活性化**させる機能をもつ。

　副交感神経系は、心拍数の**減少**や血圧**低下**、胃腸の運動促進、グリコーゲンの合成によるエネルギーの**貯蔵**など全身を**安静化**させる機能をもつ。

　内臓や分泌腺などの器官は、基本的には両者の**二重支配**を受けており、互いに**拮抗的**に作用することによって、体内環境の**ホメオスタシス**が維持される。

×：神経細胞内の情報伝達は、電気信号によって行われる。

ホメオスタシス
homeostasis

生命維持のために、生体が自己の状態を**比較的安定した**平衡状態に保とうとする機能をいう。**恒常性**ともいわれる。生体は、外的環境や内的状態の変化に対して、それに**適応**するような**身体状態**を瞬時につくりあげる。例えば、暑いときには**汗**をかいて体温を下げたり、寒いときには**血液**を循環させて体温を上げることによって、人間の体温は36℃程度で一定に保たれている。このようなホメオスタシスの働きにより、生体は常に**安定した**心身の状態を保つことができると考えられる。

大脳皮質
cerebral cortex

大脳の表面を覆う厚さ1.5〜4mmの灰白質の部分で、約**140億個の神経細胞**からなる。系統発生的に、**古皮質**、**原皮質**、**新皮質**に分けられ、哺乳類は**新皮質**が最も発達している。大脳皮質には多くの溝があるが、大きな深い溝を境にして**4つの部位**に分けられる。**前頭葉**は大脳の前方に位置し、意思、思考、計画、遂行などの**高次精神機能**を司る。**後頭葉**は後方に位置し、おもに**視覚**を司る。**頭頂葉**は上側に位置し、**空間認知**や**体性感覚**などを司る。**側頭葉**は側方に位置し、**言語**、**聴覚**、などを司る。

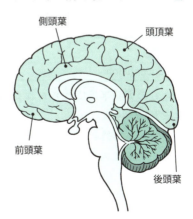

第3章 基礎心理学（統計以外）

交感神経の優勢時には、心拍数の減少や消化吸収の活発化などの反応が生じる。

脳幹
brain stem

大脳の下方中心部に続く、**中脳**、**橋**、**延髄**の３つを合わせて脳幹という。脳の中心に木の幹のようにまっすぐに通っており、大脳を支えている。広義には**間脳**を含める。脳幹は系統発生的には最も**古い部位**のひとつで、生存するうえで欠かせない**生命維持機能**を直接制御している。また、**覚醒や姿勢運動**の調整も行っている。

脳幹には、脊髄を通らずに脳と末梢を直接結ぶ**脳神経**が多く出入りしたり、また中枢と末梢をつなぐ上行性線維と下行性線維といった神経が通る神経の**伝導経路**でもある。

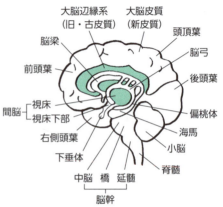

間脳
diencephalon

左右の大脳半球にはさまれるように位置する部位で、**視床**、**視床下部**に分けられる。

そのなかで最も大きい部位が、**感覚・運動神経**の中継核として働く**視床**である。視床の下方に位置する**視床下部**は**自律神経系**を制御し、生体環境の**ホメオスタシス**を維持している。視床の後背部に位置する**松果体**は、睡眠や概日リズムに関与する**メラトニン**を分泌する。

大脳辺縁系
limbic system

　大脳新皮質の内側にあり、**間脳**や**大脳基底核**を取り囲む領域を指す。系統発生的には**古い部位**のひとつである。**海馬**、**扁桃体**、**帯状回**、**乳頭体**、**中隔核**などから構成される。

　情動や動機づけ、記憶、食欲や性欲などの**本能行動**、**自律神経系**の活動に関与している。特に扁桃体は、感覚情報が生体の生存にとって有益か有害かといった**生物学的価値判断**、つまり快か不快かといった**情動評価**において中心的な役割を果たしており、その結果を**視床下部**や**脳幹**に送っている。視床下部は**下垂体**から**ホルモン**を分泌させ、脳幹は情動にともなう**身体反応**を引き起こす。

大脳基底核
basal ganglia

　大脳の中央基底部において神経細胞の細胞体が密集した**神経核**の集まりを指す。大脳基底核は、おもに、尾状核と被殻からなる**線条体**、外節と内節に分かれる**淡蒼球**、**視床下核**、**黒質**の神経核に分類される。大脳基底核は情報伝達の**中継**や**分岐**を行う。線条体は、大脳基底核の**入力部**であり大脳皮質からの入力を受ける。淡蒼球の内節と黒質の網様部は、**出力部**として視床を介して大脳皮質に投射する。この神経回路は**大脳皮質―基底核ループ**と呼ばれ、上下肢の運動や眼球運動、高次脳機能や情動などを制御している。また、出力部から脳幹への投射は**筋緊張**や**歩行運動**の調整などを行っている。

　大脳基底核の疾患として、振戦や動作の緩慢、筋固縮がみられる**パーキンソン病**や、不随意運動が起こる**ハンチントン病**などがある。また、大脳基底核の疾患は、**運動障害**だけでなく、**眼球運動**や**高次脳機能**、**情動**なども障害される。

脳幹網様体は、覚醒や意識の水準に関与している。

脳幹網様体
brain stem reticular formation

　脳幹にある**細胞体**と**神経線維**が混在して**網目状**に分布している領域を指す。脳幹網様体は**覚醒**や**意識**の水準に関与している。脳幹には、**ノルアドレナリン**や**セロトニン**などを生成、放出する神経細胞群が存在し、これらは大脳皮質の広い範囲に投射している。このような投射系により大脳皮質におけるさまざまな活動が調節されている。そのため、活性化すると**大脳皮質全体**が興奮し、**覚醒**や**意識水準**が高まる。この神経システムを**上行性賦活系**と呼ぶ。

　また、脳幹網様体は**睡眠**に関わっており、特に**レム睡眠**の出現に関与している。

小脳
cerebellum

　脳幹の**背部**に位置し、左右に膨らんだ半球をもつ部位を指す。大脳とは異なり、**左右**に分断されていない。大きさは脳全体の**1/10**程度であるが、神経細胞の数は**中枢神経系**の半分以上を占めている。系統発生的に**原小脳**、**古小脳**、**新小脳**に分けられ、それぞれ異なる機能をもつ。

　原小脳は前庭小脳とも呼ばれ、身体の**平衡**や**体軸**の維持に関わる。古小脳は脊髄小脳とも呼ばれ、全身の**動き**や**姿勢**の維持に関わる。新小脳は橋小脳とも呼ばれ、大脳皮質の運動野とループ回路を形成し**運動のプログラム化**に関わる。

　これまで小脳は、おもに**運動の調節**や**姿勢の維持**に関わる器官であるとされてきた。しかし、小脳損傷による**視空間認知障害**や**遂行機能障害**、**言語障害**が出現した事例から、現在では**高次脳機能**にも関与していると考えられている。

海馬（かいば）
hippocampus ★★★

大脳辺縁系にある細長い部位を指す。てんかん患者であるH・M氏の事例から**記憶**に関連することが明らかにされた。具体的には、治療のために、**海馬を含む側頭葉**の一部を切除したところ、彼は**新しいこと**を覚えることはできなくなってしまったが、**切除以前**のことについては思い出せていた。このことから、海馬は**一時的**な記憶の保管場所であると考えられている。現在、海馬はさまざまな情報を整理して、**一時的**に保管し、必要に応じて**大脳皮質**に転送するとされている。

情報を記憶として保持するには、神経細胞の間をただ伝わるだけでなく、海馬の**シナプス**に変化が起こることによって**伝達率**が高まり、記憶が保持される。これを**シナプス可塑性**と呼ぶ。

扁桃体（へんとうたい）
amygdala ★★★

大脳辺縁系は情動に関わる領域であるが、その中心になっているのが**扁桃体**である。扁桃体が関与する情動とは、快・不快、怒りや恐怖、喜びなどの**本能的な感情**と、それにともなう**身体反応**である。

つまり、扁桃体は、脳のさまざまな部位から入力された感覚情報を評価し、それを**視床下部**や**脳幹**へ出力することで、内分泌系や自律神経系の**身体反応**や**行動表出**を引き起こす。

扁桃体が損傷されると**情動表情**の認知が障害されることが知られている。また、多くの情報のなかで特定のものが呈示されたときに電気ショックを与えて条件づけると、ほかの情報が呈示された場合よりも**扁桃体**が活性化する。こうしたことから、扁桃体は**恐怖**や**不安**といった情動に関する出来事の**記憶形成**に関わるとされている。

Q 海馬は情動反応の中枢である。

下垂体 (かすいたい)
pituitary gland

頭蓋骨の底部にある**トルコ鞍**というくぼみのなかにある**豆つぶ**程度の大きさの器官を指す。

下垂体は、その大部分を占める前葉と小さな後葉に分かれ、それぞれ**ホルモン**を分泌し、標的器官に作用する。下垂体前葉からは成長ホルモン、プロラクチン、**副腎皮質刺激ホルモン**、甲状腺刺激ホルモン、**卵胞刺激ホルモン**、黄体形成ホルモンの**6つ**、下垂体後葉からはバソプレシンと**オキシトシン**の**2つ**を分泌する。

つまり、下垂体は**内分泌系**をコントロールする器官である。その下垂体をコントロールしているのが**視床下部**である。

神経伝達物質
neurotransmitter

神経細胞内で合成されて**終末部**に存在し、シナプスにおいて十分な量が放出され、シナプス後細胞の**受容体**と結合することにより特定の活動を引き起こしたり、シナプス前細胞に**再取り込み**される化学物質をいう。1921年に**アセチルコリン**が初めて発見された。

神経伝達物質は大きく4つに分類され、**アセチルコリン**、ドパミンやノルアドレナリン、アドレナリン、セロトニン、ヒスタミンなどの**モノアミン類**、グルタミン酸やGABA、グリシンなどの**アミノ酸類**、**神経ペプチド**がある。

また、アセチルコリンやノルアドレナリン、グルタミン酸などはシナプス後細胞を興奮させる**興奮性**の神経伝達物質、GABAやグリシンなどはシナプス後細胞の興奮を抑える**抑制性**の神経伝達物質として作用する。

×：情動反応の中枢は扁桃体である。海馬は新しい記憶の生成を担う部位である。

ホルモン
hormone

　特定の器官で合成、分泌され、**血液**を通して体内を**循環**し、標的器官の**受容体**と結合して特定の活動を引き起こす化学物質である。化学構造から、副腎皮質刺激ホルモンや成長ホルモン、インスリンなどの**ペプチドホルモン**、副腎皮質ホルモンや性ホルモンなどの**ステロイドホルモン**、甲状腺ホルモンやアドレナリン、メラトニンなどの**アミノ酸誘導体ホルモン**の3つに大きく分類される。

　ホルモン分泌が過剰になると、それを感知した**視床下部**や**下垂体**がホルモン分泌を抑制し、ホルモン分泌のバランスが保たれる。これを**ネガティブ・フィードバック**という。また、ホルモン分泌が多くなると、それを感知した**視床下部**や**下垂体**がホルモン分泌を促進させるように作用することがある。これを**ポジティブ・フィードバック**という。

非侵襲脳機能イメージング
non-invasive brain functional imaging

　これまでは言語や学習、思考といった**高次**の脳機能の活動を計測することは困難であった。しかし、現在では**非侵襲的**に脳機能を**可視化**できる検査が開発され、実用化されている。おもな脳機能検査として、**fMRI**や**PET**、**NIRS**（光トポグラフィー）などが挙げられる。

　fMRIは**MRI**を応用し、血液中に含まれる**ヘモグロビン**の磁性の変化を利用して、脳の活動にともなう**血流量**の局所的な変化を計測する。また、PETは投与された放射性物質から放出される**γ線**の脳内分布を計測することによって脳の活動を画像化する。NIRSは頭部に**近赤外光**を照射する装置を装着し、脳の活動にともなう**血流量**や**酸素代謝**の変化を計測する。

> ホルモン分泌が過剰になると、視床下部や下垂体によってホルモン分泌が抑制されることをポジティブ・フィードバックという。

脳波
electroencephalogram; EEG

　神経細胞の集積から示される**電気活動**を、**電位**を縦軸、**時間**を横軸にとって記録したものである。もともと脳波は微弱な電気活動であるが、頭皮上に**電極**を装着し、高感度の増幅装置に接続して記録する。脳波検査は、**非侵襲的**な脳機能検査であり、**てんかん**や**器質性脳障害**の診断、**意識障害**の評価などに用いられる。

　正常な成人の脳波は、周波数によって**4つ**に分類される。**α波**は8～13Hz程度で**閉眼安静時**に出現する。α波を基準として、それよりも速いものが**β波**であり、13Hz以上で**精神活動時**にみられる。β波は**速波**とも呼ばれる。α波よりもゆっくりなものが**θ波**であり、4～7Hz程度で**入眠時**にみられる。さらに眠りが深くなると出現するのが4Hz以下の**δ波**である。θ波とδ波は**徐波**とも呼ばれる。

脳波	周波数	帯域	活動状態
δ波	0.5～4Hz未満	徐波	乳幼児の基本的脳波・成人の深い睡眠時・意識障害など
θ波	4～8Hz未満	徐波	小児の基本的脳波・集中作業時・まどろみ状態・知的障害など
α波	8～13Hz未満	—	正常成人の閉眼安静時
β波	13Hz以上	速波	精神活動時

睡眠段階
sleep stages

　睡眠状態の指標として、脳波や眼球運動、筋電図などにみられる特徴から睡眠を**5段階**に分けたものである。
　段階1は、**入眠時**のうとうとした状態であり、**α波**が減りθ

×：ネガティブ・フィードバックである。

波が混入してくる。睡眠が深まると**頭頂部鋭波**が出現してくる。段階2は、自覚的にも**浅い眠り**に入った状態で、**睡眠紡錘波**や**K複合波**が出現してくる。段階3は、**中等度睡眠**と呼ばれ、かなり強い感覚刺激を与えないと覚醒されず、**δ波が20〜50％未満**の状態である。段階4は、**深睡眠**と呼ばれ、**δ波が50％以上**を占める状態である。段階REMは、**低振幅脳波**と**急速眼球運動**、**抗重力筋**の緊張の消失がみられる状態である。段階REMに対して、睡眠段階1〜4を合わせて、**Non-REM（ノンレム）睡眠**ともいう。

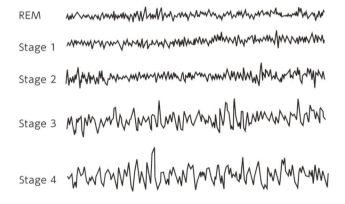

REM睡眠

rapid eye movement sleep; REM sleep

　睡眠におけるひとつの様態で、**交感神経**の亢進がみられることなどから、**逆説睡眠**ともいう。REMとは、**rapid eye movement**、すなわち**急速眼球運動**のことであり、眼球が**水平方向**に素早く動く現象がみられる。成人では入眠後約**90分**の周期で現れ、脳波が**低振幅の波形**を示し、**抗重力筋**の緊張の消失がみられる。また、REM睡眠では夢を見ていることが多いことも知られている。

> REM睡眠は、高振幅脳波と急速眼球運動、抗重力筋の緊張の消失、夢見の報告率の低さが特徴である。

高次脳機能障害
higher brain dysfunction

　外傷性脳損傷や脳血管障害、事故や脳炎、低酸素脳症などの**脳の損傷**に起因する認知障害を指す。**記憶障害、注意障害、遂行機能障害、社会的行動障害**のほかに、巣症状である**失語・失行・失認**などが含まれる。高次脳機能障害は、障害による**生活上**の困難だけでなく、**外見上**は目立たないという特性もある。そのため、障害があることを知らない周囲の人びとを困惑させ、誤解を受けることが多いとされる。

　高次脳機能障害のリハビリテーションは、発症や受傷からの時間経過や目標によって**3段階**のプログラムがある。**医学的リハビリテーション**は、**医療機関**で実施され、障害の特性に焦点を当てた認知リハビリテーションやカウンセリング、薬物療法、外科的治療などが含まれる。**生活訓練プログラム**は、**障害者支援施設**で提供され、日常生活能力や社会活動能力を高め、生活の安定と積極的な社会参加を目標とする。なかでも**障害受容**と**代償手段**の獲得が課題となり、家族への働きかけも含めた環境調整を行う。**就労移行支援プログラム**は、**就労希望者**を対象として障害者支援施設で提供される。就労に必要な知識や能力を身につけるためのトレーニングや、適性に合った**職場探し**、就労後の**職場定着**の支援などを行う。

大脳半球優位性
cerebral dominance

　ある特定の機能に関して、左右の大脳半球の間に**関与の差**が存在することを指す。例えば、右利きの人が**左半球**を損傷した場合、一般的に失語症が生じることから、言語機能は**左半球**が優位であると考えられる。ほかにも、空間認知は**右半球**が優位であるなど、さまざまな機能において左右の半球の優位性が確

×：低振幅脳波と急速眼球運動、抗重力筋の緊張の消失、夢見の報告率の高さが特徴である。

認されているものの、必ずしもすべての人に一律に当てはまるわけではない。また、損傷された半球が本来担うはずであった機能を他方が担うといったような、可塑性が存在することも確認されている。

前向性健忘と逆行性健忘

anterograde amnesia / retrograde amnesia

健忘とは、おもにエピソード記憶の障害を指す。健忘は脳の損傷や変性、てんかん発作、重度の心理的ストレッサーなどによって起こるとされる。時間軸に基づいて健忘を分類すると、受傷や発症以降の出来事について覚えることができない状態である前向性健忘、受傷や発症以前の出来事を思い出すことができない状態である逆行性健忘に分かれる。つまり、前向性健忘は記銘障害、逆行性健忘は想起障害といえる。

健忘は、記憶の回路と呼ばれる、海馬体―脳弓―乳頭体―視床前核―帯状回―海馬というパペッツの回路の損傷によって生じる。また、情動の回路と呼ばれる、扁桃体―視床背内側核―前頭葉眼窩皮質後方―側頭葉前方―扁桃体というヤコブレフの回路がパペッツの回路と相互作用することで情動をともなう記憶に関与しているとされている。

半側空間無視

unilateral visual neglect

半側空間無視とは、脳の損傷部位と反対側にある対象を認識、反応することができない病態をいう。おもに右半球損傷後に左側半側空間無視として現れることが多い。具体的な症状としては、左側にあるものを認識できないために、食事の際に左側にある食べ物に手をつけないで残してしまう、身体の左側をよくぶつけるといったことが挙げられる。これまで頭頂葉が責任病

健忘には、受傷や発症以前の出来事を思い出すことができない前向性健忘と、受傷や発症以降の出来事を覚えることができない逆行性健忘がある。

巣として重視されてきたが、現在では**空間性注意**に関わる広範囲な神経ネットワークの障害によるものとされている。

半側空間無視に対するリハビリテーションには、聴覚や視覚などの手がかりによって**自発的**に空間探索を促す**トップダウンアプローチ**と、感覚・運動刺激の入力により**受動的**に無視側空間へ注意を向けさせる**ボトムアップアプローチ**がある。

失行
apraxia

運動障害がないにもかかわらず、**合目的的**な行為ができない病態をいう。高次脳機能障害のひとつである。失行は、**肢節運動失行**、**観念運動失行**、**観念失行**、**構成失行**、**着衣失行**などに分類される。

肢節運動失行は、習熟していた運動が**ぎこちなくなる**状態をいう。観念運動失行は、意識しないときは行える動作が、**意図的**にしようとするとできなくなる状態をいう。観念失行は、一連の動作の**順番**やそれに関わる**道具の使用方法**がわからなくなる状態をいう。構成失行は、**空間的な構成**ができなくなることで、**ものの組み立て**や模写ができなくなる状態をいう。着衣失行は、衣服を手際よく**着る**ことができない状態をいう。

失認
agnosia

感覚器に障害がないにもかかわらず、ある感覚を通して対象を**認識**することができない病態をいう。高次脳機能障害のひとつである。失認は、**視覚失認**、**聴覚失認**、**触覚失認**、**視空間失認**、**身体失認**などに分類される。

視覚失認は、あるものについて**見た**だけではそれが何であるかがわからないが、触ったり音を聞いたりするとわかる状態を

×：受傷や発症以降の出来事を覚えることができない前向性健忘と、受傷や発症以前の出来事を思い出すことができない逆行性健忘がある。

いう。聴覚失認は、聞き慣れていた音を認識できなくなる状態である。音自体は聞こえているにもかかわらず、話し言葉や物音、音楽が何であるかがわからなくなる。触覚失認は、手で触ったものが何であるかを認識できない状態である。視空間失認は、空間におけるある対象の位置や複数の対象の位置関係がわからなくなる状態をいう。身体失認とは、自らの身体について認識できない状態をいう。左右がわからなくなったり、自分の半身を無視したような行動をとることがある。

失語 ★★★
aphasia

大脳半球の言語野の損傷によって、さまざまな言語活動が困難な状態をいう。発語の流暢性や復唱、言語理解、音読、書字などの言語活動の障害の現れ方によって分類される。

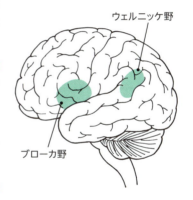

代表的なものとして、前頭葉のブローカ野の損傷による、言語理解はよいが発語が困難なブローカ失語があり、運動性失語ともいう。また、側頭葉のウィルニッケ野の損傷による、発語は流暢だが言語理解が困難なウェルニッケ失語があり、感覚性失語ともいう。

07 社会心理学

印象形成
impression formation ★★★

ある人物についての**断片的な情報**に基づいて、その人の**全体的な印象**を形成する過程のことをいう。**Asch, S.E.（アッシュ）**は、架空の人物の特徴をいくつかの**形容詞**によって実験参加者に呈示し、それらからどのような印象が形成されるか実験を行った。その結果、印象形成にとって**重要な情報**があり、人はそれを**核**に印象を形成すると考えた。

このように印象形成に大きな影響を及ぼす情報を**中心特性**、影響が小さい情報を**周辺特性**という。また、情報の**呈示順序**も印象形成に影響を与えることが指摘されており、最初の方に呈示された情報が印象形成に強く影響する効果を**初頭効果**という。

ハロー効果
halo effect ★★★

他者について、**ある側面**の評価が**ほかの側面**の評価に影響することをいう。**光背効果**ともいう。つまり、他者に顕著に**好ましい**あるいは**好ましくない**特徴があると、その人のほかの特徴についても不当に**高く**あるいは**低く**評価してしまう傾向である。

ハロー効果と同様に、対人認知の歪みとして、他者の**望ましい**特性を実際以上に**高く**評価し、**望ましくない**特性はそれほど厳しくなく**寛大に**評価する**寛大効果**や、他者への評価が評定尺度の中央に集まる傾向である**中心化傾向**などが挙げられる。これらは、特に組織心理学における人事評価の観点から検討がなされている。

138　×：ウェルニッケ野である。ブローカ野の損傷では発語に障害が生じる。

人間の社会的行動は広範に及ぶため、それらを研究する社会心理学の領域は多岐にわたります。ここでは、対人関係、説得、帰属理論、認知的斉合性理論、集団、リーダーシップなどを取り上げています。

気分一致効果 ★★★
mood congruency effect

気分が認知にもたらす影響について、ある気分のときにその気分と一致する感情価の刺激の**認知**や**行動**が促進されることをいう。気分一致効果は**知覚**や**記憶**、**判断**においてよくみられる。例えば楽しい気分に誘導された実験参加者は物語のなかの幸福な人物をよく覚えており、悲しい気分に誘導された実験参加者は物語のなかの不幸な人物をよく覚えていたことが明らかにされている。

また、ポジティブな気分の状態において気分一致効果は安定してみられやすい一方で、ネガティブな気分の状態においては気分一致効果がみられにくいことが知られている。これを**PNA（positive-negative asymmetry）現象**という。

ステレオタイプ ★★★
stereotype

特定の集団に対して、合理的な理由なしに、その集団成員を**単純化・画一化**し、**固定化したイメージ**をもつことをステレオタイプという。ステレオタイプに**否定的**な評価や感情が加えられると**偏見**となり、集団成員に対し否定的な行動をすることを**差別**という。

> ステレオタイプの例としては、日本では血液型ステレオタイプがみられるとされています。

ステレオタイプが生じる要因としては、**権威主義的**なパーソナリティといった性格特性や、外集団のばらつきを小さくとらえてしまう**外集団均質性効果**、本当はないにもかかわ

差別とは、ステレオタイプに否定的な評価や感情が加えられることである。

らず、ある集団の成員であることと特定の性格や行動傾向に相関があるように思えてしまう**錯誤相関**といった認知傾向、現実の集団間の葛藤状況といった集団間の関係などさまざまなものが挙げられる。

暗黙のパーソナリティ理論 ★★★
implicit personality theory; IPT

世の中の人たちが、**性格**について**漠然**としたかたちで抱いている**考え**や**信念**をいう。Bruner, J.S.（ブルーナー）らが提唱した。人は過去の経験や価値観に基づいて、ある特性は他の特性と関連したり、また他の特性とほとんど関連しないと考えるとされる。例えば、「A型は几帳面だ」などの血液型と性格の関連についての俗説、「女性は地図を読むのが苦手だ」「看護師になる人は優しい」などの性別や職業と関連した**ステレオタイプ**などが挙げられる。

このような考えや信念がすべて誤りとは限らないが、しばしば**対人認知**を歪め、判断や行動に影響を及ぼす危険性がある。

ブルーナー

対人魅力 ★★★
interpersonal attraction

人が他者に対して抱く**肯定的な態度**をいう。これまで対人魅力の規定因としては、**近接性**、**身体的魅力**、**類似性**、**相補性**、**好意の返報性**などが指摘されてきた。

近接性とは、**物理的**に近い人に親しみを感じやすいことである。Zajonc, B.（ザイアンス）が提唱した、繰り返し接するだけでその人への好ましさが高まる現象である**単純接触効果**も含まれる。身体的魅力とは、外見的な美しさをもつ人が好意をも

×：ステレオタイプに否定的な評価や感情が加えられたものを偏見という。

たれやすいことである。この傾向は、**異性間**だけでなく**同性間**においてもみられる。類似性とは、自分と**態度**や**価値観**の似た人に好意を感じることである。相補性とは、互いがもってない部分を**補い合える**人に好ましさを感じることである。ただし、補い合える部分とは**役割**に限定される。好意の返報性とは、自分に**好意**を抱いてくれる人にお返しのように好意を抱くことである。

援助行動
helping behavior

他者がその人の能力では解決できないような**困難な状態**に陥っていたり、そのままの状態でいることでそのような状態に陥ることが予測される場合に、それを避けるために**手助け**をする行為のこという。援助行動が研究されるようになったのは、ニューヨークで起こった**キティ・ジェノヴィーズ事件**がきっかけであるとされている。暴漢に襲われた彼女が助けを求める声を多くの近隣住人が聞いていたにもかかわらず、すぐに警察に通報されることはなかった。そして、援助行動が抑制される要因として**傍観者効果**が提唱された。

傍観者効果は、他者が援助を行わないことで事態を**緊急性**がないものだととらえる**多元的無知**、複数の他者がいることで援助を行わない**責任**や**非難**が軽減される**責任分散**、他者からの評価を気にして援助の**失敗**や**恥**を恐れる**評価懸念**から説明される。

向社会的行動
prosocial behavior

他者に対して**利益**をもたらそうと意図された**自発的行動**を向社会的行動という。具体的には、**援助**や**救助**、**分配**や**寄付**などが挙げられる。また、これらの行動を**外的報酬**を期待すること

Q 対人魅力と身体的魅力は関連がない。

なく行う場合は、**愛他的行動**と呼ぶこともある。つまり、援助という行為であっても、それが自分に**利益**をもたらすことを**期待**する場合は、**向社会的行動**と呼ぶことはできても、**愛他的行動**とはいえないのである。

傍観者効果 ★★★
bystander effect

援助を必要とする人がいる状況で、周囲に**第三者**がいる場合に援助行動が**抑制されてしまう**ことを指す。Latané, B.（ラタネ）とDarley, J.（ダーリー）は、傍観者効果が生じる要因として、①周囲が消極的な対応をしていると、援助が不要な状況だと**楽観的**にとらえ、同様に援助に**消極的**になってしまう**多元的無知**、②第三者が存在することによって援助する**責任**が**分散**し、誰かが援助するに違いないと行動が抑制されてしまう**責任の分散**、③第三者の存在によって**援助の失敗**を**恥**として恐れる**評価懸念**の３つが挙げられている。

現在、傍観者効果はいじめ防止の観点からも研究されています。

スリーパー効果 ★★★
sleeper effect

説得的コミュニケーションにおいて、**送り手**の**信憑性**が低いにもかかわらず、**時間**が経過するにつれて**説得効果**が高まる現象をいう。一般的に、説得的コミュニケーションによる態度変容の場合、コミュニケーションの**送り手の信憑性**が高いほど**説得効果**があるが、信憑性が低い場合、**時間**が経過するにつれて送り手の信憑性に関する**記憶**が薄れるために説得効果が高まると考えられている。逆に、**信憑性**の高い送り手の説得は、時間の経過とともに**効果**が減少することが知られている。

×：対人魅力と身体的魅力には関連があることが指摘されている。

ブーメラン効果

boomerang effect

　説得的コミュニケーションにおいて、コミュニケーションの受け手の**態度**や**意見**が送り手の意図とは**異なる方向**に変わってしまう現象をいう。ある人が友人に喫煙について厳しく批判し、禁煙するように説得を試みたところ、友人はかえって以前よりも喫煙するようになるといった例が挙げられる。この現象の説明のひとつとして、人は自分の**自由**が脅かされると感じると、**自由の回復**を動機づけられ、送り手の意図とは異なる行動をすることで自由を守ろうとするという、**心理的リアクタンス理論**がある。

ブーメラン効果の説明理論として、認知的不協和理論（P149）もあります。

心理的リアクタンス理論

theory of psychological reactance

　自分の自由が**制限される**と認知することにより、**自由の回復**を望むよう動機づけが喚起されるという理論である。被説得者の**意見**や**態度**が、説得者の意図した方向とは**異なる方向**へ変わってしまう**ブーメラン効果**の説明理論のひとつとされる。説得者の**説得意図**が強く、ある方向へ態度を変容させるように**圧力**をかけると、被説得者の態度の**自由**が脅かされる。態度の**自由**は、説得された態度をとらないことによって**回復**される。心理的リアクタンスの大きさは、制限される**自由の重要度**、制限される**自由の割合**、自由への**脅威の程度**によって規定される。

段階的要請法

foot-in-the-door technique

　説得技法のひとつで、**フット・イン・ザ・ドア・テクニック**

Q 説得的コミュニケーションにおいて、受け手の態度が送り手の意図とは異なる方向に変わってしまう現象をスリーパー効果という。

ともいう。はじめに相手に受け入れてもらいやすい**小さな要請**をして、相手が受諾した後に、**本当の目的の要請**をして、相手に応諾してもらうという**段階的**な要請方法である。**10分**程度のアンケートへの協力を依頼して回答してもらった数日後に、回答時間が**2時間**のアンケートへの協力を依頼し、これも承諾してもらえたといった例が挙げられる。最初の要請を受け入れることで、「自分は協力的でよい人だ」という**認知**を形成し、その後もそれに沿った行動をとるためと考えられている。また、最初の依頼と2回目の依頼の**内容**が異なっていたり、**依頼者**が異なっていても効果があることが知られている。

譲歩的誘導法 ★★★
door-in-the-face technique

説得技法のひとつで、**ドア・イン・ザ・フェイス・テクニック**ともいう。はじめに相手が承諾しにくい**困難な要請**をして相手に断らせ、その後に**譲歩**したようにみえる、**本当の目的の要請**をして、相手に応諾してもらうという要請方法である。回答時間が**2時間**のアンケートへの協力を依頼して断られた後で、**30分**のアンケートへの協力を依頼したところ、これについては承諾してもらえたといった例が挙げられる。説得者が**譲歩**したので、被説得者も**譲歩**せざるを得ない気持ちになるといった、**譲歩の返報性**が作用するためと考えられる。

承諾先取り法 ★★★
low-ball technique

説得技法のひとつで、**ロー・ボール・テクニック**ともいう。

×：ブーメラン効果である。

まず、相手が承諾するような**有利な条件**を含んだ要請を行い、それが承諾された後で、何らかの理由でそれが実現できないことを相手に伝えて、**再度**要請を行う方法である。相手に一度引き受けた依頼に対する**責任感**が生じるために、**承諾**を取り消しにくくなってしまう。相手の研究を手伝うことを条件に、心理学の実験の**参加**を承諾してもらった後に、手伝いの都合がつかなくなってしまったが、それでも実験への参加をお願いしたいと依頼する方が、はじめから条件を提示せずに実験参加を要請するよりも承諾される可能性が高いといった例が挙げられる。

段階的要請法、譲歩的誘導法、承諾先取り法のそれぞれの違いについて確認しておきましょう。

精緻化見込みモデル ★★★
elaboration likelihood model; ELM

Petty, R.E.（ペティ）と**Cacioppo, J.T.**（カシオッポ）によって提唱された、**態度変容**に関するモデルである。精緻化とは、あるメッセージのなかで主張された内容について、受け手が**能動的**に考え、**情報処理**することを指す。精緻化が生じるかどうかは、受け手の**動機づけ**と**情報処理能力**によって規定される。動機づけや情報処理能力がある場合、内容についての**吟味（精緻化）**がなされることで、**認知構造**が形成され、**態度変化**の方向が決まる。このような経路を**中心ルート**という。

一方、**動機づけ**や**情報処理能力**がない場合、内容についての**吟味（精緻化）**はなされず、**送り手の専門性**や**周囲の意見**などの内容とは関係ない**周辺的**な手がかりによって**認知構造**が形成され、**態度変化**の方向が決定される。このような経路を**周辺ルート**という。一般的に、中心ルートを経た方が、態度は**持続的**であるとされている。

Q まず承諾が困難な要請をして相手に断らせ、その後譲歩したようにみえる本当の目的を要請する方法を段階的要請法という。

原因帰属
causal attribution

　身の回りに生じるさまざまな事象や他者の行動に対して、その**原因**を推論する過程のことをいう。基本的な枠組みは**Heider, F.（ハイダー）**が提唱した。彼は原因帰属を、事象の原因を人側に求める**内的帰属**、人以外の環境要因に求める**外的帰属**に分類した。例えば、入学試験の合格を、自分の**能力**や**努力**に帰属させるのが内的帰属、問題の**容易さ**や**運**に帰属させるのが外的帰属である。一方で、他者が経験する事象の原因帰属については、状況などの**外的帰属**よりも、性格や動機づけなどの**内的帰属**が行われやすいとされ、それを**基本的帰属の誤り**という。

対応推論理論
correspondent inference theory

　Jones, E.E.（ジョーンズ）とDavis, K.E.（デイビス）が提唱した、**対人認知**における帰属理論である。対応推論理論は、ある人の行為の原因について、行為の**意図**とそれに対応するその人の性格特性や態度といった**内的属性**からとらえる考えである。行為と内的属性を対応させる必然性の程度は、**外部からの圧力**の有無、**社会的望ましさ**などによって異なる。つまり、外部からの圧力が**低い**状況でなされた行為や社会的に望ましくない行為は、その人の**内的属性**を反映したものとみなされる可能性が高い。例えば、電車内で高齢者に席を譲らない人について、それが**外部**からの圧力によるものであることが認識できない場合、不親切な人という**内的属性**による帰属がなされる。

ローカス・オブ・コントロール
locus of control

　自分の行動の結果の**コントロール要因**を**自分自身**に求めるか、

×：譲歩的誘導法である。

外的な要因に求めるかの認知スタイルあるいは性格特性のことをいう。統制の所在ともいい、Rotter, J.B.（ロッター）が提唱した。内的統制とは自分の能力や努力、意志によって結果をコントロールすることができるとみなす傾向であり、外的統制とは自分以外の外的な要因である運や状況、他者の力などによって結果がコントロールされるとみなす傾向である。

ケリーの共変原理 ★★★
Kelly's covariation principle

他者の特定の行動や反応を繰り返し観察することが可能な場合における原因帰属に関する理論である。Kelley, H.H.（ケリー）が提唱した。

この理論では、以下の3つの条件に基づいて原因帰属を行う。つまり、①ある結果が特定の原因によってのみ生じ、同じ結果が他の原因によって生じないという弁別性、②ある結果が同じ原因によって他の機会でも生じる一貫性、③ある結果が同じ原因によって他者にも経験可能な合意性である。

この3つの条件が満たされた場合は、ある事象が原因として帰属されるが、他の場合は個人が原因として帰属されやすい。

■Aさんが映画Nを「面白い」と発言する場合の原因帰属

Q 他者が経験する事象の原因帰属については、内的帰属よりも外的帰属がなされやすい。

Weiner, B.（ワイナー）の帰属理論

Weiner's attribution theory

Weiner, B.（ワイナー）は、何らかの目標を立て遂行した**達成行動**の成功や失敗の原因帰属を、**統制の所在**、**安定性**、**統制可能性**の3次元に基づいて分類した。達成動機の高い人は、成功や失敗の原因を**統制可能**な**内的要因**である**努力**に帰属させやすく、高い動機づけが維持される。一方、達成動機の低い人は、成功した場合は運などの**統制不可能**な**外的要因**に、失敗した場合は能力などの**統制不可能**な**内的要因**に帰属させやすく動機づけは低いままに留まりやすいとした。

Weiner, B.（ワイナー）の理論は、帰属の**規定因**や**先行条件**だけでなく、帰属の結果がその後の**動機づけ**や**感情**、**予期**、**行動**に及ぼす影響を検討しており、教育や産業などの広範囲の領域において活用されている。

セルフ・サービング・バイアス

self-serving bias

自分にとって**都合のよいこと**は自分自身の**内的属性**に、**悪いこと**は**状況**に帰属する傾向をいう。前者を**自己高揚的帰属**、後者を**自己防衛的帰属**ともいう。帰属のバイアスのひとつである。

成功を自分自身の内的属性に帰属することで、**自尊感情**を維持・向上しようとしたり、他者に**望ましい印象**をもたらそうという動機づけによるとされている。また、人は**成功**を意図し期待して行動するため、期待に合致する結果は**自分の努力**との関係を知覚しやすいという情報処理による説明もある。

認知的均衡理論

cognitive balance theory

認知主体である**個人**（P）と関係をもつ**他者**（O）、共通の関

×：外的帰属よりも内的帰属がなされやすい。これを基本的帰属の誤りという。

心対象（X）の3者関係が、個人の**認知体系**のなかでどのように変化するのかについてのモデルである。**バランス理論**、**P-O-Xモデル**ともいい、Heider, F.（ハイダー）が提唱した。このモデルでは、3者関係において好きや賛成などの**肯定的**な態度を**プラス**、嫌いや反対などの**否定的**な態度を**マイナス**の符号で表す。3者間の符号の積が**プラス**であれば**均衡状態**、**マイナス**であれば**不均衡状態**とする。不均衡状態の場合、個人は他者や対象に対する**認知**を変化させることによって均衡状態を回復させようとする。

例えば、野球の好きなAくんとその恋人であるBさんの関係を考えたとき、Bさんも野球が好きであれば**均衡状態**であるが、Bさんが野球が嫌いであれば**不均衡状態**となる。不均衡状態の場合、Aくんは Bさんとの**関係**を解消するか、野球を「そんなに面白くない」など**評価**を下げることによって均衡状態を回復させることが予測される。

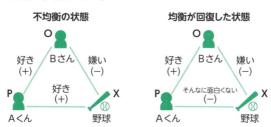

認知的不協和理論 ★★★
cognitive dissonance theory □□□

2つの相互に関連する認知要素間に**矛盾**、不一致がある場合を**不協和**といい、心理的に**不快な状態**である。その状態を解消するために、人は**認知**を操作することを動機づけられるという理論である。Festinger, L.（フェスティンガー）が提唱した。

例えば、ギャンブルで何度も負けているにもかかわらずやめ

バランス理論を提唱したのは、Bem, D.J.である。

ない人は「ギャンブルは損だ」と「ギャンブルは楽しい」という矛盾する認知要素の間で不協和状態となる。それを解消するために、①どちらか一方の認知要素を「ギャンブルは儲かる」あるいは「ギャンブルは楽しくない」と変えることで、もう一方の要素と協和的関係にしたり、②ギャンブルの楽しい点を強調したり、ギャンブルで損することを過小評価する協和的な認知要素の過大評価や不協和な認知要素の過小評価、③「ギャンブルで儲けた人の話」を引き合いに出す新しい認知要素の追加などが行われる。

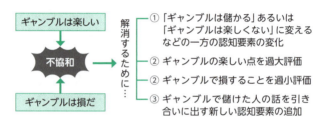

自己開示 ★★★
self-disclosure

　自己開示とは、ありのままの自分に関する情報及びその伝達行為をいう。自己開示行動には、感情表出によるカタルシス効果や言語化による自己明確化などの個人的機能と、情報伝達による相手との親密感や信頼感の獲得といった対人的機能がある。また、人は他者から自己開示されると、同程度の量及び深さの自己開示を相手に返す傾向があり、これを自己開示の返報性という。

社会的浸透理論 ★★★
social penetration theory

　Altman. I.（アルトマン）とTaylor, D.A.（テーラー）が提

唱した対人関係の**進展**と**衰退**についての理論である。この理論では、個人のパーソナリティを「**広さ**」と「**深さ**」の次元からとらえる。そして**対人関係の発展**にともない、他者がアクセス可能なパーソナリティの**広さ**は拡がり、**より深層部分**へと移行するという。なお、対人関係の**進展**は相互作用から予想される**報酬**と**コスト**に依存すると考える。

つまり、現在または将来の**報酬**が**コスト**を上回っていると評価されたり予測できるとき、2人の関係はいっそう**親密なレベル**へと進んでいくのである。

ジョハリの窓
Johari window

Luft, J.（ルフト） と **Ingham, H.（インガム）** によって提唱された、対人関係における**相互的**な認識過程を表すモデルである。自己に関する領域を「自分が知っている／知らない」、他者に関する領域を「他者が知っている／知らない」の2つの次元からとらえることによって、**開放**、**盲点**、**隠蔽**、**未知**の4つの領域に分ける。**自己開示**により開放領域が広がり、他の領域が小さくなることで、**対人関係**や**自己理解**が深まっていく。

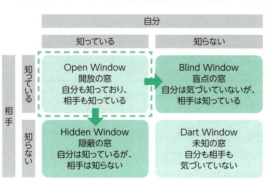

自分も相手も知っている領域「開放の窓」が広がると、互いに相手を理解できるようになり、合意形成が図りやすくなる。結果、共通理解に基づく行動を起こせる。

Q ありのままの自分に関する情報及びその伝達行為を自己呈示という。

自己呈示
self-presentation

　自分自身の印象を他者に方向づけする行動をいう。例として、他者に望ましい印象を抱かせるような自己呈示を行うことが挙げられるが、威嚇など否定的な自己呈示を行うことによって影響力を行使しようとする場合もある。印象操作と同義とされることもあるが、厳密には印象を操作する対象が自己である場合を自己呈示、自己以外も含んでいる場合を印象操作という。

セルフ・ハンディキャッピング
self-handicapping

　課題の遂行について成功の確信がもてない場合に、自己評価を維持するために、課題遂行の妨害となる障害を自らつくりだしたり、その障害について主張することをいう。試験の結果がよくないことが予想される場合に、体調が悪くて試験勉強ができなかったことを主張するといった例が挙げられる。遂行の失敗が障害のためであると主張することによって、自分の能力の欠如への帰属が割り引かれる。遂行が成功した場合は、そのような状況にもかかわらず成功したと認識することで自分の能力への帰属が割り増しされる。

自己評価維持モデル
self-evaluation maintenance model; SEM

　Tesser, A.（テッサー）によって提唱された、人が肯定的な自己評価を維持するメカニズムを説明したモデルである。自分にとって心理的に近い他者の優れた遂行が、自己評価を上げるか下げるかはその活動への関与度によって決まる。関与度が低いと自己評価が高まるが、高いと自身への脅威となる。自己評価の維持がむずかしい場合、人は不快を感じるため、他者との

×：自己開示である。

心理的な距離、自分または他者の**遂行度合い**の認知、課題への**関与度**などを変化させることで**自己評価**を維持しようとする。

ピグマリオン効果
Pygmalion effect

　他者に対する**期待**が、**無意識**に自身の行動に影響を与え、期待に沿う他者をつくり上げてしまう現象をいう。**Rosenthal, R.**（ローゼンタール）は、生徒に知能検査を実施し、実際の結果とは関係なく「将来成績が伸びる可能性のある**生徒**の名前」を**教師**に伝え、1年後に同様の検査を行った。その結果、名前が挙げられた**生徒**たちは、1年後の検査で高い得点を示した。これは、教師が**無意識**に**期待**を抱き、**ヒント**を与えたり、質問を**言い換え**たり、回答を**待つ**など彼らにさまざまな働きかけをしたためであるとされる。

自己成就的予言 ★★★
self-fulfilling prophecy

　個人がある**予期**や**期待**に沿って、**意識的**もしくは**無意識的**に行動した結果、その予期や期待が**現実**となることをいう。小さい頃に「**歌がうまい**」と褒められたことによって、自分の歌唱力への**期待**を抱き、成長して**歌手**として成功するといった例が挙げられる。こうした現象は、医学領域や教育領域、経済活動など、さまざまな場面でみられる。**教師**が**生徒**に対してもっている**期待**が、その期待通りの生徒をつくり出してしまうという**ピグマリオン効果**も自己成就的予言のひとつに含まれる。

社会的促進／社会的手抜き
social facilitation / social loafing

　個人が何らかの作業を行う際、他者の存在によって**作業量**が

> Q　ピグマリオン効果とは、自分自身に対する予期や期待が、現実のものとなることをいう。

増加したり、作業速度が速まる現象を社会的促進という。これには、観察者が存在するだけで個人の行動が促進される観察者効果と、同じ行動を同時に別々に行う他者が存在することで促進される共行動効果がある。Zajonc, R.B.（ザイアンス）は、他者の存在は個人の覚醒水準を高め、個人にとって優勢な反応の生起を増大させると主張した。

一方、集団で作業に参加している状況において、単独で作業を行う場合よりも、個人の作業量が低下する現象を社会的手抜きという。社会的怠惰ともいう。その要因として、集団状況では怠けても非難されることが少なく、努力しても正当な報酬が得られないことや、自分に求められる努力量を低く見積もることが挙げられる。最小の努力で集団の利益を共用しようとするフリーライダー効果は社会的手抜きのひとつである。

フリーライダー効果
free rider effect

集団で作業に参加している状況において、自らの能力が低いと認知したことによって、集団の遂行に貢献する必要がないと考え、動機づけを低下させ他者に頼ることをいう。また、他者の能力が低いと認知し、他者が自分に頼って集団の遂行に貢献していないと感じることで、動機づけを低下させるサッカー効果も社会的手抜きのひとつのタイプである。

社会的ジレンマ
social dilemma

より望ましい社会的状況があるにもかかわらず、その社会にいる各個人が自らの利益のみを追求するとそれが実現できない状況に陥ることを指す。具体的には、他者がどのような選択をしても、個人は非協力行動を選択したほうが協力行動を選択す

×：自分自身ではなく、他者である。

るよりも利益が大きく、すべての個人が協力行動を選択するときの各個人の利益は、すべての個人が非協力行動するときの利益よりも大きい状況である。Hardin, G.（ハーディン）は、誰もが利用可能な共同体の放牧地にて、各個人が自分の利益を最大化させるために放牧する家畜数を増加させた結果、放牧地が劣化し、共同体全体として不利益をこうむる「共有地の悲劇」を提唱した。現代社会における社会的ジレンマ状況としては、環境問題や交通問題が挙げられる。

フォーマル・グループ／インフォーマル・グループ ★★★
formal group / informal group

　フォーマル・グループとは、組織構造のなかに公式に位置づけられている集団であり、各成員の職務や役割が明確に決められ、各地位に個人が一定の手続きに基づいて配置されている集団である。インフォーマル・グループとは成員の個人的な感情や欲求に基づいて自然発生的に形成され、各成員の役割は不明確で、暗黙のうちに共有された集団の規範や目標をもつ組織である。どのような組織にもインフォーマル・グループは存在し、組織活動に影響を与えている。

ソシオメトリー ★★★
sociometry

　集団内の心理的構造をとらえる方法として、Moreno, J.L.（モレノ）によって開発されたものである。集団内の構造をとらえるために、ソシオメトリック・テストが用いられる。ソシオメトリック・テストでは、「魅力－排斥」を軸として、各集団成員の関係を測定し、集団内の下位グループや、スター及び孤立している成員などをとらえることが可能である。
　なお、集団成員間の好きや嫌いといった感情的側面から集団

Q　他者の存在によって個人の作業量が増加したり、作業速度が速まる現象を社会的促進という。

構造をとらえており、フォーマル・グループよりも**インフォーマル・グループ**をとらえることに適しているといえる。

準拠集団
reference group

　個人の意見や態度、判断、行動における**基準**を提供する集団のことである。一般的には、**家族**や**友人**などの現在個人が所属している集団であることが多いが、**かつて所属していた集団**や**将来所属したいと希望する集団**など、個人に影響を与えるすべての集団を含む。Newcomb, T.M.（ニューカム）は、準拠集団が個人の態度に及ぼす影響について25年間の追跡調査を行った。その結果、リベラルな校風の大学キャンパスを準拠集団とした女子大学生は、当初は**保守的**な態度であったが、学年を追うごとに**リベラル**な方向へと変化していった。その一方で、**閉鎖的**な友人関係を作っていた者や**保守的**な家族との関係が強かった者は**保守的**な態度を変えなかった。こうした学生時代の環境が、のちにまで個人の**準拠枠**として作用し、25年後の調査でも両者の多くがその態度を維持していることがわかった。

集団圧力
group pressure

　集団成員に対して、**集団の規範**に**同調**するように働く**強制的**な影響力をいう。Asch, S.E.（アッシュ）は、実験参加者に複数のサクラがいる状況で1本の線と同じ長さのものを3本の線から選ばせるという実験を行った。

　その結果、サクラである他者の判断が明らかに間違っており自分の判断が正しいとわかる場合でも、自分以外の**全員の意見**が一致している状況においては、強い**集団圧力**が生じて他者の判断に**同調的**な判断を示した。ひとりだけ**正しい判断**を行うサ

クラを含めた場合、**誤答率**が低下することから、集団圧力は集団成員の反応の**斉一性**に規定されると考えられている。

集団極性化
group polarization ★★★

集団意志決定によって、各個人の判断や考えが**より極端なものに**変化する現象をいう。決定内容がより**リスク**の高いものに変化する場合を**リスキーシフト**、決定内容がより**安全志向**に変化する場合を**コーシャスシフト**という。集団極性化は、**リーダーシップの影響**や議論として明確な**賛成か反対**かを表明しなければならないという心理などによって生じるとされる。また、集団による意志決定の場合、たとえ決定が誤った結果をもたらしても、**責任の所在**があいまいであるために極端な決定を行いやすいといった要因も挙げられる。

集団思考
groupthink ★★★

集団思考とは、**集団意思決定**にとって重要な情報を適切に処理し損なうことから生じる思考形態のことであり、**集団浅慮**ともいう。Janis, I.（ジャニス）がキューバ侵攻やベトナム戦争などのアメリカの**外交政策の失敗**を分析するなかで提唱された。集団の凝集性が高いと、集団のなかの意見を一致させようするため、**重要な外部の情報**を取り入れにくくなったり、他の成員の意見への**疑問**や**批判的思考**が抑圧されることで集団思考が生じてしまう危険性がある。

フォルス・コンセンサス
false consensus ★★★

自分の選択した考えや行動が、他の選択肢よりも、**多くの人**

> 集団成員に対して、集団の規範に同調するように動く強制的な力を、集団凝集性という。

びとと共通しているとみなす傾向のことである。つまり、自分の意見や行動は普通であり、多数派とみなすことである。その背景として、人は自分と似たような人と選択的に接触しているため、この偏った接触の結果として自分と類似した態度や意見を想起しやすくなるという選択的接触がある。

内集団びいき ★★★
ingroup favoritism

自らが所属している集団を内集団、所属していない集団を外集団という。外集団に比べて、内集団を高く評価したり、好意的な態度や行動をとる傾向を内集団びいきという。内集団バイアスとも呼ばれる。このような傾向は初対面の人同士で、コミュニケーションが最小限に制限されたり、利害関係がないような状況においてもみられることが知られている。内集団びいきは、内集団を高く評価することによって、外集団を相対的に低く位置づけることであり、自文化中心主義や外集団への偏見・差別を生み出す恐れがある。

内集団びいきが起こる要因として、Tajfel, H.（タジフェル）とTurner, J.C.（ターナー）は、人は他者と比較して望ましい自己評価を行うように動機づけられており、この傾向は自分が所属する内集団についても同様で、外集団よりも高く評価することによってこの動機づけを満たそうとするという社会的アイデンティティ理論を提唱した。

スティグマ ★★★
stigma

望ましくないあるいは汚らわしいものとして他者の蔑視や汚名が与えられるような属性を指す。もともとは、奴隷や犯罪者などが社会的に差別される存在として、それとわかるように烙

×：集団圧力である。

印を押されて見分けられていたことに由来する。現在においてもなお、人種や出自、職業、性的嗜好、疾患や障害などに関して、社会のなかに**スティグマ**があることが知られている。

スティグマは、スティグマをもたない一般の人びとがスティグマをもつ人に対してなされる**偏見**や**差別**である**パブリック・スティグマ**と、スティグマをもつ人が偏見を**内在化**させることで自分自身に対して**否定的態度**を示す**セルフ・スティグマ**がある。セルフ・スティグマをもつ人は、自分は社会に受け入れてもらえない存在であるという考えから、**自尊感情**や**自己肯定感**の低下がみられ、**援助要請行動**や**社会参加**の抑制、**引きこもり**につながるとされている。

社会的アイデンティティ理論
social identity theory

Tajfel, H.（タジフェル）とTurner, J.C.（ターナー）が提唱した、**内集団びいき**や**集団葛藤**を説明するための理論である。アイデンティティは、**自己アイデンティティ**と**社会的アイデンティティ**の2つに分けることができる。

自己アイデンティティは、例えば、「私はテニスが得意である」や「私は社交的である」といった個人の**能力**や**属性**に由来するものである。社会的アイデンティティは、「私は日本人である」や「私は○○会社の社員である」といった**内集団**に由来するものである。

一般的に、人はより望ましい**自己評価**を得ようと動機づけられる。この傾向は、自己アイデンティティだけでなく、**肯定的**な社会的アイデンティティを獲得するように動機づける。この動機づけにより、人は内集団と外集団の**境界**を明確にし、内集団を外集団よりも高く評価することによって満たすことができる。このような集団間の比較過程が**内集団びいき**や**偏見**、**差別**

> Q スティグマをもつ人が偏見を内在化させることで自分自身に対して否定的な態度をもつことをパブリック・スティグマという。

を引き起こし、**集団葛藤**をもたらすとされる。

社会的勢力
social power

個人や組織が他者の態度や行動を、自らが**望むように**変化させうる**潜在能力**をいう。影響力の源が何であるかによって、**報酬勢力**、**強制勢力**、**正当勢力**、**専門勢力**、**参照勢力**、**情報勢力**に分類される。

報酬勢力とは、被影響者が影響者に従えば、望む**報酬**を与えられるという認識に基づく。強制勢力とは、被影響者が影響者に従わなければ、**罰**を与えられるという認識に基づく。正当勢力とは、影響者が被影響者に対して指示したり命令することが**当然**のことであるという認識に基づく。専門勢力とは、影響者が**専門的な知識や技能**を有しているという認識に基づく。参照勢力とは、被影響者が影響者を**理想**とし、影響者のようになりたいという認識に基づく。情報勢力とは、影響者が被影響者にとって**有益な情報**をもっているという認識に基づく。

PM理論
PM theory of leadership

三隅二不二によって提唱されたリーダーシップ理論である。リーダーシップの機能には、集団目標を達成するために計画を立案したりメンバーに**指示・命令**を行う**P機能**と、集団のまとまりを維持するために集団内に**友好的**な雰囲気をつくり出す**M機能**がある。

さらにリーダーシップはそれぞれの機能の強弱によって、**PM**、**Pm**、**pM**、**pm**の4つの類型に分類される。

これまでの研究では、**PM型**のリーダーシップが**生産性**やメ

×：セルフ・スティグマという。

ンバーの意欲に促進的な効果をもたらしていることが明らかにされている。

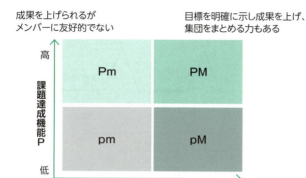

条件即応モデル
contingency model

Fiedler, F.（フィードラー）が提唱したリーダーシップの効果性に関する理論モデルである。リーダーの性格特徴とリーダーが置かれる集団の状況が、集団の課題達成に影響を与えるとしている。

リーダーの性格特徴は、最も苦手な仕事仲間に対する評定であるLPC得点に基づいて、良好な対人関係を築こうとする人間関係志向型と、課題達成を追求する課題志向型に分かれる。

集団の状況は、リーダーとメンバーの人間関係、集団の課題の明確さ、リーダーの地位権限の3つから、リーダーの状況統制力をとらえている。

この状況統制力が高いもしくは低い場合には、課題志向型のリーダーが有効であり、状況統制力が中程度の場合には人間関

係志向型のリーダーが有効であるとされている。

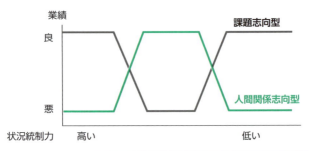

人間関係	よい	よい	よい	よい	悪い	悪い	悪い	悪い
課題の明確さ	高い	高い	低い	低い	高い	高い	低い	低い
地位権限	強い	弱い	強い	弱い	強い	弱い	強い	弱い

マネジリアル・グリッド理論
managerial grid model

Blake, R.R.（ブレーク）とMouton, J.S.（ムートン）が提唱した、リーダーシップ理論である。リーダーシップを「**業績に対する関心**」と「**人間に対する関心**」の2軸からとらえ、それぞれの軸を **9段階** に分け、1・1型、1・9型、9・1型、9・9型、5・5型の **5つ** に分類した。

9・1型は**業績重視**で職場の人間関係についてはほとんど配慮せず、仕事はできても思いやりのないタイプである。**1・9型**は業績よりも職場の人間関係を重視することから、**仲良しの職場**をつくることはできるが仕事はできないタイプである。**1・1型**は業績にも職場の人間関係にも関心がなく、**消極的**にポジションを維持して組織に留まろうとするタイプである。**5・5型**は業績も職場の人間関係もほどほどに関心を示すが、**現状**を維持するために過去の慣行や他者の判断に従うタイプである。**9・9型**が最も理想的であり、業績にも職場の人間関係にも高い関心を

×：LPC得点はFiedler, F.の条件即応モデルで用いられる。

もち、フォロワーの**モチベーション**を高めて、**業績目標**を達成しようとするタイプである。

SL理論 ★★★
situational leadership theory

Hersey, P.（ハーシー）とBlanchard, K.H.（ブランチャード）が提唱したリーダーシップ理論である。組織の発達過程に着目し、**フォロワー**の成熟度によって効果的なリーダーシップ・スタイルが異なると考える。フォロワーの**能力**と**意欲**に基づいて、成熟度を時系列的に**4段階**に区分し、それぞれの段階に効果的なリーダーシップ・スタイルが示されている。これらのリーダーシップ・スタイルは、課題志向である**指示的行動**と、人間関係志向である**協労的行動**の2軸からとらえられる。

フォロワーの成熟度が低い段階では、**指示的行動**を中心とする**教示型リーダーシップ**が有効であるとされる。成熟度が少し進んだ段階では、指示的行動は徐々に控えて**協労的行動**を増やす**説得型リーダーシップ**が有効であるとされる。さらに成熟度が進み、ある一定の水準以上に達した段階では、指示的行動を抑えて協労的行動を中心とする**参加型リーダーシップ**が有効であるとされる。最も成熟度が高まった段階では、指示的行動も協労的行動も抑えてフォロワーの**自主性**を重視する**委譲型リーダーシップ**が有効であるとされる。

パス=ゴール理論 ★★★
path-goal theory

House, R.J.（ハウス）とDessler, G.（デスラー）が提唱したリーダーシップ理論である。リーダーの役割とは、フォロワーに対して**目標達成への道筋**を示し、**動機づけ**を高めることであると考える。そして、リーダーシップ行動を**指示型**、**支援型**、

Q: Fiedler, F.の理論では、リーダーの状況統制力が中程度のときには、課題志向型のリーダーが有効である。

第3章 基礎心理学（統計以外）

参加型、達成型の４つに分類した。指示型はフォロワーに対して目標を明確にし、計画を調整、行動を指示するタイプである。支援型はフォロワーの発想を尊重し、感情に配慮して関係性を重視するタイプである。参加型はフォロワーに対して対等な関係として接し、フォロワーに相談してその提案を活用するタイプである。達成型とはフォロワーを信頼し、高い目標を設定して努力を求めるタイプである。

そのうえで、有効なリーダーシップとは、課題の構造や組織体制といった環境的な条件と、フォロワーの自立性や経験、能力といったフォロワーの特性の２つの要因に最も適合するタイプであると考えた。例えば、課題があいまいな業務であったり、フォロワーの能力が低い場合には仕事の進め方を明確に示すような指示型のリーダーシップが、指示系統が明確であり、定型的な業務の場合にはフォロワーに配慮し気遣いをみせるような支援型のリーダーシップが有効であるとされる。

変革型リーダーシップ
transformational leadership □□□

Burns, J.M.（バーンズ）によって提唱された、組織全体を視野に入れて明確なビジョンを示し、フォロワーに変化の必要性を理解させ、動機づけることにより組織に好ましい結果や利益をもたらすリーダーシップを指す。国際的な企業間における競争の激化や、社会的価値観の多様化や複雑化、経済の成熟化といった大規模な環境の変化や不確実性の高い環境への適応から、組織全体を改革に導くリーダーシップが必要とされるようになったことがその背景にある。

変革型リーダーシップは、リーダーへの同一化を高める理想化された影響（カリスマ）、これまでとは異なった新しい視点やもののとらえ方をもたらす知的刺激、リーダーによって示さ

×：リーダーの状況統制力が中程度のときには、人間関係志向型のリーダーが有効である。

れたビジョンの実現に向けてフォロワーを動機づける**モチベーションの鼓舞**、フォロワーの個人差をふまえて支持やコーチング、メンタリングを行う**個別的配慮**の４次元から構成される。

オーセンティック・リーダーシップ
authentic leadership

　自分自身の**価値観**や**信念**に正直に、自分らしく、**誠実さ**や**倫理観**をもってフォロワーを導いていくリーダーシップを指す。近年の企業上層部のモラルの欠如による事件の発生を背景に、企業の**モラル**や**社会的責任**が問われ、モラルを取り入れたリーダーシップ理論が提唱されてきた。オーセンティック・リーダーシップは、肯定的な**組織文化**を築くことで、フォロワーが組織活動に**意義**を見いだすことを促し、**コミットメント**を高めることで組織に変化をもたらす。

　オーセンティック・リーダーシップの特徴として、自分の長所や欠点をできるだけ客観的に把握している**自己認識**の高さ、一貫した価値観のもとで道徳的な判断を行うことができる内面化された**道徳観**、自分にとって不都合な情報であってもそれを直視することができるバランスのとれた**情報処理**、公平な人間関係の構築や維持、言行一致につとめる関係の**透明性**が挙げられる。

サーバント・リーダーシップ
servant leadership

　Greenleaf, R.K.（グリーンリーフ）が提唱した、**フォロワー**に奉仕し、そのニーズや目標の達成を助け支えることで**組織目標**を達成するリーダーシップ・スタイルを指す。単にフォロワーに奉仕するのではなく、**明確なビジョン**をもって、**能動的**にフォロワーを成長へと導いていく。

Q　変革型リーダーシップは、自分自身の価値観や信念に正直に、自分らしく、誠実さや倫理観をもってフォロワーを導くリーダーシップである。

それまでのリーダーシップ理論は、リーダーがフォロワーに**報酬**を与え、その見返りとして**指示**に従うといった**交換関係**を前提にしていた。それに対して、ビジョンをもって、**方向性**を示し、個々のフォロワーに配慮することで彼らの**能動的な行動**を喚起するといった特徴はサーバント・リーダーシップと変革型リーダーシップに共通している。

その一方で、両者の違いとして、変革型リーダーシップは**組織の発展**に焦点が置かれているが、サーバント・リーダーシップの焦点は**フォロワーの成長**であり、組織の目標達成は**副次的な結果**に過ぎないことが挙げられる。

リーダーシップの幻想論 ★★★
romance of leadership theory

Meindl, J.R.（マインドル）が提唱した、フォロワーが**組織やチームの業績**の向上あるいは低下の原因を経営のトップや管理職のリーダーシップに**過剰に帰属する傾向**をいう。その要因として、人間の**情報処理能力**には限界があり、情報量が多い場合にはそれらを正確に処理するよりもその**状況**にふさわしいと思われる要因に**原因帰属**しやすい傾向があること、組織やチームに影響をもたらすのはやはり**リーダー**であるという考えが関連しているとされる。

また、リーダーシップの幻想論では、リーダーシップとはフォロワーとの**相互作用**によって社会的に構成されたものであると考える。つまり、これまでのリーダーシップ研究とは異なり、リーダーの資質や行動特性などを検討するリーダー中心の視点から、リーダーシップに対する**フォロワーの認知**を重視した理論であるとされている。

×：オーセンティック・リーダーシップである。

科学的管理法
scientific management

Taylor, F.W.（**テイラー**）が確立した労働者の管理方法である。20世紀初頭の当時、**経営者**にとって問題であった労働者が生産量を自主調整する**組織的怠業**を解決するために、労働者を監視し**経済的報酬**によって統制することが必要であるとされた。科学的管理法では**熟練作業者**の作業を**要素動作**に分解し、その**所要時間**を測定することで、最も作業効率が高い場合の**作業時間**を算出した。そして、それに基づいて**標準的**な1日の作業量が決定され、この標準作業量を達成したか否かで労働者の**報酬**が変わるようにした。

作業方法についても、熟練作業者の要素動作から、最も**作業効率**がよい動作の組み合わせを明らかにし、一般労働者に訓練させた。

科学的管理法は、本来、経営者と労働者が対立することなく、最も効率的な作業方法を見いだす理論として提唱された。しかし、人間を生来怠け者で**経済的動機**を強くもつとみなす人間観や、**効率性**を重視するあまりに人間を**機械**のように扱ったことから、**人間性**を軽視しているとの批判を受けることになった。

ホーソン研究
Hawthorne research

Mayo, G.E.（**メイヨー**）がアメリカのウェスタン・エレクトリック社のホーソン工場にて行った実験研究を指す。もともとは**科学的管理法**に基づく生産性の向上を目的として、選ばれた女性労働者たちによって工場の照明などの**労働条件**と**生産量**の関連が検証された。しかし、結果は、どのような条件にもかかわらず**生産量**は高まっていき、労働条件と生産量の関連は見出せなかった。

Q サーバント・リーダーシップは、フォロワーに奉仕することによって、組織目標を達成するリーダーシップである。

Mayo, G.E.（メイヨー）は、この結果について、女性労働者たちが選ばれて研究に協力しているという**誇り**を感じていたことや、彼女たちの間に**親密な関係性**が形成されていたこと、作業監督者から監視されず、研究者から自分たちの意見が受け入れられたことなどが彼女たちに**よい感情**を生じさせ、**生産性**に影響をもたらしたと考えた。ホーソン研究によって、作業態度や生産性は**物理的**な環境条件よりも、**好意的な感情**によって自然発生的に形成された**インフォーマル・グループ**の影響を受けていることが明らかにされ、**人間関係論**の発展に貢献した。

ERG理論
ERG theory

Alderfer, C.P.（アルダーファー）が提唱した欲求理論である。**Maslow, A.H.（マズロー）**の欲求階層説と同様に、欲求の階層理論であるが、ERG理論は**仕事場面**における実証的研究に基づいて、欲求を低次のものから、人間の生存に必要な生理的・物理的なものを求める**生存欲求**、人間関係の維持と発展を求める**関係欲求**、人間らしく生きることや成長を求める**成長欲求**の3層にまとめている。

ERG理論は、Maslow, A.H.（マズロー）の欲求階層説と同じように、**生存欲求**と関係欲求は充足されるとその強さや重要性が低下するが、**成長欲求**は充足されてもその強さや重要性は低下しないと考える。また、欲求階層説では低次の欲求と高次の欲求が同時に現れることはないとしたが、ERG理論では各欲求が**同時に**存在しうるとしている。

XY理論
XY theory

McGregor, D.（マクレガー）が提唱した、X理論・Y理論

と呼ばれる2つの**人間観**とそれぞれに基づく**管理方法**についての理論である。X理論とは、人間はもともと**怠け者**であるという考えである。また、**責任**を負うことを避け**指示**されることや、**変化**よりも**現在の仕事**を維持することを好むとする。X理論に基づくと、労働者に対して**命令**や**罰**による管理方法が有効であるとされる。

Y理論とは、人間にとって仕事をすることは**あたりまえ**のことであり、**目標達成**が重要であると認識すれば、自ら進んで**努力する**という考えである。また、**命令**や**罰**がなくても働き、適切な条件であれば**責任**を負うとする。Y理論に基づくと、適切な労働条件を設定したうえで、基本的には労働者の**主体性**に任せ、**自発的な努力**を導く管理方法が有効であるとされる。

Herzberg, F.（ハーズバーグ）の二要因論 ★★☆
Herzberg's two factor theory

Herzberg, F.（ハーズバーグ）が提唱した仕事に対する**満足**及び**不満足**に関する理論である。労働者への面接調査から、達成や承認、仕事そのもの、責任、昇進などが**満足**をもたらすとした。これらの要因は**動機づけ要因**と呼ばれ、十分に満たされていれば**満足する**が、あまり満たされていなくても**不満足**になるのでなく、満足がない**没満足**となる。また、これらの要因は職務に含まれるため、その充足は**長期**にわたって**動機づけ**を高める。

その一方で、会社の経営や方針、監督、給与、上司との関係、労働条件などが**不満足**をもたらすとした。これらの要因は**衛生要因**と呼ばれ、不十分であれば不満足となるが、十分に満たされても**満足**を高めることはなく、不満足がない**没不満足**となる。また、これらの要因は一度充足したとしても満足には至らず不満足が繰り返されるため、そのたびに**動機づけ**が低下する。

> McGregor, D.は、仕事の満足に関連するものとして動機づけ要因を、不満足に関連するものとして衛生要因を見いだした。

McClelland, D.C.（マックレランド）の達成動機理論
McClelland's achievement motivation theory

　McClelland, D.C.（マックレランド）は、仕事への動機づけは、職場の人間関係について競争ではなく協力的で深い相互理解を求める**親和動機**、職場において指示されるよりも指導的な立場を求める**権力動機**、仕事について高い目標を挙げてその達成や成功を求める**達成動機**によって高まると考えた。特に、達成動機が企業や社会の成長や発展に関わるとし、達成動機の測定方法や訓練プログラムを開発した。

　また、組織において高い業績を示す人たちに共通する行動特性を**コンピテンシー**と呼ぶが、McClelland, D.C.（マックレランド）の達成動機の研究がその始まりであるとされる。

衡平理論（こうへいりろん）
equity theory

　Adams, J.S.（アダムス）が提唱した。人は、自分と他者を比べて**不公平**を感じると、それを**解消しよう**と行動が動機づけられるとする理論である。

　自分の努力や時間の貢献である**インプット**に対して、給与や昇進などの結果である**アウトプット**の比が、他者のそれと比較して**同じである**場合は**公平である**と認知して満足する。しかし、自分と他者の比が**等しくない**場合は**不公平である**と認知し、これを解消するための行動が起こる。

　不公平を解消する具体的な方法としては、自分や他者の**インプット**や**アウトプット**を実際に変化させたり、それらに対する認知を変えたりすることが挙げられる。また、**比較対象**を変えたり、**比較対象**や**組織**から離れたりすることも挙げられる。

170　×：動機づけ要因及び衛生要因を見いだしたのは、Herzberg, F.である。

流言／デマ
rumors / demagogy

内容についての**事実**が確かめられることなく、人から人へと次々に広まっていく**情報**を流言という。つまり、噂のことである。伝達する人びとは内容について**根拠**をもたず、逆に**あいまい**であるがゆえに、伝達行為から**知識**を寄せ集め、**解釈**しようとする。類似したものとして、特定の目的のもとに**意図的**に操作された**虚偽の情報**をデマという。

流言は、デマとは異なり、**虚偽の情報**ではないこともあり、**悪意**などの意図は含まれていない。情報の伝達はおもに**口伝え**であるが、マスメディアやインターネットなどさまざまなものを介して伝わっていく。両者とも、社会が何らかの**不安**や**緊張状態**にあるような状況において広がりやすいとされる。

没個性化
deindividuation

集団のなかに自らを**埋没**させ、自分を**個別の存在**としてとらえていないことをいう。没個性化の状態は、**社会的規範**や社会からの**批判**に対する意識が低くなるために、**無責任な行動**や**攻撃行動**などが出現しやすい。

Zimbardo, P.（ジンバルドー）が行った実験で、口と目が見えるだけの**マスク**をかぶらせた**匿名群**と、**名札**をつけた**非匿名群**では、前者の方が他者への**攻撃行動**が有意に高かった。この実験から、匿名性によって**自己評価**や**社会的評価**への関心が低下し**罪**や**恥**などによる**統制**が弱まると、攻撃行動や逸脱行為が生じるとされる。

Q 流言とは、虚偽の情報であり悪意が含まれている。

08 発達心理学

横断的研究
cross-sectional method

　ある変数の**時間経過**にともなう**変化**を、**一時点**の測定においてとらえる方法である。例えば、幼児の年齢の変化にともなう語彙数の変化をとらえるに当たり、3歳児、4歳児、5歳児から得た語彙数データが、それぞれ600語、1000語、2000語であったとする。この結果から、「年齢とともに語彙数は増加する」という傾向はみられるものの、例えば、この調査の3歳児が4歳になったときに、本当に1000語の語彙数を獲得できているかは定かではない。

　このように、横断的研究は、研究に費やされる**時間**や**費用**などの**コスト**が小さく、比較的**多くのデータ**を一度に集められるという長所がある一方で、**実際の時間経過**にともなう変化をとらえているわけではないため、得られた結果があくまで**推測の域**を出ないという限界も存在する。

縦断的研究
longitudinal method

　ある変数の**時間経過**にともなう**変化**を、**同一**の調査対象集団から**継続的**にデータを得ることによってとらえる方法である。例えば、3歳から5歳までの、年齢の変化にともなう語彙数の変化をとらえる場合、まず3歳児集団を対象とした語彙数データを得る。その後、同一集団を対象に、4歳、5歳時点でのデータを同様に得る。もし、各年齢の語彙数がそれぞれ600語、1000語、2000語であった場合、「年齢とともに語彙数は増加する」という仮説が、データをともなう形で実証的に示される

×：流言とは、噂のことである。本当の場合もあり、悪意などの意図は含まれていない。

ここでは、横断的方法と縦断的方法、愛着理論などの研究法やPiaget, J.（ピアジェ）やErikson, E.H.（エリクソン）ら心理学者が提唱した発達理論、サクセスフル・エイジングなどについて取り上げます。

こととなる。

このように縦断的研究は、ある変数の**時間経過**にともなう**変化**について、その詳細な**プロセス**ならびに**因果関係**をとらえることができる。一方で、調査に**多大なコスト**がかかる、同一集団を**長期間追跡**することが困難である、同一の測定ツールを**繰り返し用いる**ことによって**練習効果**が生じるなど、実際上の限界もある。

横断的研究と縦断的研究の長所・限界を把握しておきましょう。

コホート分析
cohort analysis ★★★

コホートとは、ある発達段階において**同じ時代背景**を経験した集団を指す。例えば、生まれてから成人までの発達的変化をとらえる場合、幼少期に戦争を**経験した集団**と、そうした**経験がない集団**では、生まれてから成人までという同じ期間であっても、異なる**発達的道筋**をたどる可能性がある。縦断的研究や横断的研究ではコホートという要因を考慮できないという指摘から、近年**コホート分析**と呼ばれる手法を用いた研究が増えている。

コホート分析では、**異なる年代集団**（例えば2020年の時点で10代、20代、30代の集団）に対して、長期的に**追跡調査**を行う。これにより、各コホートに**特異的**な発達的道筋と、コホートの違いによらない**普遍的**な人間の発達的道筋を分析することが可能となる。ただし、コホート分析には多くの**コスト**や**時間**を要するという限界もある。

Q 一般的に、縦断的研究よりも横断的研究の方が、研究にかかる時間や費用などのコストが大きい。

双生児統制法

co-twin control method

　発達における遺伝と環境の影響を明らかにするために、双生児を研究対象とする手法である。遺伝子の共有率は、一卵性双生児では100%、二卵性双生児では50%であることが知られている。そのため、例えば異なる環境で生育した一卵性双生児の類似性は、遺伝の影響を直接的に反映したものであり、また同一環境で生育した一卵性双生児の差異は、それぞれの非共有環境によるものであると推測できる。さらに、ある変数の双生児間の相関において、一卵性双生児が二卵性双生児の2倍以下である場合、遺伝要因だけでなく共有環境も影響していることを意味する。現在では、行動遺伝学と呼ばれる分野において双生児統制法は積極的に用いられている。

成熟優位説

maturation theory

　発達とは、生まれつき内在する遺伝的な特性が発現したものであると考える説である。つまり、環境的な要因にかかわらず、遺伝などの内的要因によって特性や能力が自然に発現するということである。Gesell, A.L.（ゲゼル）は一卵性双生児の研究において、一方に階段のぼりの訓練を行い、もう一方には訓練を行わないという条件を設定したところ、ある一定の月齢になれば、訓練の有無にかかわらず2人とも同程度の階段のぼりの技能を示すことを明らかにした。

レディネス

readiness

　学習が成立するためには、学習者の心身が一定の発達水準に達していることが必要である。このような学習成立のための個

×：一般に横断的研究よりも縦断的研究の方がコストは大きい。

体の**内的な準備状態**のことをレディネスという。**成熟優位説**を提唱した Gesell, A.L.（ゲゼル）は、**一卵性双生児**の**階段のぼり**の実験から、訓練を行わなくても身体的な**成熟**が進めば、訓練を行った場合と同程度の階段のぼりの技能を示すことを明らかにした。

輻輳説（ふくそうせつ）
convergence theory ★★★

発達は単に個人の遺伝的・内的要因のみによって発現したものでもなければ、環境的要因のみによるものでもなく、両者が**統合的**に機能していると考える説をいう。つまり、「**遺伝要因＋環境要因**」という**加算的**な考え方である。Stern, W.（シュテルン）が提唱した。ただし、発達は両要因の**単純な加算**ではなく、両要因がさまざまな特性・能力にどのような影響を与えるのかといった詳細が明らかにされていないことが限界として指摘されている。

環境閾値説（かんきょういきちせつ）
environment threshold theory ★★★

発達は、特性によって**環境要因の影響の仕方**が異なり、**遺伝的**な特性が発現するかどうかは、**環境要因**が特性ごとに決められた**閾値**を超えるかどうかによるという考え方である。Jensen, A.R.（ジェンセン）が提唱した。例えば、**身長**は環境が相当悪くても遺伝的な特性が比較的そのまま発現しやすいが、**絶対音感**は環境が十分整ってはじめ

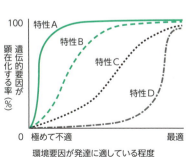

双生児統制法とは、一卵性双生児と二卵性双生児の遺伝子の共有率の差を利用して、発達における遺伝と環境の影響を検証する手法である。

生理的早産
physiological premature delivery

　ヒトの乳児は、**感覚器**はよく発達しているが、**運動能力**は未発達で、見かけ上極めて**無力な状態**で生まれてくる。これを **Portman, A.（ポルトマン）** は生理的早産と呼んだ。ヒトは、**大脳**の発達が著しく、十分な**成熟**を待って出生するとなると、身体が大きくなりすぎて**難産**となるため、約**1年**早く生まれてくることが**生理的常態**になったと考えられている。また、生後1年の期間を**子宮外の胎児期**と呼んだ。

原始反射
primitive reflex

　出生後の一定期間にだけ見られる**生得的**かつ**生理的な反射**のことである。例えば、乳首や指が口に触れるとそれに吸いついて吸おうとする**吸啜反射**、乳児の手のひらに何かが触れると指を曲げてつかむ**把握反射**などがある。

　反射は、脳の発達とともに消失し、次第に**意図的に行動**ができるようになる。ただし、反射が消失するはずの時期になっても反射が残存している場合は、脳の発達が**正常でない可能性**があるため、注意深く経過を観察する必要がある。

選好注視法
preferential looking procedure

　Fantz, R.L.（ファンツ） が考案した、乳児の**視覚的能力**や**興味の方向性**を明らかにする方法である。乳児が**興味**のある対象をより長く**注視する**という特徴を生かし、より長く注視した対象に対する認識を調べる。

具体的には、ある刺激Aと刺激Bを対呈示してそれぞれに対する**注視時間**を測定し、刺激Aと刺激Bを**弁別する能力**やより長く注視した刺激への**認識**を調べたり、ある刺激Aを繰り返し呈示することで**馴化**させた後、刺激Aに似た刺激Bと、明らかに異なる刺激Cを呈示し、刺激Bと刺激Cの注視時間を比較することで刺激Bと刺激Cの違いに対する認識を調べることが挙げられる。選好注視法によって、これまで知られていなかった乳児のさまざまな**能力**が明らかとなった。

馴化／脱馴化
habituation / dishabituation

　刺激が**繰り返し呈示**されることで、その刺激に対する**反応**が**減少していく**ことをいう。雨が降り出したときにはその雨音が耳障りと感じていても、しばらくすると雨音に**慣れて**しまって気にならなくなるといった例が挙げられる。報酬をもたらす刺激でも有害な刺激でもない**中性的な刺激**で生じやすいといわれている。

　特徴としては、①強い刺激よりも**弱い刺激**の方が早く形成される、②**強い刺激**に馴化すると少々の刺激では反応しなくなる、③**似た刺激**にもみられる、④**呈示頻度**が多いと形成は早い、⑤**休憩**をはさむと反応は回復するなどがある。馴化したあとに、その刺激とは**異なる刺激**を呈示すると**新たな反応**が生じ、これを**脱馴化**という。馴化と脱馴化は発達初期における乳児の認知機能の指標として、**選好注視法**のなかで用いられることが多い。

乳児の視覚能力や興味の方向性を明らかにするために用いられる選好注視法は、Fantz, R.L.によって考案された。

スティルフェイス実験
still face experiment

　他者との相互作用のなかで、自分の行動に対して相手が反応することを**社会的随伴性**という。

　スティルフェイス実験とは、乳児の社会的随伴性に対する**感受性**を調べるための実験方法をいう。

　具体的には、母親と乳児が相互作用をしている最中に、突然相互作用を**中断する**、つまり母親が急に**無表情**になり**声**を発さなくなる。このときの乳児の反応として、月齢差もみられるが、**笑顔**の減少や**ぐずり**、母親から**視線**をそらす、自分の身体を触るような**沈静行為**、相互作用を回復するために母親の反応を引き出そうとする**発声**や**笑顔**といった**修復行為**が観察されている。

　この実験から、乳児は母親が**相互作用**の対象であり、自分が働きかけると母親もある程度の確率で**反応してくれる**ことを理解しているため、母親の反応がないことを**異変**として気づき、観察されたような反応を示したと解釈される。

　なお、乳児の社会的随伴性の検出は生後**2ヵ月**以降から可能であるとされている。

期待違反法
violation of expectancy method

　おもに乳児における**認知発達**を検証するための実験方法である。具体的には、ある事象に対する乳児の**期待**や**予測**を実証する。

　乳児にある事象Ａを提示する。続いて、その事象から**期待される**事象Ｂ、**期待に反する**事象Ｃのいずれかを呈示する。もし乳児が、大人と同じように、事象Ａから事象Ｂを期待するのであれば、事象Ｃが呈示された場合、その期待が裏切られたことによって**驚き**、それに対応する**反応**を示す。驚きの反応の指標

として、**注視時間**や**心拍数**の変化が用いられることが多い。

視覚的断崖 ★★★
visual cliff

　Gibson, E.J.（**ギブソン**）と**Walk, R.D.**（**ウォーク**）が乳児の**奥行き知覚**の研究で用いた装置である。**高床式**の台の床板部分に大きな**ガラス板**が張られており、台の半分はガラス板が床板の**市松模様**とすぐに**接している**が、もう半分は**1m下**に**市松模様**の床板があり、**深さ**を知覚できるようなつくりになっている。乳児を深さが**浅い方**のガラス板に乗せ、母親が深い側から呼んだところ、乳児は**深い方**には這いださなかった。この実験から、生後6ヵ月の乳児が**奥行き知覚**を認識していることが明らかにされた。

断崖側 床の模様がガラスを通して透けて見えている

断崖の手前 模様の上に張られたガラス

刻印づけ ★★★
imprinting

　ニワトリ、アヒル、カモなどの**離巣性の鳥類**における、**孵化直後**の特定の時期に目にした**動くもの**に対する**後追い反応**のことをいう。**刷り込み**、**インプリンティング**ともいう。親鳥に対してだけでなく、他種の動物やおもちゃ、光点などに対しても生じる。

　Lorenz, K.（**ローレンツ**）が研究を行い、通常の**学習**と異なり、①孵化直後の刺激に対する感受性の高い時期（**臨界期**）にのみ生じ、この時期を過ぎると成立しなくなる、②**練習や経験**が不要で、条件が満たされた状況で極めて**短時間**のうちに成立する、

③**報酬**をともなわずに成立する、④**消去不可能**で特定の対象への刻印づけが成立した後に、対象を変更することが困難であるという特徴を明らかにした。

臨界期 ★★★
critical period

生物がある特性を獲得するために、**生物学的**に備わった**限られた期間**のことを指す。例えば、**刻印づけ**において、離巣性の鳥類のヒナの親鳥に対する**後追い行動**が成立するための孵化直後の期間が挙げられる。この期間にヒナが親鳥を目にしなければ、**後追い行動**を獲得することができなくなる。このことは学習における**生物学的要因**を示すものであるとされ、ヒトにおいてもさまざまな行動の発達について援用されてきた。しかし、**ヒトの場合**、その期間は**厳密なもの**ではなく、**ある程度広がり**をもった**可逆的**なものであるため、**敏感期**と呼ばれる。

愛着（アタッチメント） ★★☆
attachment

乳児が母親などの**特定の対象**に対してもつ特別な**情緒的結びつき**をいう。

Bowlby, J.M.（ボウルビィ）によると、愛着は**生物学的**な基盤をもつものであり、子どもが生存するために**進化**したものであるとされる。愛着の発達は、①誰に対しても**同じような反応**をする段階（生後**8〜12週**くらいまで）、②特定の対象に愛着を抱きはじめ**応答的な反応**がみられるが、愛着を抱いていない対象については**人見知り**をする段階（生後**12週〜6ヵ月**くらい）、③特定の対象への愛着が形成され、**接触**や**後追い**など常にその人と**一緒にいたい**という態度を示す段階（生後**6ヵ月〜2、3歳**くらい）、④特定の対象との**身体的な近接**を必ずし

×：スティルフェイス実験である。

も必要としなくなる段階（3歳くらい～）の4段階を経るとされている。

コンタクト・コンフォート
contact comfort ★★★

Harlow, H.F.（ハーロウ）は、針金製と布製の代理母模型をつくり、子ザルの行動を観察したところ、哺乳の有無に関係なく、子ザルは布製の代理母模型と過ごす時間のほうが長かった。また、新奇刺激に曝されたときにも布製の代理母模型にしがみつく行動が観察された。この結果からHarlow, H.F.（ハーロウ）は、愛着はコンタクト・コンフォート（接触の快）によって築かれると考えた。このことは、飢えなどの一次的欲求を満たしてくれる対象に愛着を形成するというSears, R.R.（シアーズ）の二次的動因説への批判にもなっている。

ハーロウは、学習の構えも提唱しています。

ホスピタリズム
hospitalism ★★★

20世紀初頭、施設に入所した子どもに、無表情や無反応、精神や人格発達の問題が指摘されるようになり、ホスピタリズムと呼ばれるようになった。入所児の研究から、①身体発育の不良、②情緒発達の遅滞、③社会性の発達遅滞、④指しゃぶり、爪噛み、夜尿、夜驚などの神経性習癖、⑤交流の希薄さや、協調性の欠如などの対人関係の問題、⑥自発性の欠如や依存性、⑦攻撃的傾向、⑧逃避傾向などが報告された。Bowlby, J.M.（ボウルビィ）は、ホスピタリズムの研究から母性剥奪（マターナルディプリベーション）を提唱した。

Q 施設に入所した子どもが身体的・心理的な発達の遅れや問題行動を示すことをガンザー症候群という。

母性剥奪 (ぼせいはくだつ)
maternal deprivation

Bowlby, J.M.（ボウルビィ）は、**乳幼児と母親**、またはそれに代わる母性的養育者との人間関係が、**親密的**、**持続的**で、かつ両者が**満足**と**幸福感**によって満たされる状態が精神的健康の基本であると考え、このような関係が**欠如**した状態を母性剥奪（マターナルディプリベーション）と呼んだ。**母性的養育**の喪失により、乳幼児の**身体的**、**知的**、**情緒的**、**社会的**、**人格的**な発達にさまざまな障害が引き起こされることが知られている。

Spitz, R.A.（**スピッツ**）は、生後6〜12ヵ月の乳児が母親から引き離されると、次第に**泣きやすく**気むずかしくなり、**体重減少**、**睡眠障害**などがみられ、さらに3ヵ月以上経つと、周囲の状況に対する**反応**が減少し、**無表情**、運動の**緩慢化**などの状態を示すことを観察した。**対象関係論**において、母性剥奪は、物理的な養育環境の剥奪による影響のみでなく、**内的対象**としての母親の喪失がその後の対象関係の発達に深刻な影響を及ぼすことが主張されている。

ボウルビィ

内的ワーキングモデル
internal working model

Bowlby, J.M.（ボウルビィ）は、子どもは養育者との**愛着関係**や**養育経験**に基づいて、自分自身や他者についての一般的な**イメージ**や**確信**を形成させると主張し、それを内的ワーキングモデルと呼んだ。**内的作業モデル**ともいう。内的ワーキングモデルは、**発達早期**の養育者

> Bowlby, J.（ボウルビィ）の理論は出題されやすいので、しっかり押さえておきましょう。

×：ホスピタリズムである。

との愛着関係のなかで**内在化**され、**成長して**家族以外の他者との愛着関係を築くうえで重要な役割を果たす。

ストレンジ・シチュエーション法
strange situation procedure □□□

Ainsworth, M.D.S.（**エインスワース**）が開発した、乳児の母親に対する**愛着の質**を明らかにする実験方法である。**乳児**と**母親**、**見知らぬ他者**が部屋に入り、母親や他者が出入りの際に示す**乳児の反応**を**観察**する。この実験の結果、子どもの愛着の質は3つに分類される。

母親が出ていくと後追いして泣き、戻ってくると喜ぶ**安定型**（**Bタイプ**）、母親が出ていっても戻ってきても、特に気に留めない**回避型**（**Aタイプ**）、母親が出ていくと後追いして泣き叫び、戻ってくると喜びを示す一方で、抱っこなどを拒否するといった反応を示す**アンビバレント型**（**Cタイプ**）がある。しかし、最近の研究では、この3つに分類できない、顔をそむけながら母親に近づくなどの接近と回避行動が同時に見られる**無秩序・無方向型**（**Dタイプ**）が増えているという報告もある。

3ヵ月微笑／8ヵ月不安
three-month smiling / eight-month anxiety □□□

生後**2、3ヵ月**頃の乳児には、どの人に対しても**区別**することなく微笑みかける時期がみられる。この様子を3ヵ月微笑と呼ぶ。そして、生後**8ヵ月**頃になると、**愛着**をもつ特定の他者とそれ以外の人を**区別**できるようになり、特定の他者との**分離**を強く拒否して泣き叫んだり、また、特定の他者以外の人に対し**人見知り**を示す。これを8ヵ月不安と呼ぶ。精神分析医のSpitz, R.A.（**スピッツ**）が提唱した。

Bowlby, J.M.が考案したストレンジ・シチュエーション法によって、乳幼児のアタッチメントタイプを判定することができる。

共同注意
joint attention

　自分と他者が同じものに注意を向けることをいう。他者が指差しをした方向を向くことで他者の興味や注意を共有すること、自分の興味や注意を他者と共有するために自ら指差しをすること、他者の視線からその人が見ているものや興味をもっているものを察してその方向を見ることなどが、共同注意を示す行動として挙げられる。

　共同注意は、生後8、9ヵ月頃からみられはじめるが、子どもは、自ら指差しをして養育者と注意を共有することで言葉を獲得したり、情緒や社会性を育んでいく。自閉スペクトラム症においては、他者の指差しの方向を見たり、自ら指差しをして他者と注意を共有することなどがむずかしい、つまり、共同注意の発達の遅れが近年明らかとなっている。

社会的参照
social referencing

　乳児がどうすればよいのか判断に困った状況において、母親など信頼する人の表情を見て、自身の行動を決定することをいう。例えば、視覚的断崖の研究において、断崖を渡るべきかどうか判断に迷っている乳児に、母親が笑顔で乳児の名前を呼ぶとその断崖を渡ったが、母親が悲しそうな表情で乳児の名前を呼ぶと渡らなかった。この結果から、乳児は断崖を渡るかどうかを母親の表情から判断したといえる。

共同注意や社会的参照は、自己―他者―対象（モノ）という三項関係の成立の代表例です。

×：ストレンジ・シチュエーション法を考案したのはAinsworth, M.D.S.である。

エントレインメント
entrainment

引き込み行動と呼ばれ、乳児期の**母子相互の働きかけ**を指す。例えば、乳児が泣いて親を呼び世話を求めると、それに対して親は世話をしたりスキンシップをとる行動がみられる。乳児が泣くと親に**感情的共鳴**が起き、乳児と**同じ気持ち**を感じる。親は乳児の欲求を満たしたいという**利他的欲求**だけでなく、乳児の泣きによって生じた自分の不快感を解消したいという**利己的欲求**も生じる。こうして**双方向**の**情動のやりとり**が起こり、**養育行動**も刺激され、**親子関係の基盤**をつくることにつながる。

情動調律
（じょうどうちょうりつ）
affective attunement

Stern, D.N.（スターン） が提唱した、他者との**相互作用**において、その人の情動状態を表した行動をそのまま**模倣**することなく、共有された情動状態が**どのような性質**のものであるかを表す行動をいう。例えば、乳児が楽しそうに手足をバタバタさせるのに対して、母親がその感情を読み取り、乳児に「わーい！うれしいねー」と声を発することである。情動調律を通じて、乳児は他者と**情緒的**につながっているという体験をすると考えられている。

またStern, D.N.（スターン）は、乳児がその発達とともに積み重ねて獲得していく、**新生自己感**、**中核自己感**、**主観的自己感**、**言語自己感**という4つの自己感を提唱している。情動調律は、**主観的自己感**の形成に関わるとされている。なお、一度獲得された**自己感**はずっと存続し、のちに獲得された自己感とともに**併存して**機能する。

第3章 基礎心理学（統計以外）

Q 乳児は母親の表情にかかわらず乳児が視覚的断崖を渡ったことから、乳児の社会的参照の能力が確認された。

感覚運動期

sensorimotor period

Piaget, J.（ピアジェ）の認知発達理論の第１段階で、**誕生〜２歳**くらいの時期をいう。この時期に、自己の身体と対象物、他者が**未分化**な状態から、自分自身も**対象物**のひとつであることや、**対象の永続性**といった物理法則を理解できるようになる。また、生得的な**反射のシェマ**から、単純な動作を試行錯誤しながら繰り返すことによって、次第に**２つの動作を協応させる能力**を獲得していく。

感覚運動期は、①生得的反射（生後０ヵ月〜１ヵ月くらい）、②自分の身体を使った興味のある活動を反復する**第一次循環反応**（１ヵ月〜４ヵ月くらい）、③自分の活動がもたらした外界の変化に興味をもち、活動を繰り返す**第二次循環反応**（４ヵ月〜８ヵ月くらい）、④目的と手段が分化する二次的シェマの協応（８ヵ月〜12ヵ月くらい）、⑤自分の活動の変化にともなう外界の変化に興味をもち、活動を繰り返す**第三次循環反応**（12ヵ月〜18ヵ月くらい）、⑥表象能力が発達し、次の前操作期への移行期となる心的表象（18ヵ月以降）の**６段階**を経るとされる。

同化／調節

assimilation / accommodation

両者とも**外界に適応するための機能**である。同化とは新たな対象や事象を**既存のシェマへ統合させる働き**であり、調節とは同化では不適当なときに**既存のシェマを修正する働き**である。例えば、ある対象物をつかむという行動の場合、新たな対象物に対し、**すでに身につけた方法**でつかむという行動をした場合は同化、その方法ではうまくいかず**違う方法**でつかむという行動をした場合は調節と考えることができる。

つまり、同化とはすでに**獲得**している認識や行動を新しい対

×：断崖を渡るか否かは母親の表情に依存する。

象物に対して**一般化**することであり、調節とはすでに獲得している認識や行動の**変更**を行うことである。

これらの機能は個々に働くものではなく、両者は**補完し合って**より複雑なシェマを構築していく。Piaget, J.（ピアジェ）は、同化と調節を繰り返すことによって、より適応的なシェマを発達させることを**均衡化**と呼んだ。

循環反応 ★★★
circular response

Piaget, J.（ピアジェ）が提唱した認知発達理論のなかの**感覚運動期**にみられる、乳児のある行動が何らかの結果をもたらす場合にそれが**繰り返される**ことをいう。

彼は感覚運動期において**3つ**の循環反応の段階がみられるとした。第一次循環反応は、**反射**に基づいて、偶然に**興味をもつような感覚**を生じさせた反応を繰り返す段階である。例えば、この時期の乳児は、自分の指を口に入れてしゃぶり続けている。第二次循環反応は、自分の**外にある対象**に何らかの働きかけをした結果に**興味**をもち、その行為を繰り返す段階である。例えば、この時期の乳児は、ガラガラを振って音を楽しんでいる。第三次循環反応期は、**自らの働きかけ方**によって、対象がどう変化するのかに興味をもち、その動作を繰り返す段階である。例えば、この時期の乳児は、ものを落とすことについて高さを変えて繰り返し行うことがある。このように、乳児はまずは自らの**身体**を中心にした活動から、徐々に**外界**に興味を向け、**積極的**に探索することで認知を発達させていく。

対象の永続性 ★★★
object permanence

目の前にある対象物が、見えなくなったり触れたりしなくて

Q. 環境に合わせて自らのシェマを修正する動きを同化という。

も、その対象物が**存在し続けている**という認識を指す。例えば、目の前にあるおもちゃに布をかぶせて視界から見えなくなったとしても、そこにおもちゃがあることがわかることである。対象の永続性は**表象機能**の発達によって獲得される。Piaget, J.（ピアジェ）は、対象の永続性は生後8ヵ月〜12ヵ月頃に成立すると考えた。

ただし、**馴化─脱馴化法**を用いた実験では、生後**3〜4ヵ月**の乳児が対象の永続性を獲得していることが示されている。

前操作期 ★★★
preoperational period

Piaget, J.（ピアジェ）の認知発達理論の第2段階で、**2歳〜7歳**くらいの時期をいう。**言葉**や**イメージ**を用いた**表象**による思考が可能となる時期であり、**具体的操作**の思考のための準備期でもある。また、**模倣**や**ごっこ遊び**などが出現する。

この時期の子どもの思考や問題解決には、**自己中心性**や**可逆性**の欠如がみられるのが特徴である。前操作期は、包括的概念や関係概念を理解することがむずかしい**前概念の時期**（**2歳〜4歳**くらい）と、対象の**見かけ**に左右されてしまう**直観的思考**の時期（**5歳〜7歳**くらい）に分けられる。

相貌的知覚 ★★★
physiognomic perception

Werner, H.（ウェルナー）が提唱した。幼児などが**事物**や**自然**を**表情**や**容貌**があるものとしてとらえる、つまり相貌的に知覚することを指す。

例えば、幼児が輝く太陽を見て「お日さまが笑っている」と言ったり、曲がったキュウリを見て「つかれちゃったのね」と言ったりする。幼児は自己と他者の**区別**があいまいなため、自

A ×：調節についての説明である。

己の**内的表象**や**感情**を外界に**投影する**という特徴がある。そのため、生命のない**無機物**に対しても、感情や表情を投影して感情移入的にとらえている。

自己中心性
egocentrism

　子どもがある対象について**知覚的**に**目立つ**特定の側面にだけ注意を払ったり、ある状況のある面に注目し他の面を**無視する**ことや、**自己の視点**から世界を**知覚したり解釈する**ことを指す。自分自身の行為と他者や対象物の活動との**未分化**、あるいは、自己の視点と他者の視点との**未分化**から、自分自身の行為や視点を**絶対的**なものであるかのようにとらえることによる。Piaget, J.（ピアジェ）は自己中心性を**前操作期**の子どもの特徴とし、**三つ山課題**によってそれを実証した。

三つ山課題
three-mountains task

　Piaget, J.（ピアジェ）が考案した、**他者の視点**を理解する能力の発達を調べるための実験課題である。**3つの山の模型**を置き、子どもを模型のある位置に立たせ、**他の位置**ではどのように見えるのかを子どもに描かせる。すると、子どもは**他の位置**から見た光景をイメージすることがむずかしく、自分が**実際に見ている**のと同じ光景を描いてしまう。Piaget, J.（ピアジェ）は、この課題を用いて**前操作期**の子どもの特徴である**自己中心性**を実証した。

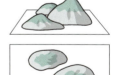
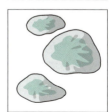

前操作期の特徴である自己中心性は、誤信念課題によって実証された。

心の理論
theory of mind

他者の感情や思考、意図などの**心的状態に対する理解**をいう。心の理論の研究では、**Baron─Cohen, S.（バロン＝コーエン）**らの**誤信念課題**（「**サリーとアンの課題**」）が有名である。これは、「サリーはかごにビー玉を入れて外出した。サリーがいない間に、アンはビー玉を箱に移した。サリーが戻ってきたときに、ビー玉で遊ぶためにどこを探そうとするか」という課題を子どもたちに提示するものである。**4歳頃**になると、現実とは異なるサリーの**誤信念**（かごに入っていると思っていること）が理解できるようになり、**心の理論**が獲得されると考えられている。しかし、**自閉スペクトラム症児**はこの課題を解けないことから、**自閉スペクトラム症**においては心の理論の発達が遅れていることが指摘されている。

第一次反抗期
rebellious stage

親や教師などの、**周囲の大人**に**反抗的**、**拒否的**な態度を示す発達上の時期のことをいい、**社会性**の発達にとって意義のある時期とみなされている。

反抗期はまず**2歳～3歳**頃に現れ、この時期を**第一次反抗期**と呼ぶ。この時期は大人が何を言っても拒否や否定をし、**自己主張**が強く、悪いことをしても謝らないといった行動が目立つようになる。このような行動の出現は、子どもが自己と他者の**区別**ができるようになり、**自我**が芽生え、それによって何でも自分でやってみたいと思うようになるためだと考えられている。

次の反抗期は、**思春期**に現れる**第二次反抗期**である。これは**心理的離乳**にともない、子どもが独自の**価値観**や**自己**などを獲得するために現れると考えられている。

×：三つ山課題である。誤信念課題は、心の理論の獲得を確認する課題である。

具体的操作期
period of concrete operations

　Piaget, J.（ピアジェ）の認知発達理論の第3段階で、**7歳〜11歳**くらいの時期をいう。具体的場面や実際的な課題の対象について、**見かけ**に左右されない**論理的な思考**が可能になる。**自己中心性**が次第に薄れ、**脱中心化**する能力、つまり状況のさまざまな面を**同時に考慮する**能力と、操作による対象の変化が逆操作によって元に戻ることを理解する**可逆性**の出現が特徴である。具体的操作期は、次の段階である**形式的操作期**の基礎となり、抽象的な事柄に対する論理的思考へとつながっている。

脱中心化
decentering

　他者の視点に気づかずに**自己の視点**でしか対象をみられなかった状態から脱して、多様な視点の存在に気づき、**他者の視点**からも**対象を認知できたり**、知覚的に**目立つ特徴**のみに注目することで引き起こされる**誤った判断**を脱して、**他の目立たない特徴**も考慮に入れた判断を行うようになることをいう。例えば、**保存**の課題において、ある容器に液体を入れたときの水面の**高さ**という目立つ特徴だけで判断するのではなく、**容器の幅**や**大きさ**も考慮することができるようになる。

保存の概念
conservation

　対象の**形**や**状態**を変化させても、対象の数量といった**性質**は**変化**しないという認識を指す。例えば、ある容器に入れた水を背の低い別の容器に入れ替え

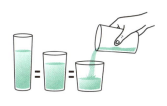

Q　Piaget, J.が考案した三つ山課題の達成により、保存の概念の獲得が確認される。

ても、水の量に変化はない。**量の保存**が獲得できていない子どもでは、水面が高いほうが量は多いと考えるが、保存が獲得されている子どもは、容器が変わっても量は変化していないことが理解できる。これは、**可逆性**をもった**操作的思考**によって**保存**が可能になることを示している。

形式的操作期
period of formal operations

Piaget, J.（ピアジェ）の認知発達理論の第4段階であり、**11歳頃以降**の段階である。この時期では、形式化、抽象化された**記号**や**概念**について論理的思考が可能になってくる。また、自身の経験や現実世界の事象に左右されずに、**仮説演繹的思考**が可能になる。形式的操作による思考は、**科学的思考**であり、Piaget, J.（ピアジェ）はこの操作の到達によって子どもの思考が完成すると考えた。

Vygotsky, L.S.（ヴィゴツキー）の発達理論
Vygotsky's development theory

Vygotsky, L.S.（ヴィゴツキー）は、発達における**社会的環境**の影響を重視した理論を提唱した。その特徴として、人間の高次精神機能は社会的、歴史的に形成された道具である**言語**によって媒介されること、それによりまずは人びとの間で**精神間機能**として出現し、そののち個人内における**精神内機能**として現れると主張した。つまり、**言語**を獲得し、それを媒介にして**他者**と交流していくことが**心理的な発達**を支えると考えた。このことは、**個人内**において認知的な発達がなされると考えたPiaget, J.（ピアジェ）とは異なる。

Vygotsky, L.S.（ヴィゴツキー）は夭折してしまったが、その後、彼の考えに基づいた発達研究が行われている。例えば、

×：三つ山課題は子どもの自己中心性を確認するための課題である。

見本を見ながら母子で共同してパズルを完成させるという課題において、母親の援助の仕方は年少児にはより**直接的**に、年長児には**間接的**、**暗示的**なものになっており、相互交流が進むなかで課題遂行の主導権が**母親**から**子ども**へ移行し、最終的には**子ども**がひとりで課題を遂行するようになっていくことが明らかにされている。このことは**発達の最近接領域**のあり方を具体的に示したものだとされている。

発達の最近接領域
zone of proximal development

Vygotsky, L.S.（**ヴィゴツキー**）は、子どもの知的発達の水準を、自分の力で問題解決できる**今日の発達水準**と、大人や年上の子ども、友だちなど他者の助けを借りることで問題解決できる**明日の発達水準**に分けた。この２つの水準の**ズレの範囲**を発達の最近接領域という。

彼は子どもの発達を促すためには、子ども一人ひとりがもつ発達の最近接領域に**適合した**教育が必要であると主張した。彼の主張は、教育とはレディネスの成立後に与えるものという考え方を否定し、**レディネスの成立条件**を発見し、レディネスを引き出すという**能動的**な教育観を支持するものである。

ギャング・エイジ
gang age

小学校中学年頃になると、子どもは**同性・同年齢の閉鎖的な**遊び仲間集団を形成するようになる。この時期をギャング・エイジ、このような集団をギャング・グループと呼ぶ。

子どもはそのグループだけに通じるルールや合言葉などを決め、メンバー以外の子どもがグループに参加することができないようにする。このような**閉鎖性**の高い集団がつくられること

で、メンバー間に**仲間意識**が形成され、社会生活における**基本的なスキル**や**ルール**を学んだり、親からの**心理的自立**を図っていく。ギャング・グループは**同一行動**によって**集団凝集性**が高められるが、思春期に入るとお互いの**共通性**や**類似性**を言葉で確かめ合うことで**凝集性**を高める**チャム・グループ**、共通性や類似性だけでなく**異質性**も認めて互いを尊重し合う**ピア・グループ**へと変化していく。

心理的離乳 ★★★
psychosexual weaning

青年期前期頃に生じる、親からの**心理的自立**、あるいは**情緒的自律性**の獲得のことをいう。親への**反抗**や**葛藤**を通じて、親との最適な**心理的距離**を見いだし、親とは異なる独自の**価値観**、**信念**などを確立していく。このような心理的離乳は、同じ苦悩を共有する**友人**との相互依存の関係を通じて、漸次的に現れるものといわれている。

心理＝性的発達段階 ★★★
psychosexual development

Freud, S.（フロイト,S.）は、**性的エネルギー**である**リビドー**は乳幼児期から存在していると考え、リビドーの充足を満たす**性感帯**に基づいて人間の発達をとらえた。つまり、**口唇期**、**肛門期**、**男根期**、**潜伏期**、**性器期**の5段階である。各段階でリビドーが十分に満たされなかったり、あるいは過剰に満たされた場合、その段階に心理的な**固着**が起こる。すると、その後の心理的な発達に影響が生じ、大人になって対処できないような**ストレス**や**葛藤**を抱えたときに**固着**した段階への**退行**が起こり、さまざまな不適応が生じるとされている。

口唇期 ★★★
oral phase

　Freud, S.（フロイト,S.）の**心理＝性的発達段階**の第1段階である。**0歳〜1歳半**頃までの期間を指す。この時期のリビドーは、母親の乳房を吸うといった**口唇部位**の活動によって充足される。当初は**母子未分化**のために**自体愛的**なものであったが、その後乳を与えてくれる母親への**対象愛**へと変化し、乳児と母親との間に**基本的信頼感**が形成される。

　また、はじめは吸うという活動により**受身的**に食べ物を摂取しているだけであったが、乳歯が生え始める生後6ヵ月以降は噛むといった**加虐的**な活動に代わってくる。この時期への固着は**依存的**で、他者から愛情を向けられていないと**落ち込み**や**ひがみやすい**性格になりやすいとされる。

肛門期 ★★★
anal phase

　Freud, S.（フロイト,S.）の心理＝性的発達段階の第2段階である。**1歳半〜3歳**頃までの期間を指す。この時期のリビドーは、大便の保持や排出といった**肛門部位**の活動によって充足される。この時期は、親からの**トイレット・トレーニング**があり、排泄機能のコントロールを身につけていくなかで、**自律性**を獲得していく。この時期への固着は**真面目**で**几帳面**、**倹約家**、**強迫的**、あるいは**浪費家**、**攻撃的**な性格になりやすいとされる。

男根期 ★★★
phallic phase

　Freud, S.（フロイト,S.）の心理＝性的発達段階の第3段階である。**3〜6歳**頃までの期間を指す。この時期のリビドーは、**性器**によって充足され、男児は母親に**性的関心**を向け、父親を

Q: Erikson, E.H.は、リビドーの充足から人間の発達をとらえ、心理＝性的発達段階を提唱した。

敵視するといった**エディプス・コンプレックス**を経験する。しかし、父親に**去勢**されるのではないかという不安から、母親への**性的関心**を**抑圧**し、父親と**同一視**していくことによって**超自我**や**性役割**を確立していく。この時期への固着は**自信過剰**、**自己顕示的**、**演技的**といった性格になりやすいとされる。

エディプス・コンプレックス ★★★
Oedipus complex

　Freud, S.（フロイト,S.）の心理＝性的発達段階のうち**男根期**にある男児は、母親に対して性的関心を向け、**愛着**を抱き、**父親**に対して**敵意**や対抗心を抱くようになる。このような**母親への愛着と父親への敵意**といった**複合感情**をいう。ギリシャ神話に登場する、父親を殺害し、母親を娶ったというエディプス王に由来する。

　また、男児は父親に対する敵意が**罰せられる**のではないかという**去勢不安**を抱く。男児は父親の**怒り**をしずめるとともに、母親の**愛情**を獲得する方法として、母親の愛する父親と**同一視**していく。その結果、**超自我**や**性役割**を獲得していく。

潜伏期 ★★★
latency phase

　Freud, S.（フロイト,S.）の心理＝性的発達段階の第４段階である。**6歳～12歳**頃までの期間を指す。この時期は、**エディプス・コンプレックス**の克服によって**リビドー**が抑圧され、**性的な関心**が薄れる時期である。リビドーは思春期以降の**性器期**で再び出現するまで潜伏しているとされている。学業やスポーツ、対人関係にエネルギーを費やすようになり、**知性**や**社会性**を発達させていく。

196　　×：心理＝性的発達段階を提唱したのはFreud, S.である。

性器期
genital phase

Freud, S.（フロイト,S.）の心理＝性的発達段階の第5段階である。**思春期**以降に当たる。**身体的成熟**とともに**性衝動**が高まり、口唇、肛門、男根といったこれまでの**部分的**なリビドーが統合され、**生殖**を目的とした**性器性欲**が出現し、その優位性が確立される。また、異性をひとりの人間としてとらえ、親密な関係を築くことが可能になる。

Erikson, E.H.（エリクソン）の発達段階説
Erikson's theory of developmental stage

Erikson, E.H.（エリクソン,E.H.）は、Freud, S.（フロイト,S.）の**心理＝性的発達段階**に**社会的**な視点を加え、人間の生涯を乳児期から老年期の8段階に分けた。各段階にはそれぞれ達成すべき**発達課題**があり、それを克服することにより発達していくと考えた。

一方、課題の達成に失敗すると、社会への**適応**が困難になり**心理社会的危機**に陥るとした。さらに、発達課題を克服し心理社会的危機を乗り越えることで、**活力**という心の強さが獲得されるとした。彼が特に重要としたのが、青年期の発達課題である**アイデンティティ（自我同一性）**の獲得である。

■ Erikson, E.H.（エリクソン）の発達段階説

		発達課題	VS	心理社会的危機	活力
Ⅰ	乳児期	基本的信頼	vs	基本的不信	希望
Ⅱ	幼児前期	自律性	vs	恥・疑惑	意思
Ⅲ	幼児後期（遊戯期）	自主性	vs	罪悪感	目的
Ⅳ	児童期	勤勉性	vs	劣等感	有能感
Ⅴ	青年期	自我同一性	vs	同一性拡散	忠誠
Ⅵ	成人前期	親密性	vs	孤立	愛
Ⅶ	成人後期	生殖性	vs	停滞	世話
Ⅷ	老年期	統合	vs	絶望	英知

Q 潜伏期は、Freud, S.の心理＝性的発達段階の第3段階である。

発達課題
development task

発達の各段階において、解決しておくべき**心理社会的な課題**を指す。適切に解決できればその後の段階の発達はうまく進んでいくが、解決できない場合にはのちの段階で発達上の**困難**に直面してしまう。**Havighurst, R.J.（ハヴィガースト）**が最初に提唱した。

また、Erikson, E.H.（エリクソン）は、人の発達を乳児期から老年期の**8段階**に分け、それぞれの段階に対する発達課題とそれが達成できないと陥る心理社会的危機を設定している。例えば、乳幼児期の発達課題は「**基本的信頼**」であり、それが獲得されていないと人を信じることができず「**不信**」に陥る。

アイデンティティ
identity

青年期は、自分とは何者か、自分はどのように生きていくのか、自分の存在意義とは何かなど自己を**社会**のなかに位置づける問いかけを通して、青年が**自己**を確立していく時期である。アイデンティティとは、それらの問いに対して、**肯定的、確信的**に実感できることを意味する。

Erikson, E.H.（エリクソン）は、アイデンティティを、過去から現在において同じ一貫した自分であるという**連続性**、他者と代替不可能な固有な存在であるという**斉一性**、何らかの社会集団に所属し、その集団に受け入れられている感覚をもつ**帰属性**の3つの基準によって定義している。

これまでアイデンティティの確立は**青年期**の発達課題とされていたが、**中年期**においてもさまざまな身体的、心理的、社会的な変化によって**アイデンティティの再構築**が求められることが明らかにされている。

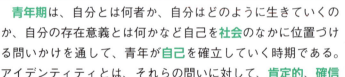 ×：潜伏期は心理＝性的発達段階の第4段階である。

アイデンティティ拡散

identity diffusion

　Erikson, E.H.（エリクソン）の発達段階説において、**青年期**の発達課題としてアイデンティティの確立があるが、それが達成されないとアイデンティティ拡散という**心理社会的危機**に陥る。これは、自分がどのような人間であるか、将来どのようなことをしたいのかなどがわからなくなり、自己が**混乱**し**社会的位置づけ**を見失った状態を意味する。

　アイデンティティ拡散の現れとして、対人不安や無気力、非行などの否定的アイデンティティの選択が挙げられる。青年期において自らのアイデンティティを確立しようとするなかで、多くの青年が**一時的に**経験する心理状態と考えられている。

アイデンティティ・ステイタス

identity status

　Marcia, J.E.（マーシャ） は、Erikson, E.H.（エリクソン）のアイデンティティを具体的にとらえるために、アイデンティティの状態は**危機**と**積極的関与（傾倒）**の有無によって決定されると考えた。

　危機とは自己や人生を方向づける可能性の選択に**悩んだ経験**があるかどうかであり、積極的関与とは職業や政治、思想などの自己や人生について考えを表明したり、それに基づいて**行動する**ことである。

　それぞれの有無によって、①危機を経て目標が定まり、積極的関与している**同一性達成**、②危機を体験することなく、積極的関与している**早期完了**、③危機の最中にあり、積極的関与をしようとしている**モラトリアム**、④危機の有無にかかわらず、積極的関与をしていない**同一性拡散**の4タイプに分類される。

危機の有無にかかわらず、人生に積極的に関与していない状態を早期完了という。

■自我同一性地位

自我同一性地位	危機	傾倒	概略
同一性達成 (Identity Achievement)	経験した	している	幼児期からのあり方について確信がなくなり、いくつかの可能性について本気で考えた末、自分なりの解決に達して、それに基づいて行動している。
モラトリアム (Moratorium)	その最中	しようとしている	いくつかの選択肢について迷っているところで、その不確かさを克服しようと懸命に努力している。
早期完了 (Foreclosure)	経験していない	している	自分の目標と周囲の大人の目標の間に不協和がない。どんな体験も幼児期以来の信念を補強するだけになっている。
同一性拡散 (Identity Diffusion)	経験していない	していない	危機前 (pre-crisis)：今まで何者かであった経験がないので、何者かである自分を想像することが不可能。
	経験した	していない	危機後 (post-crisis)：すべてのことが可能であり可能なままにしておきたい。

モラトリアム
moratorium

もともとは経済学の用語で、債務の支払いの**猶予期間**を意味する。Erikson, E.H.（エリクソン）は、この言葉を、身体的には成長していても心理的・社会的には未熟なために、**社会的責任や義務**を負うことが猶予されている**青年期の特徴**を示すために用いた。

エリクソン

モラトリアムの間に、青年は社会に対して**一定の距離**を保ちつつ、自由な精神で**仕事**や**役割実験**に取り組むことができる。そして、職業生活のために必要な**知識**や**技術**の獲得や社会人として必要なさまざまな**能力**や**自覚**を身につけることでモラトリアムが終結する。つまり、**アイデンティティ**を確立することを意味する。

×：同一性拡散である。

Jung, C.G.（ユング）の発達理論
Jung's developmental theory

　Jung, C.G.（ユング）は、人間の発達を**太陽の運行**になぞらえて、40歳頃を「**人生の正午**」と呼んだ。また、人生を**少年期**、**成人前期**、**中年期**、**老年期**の4つに分け、少年期と成人前期を前半、中年期と老年期を後半とした。彼は人生の前半は職業に就いたり、結婚して子どもを育て家庭を築くなどの**現実的・対外的**なことが目的になると考えた。一方で、人生の後半は**自分らしくある**ことを実現していく**個性化**が目的になると考えた。つまり、人生の前半で**やり残したこと**や**無意識**に抑圧してきたことに目を向け、**ありのままの自分**になっていくことである。

　「**人生の正午**」は、前半の成人前期から後半の中年期に差しかかる時期であり、Jung, C.G.（ユング）はこの時期を**転換期**ととらえ、**危機的な時期**であると考えた。しかし、この危機を乗り越えることが、その後の人生をより豊かなものにしていくのである。

中年期危機
midlife crisis

　中年期は、**生産性**が高まったり、**社会的活動**が活発になるなどの肯定的側面がみられる一方で、**身体機能**の低下、**容貌の変化**などが生じる。また、家庭や職場でこれまで果たしてきた**役割に変化**が求められる。安定と不安定、若さと老い、獲得と喪失が共存するなかで、**アイデンティティ**が揺らぎ、これまでの生き方が問われ、新たな価値観によって**アイデンティティの再構築**が必要とされる。

　このように、中年期において、こうした変化を乗り越えることが困難な場合に生じる**心理的危うさ**を中年期危機という。

Jung, C.G.は、人間の発達を太陽の運行になぞらえて、50歳頃を「人生の正午」と呼んだ。

Levinson, D.（レヴィンソン）の人生の四季
The Seasons of a Man's Life

Levinson, D.（レヴィンソン）は工場労働者、管理職、生物学者、小説家といった40人の**男性**に**面接調査**を行った。その結果、児童期と青年期を**春**、成人前期を**夏**、成人中期を**秋**、老年期を**冬**というように人生を四季にたとえることができるとした。また、人生は、個人の基本的な生活パターンである**生活構造**が**安定した時期**と、変化することが求められる**過渡期**が交互に現れることを明らかにした。そして、**過渡期**をうまく乗り切れるかによって、次の時期の**生活構造**が安定したものになるかが決まるとした。特に**40〜45歳**の人生半ばの**過渡期**が最も重要な過渡期であると考えた。

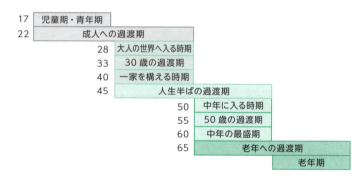

Bronfenbrenner, U.（ブロンフェンブレナー）の生態システム論
Bronfenbrenner's ecological systems theory

Bronfenbrenner, U.（ブロンフェンブレナー）は、人の発達は**子ども**とそれを取り巻く**社会環境**の相互作用の影響を受けていると考えた。そして、子どもを中心とした**4つ**の層からなる**生態システム論**を提唱した。

マイクロシステムは、子どもが**直接的**に関わるシステムであ

×：人生の正午は40歳頃である。

り、家庭や学校などが挙げられる。メゾシステムは、**マイクロシステム同士**が関わるシステムであり、家庭と学校や、自分の家庭と友だちの家庭のつながりなどが挙げられる。

また、エクソシステムは、子どもには直接関わらないが、**間接的**に影響を与えるシステムであり、親の職場やきょうだいの学校などが挙げられる。マクロシステムは、子どもが生活している**社会**のシステムであり、**法律**や**文化**、**価値観**などが挙げられる。なお、近年、災害や社会的な出来事、進学や就職、親の離婚などの子どもの生涯を通して起こる**社会的な出来事**や、**環境移行**によってもたらされる**出来事**であるクロノシステムも追加された。

DoHaD仮説（ドーハッド かせつ）
Developmental Origins of Health and Disease

Barker, D.（バーカー）が提唱した、**胎児期**から**出生後早期**の環境が**成人期**以降における**疾病**のリスク要因になるという仮説である。

受精時や胎生期の子宮内及び乳幼児期における、望ましくない**栄養環境**や**環境化学物質**、**ストレス**への曝露が**エピゲノム変化**を起こし、疾病の**素因**となり、出生後の**環境要因**との相互作用によって発症するとされている。

出生コホート研究を中心とするこれまでの疫学研究から得られた知見として、胎児期から幼小児期の**低栄養**、**ストレス**や**化学物質**の曝露などの望ましくない環境が**虚血性心疾患**、**脳卒中**、**高血圧**、**2型糖尿病**、**慢性腎臓病**、**骨粗鬆症**、**悪性腫瘍**、**精神疾患**などのリスク因子になることが明らかにされている。

Q: Bronfenbrenner, U.の生態システム論において、マイクロシステム同士が関わりあうシステムをエクソシステムという。

Scammon, R.E.（スキャモン）の発育曲線

Scammon's growth curve

　Scammon, R.E.（スキャモン）が提唱した、人間の身体の発育パターンをグラフで示したものである。横軸を年齢、縦軸を20歳時点での発育率を100％とした発育率を示している。器官や臓器で発育パターンが異なり、大きく4つに分かれる。

　一般型は身長や体重、骨格や筋肉、呼吸器や消化器にみられるパターンである。乳幼児期に急速に発育し、その後は次第に緩やかになり、第二次性徴が出現し始める思春期に再び急激に発育する。神経型は脳や脊髄、視覚器にみられるパターンである。出生直後から急激に発育し、4～5歳までには成人の80％程度に達する。生殖型は生殖器、乳房、咽頭にみられるパターンである。小学校前半まではわずかだが、思春期に急激に発育する。リンパ型は胸腺、リンパ節、扁桃腺にみられるパターンである。生後から12～13歳までにかけて急激に発育し、成人の水準を超えるが、思春期以降は成人の水準程度に低下していく。

発達加速現象

development acceleration

　世代が新しくなるにつれて、身体的発達が促進される現象をいう。発達加速現象は、身長、体重などの量的側面の成長速度が加速する成長加速現象と、初潮、精通などの性的成熟や質的変化の開始年齢が早期化する成熟前傾現象に区別される。わが国でもみられる現象であるが、その要因として、栄養状態の改善や生活様式の欧米化、椅子に座る生活への変化などのライフスタイルの変化が指摘されている。また、都市化による心理・社会的な刺激が要因であるとする説もある。

204　×：メゾシステムである。

クーイング
cooing ★★★

　生後 **6〜8週間**頃になると、比較的**リラックスした状態**で、「アー」とか「クー」というような声が**のどの奥**から発せられるようになる。これをクーイングという。その後、生後 6〜8ヵ月頃になると母語の音素を多く含んだ音節からなる音声である**喃語**を発するようになる。

　クーイングや喃語を発する時期の乳児には、**手や足**の動きがクーイングや喃語とほぼ**同時**に起こっているのがみられる。その動きには**リズム**があり、次第に**足**の動きよりも**手**の動きの方が増え、**過渡的喃語**を発する頃には手を振ったり、持っているものを床や机に叩きつけながら発声したりするようになる。ただし、**基準喃語**の時期になると**手**の動きはだんだんとみられなくなる。つまり、乳児期前半におけるコミュニケーション行動は**音声**と**手や足**の動きが互いに混ざり合って現れるのである。

喃語（なんご）
babbling ★★★

　乳児は生後**5〜6ヵ月**くらいになると、「バブバブ」のように**子音**と**母音**から構成される複数の音節を含んだ音声を発するようになる。これを喃語と呼ぶ。喃語を発することによって、乳児は口蓋や声帯、横隔膜の使い方を学び、より精密な**発声**の仕方を体得していく。それ以前では、生後**2ヵ月**くらいになると機嫌がよいときに「アーウ」や「クー」などの**静かで抑揚をもった音声**を発する。これは**クーイング**と呼ばれる。

内言と外言（ないげんとがいげん）
inner speech / outer speech ★★☆

　内言とは**音声**をともなわず自分の**頭のなか**で行われる言語行

> Q 生後6〜8週間頃に、比較的リラックスした状態のときにのどの奥から発せられる音声を喃語という。

第3章　基礎心理学（統計以外）

為を指す。自分の**考え**を方向づけたり、行動を**自己調整**する**思考の道具**としての機能をもつ。一方、外言とは他者に向かって**音声**として働きかける言語行為を指す。自分の意思を伝える**コミュニケーションの道具**としての機能をもつ。幼児期の子どもの言語的特徴として、**集団**において他者とのコミュニケーションを意図せずに発する**独り言**である**集団的独語**がある。これについてVygotsky, L.S.（ヴィゴツキー）は、子どもはコミュニケーション手段としての外言をまず用い、その後発達とともに**外言**から**内言**が分化されるが、その**過渡期**である幼児期では、子どもは黙って考えることができずに、「**音声をともなう内言**」として現れるのが**集団的独語**であると考えた。

> Piaget, J.（ピアジェ）（P446）は集団的独語を前操作期の子どもの特徴である自己中心性のために生じると考え、自己中心的言語と呼び、Vygotsky, L.S.（ヴィゴツキー）と論争しましたが、のちに彼が正しいと認めました。

言語獲得装置 ★★★

language acquisition device; LAD

Chomsky, A.N.（チョムスキー）は、幼児が個々の言葉を習得してくると、その言葉を文法的に適切に組み合わせて話をすることができるようになることに注目し、人間は**正しい文法**を形成するシステムである言語獲得装置を**生得的**にもっていると主張した。ただし、彼は言語獲得装置は自然に作動するのではなく、あくまでも**言語的な環境**からの入力によって作動すると考えた。

> Skinner, B.F（スキナー）は言語はオペラント条件づけによって獲得されると考え、Chomsky, A.N.（チョムスキー）と論争しました。

206　×：クーイングである。喃語とは、生後5ヵ月頃からみられる、子音と母音から構成される複数の音節を含んだ音声をいう。

Kohlberg, L.（コールバーグ）の道徳性の発達 ★★☆

Kohlberg's theory of moral development

Kohlberg, L.（コールバーグ）は、Piaget, J.（ピアジェ）の**認知発達的**な道徳性の発達の考えを引き継ぎ、子どもでも自分なりの**正しさの枠組み**をもち、それに基づいて道徳的な判断をすると考えた。彼はさまざまな年齢の子どもたちに物語を聞かせ、さまざまなモラルジレンマ状態を呈示した。その結果、**前慣習的水準**、**慣習的水準**、**後慣習的水準**の３水準、各水準に２段階ずつの**６段階**の発達段階を提唱した。

コールバーグ

Parten, M.B.（パーテン）の遊びの発達 ★★★

Perten's stage of play

遊びとは**自由**かつ**自発的**な活動であり、その行動自体に**満足**や**喜び**を感じるものである。Parten, M.B.（パーテン）は、子どもの遊びを**社会性**の発達という観点から、①何にも専念していない行動、②自分だけで遊ぶ「**ひとり遊び**」、③他の子どもが遊ぶのを**見ている**だけで遊びには加わらない「**傍観者遊び**」、④他の子どものそばで同じような遊びをするがお互いに**干渉しない**「**並行遊び**」、⑤他の子どもと一緒に遊ぶが、分業などはされず**組織化**されていない「**連合遊び**」、⑥他の子どもと一緒に何かの目標に向けて**役割分担**などが**組織化**されている「**協働遊び**」に分類した。

２歳前後の幼児は**並行遊び**がほとんどであるが、言語能力の発達にともなって**３歳**を過ぎると**連合遊び**や**協働遊び**がみられるようになるとされる。

Q ２歳前後になると、連合遊びや協働遊びがみられるようになる。

情動知能
emotional intelligence ★★★

　感情の**コントロール**や**人間関係の調整**といった、個人の**社会情緒的な能力**及び**特性**であり、日本ではその指標も含め"EQ"とも呼ばれている。旧来的な知能指数、すなわちIQは、言語や論理、数学などの**学力的**な側面との関連が強いが、こうした知能が、現実の社会的適応性をそれほど予測し得ないということが指摘されてきた。

　そこで、**Mayer, J.D.（メイヤー）**や**Salovey, P.（サロヴェイ）**を中心として、実際の**社会的適応性**を予測する、情動知能という新しい知能の考え方が提唱され、**Goleman, D.（ゴールマン）**の著書によって広く普及する概念となった。自己や他者の感情を**いかに扱うか**という点が中核的な要素であり、遺伝的に決定される部分が大きいIQと異なり、**後天的**に獲得可能であるといわれている。

ソーシャル・コンボイ
social convoy ★★★

　Kahn, R.L.（カーン）とAntonucci, T.C.（アントヌッチ）が提唱した、**動的なソーシャルサポート**のネットワークを指す。

A　×：2歳前後では並行遊びがほとんどである。3歳を過ぎると連合遊びや協働遊びがみられるようになる。

コンボイとは、船舶を守る「護送船団」を意味し、人は自らを取り巻くさまざまな関係の人びとに守られながら、人生航路を進んでいくことを示唆している。

ソーシャル・コンボイは、サポートを受ける本人を中心に、その周りの3つの同心円からなる階層構造をなす。本人に最も近い円には、配偶者や家族、親しい友人といった親密で役割依存的ではない長期に安定的なメンバーが含まれる。2番目の円には、親族や友人といった役割の影響をやや受け、時間経過とともに変化する可能性のあるメンバーが含まれる。最も外側にある円には隣人や知人、専門家といった役割に関連し、時間経過によって変わりやすいメンバーがいる。

活動理論 ★★☆
activity theory

Havighurst, R.J.（ハヴィガースト）を中心として提唱された、サクセスフル・エイジングに関する理論である。高齢者は、生物学的、身体的に不可避な変化を除いて、本質的には中年期と同じ心理的欲求をもっている。職業は、中年期における個人生活の多くを占めており、個人に役割を与え、対人交流や能力を発揮する機会を与えてくれる重要な生活の場である。そのため、職業において得たものを引退後も継続すること、つまり中年期の活動の維持こそが高齢期の幸福感を維持させるという。

活動理論への批判として、アメリカの中産階級的思想に基づいていることが挙げられる。しかし、高齢者に対するネガティブなイメージを払拭したため、活動理論は多くの支持を集めた。

離脱理論 ★★★
disengagement theory

Cumming, E.（カミング）とHenry, W.E.（ヘンリー）が提唱

Q Havighurst, R.J.は、中年期の活動を高齢期においても継続していくことがサクセスフル・エイジングをもたらすという継続性理論を提唱した。

した、**サクセスフル・エイジング**に関する理論である。引退による個人の**活動量**の低下と**人間関係**の減少である離脱は、高齢者にとって加齢にともなう**自然で避けられない現象**であり、産業上の**世代交代**や**社会機能**を保つという意味で社会が望んでいるものでもあると考える。しかし、離脱は**社会**が期待するだけでなく、個人の人生を職業生活や他者との関係だけでなく、自分自身の**内なる世界**、個人的な価値や目標の達成のために費やす時間として**高齢者自身**も望むものである。そのため、高齢者が社会からの**離脱**に向かうことが幸福感をもたらすと考える。

しかし離脱理論は、高齢者を**社会**から排斥しようとする、高齢者を**受動的**な存在ととらえていると批判されることが多い。

継続性理論 ★★★
continuity theory

Neugarten, B.L.（ヌガルテン）やAtchley, R.C.（アチェリー）が提唱した、**サクセスフル・エイジング**に関する理論である。この理論は、**成人期**から**老年期**における**パーソナリティ**の安定性・連続性に基づいている。中高年者は、変化に適応するための方法や手段を選択する際に、現在の自分の**内的・外的構造**を維持しようと試みる。そして、そのために自分がよく知った領域でよく知っている方法を好んで用いる傾向があると考える。つまり、中高年者は**加齢**にともなう変化に適応するためのおもな方法として、**過去の経験**に基づいてよく知っている方法を用いるのである。**継続性**とは「以前と変わらない」という意味ではなく、変化があっても、その変化が**過去の経験**に積み重ねられるものであったり、**過去の経験**に結びつくものであれば、その変化は**継続性の**一部とみなされる。

×：活動理論である。

SOC理論
Selective Optimization with Compensation theory

　Baltes, P.B.（バルテス）が提唱した、**サクセスフル・エイジング**に関する理論である。**補償をともなう選択的最適化理論**とも呼ばれる。高齢期は**加齢**にともない、心身の機能や人間関係、資産などさまざまな資源が**喪失する時期**である。また、人は中年期から高齢期にかけて、**成長と獲得**から、**維持**、そして**喪失の防止**へと自然に移行していく。そのため、高齢者が現在もっている資源をいかに**選択的**に有効活用し、また喪失する資源をいかに**補償するか**により高齢期の**適応**が決まると考える。

　SOC理論では適応方略として、**選択**、**最適化**、**補償**の3つを挙げている。選択とは利用可能な時間や労力などの資源が**有限である**ことを自覚し、それを振り当てる対象や分野を**選択すること**、最適化とは選択した領域や能力に資源を配分して、それまでと**変わらない行動**を維持しようとすること、補償とは自分の力だけでは**資源の喪失**に対処できない場合、**補助器具**を使ったり他者に頼ったりすることで**不足分**を補うことである。

非定型発達
typical development; TD

　発達は、心身のさまざまな機能が絡まり合いながら、**質的に**異なる発達段階を経て進んでいく。発達のプロセスにおける順序性や時期が**標準的**で**適応的**なものを**定型発達**という。その一方で、発達のプロセスにおける順序性や時期が**非標準的**で**非適応的**なものを非定型発達という。

　非定型発達の例として、**自閉スペクトラム症**が挙げられる。ただし、自閉スペクトラム症は幅をもった連続体であり、**定型発達**の健常者とも連続すると考えられている。そのため、非定型発達について、定型発達との**異質性**だけでなく、非定型発達

Q　ICFは、障害や疾患をもった人のみを対象として、健康状態に関わるさまざまな要素について包括的にとらえるモデルである。

の人たちの視点に立った理解が重要である。

ICF
International Classification of Functioning, Disability and Health

2001年に**WHO**が提唱した、健康状態に関連した**生活機能**やその人を取り巻く**環境要因**を分類し、記述しようとするものである。日本語で「**国際生活機能分類**」と呼ぶ。ICFでは、人間の生活機能を、その人の心身の働きや身体の構成部位を意味する「**心身機能・身体構造**」、その人の課題や行為の遂行を意味する「**活動**」、その人の社会や家庭への関わりを意味する「**参加**」、それに影響を及ぼす「**健康状態**」、「**環境因子**」「**個人因子**」からとらえる。つまり、ICFは、疾患や障害の有無にかかわらず、**すべての人**を対象にして、**健康状態**に関わる構成要素について**包括的**にとらえるモデルである。

また、ICFでは健康がある要因によって**否定的**に転じたものを疾患・障害ととらえる。そのため、支援の際の多職種連携において、共通の**コミュニケーションツール**として機能したり、支援の効果をその要因への介入による**直接効果**だけでなく、相互作用による他の要因への影響も含めた**生活機能全体**への効果を検討することも可能である。

■構成要素の相互関係

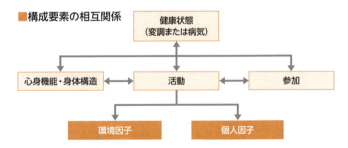

×：ICFではすべての人を対象としている。

第4章

心理アセスメント

01 心理アセスメント ………………………… 214
02 質問紙法検査 …………………………… 220
03 投映法検査 ……………………………… 226
04 描画法 …………………………………… 230
05 作業検査法・神経心理学的検査 ………… 234
06 知能検査・発達検査 …………………… 240
07 認知症検査 ……………………………… 246

01 心理アセスメント

心理アセスメント
psychological assessment

クライエントの**パーソナリティ**、**行動傾向**、**生活状況**など、**多角的な側面**からクライエントを評価、理解しようとすることである。心理査定とも呼ばれる。

それは、**客観的**で**操作的**な**診断基準**によってクライエントの**病的側面**を把握するといった精神医学の**診断**とは異なり、クライエントの問題点だけでなく**健康**で**豊かな側面**も把握していくことである。

アセスメントの方法としては、**行動観察法**、**面接法**、**心理検査法**の3つが挙げられる。それらの方法によって、クライエントに関するさまざまな情報を収集して、**見立て**を立て、それを必要に応じて**修正**しながら、クライエントの**理解**、**支援**に役立てるのである。

ケース・フォーミュレーション
case formulation

クライエントの問題の**発生要因**や**維持要因**、**問題の変化**のプロセスや改善策などについて**仮説**を立て、クライエントの支援に反映させることをいう。事例定式化とも呼ばれる。ケース・フォーミュレーションは、**アセスメント**によって得られた情報をもとに、さまざまな**心理療法の理論**を用いながら、ケースを理解し**支援計画**を立てるために行われる。

ケース・フォーミュレーションでは、**個別性**と**仮説の生成・検証**が重視される。つまり、クライエントの問題や状態を個別にとらえ、その人に合わせた独自の**支援計画**を作成する。その

心理アセスメントとは、クライエントのパーソナリティや行動の特徴、クライエントの抱えている問題を多面的に評価することをいいます。ここでは心理アセスメント、ケース・フォーミュレーション、機能分析などについて取り上げます。

ためには、クライエントに対する**丁寧なアセスメント**が求められる。また、立てられた仮説は、支援のプロセスにおいて、ケース・フォーミュレーションに基づいた支援による問題や症状の**改善状況**からその適切さが適宜**検証**され、必要に応じて**修正**される。

ケース・フォーミュレーションは、治療目的にたどり着くための適切な道のりを描く地図づくりにも似ているといえます。

機能分析 ★★★
functional analysis

機能分析では、クライエントの問題行動は、たとえそれが**問題**であっても、何らかの**機能**を有していると考え、問題行動のみを問題とみなさず、その行動を成立させ、維持させている**メカニズム**を問題ととらえ、その機能を分析する。

具体的には、クライエントの問題行動について、「**弁別刺激**」、「**問題行動**」、「**強化**」の**三項随伴性**からクライエントにとってどのような機能をもっているかを分析する。例えば、子どもが「ひとりで問題を解くことが求められる」状況（**弁別刺激**）で、「奇声を発する」こと（**問題行動**）により、結果的に「ひとりで問題を解かなくてもよい」状態（**強化**）になっている場合、「奇声を発する」行動は、問題からの**回避機能**をもつと仮定される。

このような分析に基づいて、問題行動を引き起こしたり、維持させる条件について**仮説**を立て、そのような条件を**除去**し、適切な行動が現れる条件を**整備する**ことによって、クライエントを支援していく。

Q　ケース・フォーミュレーションでは、常に三項随伴性の観点からケースについて理解を深めていく。

インテーク面接 ★★★
intake interview

クライエントに対して行われる**最初の面接**を指す。**受理面接**、**初回面接**とも呼ばれる。その目的は、クライエントに関する**情報収集**と、相談機関が提供し得るサービスに関する**情報提供**を行うことである。つまり、クライエントの抱えている問題や状況を**理解**することによって、適切な**アセスメント**や**支援方法**を決定したり、相談機関が提供し得るサービスについてクライエントに**説明**を行い、支援を受ける**意思確認**を行ったりする。

インテーク面接は、単なるアセスメントや支援へのつなぎではなく、それ自体が**支援**としての機能をもつ。そのため、情報収集のみを急ぎすぎず、**受容と共感**によるクライエントとの**ラポール形成**は重要である。

インテーク面接における留意点について押さえておきましょう。

閉ざされた質問／開かれた質問 ★★★
closed question / open question

「はい」「いいえ」で答えられる質問や、「何歳ですか？」「出身地はどちらですか？」のように**一言で答える**ことが可能な質問の仕方を**閉ざされた質問**という。

これに対して、「どのように感じたのですか？」「具体的に話していただけませんか？」のように一言では言えず、**自由に答えてもらう質問の仕方を開かれた質問**という。開かれた質問はクライエントがカウンセラーに支えられながら**自分を表現**し、探求することを手助けする。一方で、閉ざされた質問は**カウンセラーの関心のある話題**にクライエントを誘導してしまう恐れがあり、使い方には注意を要する。

×：ケース・フォーミュレーションでは、さまざまな心理療法の理論を用いながら、ケースを理解し支援計画を立てていく。

クライエントからさまざまな情報を引き出せるという点では、開かれた質問を多く用いることが望ましいのですが、クライエントの状態や関係性によっては、閉ざされた質問を用いる場合もあります。

リファー
refer

相談機関を訪れたクライエントに対し、その機関では十分な対応ができない場合に、他の適切な専門家にクライエントを紹介することをいう。例えば、重篤な精神疾患が疑われる場合には精神科の病院を紹介することが挙げられる。

また、セラピストの支援方法が有効な方法になり得ない場合は、最も適した心理療法の専門家を紹介する。そのため、セラピストは自らの能力やその限界を知ることが求められる。また、リファーをする際には、クライエントが見捨てられたと感じることがないように、そのことについて十分に説明を行い、同意を得ることが重要である。

質問紙法
questionnaire method

調査参加者や実験参加者に自らの個人属性や行動傾向、態度などを回答させる方法のうち、特に質問紙によって回答を求める方法をいう。「はい」「いいえ」「どちらでもない」といったあらかじめ設定された選択肢のなかから回答する形式と、回答を自由に記述する形式（自由記述法）がある。

長所としては、施行が容易で集団実施が可能、回答の数量化によって統計処理が可能といったことが挙げられる。その一方で、回答は自己報告であり、社会的望ましさや言語能力の影響を受けている、回答者の置かれた状況を統制しにくいといった限界が挙げられる。

インテーク面接の目的は、クライエントに対する情報収集のみである。

投映法

projective technique

　被検者に比較的**自由度**が高く、**正誤**や**優劣**の評価がむずかしい課題の遂行を求める方法をいう。視覚的あるいは言語的に**あいまいな刺激**に対する被検者の**連想**や、自由な**空想**や**想像**の内容及びその**生成過程**を評価する。投映法は、クライエントの連想や想像のなかに被検者独自のパーソナリティが映し出されるという考えに基づいている。

　長所としては、**無意識レベル**までとらえることが可能、被検者が**意図的**に結果を操作するのがむずかしいといったことが挙げられる。その一方で、施行や結果の解釈に**熟練**を要すること、解釈に**検査者の主観**が入りやすいといった限界がある。

■投映法における自由度と客観性

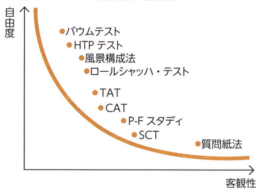

作業検査法

performance test

　クライエントに比較的容易な作業を行ってもらうことにより、その人の**パーソナリティ**や**適性**などを評価する方法である。代表的なものに、内田クレペリン精神作業検査やベンダー・ゲシ

×：インテーク面接の目的は、クライエントに対する情報収集だけでなく、クライエントとのラポール形成などもある。

ュタルト検査がある。

長所としては、施行が容易であり、集団実施も可能であること、被検者の言語能力に依存しないこと、回答に意図的な歪曲が生じにくいことなどが挙げられる。その一方で、限られたパーソナリティの側面や適性しか評価できないこと、単純な作業が被検者に苦痛を与えたり、作業意欲が結果に影響する恐れがあること、解釈に検査者の熟練が要求されることなどが限界として挙げられる。

テストバッテリー
test battery

いくつかの心理検査を組み合わせて実施すること及び組み合わされたテスト全体をいう。ひとつの検査でクライエントのすべての側面を評価することはできない。クライエントを多面的にとらえるためには、複数の検査を組み合わせて実施することが望ましいとされている。それによって、それぞれの検査の特徴を生かして限界を補い合い、より全体的なパーソナリティ理解が可能になる。

検査の組み合わせは、クライエントの年齢や検査目的、検査方法、時間的制約によりさまざまである。

> テストバッテリーは、検査者の経験や好みではなく、検査目的やクライエントの年齢、時間的制約、各心理検査の長所と限界を踏まえて組まれます。

Q 心理検査におけるテストバッテリーは、可能な限り多くの検査を使用すればするほどよい。

02 質問紙法検査

矢田部―ギルフォード人格検査（Y-G人格検査） ★★★
Yatabe-Guilford Personality Inventory

　Guilford, J.P.（ギルフォード）の性格理論に基づき矢田部達郎によって作成された質問紙法性格検査である。

　12の下位尺度からなり、1尺度ごとに10問、計120問の質問項目がある。

　特性論的な解釈を行うだけでなく、結果のプロフィールから「平均型（Aタイプ）」「情緒不安積極型（Bタイプ）」「安定消極型（Cタイプ）」「安定積極型（Dタイプ）」「情緒不安消極型（Eタイプ）」のいずれかのタイプに判定される類型論的な評価も可能である。採点や評価が比較的容易で客観的であり、かつ多面的な理解が可能であるため広く用いられている。その一方で、回答の意図的な反応歪曲に弱いという限界がある。

ミネソタ多面人格目録（MMPI） ★★★
Minnesota Multiphasic Personality Inventory

　ミネソタ大学のHathaway, S.R.（ハザウェー）とMckinley, J.C.（マッキンレー）によって作成された質問紙法性格検査である。550項目から構成される。心気症、抑うつ、ヒステリー、精神衰弱などの各傾向を測定する10の臨床尺度と、回答者の検査態度を測定するための4つの妥当性尺度からなる。

　妥当性尺度には、「どちらでもない」と回答した数が多すぎると解釈の妥当性が低くなる?尺度、社会的に望ましい方向に答える傾向を示すL尺度、あり得ない質問に「はい」と回答した数が多すぎると、受検態度の歪みや精神病が疑われるF尺度、検査に対する防衛的態度を示すK尺度がある。臨床尺度は健常

×：被検者に与える負担を考慮すると、最小限の検査で多元的・重層的な結果が得られることが理想である。

群と臨床群の間で有意差が認められた質問項目で構成されているため、スクリーニング検査として有効なこと、妥当性尺度を備えていることが長所として挙げられる。その一方で、項目数が多いために時間がかかるといった限界もある。

なお、2022年に公刊されたMMPI-3は、10の妥当性尺度や8つの再構成臨床尺度などの52の下位尺度からなり、質問項目は335項目ある。その特徴としては、ジェンダーや宗教に関連する質問項目の削除やジェンダー別の基準の廃止、因子構造の考え方やDSM-5に対応したパーソナリティ障害の尺度の導入などが挙げられる。

コーネル・メディカル・インデックス（CMI）
Cornell Medical Index

コーネル大学のBrodman, K.（ブロードマン）らによって作成された、クライエントの身体的・精神的な自覚症状を短時間で把握するためのチェックリストである。原法は身体的症状が144項目、精神的症状が51項目の195項目から構成されているが、日本版では男性用には16項目、女性用では18項目が追加されている。

身体的症状を縦軸に、精神的症状を横軸にとった神経症判定図を用いて、神経症の程度を4段階から判定する。自覚症状のチェックや神経症のスクリーニング検査として有効であるが、病識のないクライエントには適用できないといった限界があるとされる。

> Q MMPIにおけるL尺度とは、あり得ない質問に「はい」と回答する頻度を測定する尺度である。

モーズレイ性格検査（MPI）

Maudsley Personality Inventory

Eysenck, H.J.（アイゼンク）が自身の性格理論を基に作成した質問紙法性格検査である。**外向性―内向性尺度（E尺度）** 24項目と、**神経症的傾向尺度（N尺度）** 24項目から測定される。また、**虚偽発見尺度（L尺度）** 20項目と、検査目的をわかりにくくするための**緩衝項目** 12項目も含まれる。結果は判定チャートの**9類型**から解釈される。

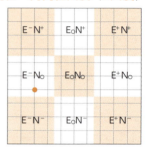

顕在性不安尺度（MAS）

Manifest Anxiety Scale

Taylor, J.A.（テーラー）が**不安**の測定を目的として、**ミネソタ多面人格目録（MMPI）** のなかから**50項目**を選んで作成した尺度である。日本語版は、L尺度15項目を加えた65項目から構成されている。顕在性不安とは、自分自身で**身体的・精神的不安**の徴候が**意識化**できたものをいう。それまで面接や行動観察から**主観的**、**印象的**にとらえられることが多かった不安を**客観的**に測定することを可能にした。不安の高さを測定することで、問題を抱えている人の**スクリーニング検査**や**治療効果**を測定するための指標として有効である。

状態―特性不安検査（STAI）

State-Trait Anxiety Inventory

Spielberger, C.D.（スピルバーガー）によって作成された自己評定によって**不安**を測定する検査である。「今、この瞬間に感じている不安」である**状態不安**と、「普段感じている不安」

×：L尺度とは社会的望ましさ傾向を測定する尺度である。説問はF尺度のものである。

である**特性不安**を測定することが特徴である。質問項目はそれぞれ20項目である。質問項目が各20項目と簡便であることから、**スクリーニング検査**や**治療効果**の測定など幅広く用いられている。

自己評価式抑うつ性尺度（SDS） ★★★
Self-rating Depression Scale □□□

Zung, W.W.K.（ツァン）によって作成された、**抑うつ症状**を自己評定する尺度である。抑うつ状態やうつ病の**因子分析的研究**に基づいて、憂うつ、睡眠、食欲、疲労などといった20の因子に対応するように質問項目が20項目作成され、**4段階**評価によって評定を行う。

本来は健常者を対象としていないが、精神衛生のための**スクリーニング検査**や**治療効果**の測定のための指標としても利用可能である。質問項目が20項目と比較的**簡便**であるため、日常生活活動や作業能力が保たれており、自己評価が可能なクライエントには適用可能である。

ベック抑うつ質問票（BDI） ★★★
Beck Depression Inventory □□□

Beck, A.T.（ベック）により作成された、抑うつ症状の**重症度**を判定するための検査である。**DSM**の診断基準に沿って作成されており、過去2週間の状態に関する21の質問項目について、**4つ**の文章のなかから自分に当てはまるものを選択させることによって評価する。質問項目が21項目と比較的**簡便**であるため、**スクリーニング検査**や**治療効果**の測定など幅広く用いられている。

状態不安とは、個人が普段感じている不安のことであり、STAIの状態不安尺度で測定することができる。

東大式エゴグラム（TEG）

Tokyo University Egogram

　Berne, E.（バーン）によって創始された交流分析の**構造分析**では、心のなかに**親**、**大人**、**子ども**という3つの自我状態を仮定している。その3つの自我状態の**バランス**を**視覚化**したものが、Dusay, J.M.（デュセイ）が考案したエゴグラムである。エゴグラムにはさまざまなものがあるが、東京大学医学部心療内科の**石川中**らによって開発、作成されたのが**東大式エゴグラム**（TEG）である。新版TEG 3は、L尺度を含む**53**項目の質問項目から構成される。

　結果は、各下位尺度の**高低**と**相互関係**、及び全体のプロフィールから見いだされた**パターン**により解釈される。

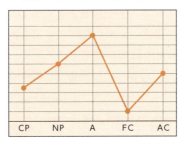

交流分析については、P296に記載しています。

16P-F人格検査

The Sixteen Personality Factor Questionnaire

　Cattell, R.B.（キャッテル）の性格理論に基づいて作成された質問紙法性格検査である。**因子分析的研究**によって抽出された**16**個の因子を測定するもので、**187**の質問項目から構成される。**16**の一次因子のほかに、**4**つの二次因子も測定され、プロフィール表示される。

Cattell, R.B.（キャッテル）の性格理論は押さえておきましょう。

×：状態不安とは、今、この瞬間に個人が感じている不安のことである。

GHQ精神健康調査票
The General Health Questionnaire

Goldberg, D.（ゴールドバーグ）によって作成された、おもに神経症の症状把握やスクリーニングのための検査である。質問項目は、①身体症状、②不安と不眠、③社会的活動障害、④うつ状態といった因子から構成されている。原法は60項目であるが、因子分析の結果を基に28項目版、30項目版などの短縮版が作成されている。

ネオ人格目録改訂版（NEO-PI-R）
Revised NEO Personality Inventory

Costa, P.T.（コスタ）とMcCrae, R.R.（マックレー）によって研究されたパーソナリティの5因子モデルに基づく人格検査である。5因子とは、神経症傾向（N）、外向性（E）、開放性（O）、調和性（A）、誠実性（C）である。

また、それぞれの因子には6つの下位次元があり、個人のパーソナリティを詳細に把握することが可能になる。例えば、神経症傾向は不安、敵意、抑うつ、自意識、衝動性、傷つきやすさという下位次元を有している。そのため、因子としては平均値内であっても、下位次元の得点差によってパーソナリティの解釈が異なってくる。つまり、5因子全体として30の特性から個人のパーソナリティをとらえ、その個人差をきめ細かくみることが可能である。1つの下位次元は8項目からなり、計240項目である。

> 5因子モデルと同様に、個人のパーソナリティを5つの特性によって説明する理論にはGoldberg, L. R.（ゴールドバーグ）に始まるBig Five理論があります。

Q 16P-F人格検査は、Cattell, R.B.の性格理論に基づいて作成された性格検査である。

03 投映法検査

ロールシャッハ・テスト
Rorschach test

Rorschach, H.（ロールシャッハ）によって考案された投映法人格検査である。検査刺激は左右対称の**インク・ブロット**でできた**10**枚の図版で、無彩色、赤と黒の2色、複数の色彩を用いたものがある。まず、被検者はそれぞれの図版について**何に見えるか**を口頭で述べる。その後、検査者はその図版の**どのような特徴**からそのように見えたのかについて質疑を行う。それらの回答から、**反応領域**、**反応決定因**、**反応内容**、**形態水準**などのスコアリングを行う。

解釈は、**スコアリング**された反応を**量的**に分析する**形式分析**や、1枚の図版の反応を**質的**に分析する**内容分析**、各図版の反応の流れを**力動的**に分析していく**継起分析**がある。実施や解釈についてはさまざまな立場があり、日本においてはこれまで形式分析や内容分析、継起分析を行う**片口法**が主流であったが、最近では形式分析のみを行う**エクスナー法（包括システム）**も用いられるようになっている。

エクスナー法（包括システム）
Exener Method Comprehensive System

検査者間の**評定誤差**を少なくすることを目的として、Exner, J.（**エクスナー**）によって考案されたロールシャッハ・テストの実施・分析方法をいう。さまざまな理論を統合したことから

包括システムとも呼ばれる。エクスナー法では、スコアリングされた反応から構造一覧表を作成し、そこから得られるさまざまな指標を基に解釈を行っていく。

また、それぞれの指標をどのような順番で見ていけばよいのかを示す解釈戦略があり、その順序に基づいて解釈が行われる。これによって、これまでのロールシャッハ・テストにおいて重要視されてきた検査者の直感や経験に依存せずに、一定の手続きにしたがっていけば初学者でも一定レベルの解釈が可能になった。

エクスナー法の特徴として、一定の反応数を被検者に求める、反応時間の計測を行わない、原則として反応の拒否を認めないなどが挙げられます。

主題（絵画）統覚検査（TAT） ★★★
Thematic Apperception Test

おもに人物を含んだあいまいな状況が描かれた複数枚の絵を被検者に示し、それらの絵から物語をそれぞれ自由に語らせ、それらの物語の内容から被検者のパーソナリティ傾向を明らかにする投映法性格検査である。Murray, H.A.（マレー）とMorgan, C.（モーガン）によって開発された。

原法は、絵が描かれた図版30枚と白紙図版1枚の計31枚から

Q ロールシャッハ・テストは、左右対称のインク・ブロットでできた図版を用いる描画法検査である。

なる。解釈法として、Murray, H.A.（マレー）の提唱した**欲求―圧力分析**があるが、十分に確立されているわけではない。また、各図版は**少年用（B）・少女用（G）・成人男性用（M）・成人女性用（F）**に分けられる。児童用としてCATや高齢者用の**SAT**がある。

絵画欲求不満テスト（P-Fスタディ） ★★★
Picture-Frustration Study

Rosenzweig, S.（ローゼンツヴァイク）によって考案された投映法性格検査である。他人から**害**を被った場面や**攻撃**を受ける場面、**欲求不満**が喚起される場面などが**24**枚のイラストで示され、被検者は空白の**吹き出し**が描かれている右側の人物の発言を連想し、そのなかに記入することを求められる。このような欲求不満場面での反応傾向を、**他責・自責・無責**のアグレッションの**方向**と、**障害優位・自我防衛・要求固執**のアグレッションの**型**から分類し、それを基に解釈を行っていく。

この帳簿のつけ方は何ですか！

申し訳ありません。何か問題がありましたか？

文章完成法（SCT） ★★★
Sentence Completion Test

「わたしは子どもの頃…」というような**未完成**で**多義的な文章**の後半を、被検者が**自由に書き加える**ことで文章を完成させ

る投映法性格検査である。文章理解と作文能力がある児童以上に用いられる。

投映法に分類されるが、比較的浅い前意識レベルを明らかにする検査と位置づけられている。被検者の生活史や興味、パーソナリティや知能など外的・内的状況を具体的に把握できる検査として、他の心理検査とともにテストバッテリーに組み込まれることが多い。

■ SCT（イメージ図）

```
1. 子どもの頃の私は：
   がキ大将で悪いことばかりしていた。

2. 私の父：は、忙しくてほとんど
   顔を合わせることがない。

3. ・・・・・・・・・
```

空の椅子に「もうひとりの自分」や「問題そのもの」を座らせることをイメージし、語りかける。

言語連想検査 ★★★
word association test

提示された刺激語に対して、被検者が自由に反応語を答える投映法検査である。刺激語に対する反応語や反応時間、反応態度を分析することによって、被検者のパーソナリティを評価する。さまざまな研究者によって開発されてきたが、100の刺激語を提示し、それらへの反応のなかから被検者のコンプレックスを推定していくJung, C.G.（ユング）のものが有名である。

Q 主題統覚検査では、Maslow, A.H.の欲求階層説を理論的基盤として結果を解釈する。

04 描画法

描画法
Drawing Methods

　描画法は**投映法検査**のひとつであり、被検者の描いた絵を分析することによって、そのパーソナリティや対人関係などを評価する心理検査である。具体的な検査として、**バウムテスト**、**HTPテスト**、**風景構成法**、人物画、家族画などが挙げられる。描画法は、特別な検査用具を必要としないことが多く、その実施も**容易**で、被検者の**負担**も少ないため、医療や教育、福祉などのさまざまな領域にて用いられる。また、**集団実施**も可能である。

　描画法は心理アセスメントの一技法ではあるが、描画自体が**治療的**な作用をもつ。その一方で、描画法は被検者の**内的イメージ**を表出させる技法であり、そのイメージは被検者独自の**私的世界**が反映されたものである。そのため、その解釈は**標準化**することが困難であり、検査者の**主観**に影響される恐れがある。

バウム（樹木画）テスト
Baum Test, Tree Test

　Koch, K.（コッホ） によって確立された描画法検査である。**A4用紙**に**鉛筆**で「**（実のなる）木を1本**」描かせ、その絵を評定する。描かれた木には、描き手の**自己像**が投影されていると考えられている。解釈には、**全体的な印象**をとらえたり、特定の**指標**や全体の**類型化**による方

×：Murray, H.A.の欲求─圧力分析を基盤として解釈される場合もあるが、十分に確立されていない。

> 描画法は、被検者の描いた絵を分析することによって、そのパーソナリティや対人関係などを評価する心理検査です。ここではバウムテストや風景構成法などについて取り上げます。

法があるが、**直感**と**方法論**をうまく補い合いながら被検者への理解を深めていくことが望ましいとされる。

他の描画法と同様に、さまざまな**年齢層**や**言語表出**が困難な者にも適用可能である。また、一般的な人格検査としてだけでなく、発達の指標や精神症状などの**アセスメント**、心理療法の**効果測定**などに用いられている。

HTPテスト（家と樹木と人物描画検査）
House-Tree-Person Test

Buck, J.N.（バック）によって考案された描画法で、被検者の知能や人格のアセスメントを行うものである。

原法では、1枚を**2つ折り**にした4ページからなる紙に、1ページ目に**日付**、2ページ目に**家**、3ページ目に**木**、4ページ目に**人物**を描かせる。また、解釈のための資料として、描画終了後に**PDI**（post drawing interrogation）と呼ばれる質問もなされる。

■HTPのイメージ図

■S-HTPのイメージ図

家、木、人間を1枚の紙に描いてもらうことでパーソナリティをアセスメントする。

Q バウムテストにおいて描かれた木には、描き手の理想自己が投影されていると考えられている。

家には**家庭環境**、木には**自己像**、人物には**対人関係**が投影されていると考えられている。解釈は、絵の**比率**や**遠近**などをスコアリングし集計する**形式分析**と、描かれた内容や順序、描画態度などを総合的に分析する**質的分析**から行われる。

　現在では、人物を**男女両方描く**方法（**HTPP**）や、1枚の紙に描く方法（**S-HTP**）などのさまざまな方法が開発されている。

風景構成法
landscape montage technique

　もともとは**統合失調症患者**への治療的接近の可能性を追求するために開発された心理療法であるが、現在では描画法として位置づけられている。**中井久夫**によって開発された。枠づけされた画用紙に**サインペン**で、川・山・田・道の**大景群**、家・木・人の**中景群**、花・動物・石の**小景群**、その他描き足りないと思うものを、順番に検査者が教示し、被検者に**描いて**もらい、**彩色**する。完成後は2人で作品を**鑑賞**しながら**質問**を行う。解釈法は確立されてはいないが、**箱庭療法**の観点が有用であるとされている。

動的家族画（KFD）
Kinetic Family Drawings

　Burns, R.C.（バーンズ）と**Kaufman, S.H.**（カウフマン）によって開発された、「**（被検者自身も含めた）家族が何かをしているところ**」を描かせる描画法である。被検者から見た家族成

×：描かれた木には、描き手の自己像が投影されていると考えられている。

員の**力動的関係**をアセスメントする。検査者は、描画中の被検者の**言語表現**や**行動**の観察を行い、人物像の**描写順序**をメモしていく。その後、より詳しい情報と理解を得るために質問（**PDI**）や、描画の大きさの**測定**などを行う。解釈にはおもに**精神分析理論**が援用されている。

グッドイナフ人物画知能検査
Goodenough Draw-A-Man Test; DAM

Goodenough, F.（グッドイナフ）が開発した**動作性知能**のアセスメントを目的とした**描画法**である。適用年齢は健常児の場合、3〜9歳である。**男児**を描かせ、その人物や部分の**形**、**比率**、**明細化**など50項目程度について採点し**知的水準**を評価する。人物像の描画は比較的抵抗が少なく、**発達**に遅れがみられる子どもにも適用可能である。

目と**手**の**感覚運動協応**や**空間認知**といった動作性検査であるため、子どもの知的水準をより的確に評価したい場合は、他の**言語性検査**と**テストバッテリー**を組むことが望ましいとされる。

人物画をパーソナリティ検査として最初に用いたのは、Machover, K.（マッコーバー）のDAP（Draw-A-Person）です。

Q 動的家族画では、被検者以外の家族が何かしているところを描かせる。

05 作業検査法・神経心理学的検査

内田クレペリン精神作業検査
Uchida-Kraepelin Performance Test

Kraepelin, E.（クレペリン）の連続加算作業の研究を、内田勇三郎が発展させた人格検査である。被検者に一列に並んだ1桁の数字を連続加算させる作業を繰り返し行わせる。加算は1分ごとに行を移り、前半作業15分―休憩5分―後半作業15分で実施する。結果は、被検者の作業量の時間的推移を示す作業曲線と、健康者常態定型曲線の比較を基に、作業量全体の水準、誤答率、開始時や終了直前にみられる作業率の変化、休憩の影響などから、人格や適性を総合的に判定していく。

連続加算という単純作業が課題であり、被検者には検査目的がわかりにくいことから虚偽反応が出にくいことや、施行や結果のデータ処理が容易なことから集団実施が可能、被検者の文化的背景や経歴の影響を受けないといった長所が挙げられる。その一方で、単純作業が被検者に苦痛を与える場合がある、結果が作業意欲の影響を受けるといった限界も挙げられる。

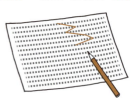

ベンダー・ゲシュタルト検査
Bender-Gestalt Test; BGT

Bender, L.（ベンダー）によって開発された、視覚―運動ゲシュタルト機能の成熟度やその障害、器質的な脳障害、パーソナリティ傾向、知能などを評価するための検査である。被検者は、まとまりやパターンの繰り返しのあるさまざまな図形を9枚模写することを求められる。これらの図形はWertheimer,

×：動的家族画では、被検者も含めた家族が何かしているところを描かせる。

ここでは、作業検査法で代表的な内田クレペリン精神作業検査や、ベントン視覚記銘検査やウィスコンシン・カード・ソーティング・テストといった神経心理学的検査について取り上げています。

M.（ウェルトハイマー）が視知覚研究で用いたものから選択したものと、Bender, L.（ベンダー）自身が改作したものから構成される。その描写の正確さ、図形の相互の関係、描画方法から評価される。作業検査法として用いられるだけでなく、投映法としても利用されている。

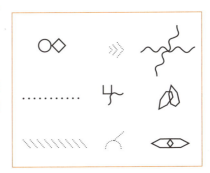

ウィスコンシン・カード・ソーティング・テスト ★★★
Wisconsin Card Sorting Test; WCST

被検者の前頭葉機能、特に思考の柔軟性に関する遂行機能を評価する神経心理学的検査である。具体的には、色や形、模様の数が異なったさまざまなカードについて、被検者にその分類規則を推測させながら、提示されたカードを分類させる。検査者はそれが正解か不正解かのみを回答し、それを手がかりに被検者はカードを分類していく。被検者の連続正解が決められた回数に達したら、分類規則は変更される。結果は、被検者が達成できた分類カテゴリー数や、被検者が自分で考えた分類規則に固執する保続の回数、分類規則が変更されたにもかかわらず、前に正解だっ

Q 内田クレペリン精神作業検査は、Kraepelin, E.の連続加算作業の研究を、内田勇三郎が発展させた人格検査である。

た分類規則にとらわれたり、直前に誤反応した分類規則にとらわれて誤反応する**保続性誤り**の数などから評価される。

トレイルメイキングテスト ★★★
Trail making test; TMT

脳の**注意機能**を調べる検査である。**数字**や**アルファベット**（日本語版では**ひらがな**）を**交互**かつ**昇順**にたどることが求められるため、数字や文字の**認識**、**精神的柔軟性**、**注意持続性**、**視覚的探索力**、**視覚運動性**、手の運動と視覚の**協調性**など、さまざまな能力が必要である。完了までの**時間**、**遂行数**、**誤反応数**などが評価の指標になる。

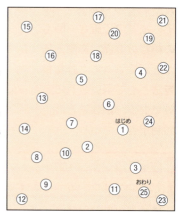

ベントン視覚記銘検査 ★★★
Benton Visual Retention Test

Benton, A.（ベントン）によって開発された神経心理学的検査である。被検者に**10**枚の図版を1枚ずつ**一定時間提示**して、その後用紙に**再生**させる。あるいは、直接**模写**させる場合もある。作業の全体的な能力の指標である**正確数**や、被検者に特徴的な誤りの指標である**誤謬数**から評価を行う。**練習効果**を避け、**再検査**を可能

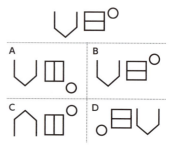

にするために図版形式は **3形式**ある。**視覚記銘**だけでなく、**視覚的構成能力**の評価にも用いられる。

コース立方体組み合わせテスト ★★★
Kohs Block Design Test

　Kohs, S.C.（コース）が開発した、いくつかの**色**に塗り分けられた1辺**3**cmの立方体を組み合わせて、**図版**と同じ**模様**を再構成する知能検査である。Kohs, S.C.（コース）は**一般知能**を測定する検査と考えたが、現在では**非言語性**の能力を測る検査であり、**空間構成能力**のアセスメントに有用であるとされている。そのため、**難聴**の高齢者や**聴覚障害者**、**外国人**にも適する検査である。

　また、制限時間以内に**2**回連続して課題が達成できないと**打ち切り**になるため、被検者の負担は比較的少ないとされる。結果から**精神年齢**や**知能指数**が算出される。

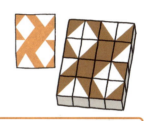

レーヴン色彩マトリックス検査 ★★★
Raven's Colored Progressive Materices

　Spearman, C.E.（スピアマン）の**一般知能因子**を測定するために、Raven, J.C.（レーヴン）が開発した知能検査である。**非言語性検査**であることから言語や文化的背景の影響を受けず、被検者に負担をかけることなく、**知的能力**をアセスメントすることが可能である。具体的には、被検者に、**水玉**や**縞模様**などの標準図案の**欠如部**に合致するものを選択図案のなかから選んでもらうことで、視覚的な**推理能力**を測定する。実施が簡便で短時間で行え、結果の分析も行いやすいことから、知的能力の**スクリーニング検査**としても有用である。また、**WAB失語症**

Q トレイルメイキングテストとは、図版を一定時間提示して模写させる検査である。

検査の下位検査にも含まれており、**失語症**や**高次脳機能障害**、**認知症**のアセスメントにも用いられる。

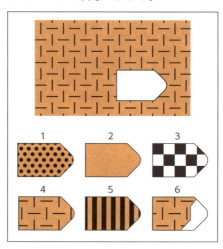

三宅式記銘力検査
Miyake Paire-Associate Word Learning Test

　三宅鉱一と内田勇三郎によって開発された**聴覚性**の記憶検査である。被検者に対して、例えば、ジュース―コップなどの単語対を**10組**聞かせて、記銘してもらう。その後、片方の単語を提示し、もう片方を想起してもらう。単語対は、単語間の関連が高い**有関係対語**と、単語間の関連が薄い**無関係対語**からなる。

　三宅式記銘力検査によって評価される記銘力は、聴覚による**短期記憶**だけでなく、対語の連想による**プライミング**を反映すると考えられている。特に有関係対語は、これまでの経験からすでに築かれている**記憶のネットワーク**を利用する過程を反映していると考えられる。一方、無関係対語は、単語対の提示時に、単語同士を関連づけるための**情報処理機能**を利用する学習

×：トレイルメイキングテストとは、数字やアルファベットを交互かつ昇順にたどる検査である。

過程が関係していると考えられている。

リバーミード行動記憶検査
The Rivermead Behavioral Memory Test; RBMT

単純な記憶検査とは異なり、実際の**生活場面**で起こりうるような状況を検査室内でシミュレーションし、**日常生活**で用いられる記憶を総合的に評価する。具体的には、**人の名前**や**顔**、**約束**、**用件**、**道順**など**9つ**の下位検査が含まれ、**言語性記憶**や**視覚性記憶**、**近時記憶**や**遠隔記憶**、**展望記憶**などを評価することができる。また、並行検査が**4つ**あることで、**練習効果**が生じず、繰り返し検査を受けることができる。結果は、39歳以下、40歳〜59歳、60歳以上の**3つ**の年齢群ごとにカットオフポイントがあり、年齢を考慮して評価できる。

WAB失語症検査
Western Aphasia Battery

Kertesz, A.（ケルテス）が、BDAE失語症重症度評価尺度を改良して開発した失語症検査である。包括的かつ実用的な検査であり、失語症の**鑑別**や**失語症**のタイプなどを評価することができる。**言語性検査**と**非言語性検査**が含まれた**8つ**の下位検査から構成される。結果は、下位検査の得点から、**全失語**、**ブローカ失語**、**ウェルニッケ失語**、**健忘失語**に分類される。また、**失語指数**も算出可能であり、個人内における症状の改善や増悪を評価することが可能である。

失語症の検査項目以外にも、**失行**や**半側空間無視**に関する検査項目などを含んでおり、これらの検査から**動作性指数**が算出される。また、**動作性指数**と**失語指数**の合計から、認知機能の指標として**大脳皮質指数**を算出できる。

06 知能検査・発達検査

ビネー式知能検査
Binet test

1905年にBinet, A.（ビネー）とSimon, T.（シモン）が作成した世界初の知能検査や、それを修正、発展させた知能検査を指す。もともとは知的な発達に問題がある子どもの早期発見のために作成された。さまざまな形式と内容の問題が年齢ごとに「易」から「難」の順に配列されており、全体としてどの程度の問題までできたかを基に、精神年齢（MA）や知能指数（IQ）が算出される。ビネー式知能検査では、基本的に要素に分解されない一般知能を測定している。

子どもの一般知能の測定には適しているが、知能の高い成人の測定には向かないことや、知能の量的差異は測れるが質的差異は測りにくいことなどが指摘されている。これらの批判を受けて、2005年に改訂された田中ビネーVでは、14歳以上の被検者に対して偏差知能指数が採用されるようになった。

田中ビネーV
Tanaka-Binet Intelligence Scale (V)

時代に即した知能検査を作成することを目的として、2005年に1987年版田中ビネー式知能検査を改訂したものである。問題数は全部で113問、適用年齢は2歳〜成人など1987年版にほぼ則っている。

結果の表示について、2〜13歳は従来通り、精神年齢と知能指数を算出するが、14歳以上の成人は精神年齢を算出せずに、偏差知能指数（DIQ）を用いる。また、成人の知能について、結晶性領域・流動性領域・記憶領域・論理推理領域の4つの領

知能検査は知能を測定するための検査であり、発達検査は知能だけでなく、生活習慣や運動能力など子どもの発達全般を測定する検査です。ここでは、おもな知能検査と発達検査を取り上げています。

域に分けて評価する。これによって、個人の知能の**質的差異**を評価することが可能になる。また、1歳級の問題が解けない被検者のための参考指標である**発達チェック**が導入されている。なお、2024年に田中ビネーⅥが発行され、2歳〜13歳の場合、**精神年齢**はこれまで通り算出するが、知能指数については**偏差知能指数**が主要な指標となった。

知能指数 ★★★
Intelligence Quotient; IQ

Stern, W.（シュテルン）によって考案された知能検査の結果の表示方法である。**IQ**とも呼ばれる。知能検査によって得られた**精神年齢**を**生活年齢**で割り、**100**倍することで算出される（**知能指数＝精神年齢÷生活年齢×100**）。IQ100を基準として、被検者の知的能力の程度が表示できる。

Binet, A.（ビネー）の作成した知能検査を、**Terman, L.**（ターマン）が改訂し知能指数を採用したことで、知能検査が広く利用されるようになった。

ウェクスラー式知能検査 ★★★
Wechsler's diagnostic intelligence test

1939年に**Wechsler, D.**（ウェクスラー）によって個人の知能を**診断的**にとらえるために、**ウェクスラー＝ベルヴュー知能検査**が作成された。これがウェクスラー式知能検査のはじまりである。一般知能を測定するビネー式知能検査とは異なり、知能を**多因子構造**としてとらえている。適用年齢によって、**成人用**（**WAIS**）や**児童用**（**WISC**）、**幼児用**（**WPPSI**）の検査がある。

Q 1905年にBinet, A.とSimon, T.は個人の知能を診断的にとらえるために、世界で初めて知能検査を開発した。

第4章 心理アセスメント

WPPSI-Ⅲ ★☆☆
Wechsler Preschool and Primary Scale of Intelligence-Ⅲ

　幼児用のウェクスラー式知能検査である。適用年齢は**2歳6ヵ月～7歳3ヵ月**である。ただし、幼い子どもの認知発達の変動性を考慮し、**2歳6ヵ月～3歳11ヵ月**と**4歳0ヵ月～7歳3ヵ月**に分かれている。2歳6ヵ月～3歳11ヵ月の検査では、**4つ**の基本検査から全検査IQと**言語理解指標**、**知覚推理指標**を、5つの下位検査の実施で**語い総合得点**を算出することができる。4歳0ヵ月～7歳3ヵ月の検査では、**7つ**の基本検査から全検査IQと**言語理解指標**、**知覚推理指標**を、10の下位検査の実施で**処理速度指標**、**語い総合得点**を算出することができる。

WISC-Ⅴ ★★☆
Wechsler Intelligence Scale for Children-Ⅴ

　児童用のウェクスラー式知能検査である。適用年齢は**5歳0ヵ月～16歳11ヵ月**である。下位検査は**16**あり、**10の主要下位検査**と**6つの二次下位検査**に分かれる。7つの主要下位検査から全検査IQが、10の主要下位検査から**言語理解指標**、**視空間指標**、**流動性推理指標**、**ワーキングメモリー指標**、**処理速度指標**の主要指標が算出される。また、二次下位検査との組み合わせにより、**量的推理指標**、**聴覚ワーキングメモリー指標**、**非言語性能力指標**、**一般知的能力指標**、**認知熟達度指標**の補助指標の算出が可能である。

WAIS-Ⅳ ★★★
Wechsler Adult Intelligence Scale-Ⅳ

　成人用のウェクスラー式知能検査である。適用年齢は**16歳0ヵ月～90歳11ヵ月**である。**10の基本検査**から全検査IQ、**言語理解指標**、**知覚推理指標**、**ワーキングメモリー指標**、**処理**

×：Binet, A.とSimon, T.は、知的な発達に問題のある子どもを早期に発見するために、世界で初めて知能検査を開発した。

速度指標が算出される。全検査IQからワーキングメモリーと処理速度の影響を抑えた一般知的能力指標を求めることも可能である。また、下位検査の成績に関わる認知能力について、より詳細な情報を提供するプロセス得点も明らかにされる。

偏差知能指数 ★★★
Deviant Intelligence Quotient; DIQ

ウェクスラー式知能検査の結果の表示方法として導入された数値である。被検者と同年代の平均点を指数100、標準偏差1を指数15として、被検者の成績を換算する。偏差知能指数＝{15×(個人の得点－母集団の平均点)÷母集団の標準偏差}＋100で算出される。偏差知能指数は100が基準となり、平均点からの乖離は偏差として示されるため、同年代での被検者の位置づけが明らかになる。

ディスクレパンシー ★★★
discrepancy

知能検査において、個人内における指標得点間や下位検査間にみられる大きな差を指す。例えば、WAIS-Ⅳにおいて言語理解指標と知覚推理指標の間に有意差がみられれば、ディスクレパンシーがみられると解釈される。ディスクレパンシーが高いと、各指標や下位検査が測定する能力の間にアンバランスさがあるために、何らかの困難さを抱えていると推測し、支援が検討される。単に知能指数や得点が高いから望ましいというわけではなく、指標得点間や下位検査間のバランスも踏まえ、その人の特性に合ったストレングスを生かし、ウィークネスを補うような支援計画を立てて、支援していくことが大切である。

知能が高ければ、ディスクレパンシーがみられても適応上問題がない。

K-ABC心理・教育アセスメントバッテリーⅡ
Kaufman Assessment Battery for Children Ⅱ: K-ABCⅡ

Kaufman（カウフマン）夫妻によって開発された知能検査である。適用年齢は**2歳6ヵ月～18歳11ヵ月**である。**Luria, A.R.（ルリア）**の神経心理学理論（**カウフマンモデル**）と**CHC理論**の2つの知能理論に基づいており、カウフマンモデルでは**8つ**の能力、CHC理論では**7つ**の能力を測定し、結果を**相補的**に解釈することができる。

K-ABCⅡでは、子どもの知能を**認知処理過程**と知識・技能の**習得度**の2つの側面から評価し、その子どもの能力や適性、ニーズに合った教育や指導に生かすことができる。

遠城寺式乳幼児分析的発達検査法（九大小児科改訂版）
Enjoji's Analytic Development Test for the Infants

遠城寺宗徳らによって開発された発達検査である。1977年に改訂され、「**九大小児科改訂版**」として刊行された。適用年齢は**0歳～4歳8ヵ月**である。発達段階を0歳児は1ヵ月ごとの**12段階**、1歳～1歳6ヵ月までは2ヵ月ごとの**3段階**というように、**発達早期**の年齢区分をより**細かく分けている。**乳幼児の発達を、**運動**（**移動運動・手の運動**）、**社会性**（**基本的習慣・対人関係**）、**言語**（**発語・言語理解**）の3分野6領域から把握する。**養育者からの聴取**と**子どもの観察**から評価していく。結果はどの発達年齢の質問項目までできたかを基に**プロフィール**として示される。また、**発達指数**を算出する。

新版K式発達検査
Kyoto Scale of Psychological Development

京都市児童院によって開発された発達検査である。2020年には「**新版K式発達検査2020**」が刊行されている。新版K式

×：ディスクレパンシーがみられるということは、測定された能力間にアンバランスさがあり、何らかの困難さを抱えている場合が多い。

発達検査2020の適用年齢は0歳～成人であり、姿勢・運動、認知・適応、言語・社会の3つの領域について、検査者と被検者の自然なかかわりの中で、検査者から与えられる課題に被検者がどのように反応するのかを観察する。乳児を除いて検査を実施する順序は決められておらず、子どもによって生活経験もさまざまなため、教示の仕方は許容範囲内であれば変えてもよい。結果は、3つの領域と全領域について発達年齢と発達指数を算出する。

津守式乳幼児精神発達診断法
Tsumori Infant Developmental Scale in Children

津守真、稲毛教子らが開発した発達検査である。適用年齢は0歳～7歳であるが、0歳児版、1～3歳版、3～7歳版の3種類がある。運動、探索、社会、食事・生活習慣、言語の5領域に関する子どもの発達状況について、養育者に質問し回答してもらう。子どもがどの発達年齢の質問項目までできたかを基に、発達指数や発達年齢を算出し、発達輪郭表を作成する。

子どもに対して直接検査を実施する方法に比べ、子どもの状態に左右されることがなく、普段の生活状況に基づいて判断される、検査用具を必要としないので所要時間が短く、比較的容易に実施できるといった長所がある。その一方で、回答者の過大評価や過小評価の影響を受けやすいといった限界がある。

Q 津守式乳幼児精神発達診断法は、課題に対する子どもの反応を直接観察して評価する。

07 認知症検査

改訂長谷川式認知症スケール（長谷川式簡易知能評価スケール） ★★★
Hasegawa's Dementia Scale-Revised; HDS-R

長谷川和夫によって開発された認知症のスクリーニング検査の改訂版である。

年齢、日時の見当識、場所の見当識、3つの言葉の記銘、計算、数字の逆唱、3つの言葉の遅延再生、5つの物品記銘、野菜の名前の9項目から構成され、検査者が被検者に対して口頭で質問を行っていく。30点満点中、20点以下の場合は認知症が疑われる。高い信頼性や妥当性、弁別力があることが確認されている。

> 検査項目の「野菜の名前」は言葉の流暢性を確認しています。

国立精研式認知症スクリーニングテスト ★★★
The Screening Test for Dementia of National Center of Neurology and Psychiatry

認知症のスクリーニング検査として開発された検査である。記憶力や見当識、一般常識、数的処理などについての16項目から構成される。認知症初期での判別に寄与するための項目が選定されているため、他の認知症スクリーニング検査よりも難度の高い項目が含まれている。20点満点中、16点以上で正常、11〜15点で境界群、10点以下で問題ありと評価される。

> 改訂長谷川式認知症スケールと国立精研式認知症スクリーニングテストは、スクリーニング検査であって、認知症の重症度を判定するためのものではありません。

×：津守式乳幼児精神発達診断法は、子どもの発達状況について養育者に質問して回答してもらう。

高齢者向けの心理検査は、おもに認知症のスクリーニングや重症度の判定を行う検査を指します。ここでは長谷川式認知症スケールやMMSEなどについて取り上げます。

MMSE
Mini-Mental State Examination

Folstein（フォルスタイン）夫妻によって開発された認知症のスクリーニング検査である。

時間の見当識、場所の見当識、3つの言葉の即時想起、計算、3つの言葉の遅延再生、物品呼称、文の復唱、口頭指示、書字指示、自発書字、図形模写の11項目から構成される。

30点満点中、23点以下の場合は認知症が疑われる。また、27点以下は軽度認知障害が疑われる。

> 改訂長谷川式認知症スケールと国立精研式認知症スクリーニングテストは、言語性検査のみから構成されていますが、MMSEは言語性検査と動作性検査から構成されています。

ADAS-cog
the cognitive subscale of the Alzheimer's Disease Assessment Scale

ADASは、認知機能の状態を評価するADAS-cogと、精神状態などの非認知機能を評価するADAS-non cogの2つの下位尺度から構成されている。もともとは抗認知症薬の薬効評価に用いられていた。ADAS-cogはアルツハイマー病評価尺度とも呼ばれ、アルツハイマー型認知症の状態を評価する検査である。ADAS-cogは、単語再生、口頭言語能力、言語の聴覚的理解、自発話における喚語困難、口頭命令、手指及び物品呼称、構成行為、観念運動、見

> 認知症検査は出題されやすいため、しっかり理解しておきましょう。

Q MMSEは認知症のスクリーニング検査であり、改訂長谷川式認知症スケールと同じく言語性検査のみから構成される。

当識、単語再認、テスト教示の再生能力の11下位検査からなる。結果は0点〜70点で評価され、点数が高いほど重度と評価される。

COGNISTAT ★☆☆
Neurobehavioral Cognitive Status Examination □□□

認知症や脳血管障害、頭部外傷などによる脳損傷の臨床評価や、統合失調症やうつ病、アルコール性障害などにおける認知障害の症状把握のための高次脳機能検査である。20歳〜87歳が対象であり、この年齢範囲を6つの年齢群に分けて評価する。見当識、注意、語り、理解、復唱、呼称、構成、記憶、計算、類似、判断の11下位検査から構成される。また、施行方法は、screen-metric方式を採用している。具体的には、見当識と記憶以外の下位検査について、最も難度の高い課題であるscreen検査に正答すれば正常範囲と評価する。screen検査に正答できなかった場合は障害の程度を評価するために、難度が徐々に増していくmetric検査を実施する。結果は、各下位検査の認知機能をプロフィール表示する。

N式精神機能検査 ★☆☆
Nishimura Dementia Scale □□□

認知症のスクリーニングや重症度を判定する検査である。年齢、見当識、指の名前、運動メロディ、時計、果物の名前、計算、図形模写、物語再生、逆唱、書き取り、読字の12項目から構成される。動作性検査の項目も多く、知的機能を幅広くとらえることができる。重症度は、100点満点中、重度（29点以下）、中等度（30〜59点）、軽度（60〜79点）、境界（80〜94点）、正常（95点以上）の5段階で評価する。

×：言語性検査と動作性検査から構成されている。

第5章

心理支援

01 精神分析的心理療法 …………………… 250
02 分析心理学 …………………………… 258
03 個人心理学・新フロイト派 …………… 262
04 自我心理学派 ………………………… 264
05 対象関係論・日本の精神分析理論 …… 272
06 行動療法 ……………………………… 278
07 認知行動療法 ………………………… 286
08 人間性心理学 ………………………… 292
09 家族療法 ……………………………… 298
10 東洋的心理療法 ……………………… 304
11 遊戯療法 ……………………………… 306
12 統合的心理療法 ……………………… 310
13 集団療法 ……………………………… 312
14 コミュニティ心理学 ………………… 316
15 その他の心理支援キーワード ………… 322

01 精神分析的心理療法

精神分析療法
psychoanalysis

Freud, S.（フロイト,S.）の創始した心理療法である。無意識に抑圧された欲求や葛藤などを意識化させることによって症状や問題の解消を図ることを目的とする。

原法では、自由連想法と呼ばれる、クライエントを寝椅子に横たわらせ、頭に浮かんでくることを隠すことなくそのまま話させる方法を用いる。そのなかでクライエントが途中で黙ったり、話をそらしたりすることを、無意識的なものに直面することへの抵抗ととらえる。

また、治療過程において、クライエントは過去の重要な人物に対して抱いていた感情をセラピストに向ける転移が起こる。そうしたクライエントの抵抗や転移に対して、セラピストが解釈を行っていくことにより、クライエントは自己に関する洞察を得ていく。その一方で解釈に対する抵抗も起こり、その抵抗に対してもセラピストは解釈を行っていく。このように繰り返される一連の手続きをワークスルー（徹底操作）という。そのようにして、クライエントは知的で表面的な洞察ではなく、情緒的でより深い洞察に至るのである。

フロイト,S.

自由連想法
free association

精神分析療法の一技法である。Freud, S.（フロイト, S.）が神経症の治療法として、無意識を探るために用いた。原法では、

精神分析的心理療法とは精神分析理論に基づきつつ、理論的・技法的な改訂が加えられたものです。ここではFreud, S.（フロイト, S.）が提唱した自由連想法、局所論、構造論などについて取り上げています。

寝椅子に横になったクライエントが頭に浮かんでくることを隠すことなくセラピストに話す。クライエントによって語られた内容が分析の素材でもあり、クライエントの無意識の現れとされている。

また、自由連想法を行っていく過程で起こる沈黙や遅刻などの抵抗や、クライエントにとって過去の重要な人物への感情をセラピストに向ける転移が起こってくる。それらもクライエントの無意識を知る手がかりとして、解釈されることによって、クライエントは無意識に抑圧された欲求や葛藤を意識化していく。

夢分析
dream analysis

Freud, S.（フロイト, S.）は「夢は願望充足である」と考え、無意識的な欲望や願望などが加工され、夢として現れるとした。そして、その加工する心的過程を夢の仕事と呼んだ。夢の仕事には、圧縮、置き換え、視覚化などがある。Freud, S.（フロイト, S.）の夢分析では、顕在夢と呼ばれる視覚化され言語化可能な夢の内容から、潜在夢と呼ばれる夢に隠されている欲望や願望の解読を試みる。一方で、Jung, C.G.（ユング）は夢を無意識の表現とし、意識へのメッセージととらえた。Jung, C.G.（ユング）の夢分析は、拡充法と呼ばれ、クライエントとの対話を通じて夢からもたらされるさまざまなイメージや意味などをふくらませていくことにより、意識と無意識とのつながりを再構築していく方法である。

ユング

Q 精神分析療法の治療過程において、クライエントが過去の重要な人物に対して抱いていた感情を治療者に向ける逆転移が起こる。

リビドー

libido

　精神分析におけるリビドーとは、**性的エネルギー**を指す。身体的活動には身体的エネルギーを要するように、Freud, S.（フロイト, S.）は、心的活動にも性的なエネルギーであるリビドーを仮定することにより、それが向けられる方向や量などから**力動的なメカニズム**を明らかにしようとした。また、リビドーの充足を満たす**性感帯**から人間の発達をとらえ、**心理＝性的発達段階**を提唱した。

局所論

topographical theory

　Freud, S.（フロイト, S.）が提唱した、人の心のなかをひとつの空間や場所としてとらえ、**意識**、**前意識**、**無意識**の3層から構成されているという考えである。

　Freud, S.（フロイト, S.）はもともと生理学者であったため、心理現象を考察する際も目に見える**モデル**を考えた。意識とは、**直接的**に自分の経験だと感じることができるものをいう。前意識とは、常に意識されてはいないものの、**注意**を向ければいつでも**意識化**できるものをいう。無意識とは、**自覚**されていないものの、自分自身に大きな影響を与えるものをいう。

局所論と構造論の違いをしっかりおさえておきましょう。

構造論

structural theory

　Freud, S.（フロイト,S.）が心の現象を説明するために提唱した**心的装置**のなかの機能に関する考えである。

　心は、**エス（イド）**、**自我**、**超自我**の異なる役割をもつ3つ

252　×：クライエントが過去の重要な人物に対して抱いていた感情を治療者に向けるのは転移である。

の機構から構成される。エス（イド）は最も**原始的**なもので、**生物学的**に規定されており、**本能的な欲求**を生み出す。自我は**現実世界**に適応するために、**現実検討**や**時間感覚**、**思考**を司り、**エス（イド）**、**超自我**、**外界**の3者の平衡状態を保つためのさまざまな調整を行う。超自我は**両親のしつけ**が内面化されたものに由来する**心の検閲機関**であり、**道徳的判断**を行う。Freud, S.（フロイト,S.）は、この3つの役割の**力動的な不均衡**と**外界の圧力**によって人の心の健康が損なわれるとした。

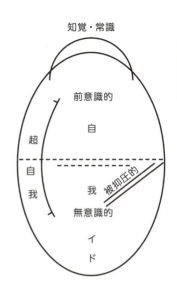

治療同盟　★★★
Therapeutic alliance

治療同盟とは、セラピストとクライエントの間における、治療という**共通の目的**のための**協同と情緒的絆**を指す。もともとは、古典的精神分析療法における、セラピストとクライエントが**転移・逆転移**に巻き込まれずに**自由連想法**を行っていく関係性である**作業同盟**に基づく。現在では、セラピストとクライエントの**相互作用**によってつくり出される治療を目的とした協力関係と理解されている。

カウンセリングや心理療法の効果に影響する要因として、**セラピスト自身**の要因や**クライエント自身**の要因、さまざまな**アプローチや技法**に共通する要因、**特定のアプローチや技法**に独自の要因などが挙げられる。

Freud, S.の局所論は、イド、自我、超自我の3つの働きから心の活動をとらえようとするものである。

治療同盟は、さまざまなアプローチにおける**共通要因**として、カウンセリングや心理療法に効果をもたらすとされている。そのため、セラピストはクライエントとの間に**治療同盟**を築くことができるような**対人関係構築・維持能力**を高めることが重要であるとされている。

転移（感情転移） ★★★
transference

クライエントの**過去の重要な人物**との関係が、**セラピスト**との関係のなかに移されることをいう。Freud, S.（フロイト, S.）は、**幼児期での体験**を重視し、それが後の心理的問題の核になると考えた。そのため、**退行**を引き起こしやすい治療場面では、クライエントの過去の重要な人物への**感情**や**態度**などがセラピストに向けられやすくなる。つまり、クライエントは相手を替えて過去を**再体験**しているのである。

転移は心理療法のプロセスにおいて**必然的に生じる**と考えられ、転移が**誰**に向けられたものであるのか、**どのような感情**を反映したものかといった分析によって、クライエントへの**理解**が深まり、治療に生かすことが可能になる。

逆転移 ★★★
counter transference

転移とは逆に、心理療法においてセラピストから**クライエント**に向けられる感情をいう。セラピスト自身のなかの**未解決な問題**や**神経症的**な傾向によって、セラピストがクライエントの問題を見誤る危険性がしばしば生じる。

例えば、セラピストが自身の母親との関係において未解決な問題を抱えていると、同じように母親との関係でつまずいているクライエントに対して必要以上に**同調する**ことが起こり得る。

×：構造論である。

そのため、クライエントとの適切な距離が乱され、治療構造を壊しかねない危険がある。

また、境界例のクライエントは、激しい転移関係が展開されるために逆転移を引き起こすことが多く、セラピストが中立性を維持することが困難になる。そのため、セラピストに対してスーパービジョンや教育分析の必要性が指摘されている。

抵抗 ★★★
resistance

心理療法のプロセスにおいてクライエントにみられる現象で、専門的な支援を求めながらも、治療の手続きや進行を妨げるような行動を指す。具体的には、治療者の指示に従わない、議論をしようとする、治療者を喜ばせようとする、沈黙、遅刻、無断キャンセルなどが挙げられる。

精神分析療法において、抵抗の形式や内容はセラピストにとって治療に活用できる有益な情報源とみなされている。そのため、抵抗の分析は、転移の分析とともに、精神分析療法にとって重要な位置を占めている。

アクティング・アウト ★★☆
acting out

精神分析療法など言語化を基本とする心理療法において、クライエントが言葉を用いる代わりに、行動によって自己表現を行うことをいう。

もともとは、Freud, S.（フロイト, S.）によって、あることが想起されたり言語化されずに行動のなかで再現されることを意味していた。しかし、Zeligs, M.A.（ゼリグス）が、治療場面でのクラ

精神分析療法では、アクティング・アウトを抵抗と解釈して分析していきます。

精神分析において、セラピストはクライエントが示す転移の分析は行うが、抵抗については分析を行わない。

イエントの行動をアクティング・イン、治療場面外で起こる行動をアクティング・アウトと、行動の起こる場所が治療場面の内か外かによって区別した。そのことから、近年では治療場面外で起こる行動を意味することが多い。薬物の使用や自傷、自殺などが例として挙げられる。

時間制限心理療法
time limited psychotherapy

Mann, J.（マン）の考案した短期精神療法をいう。精神分析療法をはじめとする心理療法は、一般的に、治療期間を明確に定めずに、長期間の治療を前提として実施することが多い。時間制限心理療法では、予備面接を除いた実質的な治療面接の回数を12回に設定する。また、予備面接では、クライエントとの十分な話し合いに基づき、治療契約のなかで、各回の面接月日と終結月日をセラピストとクライエントが双方確認したうえで、治療が開始される。それにより、治療時間を技法として積極的に利用する。

時間制限心理療法では、面接回数が制限されていることから、最近起こった問題に治療の焦点が定められる。また、セラピストの積極的な役割が要求され、必要に応じて、より多くの語りかけや話の方向づけ、支持やクライエントの行動計画の立案への関与がなされることがある。

また、クライエントについて、最近発症した比較的年齢が若く、自我機能をある程度有し、対人関係を維持する能力をもつ者に対して有効であるとしている。

精神分析的簡易療法
psychoanalytic brief therapy

Malan, D.H.（マラン）の開発した短期の精神分析療法をいう。

×：抵抗の形式や内容は、セラピストにとって治療に向けた有益な情報源となるため、抵抗の分析も行う。

古典的な精神分析療法は、治療に長期間要するため、時間的、経済的な負担を軽減するために考案された。古典的精神分析療法とは異なり、自由連想法を用いずに対面法による面接が行われる。クライエントの話題はおもに現実生活に関することで、無意識や幼児期体験が話題にされることはあまりない。

精神分析的簡易療法において、セラピストには評価を含まない中立的態度が求められる。また、クライエントに指示的、知的に関与するため、その効果を得るために率直であることも必要とされる。クライエントについては、症状が急性で軽度であり、健康なパーソナリティあるいは強い自我をもち、満足のいく対人関係の生活史をもっている者に対して有効であるとされている。

修正情動体験
Corrective emotional experience

クライエントが幼少期に重要な人物との間で体験したことによる不適応的な影響を、セラピストがクライエントに対して支持的、肯定的に関わることで、セラピスト―クライエント関係のなかで新たな形で体験し直させ、適応的な体験や認知に修正しようとすることをいう。Alexander, F.（アレクサンダー）により提唱された。

02 分析心理学

分析心理学
analytical psychology

Jung, C.G.（ユング）によって提唱された理論・治療体系である。Jung, C.G.（ユング）は、リビドーを、心的エネルギーとして性的エネルギーよりも広くとらえた。また無意識を、個人的体験が抑圧されたり忘却された個人的無意識と、人類に共通する集合的（普遍的）無意識に分けてとらえた。さらに無意識には、Freud, S.（フロイト,S.）が考えたような否定的な意味だけではなく、肯定的で創造的な意味もあると考えた。

Jung, C.G.（ユング）の概念には二元論的なものが多いが、これらは互いを補い合うことで全体のバランスをとっていると考えられ、夢や神経症は精神全体のバランスを保つために無意識が送るメッセージととらえられている。そのため治療方法には、夢や症状が全体として何を意味し、どこを目指しているのかについて取り上げていくといった方法を用いている。

個性化
individuation

人生の初期においては、現実世界に適応するために、個人はさまざまな可能性を取捨選択して自我を形成していく。そのなかで、選択されずに無意識に抑圧されたものも、個人のなかに存在する可能性であり、心の全体である自己の一部である。意識されるものだけではなく、無意識にあるものも把握しようとして、意識と無意識が対決したり統合することで、独自性をもった存在として自己を確立することができると考える。

つまり、意識と無意識などの心のなかのあらゆる二元的対立

×：Mann, J.の時間制限心理療法やMalan, D. H.の精神分析的簡易療法は短期間の治療を目指したものである。

> Jung, C.G.（ユング）が創始したのが分析心理学です。彼はリビドーや無意識などについてFreud, S.（フロイト, S.）とは異なった考えを提唱しました。ここでは、分析心理学における重要な概念について取り上げます。

は相補性をもち、心の中心である自己によって、それらはより高次の次元で統合される。このような心の統合性・全体性を獲得する過程を個性化といい、分析心理学の最終目標である。

集合的無意識
collective unconscious

普遍的無意識ともいう。Freud, S.（フロイト,S.）の精神分析における無意識を、Jung, C.G.（ユング）は個人的無意識と集合的無意識に分けてとらえた。個人的無意識は、成長過程において抑圧、忘却されたものを指す。一方で集合的無意識とは、個人や文化を超えて、全人類が共通してもつ無意識である。精神病患者の妄想や神話、伝説などの共通点から見いだされた。集合的無意識のなかには、共通したイメージを生み出す源である元型が含まれている。元型そのものは意識できないため多くの人びとに共通のパターン化されたイメージが認識される。

ペルソナ／アニマ・アニムス
persona / anima・animus

元型のひとつであるペルソナは、ギリシャの古典劇で用いられる仮面に由来し、社会に適応するための外的側面を指す。具体的には、性役割や家庭及び職場での役割などが挙げられる。社会生活を送るうえでペルソナは必要不可決なものである。

一方、男性の無意識のなかにある女性的なものをアニマ、女性の無意識のなかにある男性的なものをアニムスという。例えば、男性の場合、一般的に、ペルソナは男性らしさで表現されるが、その内面は非常に女性的であるといった場合もある。反

Jung, C.G.は個人的無意識と集団的無意識を提唱したが、個人的無意識にはアニマ、アニムスといった元型が含まれる。

対の性というよりもペルソナを補っているのがアニマ・アニムスである。

シャドウ（影）
shadow

元型のひとつである。自分についてのイメージが選択されると、対立するイメージは無意識に抑圧される。つまり、シャドウとは意識では受容できなかった自己の一側面である。受け入れがたいものであるため、夢や現実場面においては好ましくない人物に投影されることがある。しかし、シャドウを否定することは自分自身を否定することにつながり、自己がもっている潜在的な可能性を捨てることになる。つまり、シャドウと向き合うことによって、人は個性化へと進むのである。

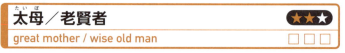
太母／老賢者
great mother / wise old man

太母とは、母なるもののイメージの元型である。子どもを産み育てる側面と、子どもを抱え込み自立を妨げる側面という2つの側面をもつ。つまり、子どもを産み、慈しみ育てるという母性の肯定的な側面をもつと同時に、子どもを抱え込んで離さず、呑み込んでしまうといった否定的な側面をもつ。一方老賢者とは、仙人や老師など世界各地の神話や伝説から見いだされた、父親、預言者、教師といった英知と指導力をもつもののイメージの元型である。正しさへ導く理性や指導力という肯定的な側面と、権威的で威圧的という否定的な側面をもつ。

コンプレックス
complex

Jung, C.G.（ユング）によれば、ある中核的な要素について、

×：元型が含まれているのは集合的無意識である。

どちらかといえば苦痛の色相を帯びた感情や記憶、連想などから無意識的に組織化されている心的複合体をいう。心の構造における個人的無意識に存在する。もともとは言語連想実験において、連想の中断や間違い、当惑、混乱といった言語的、精神的な活動に関わる意識的な心の働きによって見いだされた。コンプレックスは、わけのわからない怒りなど非常に強い情動をともない、あたかも心を一時的に占有されて、平常心を失っているかのような経験をすることで存在に気づくことが多い。

コンプレックスは個人的な経験から生じるが、元型にも起源をもつとされる。例えば、父親コンプレックスは、その人の個別的な経験から父親に対して敵愾心を抱くが、父親からの愛情や承認を求める気持ちも複雑に折り重なっているとされる。

拡充法 ★★★
amplification

Jung, C.G.（ユング）が提唱した夢の解釈方法である。分析心理学では、治療として夢分析を重要視している。夢見手と呼ばれるクライエントは、夢の報告だけでなく、その夢についていくつもの連想を尋ねられる。例えば、雨の夢をみた人が、「雨の日は傘が必要だ」と連想すると、また雨についての別の連想を引き出していく。つまり、ひとつの夢を中心として放射状に連想を拡げるのである。さらに、セラピストはクライエントの連想にとどまらず、その夢から思いつく神話や昔話、宗教儀式などの知識を解釈に援用していく。それにより、夢の意味を個人的無意識から集合的無意識のレベルへと拡げていく。

Jung, C.G.（ユング）は、夢は無意識の心の表現であると考え、無意識は主体性と自律性をもち、意識に対し夢を介してメッセージを送ることで、意識の発展と安定を図り、心の全体のバランスをとろうとするとした。これを夢の補償機能という。

無意識において、男性のなかにある女性的なものをアニマ、女性のなかにある男性的なものをアニムスという。

03 個人心理学・新フロイト派

劣等感
inferiority feeling

主観的に**劣等**だと感じていることを指す。例えば背の低い人が背の高い人を見て「あと10cm背が高かったらなぁ」や「背が高かったらバスケットボール選手になっていたのに」というように自分が劣っていると感じるのが劣等感である。Adler, A.（アドラー）は、人は劣等感を**補償**することによって、**優越性**を獲得しようとすると考えた。そして、その根源的な動因である「**権力への意志**」を提唱した。

一方、**劣等コンプレックス**は劣等感と結びついている**複合感情**をいう。自分が劣等感を抱いていることに気づいておらず、例えば「背が高くないから、バスケットボール選手には絶対なれない」とあきらめたり、背の低い自分に対して自己嫌悪や自己否定を感じたり、背の高い人に意地悪をするなど**強い感情**をともなう。

基底不安
basic anxiety

乳幼児が、**支配**や**無関心**など自分の**安全性**が脅かされるような**親**の態度によって引き起こされる**不安**をいう。新フロイト派のHorney, K.（ホーナイ）が提唱した。

> 精神分析が広がる一方で、Freud, S.（フロイト, S.）の考えに対する批判もみられました。ここでは、劣等感を重視する個人心理学や、文化的・社会的要因を重視した新フロイト派について取り上げます。

Freud, S.（フロイト,S.）が神経症の原因をリビドーとその抑圧による葛藤ととらえたのに対し、彼女は子どもの頃に形成された基底不安が神経症的性格の要因であると主張した。つまり、Freud, S.（フロイト,S.）が神経症を生物学的な視点からとらえたのに対して、彼女は社会的・対人関係的な視点からとらえたのである。

また晩年には、他者との関係を重視した理論に、自己との関係も加えて「真の自己」と、過度に理想化されて現実離れした「理想化された自己」との葛藤が神経症の原因であると考えた。

対人関係論 ★★★
interpersonal theory

Sullivan, H.S.（サリヴァン）が提唱した考え方をいう。彼は人間は対人関係からしか理解されないと考え、精神医学を「対人関係の学問」ととらえた。人を理解するには、その人と関わることなしではそれを行うことはできない。つまり、治療者は一方的な観察者ではあり得ず、関わることによってクライエントを理解できる。また、関わりをもっている治療者自身が、クライエントに与える影響も含めて、クライエントを理解しなければならないとした。

サリヴァン

彼が提唱した「関与しながらの観察」はクライエントを客観的に観察しながらも、クライエントの主観的世界と治療者の主観的世界が交流をもち、関係を形成する姿勢を意味する。

Adler, A.が劣等感の概念を説明するうえで提唱したのは、「意味への意思」である。

04 自我心理学派

自我の防衛機制
defense mechanism of ego

自我に生じた葛藤は不安などの不快な感情を喚起する。その不快な感情を解消し、自我の対外的・統合的な機能が崩壊しないように行われるさまざまな心理的作用を指す。通常は意識されることはない。

もともとはFreud, S.（フロイト,S.）が「防衛」という言葉で記述し、抑圧とほとんど同義で用いてきた。その後、Freud, A.（フロイト,A.）が「防衛機制」という用語を用いて、退行、反動形成、置き換え、投影などさまざまなものについて整理している。

各防衛機制について、具体例を踏まえながらしっかり理解しておきましょう。

また、Klein, M.（クライン）は子どもの治療から、分裂、投影性同一視、躁的防衛などの原始的防衛機制について提唱した。

抑圧
repression

自我が受け入れがたい記憶や観念、感情を意識から追い払うことである。Freud, S.（フロイト,S.）は抑圧が最も基本的な防衛機制であると考えた。

無意識に抑圧されたものは、そのまま無意識にとどまっているわけではなく、さまざまな方法によって外界に放出される。例えば、言い間違いや聞き間違いといった錯誤行為や、身体症状や恐怖、強迫といった何らかの精神症状によって表現される

×：Adler, A.が提唱したのは「権力への意思」である。

> Freud, S.（フロイト, S.）の提唱した「自我」の重要性について取り上げたのが自我心理学派です。ここでは彼が提唱した「防衛」をFreud, A.（フロイト, A.）が「防衛機制」という用語で体系化した心理的作用を取り上げます。

場合もある。Freud, S.（フロイト,S.）は無意識に抑圧されたものが神経症の原因であると考え、自由連想法によってそれを意識化することで症状を改善しようとした。

反動形成
reaction formation

自我が受け入れがたい感情や観念を意識化するのを防ぐために、それとは反対方向の行動や態度に置き換えることである。例えば、子どもを憎らしく思っている継母が、そのような自分を認めたくないために、かえって極端な愛情を示すことが挙げられる。つまり、憎悪を無意識に追いやり、いつまでも無意識のままにしておくために、逆に愛情を過度に示す。

Freud, S.（フロイト,S.）が強迫神経症患者のなかからそれらを見いだしたように、反動形成は強迫症にみられる機制と考えられている。

投影（投射）
projection

自分のなかにある、自我が受け入れがたい感情や観念を抑圧して、他者がその感情や観念をもっているのだと認知することをいう。

例えば、自分が相手を嫌っているのに、相手が自分を嫌っていると感じる、自分が相手に性的な欲望を感じているのに、相手が自分を誘惑していると感じるといったことが挙げられる。

Q 自我が受け入れがたい感情や観念を意識化するのを防ぐために、それとは反対方向の行動や態度に置き換えることを投影という。

退行
regression

　現在の状態よりも、**未発達な状態**や**幼い時期**の発達段階に戻ることで、葛藤や困難から逃避・回避しようとすることをいう。子どもが弟や妹が生まれた後に、おもらしや指しゃぶりをするといった「**赤ちゃんがえり**」が代表的な例である。

　また、特定の発達段階への**固着**と**退行**によって、**神経症**や**精神疾患**の病型が決まるとされる。例えば、男根期への固着は**ヒステリー**に、肛門期への固着は**強迫症**にというように、ある段階への**固着**と**退行**の理解が、特定の疾患を理解するための理論として用いられる。

同一視（同一化）
identification

　自分にとって重要な人物の属性を**模倣**し、その人と同じように考えたり、ふるまうことを通じて自分のなかに**内在化**させることをいう。**発達**において、同一視は重要な役割を果たす。

　Freud, S.（フロイト,S.）は、**男根期**の男児の**超自我**の形成や**性役割**の獲得について、**父親**への同一視を取り上げている。男児は自分が父親よりも劣っていることに対処するために、自分も父親のようになりたいと願い、意識的・無意識的に努力する。つまり、同一視は子どもを成長させる**推進力**であると同時に、ライバルとしての同性の親への**葛藤**に対する防衛としても機能する。

昇華
sublimation

　社会的に受け入れがたい感情や観念を、**社会的**に受け入れられるものに向け換えることをいう。**攻撃性**をスポーツやゲーム

×：反動形成である。

によって発散させたり、**性的な欲求**を芸術活動によって表現するといった例が挙げられる。

内的衝動を抑圧することもなく、社会に適応したかたちで**欲求充足**を行うことによって、**葛藤**が解決されるため、昇華は**成功的防衛（適応的防衛）**ともとらえることができる。昇華は、善悪の判断を司る**超自我の形成**が前提となり、発達過程の比較的**後期**にみられる防衛機制とされている。

置き換え ★★★
displacement

ある表象への**自我**が受け入れがたい感情や観念が、**自我**が受け入れやすい別の表象に向けられることをいう。Freud, S.（フロイト,S.）によって、**神経症**の形成や**夢**の心的加工に関わる機制として取り上げられた。なかでも、彼にとって最初の**子ども**の精神分析治療である「症例**ハンス**」は有名である。これは、**エディプス葛藤**によってもたらされた**父親恐怖**が**馬恐怖**に置き換えられたものであると解釈される。

合理化 ★★★
rationalization

自分の感情や思考、行動などに対して、**論理的・道徳的**に受け入れられる**説明**を与えることによって、**葛藤**することなく自分の言動を正当化しようとすることである。イソップ寓話の「**すっぱい葡萄**」が例として有名である。

一般的に、合理化は**知性化**が不安定になったり、弱くなったものとみなされる。つまり、知性化が**正常な現実認識**を前提としているのに対して、合理化は現実を**歪曲**したり、**否認**することによって、論理的思考の結果であるかのようにみせかけて、自分の言動を**正当化**するのである。

Q　昇華とは、社会的に受け入れがたい感情や欲望を、攻撃や破壊などの反社会的な行為によって表すことである。

知性化

intellectualization

　自我が受け入れがたい感情や観念を抑圧し、過度な知的活動によってコントロールしようとすることである。恋愛に悩んでいる青年が、現実の恋愛問題に向き合うことなく、抽象的な恋愛論を展開させることが例として挙げられる。知性化は、ある程度の知的発達を前提とし、性的衝動や攻撃性が高まる青年期によくみられるとされる。また、知性化は感情や観念が分離されるとともに、知性化の過程そのものが代理満足を兼ねているとされている。

逃避

escape

　葛藤を引き起こすような状況から逃げ出すことである。例えば、上司に対して嫌悪感を抱いている場合、上司と顔を合わせないようにしたり、転職することが挙げられる。また、空想や白日夢の世界に浸ったり、病気になって苦しい現実から逃げ出すことも例として挙げられる。困難な状況から逃避することにより、不安や緊張、恐怖を軽減・解消し、自分自身を守る。

隔離（分離）

isolation

　思考と感情、感情と行動が切り離されていることをいう。自分の恐ろしい体験や悲しい体験を淡々と話すといった例が挙げ

×：スポーツや芸術活動など、社会的に受け入れられる形で発散させることである。

られる。Freud, S.（フロイト,S.）が強迫神経症患者の事例から見いだした。つまり、**強迫行為**や**強迫観念**により、受け入れがたい感情や思考を切り離すのである。また、**打ち消し**や**反動形成**を同時に用いることによって、隔離はさらに強固なものにされる。

打ち消し ★★★
undoing

罪悪感や**恥**を呼び起こすような行為の後で、その行為が別の意図をもってなされたかのように**ごまかすような行動**をいう。つまり、打ち消しとは、**すでになされた行為**による不快な情動を、**別の行為**によって打ち消そうとすることである。例えば、相手を非難した直後に、しきりにその人を褒めたり機嫌を取ることが挙げられる。

Freud, S.（フロイト,S.）の有名な「ねずみ男」の事例のなかから見いだされたように、反動形成と同じく、打ち消しは**強迫症**にみられる防衛機制である。「汚れた」と感じて、長時間手洗いを続ける**洗浄強迫**は打ち消し行為の代表的な例である。

補償 ★★★
compensation

自らの**弱点**を何らかの形で補うことで、劣等感を克服しようとすることをいう。**Adler, A.（アドラー）**によって提唱された。例えば、ある劣等な器官を他のものによって**代用**させたり、劣等な器官を**鍛錬**によって克服したり、劣等感をもっていることとは**対照的な価値**を実現したりすることが挙げられる。アドラーは人間は誰しも劣等感をもち、それを**補償**するために、

アドラー

Q 思考と感情、感情と行動が切り離されていることを解離という。

無意識のうちにさまざまな試みを行うと考えた。そして、人間の根源的欲求とは、**権力（優越）への意志**であり、**劣等感を補償する**というかたちでこの意志を実現していくと主張した。

■ **各防衛機制のまとめ**

	防衛機制	方法
基本	固着 退行 抑圧	特定の発達段階で停滞する より幼い時期への後戻り 意識から締め出す
	分裂	「良いもの」と「悪いもの」を切り離す
0歳	取り入れ 同一視 投影	対象を取り込む 対象を取り込んで、自分と同一化する 対象へと向かう欲求や感情を、相手が自分へ向けているものと思い込む
1歳	否認 原始的同一化 投影性同一視 原始的理想化 脱価値化 躁的防衛	現実を認めないで無視する（分裂したひとつの面しかみない） 対象と合体する（融合：一体化） 対象に投影したものに同一化する：相手を利用して自分自身のある側面を体験し、それを取り入れようとする（自分が感じる代わりに相手に押しつける形で感じさせる） 対象を「すべて良いもの」とみなす 対象を「すべて悪いもの」とみなす 抑うつや罪悪感を意気高揚・過剰な活動化で回避する
3歳	反動形成 逆転 打ち消し 隔離 自己への反転	本心と逆のことをいったり、したりする 感情や欲求を反対のものに変更する 不安や罪悪感が消えるまでやり直す 思考と感情、感情と行動や態度を切り離す 対象へ向かう感情を自己へ向け換える
5歳	置き換え 昇華 合理化 知性化	妥協して代用満足する 欲望を美化し、社会化して表現する 責任を他へ転嫁する 感情を知的な観念によって処理する

×：隔離（分離）である。

解離
dissociation ★★★

　自分自身の意識や記憶、同一性、知覚、運動、感情などの通常はひとつにまとまっている**心的機能の統合性**が、**強い情動体験**や**外傷的な記憶**によって、**完全**にあるいは**部分的に喪失している状態**を指す。

　解離には、何かに没頭しているような状態や空想に耽っている状態などの**一過性の正常範囲のもの**も含まれる。しかし、**虐待を受けた子ども**や**災害の被災者**などには日常生活に支障をきたすような**不適応的な解離症状**がみられることが明らかにされている。

　そのため、解離は、衝撃的、外傷的な体験に関する自らの意識や記憶を自分自身と**切り離す**ことで、その**苦痛**を感じないようにしようとする**防衛機制**のひとつとされている。

創造的退行
creative regression ★★★

　Kris, E.（**クリス**）は**芸術家の創造過程**を研究するなかで、彼らは作品を創造するときに**積極的**に**無意識**に退行していくが、それは**一時的**、**部分的**なものであり、**自我**によってコントロールされていると考えた。そして、退行によって得たものを**適応的に再統合**し、芸術作品として創造するとした。

　Kris, E.（クリス）は、それまでは病的とされてきた退行には**創造的**で**健康的**な側面もあるとし、「**自我による自我のための退行**」と呼んだ。それを、Schafer, R.（シェーファー）がロールシャッハ・テストの実施過程の理解に用い、**創造的退行**と名づけた。

> Q あらゆる退行は自我によってコントロールすることがむずかしく病的なものである。

05 対象関係論・日本の精神分析理論

対象関係論
object relations theory

Freud, S.（フロイト, S.）以後の精神分析における一理論である。人は生きている**現実外界**とは別に、心のなかに**心的現実**としての内的世界をもつ。

対象関係論では、その内的世界に存在する**内的対象**と**自己**の間の交流のありようが、その人の**パーソナリティ**や**心のありよう**を規定すると考える。また、内的対象との関係は、**夢**や**空想**、**遊び**、**現実の対人関係**に現われている。

その起源はFreud, S.（フロイト, S.）の思索のなかにすでにあったが、それを発展させたのは**Klein, M.（クライン）**による貢献が大きい。対象関係論の発展によって、それまでの**父―母―子**からなる**エディプス的三者関係**ではなく、より発達早期の**乳幼児と母親の二者関係**からクライエントの心やその病理を理解する視点をもたらした。その成果として精神病や自閉症、重度のパーソナリティ障害への治療的アプローチを可能にした。

妄想―分裂ポジション
paranoid-schizoid position

生後**3～4ヵ月**頃までに乳児が体験する心理状態を指す。出生直後の乳児は**知覚機能**が限られており、母親を**ひとつのまとまり**をもった**全体**としてとらえられないため、対象とは**部分的**にしか関係を築けない。つまり、自分の欲求を満たしてくれる対象を「良い対象（乳房）」、満たしてくれない対象を「悪い対象（乳房）」ととらえる。そして、この「悪い対象（乳房）」に自分が**迫害される**のではないかという**妄想的な不安**を感じる。

×：Kris, E.が創造的退行を提唱したように、一時的、部分的で、自我によってコントロールされている退行もある。

発達早期の乳幼児の自我と対象との関係のあり方について焦点を当てたのが対象関係論です。ここでは対象関係論と、母子関係のあり方に注目した日本の精神分析について取り上げます。

抑うつポジション ★★★
depressive position

生後4ヵ月～2歳頃までに乳幼児が体験する心理状態を指す。生後4ヵ月以降、乳児の知覚能力は大きく発達し、母親を部分ではなく全体としてとらえられるようになる。これまで「悪い対象（乳房）」とみなしていた対象が、実は愛する母親の一部であることに気づき、それに対する攻撃性は愛する母親を失うのではないかといった不安や罪悪感を生じさせ抑うつ的になる。

原始的防衛機制 ★★★
primitive defense mechanism

自我の発達以前にみられる防衛機制である。発達早期の乳児の精神内界に注目したKlein, M.（クライン）によって提唱された。分裂、投影性同一視、躁的防衛などが挙げられる。Freud, A.（フロイト,A.）らの提唱した自我の防衛機制は、イド・自我・超自我、または父・母・子といった区別が成立したうえで、これらの間に引き起こされるさまざまな葛藤や不安に対する防衛である。

一方、原始的防衛機制は、自我の構造や自他の区別が未分化であり、かつ先天的に与えられた死の本能という根源的な不安に対して自己を防衛するために用いられると考えられている。

分裂 ★★☆
splitting

自己や対象を複数に分けようとすることである。原始的防衛機制のひとつとして、Klein, M.（クライン）により提唱された。乳児は、自己や対象を統合されたひとつの全体としてみられな

いため、それらを**部分的**にしかみられず、「良いもの」と「悪いもの」といった**別のもの**として切り離す。例えば、乳児は同じ母親の乳房であっても、状態によって満足を与える良い乳房と欲求不満を引き起こす悪い乳房ととらえる。分裂によって、「良いもの」が「悪いもの」に**汚染**されないように、「良いもの」を守ろうとする。それによって、自己や対象のもつ**両価的な性質**を回避しようとする。

否認 ★★★
denial

現実を知覚しているにもかかわらず、それを**認知することを拒絶する**ことである。抑圧が受け入れがたい感情や観念、記憶など**内側からの脅威**を意識から排除する機制であるのに対し、否認は**外的な現実**を知覚していながら、その知覚を**拒否**する機制である。

投影性同一視 ★★★
projective identification

分裂の機制によって、自己のなかの「良い部分」あるいは「悪い部分」を、対象のなかに**投影**し、**同一化**することで、対象を**自己の一部**と同じように扱い、「よい部分」には**愛着的**あるいは「悪い部分」には**攻撃的**態度をとることである。投影性同一視によって、**不安**や**衝動**といった悪いものから良いものを**保護**する、自己の一部を対象に投影し、対象を**操作・支配**することによって、対象と**分離**しているという感覚を**回避**しているとされている。

×：乳児が生後3〜4ヵ月頃までに体験する心理状態は妄想―分裂ポジションである。

原始的理想化／脱価値化
primitive idealization / devaluation

原始的理想化とは、対象の「良い部分」を過度に**誇大視**して「すべて良い」とみなし、「悪い部分」を**否認**することである。それによって、対象の良い部分を悪い部分による**汚染**から守ることができる。対象が本人にとって完璧であると認識される場合には**原始的理想化**は存続されるが、否認し切れないほどの対象の「悪い部分」が明らかになると、対象を「**すべて悪い**」とみなす**脱価値化**が起こる。

躁的防衛
manic defence

非現実的な万能感によって、対象を**支配**できると感じたり、その**価値**をおとしめることによって、対象を傷つけてしまったという**罪悪感**や喪失してしまうかもしれないという**不安**を軽減しようとすることである。対象を**全体**としてとらえることが可能になる**抑うつポジション**でみられる。

ホールディング
holding

Winnicott, D.W.（**ウィニコット**）が提唱した、乳幼児の**発達促進的**な環境を表す概念である。彼は40年にわたる臨床経験から、母親と幼児は**ひとつの単位**を形づくっていると考え、発達早期における**母親**の重要性を強調した。

母親は絶対的に**依存的**な状態の乳児を全面的に**抱える**。乳幼児は母親に優しく抱え込まれることによって、**自他の区別**や、**基本的信頼感**を獲得していく。この概念は心理療法にも援用され、クライエントをホールディングすることが**セラピストの機能**として重視されている。

> Bowlby, J.M.は「ふつうにみられる献身的な母親」を意味する「ほどよい母親」を提唱した。

ほどよい母親
good enough mother

「ふつうにみられる献身的な母親」を意味する。Winnicott, D.W.（ウィニコット）が提唱した。

臨月から出産後の数週間、母親は病的といえるほど乳児にかかりきりの状態（原始的没頭）になるが、産後の健康を取り戻すにしたがってそれは薄れる。また、乳児の身体的・精神的発達にしたがって、これまで行っていた完全な母性的関わりを次第に加減していく。このような過程のなかで、乳児は母子一体的な万能感（錯覚）から次第に脱錯覚化していき、現実世界に適応できるようになる。

移行対象（過渡的対象）
transitional object

幼児がぬいぐるみや毛布などの特定のものに愛着を示し、握ったりしゃぶるといった様子がみられることがある。この対象物を移行対象という。Winnicott, D.W.（ウィニコット）が提唱した。

生まれたばかりの乳児をもつ母親は乳児の要求に即座に応えるが、それによって乳児は母子一体の世界のなかで万能感を抱き、例えば母親の乳房は自分が創造したものだという錯覚を抱く。しかし、乳児が成長するにつれて、次第にそのような錯覚から脱し、現実世界に向かっていく。その際、移行対象は乳児が抱く分離不安や欲求不満を低減し、内的世界と現実世界の橋渡しをするような役割を果たす。

甘え理論
Amae theory

土居健郎によって提唱された、日本人の心性に関する理論で

×：「ほどよい母親」を提唱したのは Winnicott, D.W. である。

ある。土居は日常会話で用いられる「**甘え**」という言葉に注目した。そして、「甘え」という言葉が用いられているときは、**無意識**ではあるが、**対象との分離**を恐れ、対象と**一体化**しようという欲求が働いていると考えた。

また、「甘え」は**未分化**で**両価的**な性質をもち、「甘え」の欲求が満たされない場合には、「**恨む**」「**ねたむ**」「**すねる**」といった感情が引き起こされる。土居は、この甘え理論によって、とらわれ、対人恐怖、被害感、同性愛傾向などを説明している。「甘え」は、Balint, M.（バリント）が提唱した、乳児が母親から**受身的**に愛されることを願う**受身的対象愛（一次愛）**に近いとされる。

対象喪失 ★★★
object loss

愛情や依存対象、これまで担ってきた役割、健康など、自分にとってかけがえのない**大切なもの**を失うことをいう。また、対象喪失によって生じる心的過程が**喪（悲哀）**である。Freud, S.（フロイト, S.）は喪失対象から次第に**離脱していく**心的過程を**喪の仕事（モーニング・ワーク）**と呼んだ。

喪の仕事の過程においては、喪失対象への愛情と憎しみといった**アンビバレンス**を抱く。喪失対象と自分が**分化**している場合の喪は正常な過程をたどるが、**未分化**な場合、対象喪失が自己喪失にもなり、病的な**メランコリー**に陥ってしまう。つまり、喪の仕事を進めていくには、自己と対象の**分化**や、**アンビバレンス**に耐える能力が必要である。

行動主義のWatson, J.B.の理論を、さまざまな問題行動への介入に応用したものが応用行動分析である。

06 行動療法

行動療法
behavior therapy

　さまざまな**学習理論**に基づいて、問題行動を**消去**したり、適応行動に**強化**を与えるなどによりクライエントの問題の解決を目指す心理療法である。従来の心理療法は**精神分析**の影響を受け、人間の行動の背後に**無意識**の存在を仮定していたが、**科学的**に実証することがむずかしく、治療効果も**検証困難**であるとして批判された。そのため、科学的に実証可能な**学習理論**に基づくべきであることが主張された。症状や問題行動は何らかの理由で**不適応的**に学習されたものにすぎず、行動の変容も**新たな学習**を行うことによって可能であると考える。

　古典的（レスポンデント）条件づけ理論に基づく技法としては、エクスポージャーやフラッディング、系統的脱感作法など、**オペラント条件づけ理論**に基づく技法としては、シェイピング、バイオフィードバックなどがある。

応用行動分析
applied behavior analysis

　Skinner, B.F.（**スキナー**）の行動理論を、さまざまな**問題行動**の理解や修正に応用する行動科学である。行動を**環境**と**個人**の相互作用から理解し、**環境の変化**によって**行動変容**をもたらすことを目指す。具体的には、**弁別刺激**（A）、**反応**（B）、**強化**（C）の**三項随伴性**が、その人にとってどのような機能をもつのかを検討する**機能分析（ABC分析）**を行い、介入計画を立てていく。介入の方向性としては、**環境**に働きかけることで行動を変える方向性と、**個人**に働きかけることで適切な行動を

×：Skinner, B.F.の理論である。

行動療法は、さまざまな学習理論を用いて、クライエントの問題解決を目指す心理療法です。ここでは、古典的条件づけやオペラント条件づけ、社会的学習理論に基づく各技法について取り上げています。

学習したり、行動パターンを増やすといった方向性がある。

応用行動分析では、介入やその効果検証について、**具体的な手続き**や**客観的なデータ**を重視する。研究手法としては、**単一事例研究**のような、ひとつの事例について、ベースライン期と介入期に分けて標的行動の測定を行い、ベースライン期から介入期の**標的行動の増減**によって介入効果を検証する方法がある。

不安階層表 ★★★
anxiety hierarchy

クライエントの恐怖や不安を喚起する刺激について、その**強度**が軽度なものから重度なものまでを**順に並べた表**である。**系統的脱感作法**や**エクスポージャー**において利用される。なお、不安階層表を作成する際には、クライエントの**主観的**な恐怖や不安を具体的な数値（例えば0から100まで）で得点化する**自覚的障害単位**を用いると作業が進めやすくなる。

系統的脱感作法 ★★★
systematic desensitization

ウォルピ

恐怖・不安状態と**リラックス**状態を同時に経験することはできないという**逆制止**の原理に基づいた行動療法の一技法である。**Wolpe, J.**（**ウォルピ**）によって考案された。実施においては、まず、**自律訓練法**などを用いて、クライエントに弛緩法を習得させる。次に、クライエントの**恐怖**や**不安**を喚起する刺激について、その**強度**が軽度なものから重度なものま

Q 系統的脱感作法は不安の消去などに用いられるが、逆制止の原理に基づいている。

でを順に並べた不安階層表を作成する。そして、弛緩法によってクライエントに十分なリラックス状態をとらせ、そのうえで、不安階層表の最軽度のものからイメージさせる。このとき、恐怖や不安が生起したとしても、弛緩法によって拮抗的にそれを抑止するよう促す。同様の手順を用いて、不安階層表の最も重度なものまで、1段階ずつ実施していく。

これにより、刺激に対する恐怖・不安反応が消去される。系統的脱感作法は、クライエントに恐怖や不安をもたらす刺激をイメージ下で呈示するものであるが、実際の恐怖・不安場面に直面させるものがエクスポージャーである。

自律訓練法
autogenic training

精神や身体への注意集中や自己暗示の練習によって心身をリラックスさせるセルフコントロール技法である。Schultz, J.H.（シュルツ）によって考案された。「気持ちが落ち着いている」という背景公式と、第1公式〜第6公式からなる四肢の弛緩を中心とした標準練習によって構成され、必要に応じて黙想練習や特殊練習などを取り入れる。1回2〜3分の練習を、1日数回行う。継続的に実施することにより、身体感覚への気づきの増大、緊張や不安の減少、生理的な機能の回復などの効果が得られるとされる。ただし、心臓病や糖尿病の患者、精神病患者などは、かえって有害な影響が現れる恐れがあるため、実施は禁忌とされる。

漸進的筋弛緩法
progressive muscle relaxation

Jacobson, E.（ジェイコブソン）が開発したリラクセーション法である。身体を前腕部や上腕、下腿部などの部位に細かく

分け、各部位の筋肉を意図的に緊張させ、その後弛緩させることを全身にわたって順番に繰り返し行う。その際に、弛緩している筋肉の感覚に注意を向けることで、弛緩しているという末梢の情報が脳に伝達され、脳の興奮が抑制される。また、脳の興奮が抑制されたことが末梢に伝達されることで、筋肉の緊張がほぐれることにつながる。このようにして、心身のリラクセーションを獲得する。その効果から、ストレスマネジメント法として、心理臨床場面や心身医学領域において用いられている。漸進的筋弛緩法の長所としては、随意的な筋収縮運動のみを行うため、場所を選ぶことがなく、セラピストの介助や器具が必ずしも必要ではなく、自分自身で実施できる点が挙げられる。

シェイピング
shaping

新たな行動を獲得させるために、標的行動をスモールステップに分け、達成が容易な順から段階的に形成していく、オペラント条件づけ理論に基づく技法のひとつである。単純な行動の強化から始め、徐々に強化の基準を厳しく設定していき、最終的に複雑な行動の獲得を図る。実施に際しては、標的行動の明確化、個々のスモールステップの適切な設定、行動の確実な強化などが重要である。

エクスポージャー
exposure

広義では、恐怖や不安を喚起させる刺激にクライエントをさらす治療法を指すが、今日では不安階層表を用いて弱い刺激から徐々にクライエントをさらしていく手法を指すことが多い。おもに不安症の治療に用いられ、系統的脱感作法やフラッディングよりも一般的な治療法である。

Q 漸進的筋弛緩法は、「気持ちが落ち着いている」という背景公式と四肢の弛緩を中心とした標準練習から構成される。

治療メカニズムについては、**慣れ**や**消去学習**によって説明されている。治療が比較的**長期**にわたることから、クライエントとの話し合いのうえ、**治療計画**を十分に練ることが重要である。

曝露反応妨害法（ばくろ）
exposure and response prevention therapy

不安や**恐怖**を生起させる刺激をクライエントに対して意図的に呈示し、それに続く**回避行動**を他律的に**妨害する**治療法である。例えば、手洗いを必要以上に繰り返してしまう**強迫症**を治療する場合、手洗い強迫を生じさせる何らかの刺激にクライエントを曝した後、手洗い行動を一定時間妨害しやめさせる。これにより、最初は大きな**恐怖**や**不安**を感じるものの、それらは**時間**とともに徐々に低下し、これを繰り返していくことで、最終的には手洗いを行わなくても済むようになる。

治療メカニズムについては、**消去理論**によって説明されている。元来**強迫症**の治療法として確立されてきたが、近年では**摂食症**の治療法としても用いられている。治療は、クライエントに少なからず恐怖や不安を与えるため、治療過程についてクライエントに十分に説明しておく必要がある。

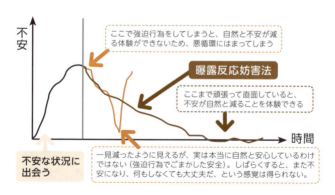

×：背景公式と標準練習から構成されているのは、自律訓練法である。

嫌悪療法
aversion therapy ★★★

嫌悪条件づけの原理に基づいた行動療法の一技法である。クライエントの不適切な行動に対して**嫌悪感**や**不快感**を与え、そうした行動の**抑制**を図るものである。例えば、アルコール依存症の治療の場合、アルコールとともに嘔吐剤を処方し、アルコールに対する**嫌悪感・不快感**を形成させる。ただし、こうした治療法は、クライエントに多大な**苦痛**をともなわせるもので、**倫理的**な問題を含むものであることから、実施には最大の注意を払う必要がある。

バイオフィードバック
biofeedback technique ★★★

オペラント条件づけ理論に基づく技法のひとつである。自らの**生理的反応**に関する情報を、視覚や聴覚などの**知覚可能**な形で呈示し、精神的・生理的な状態の**意図的な自己調整**を促すものである。例えば、一定値を超える心拍数に対して、ランプやブザーなどの信号でクライエントにそれを呈示し、意図的に心拍数を低下させるよう、心身を**リラックス**させる。最終的には、

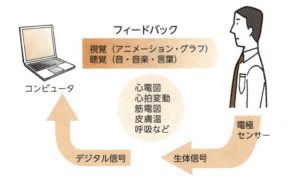

> 現在、曝露反応妨害法は強迫症のみならず、摂食症の治療にも用いられている。

そうした信号がなくても、自らの**心身の変化**を察知し、**自己調整**ができるようになることを目標とする。

ペアレント・トレーニング ★★★
parent training; PT

オペラント条件づけ理論に基づいて、親が子どもの行動に対応できるように、親を**訓練する**ことをいう。ペアレント・トレーニングでは、子どもに**してほしい**行動と**してほしくない**行動に焦点を当てる。具体的には、してほしい行動は**褒める**、してほしくない行動は**無視する**といった対応方法を親が身につけることによって、子どもの望ましい行動は**強化**し、問題行動は**消去**することが可能になる。

ペアレント・トレーニングの意義としては、①**日常生活**のなかでも支援が可能になる、②よりよい**親子関係**づくりの支援となる、③親の**エンパワメント**になる、といったことが挙げられる。

トークンエコノミー ★★★
token economy

標的となる**適切な行動**が現れた際に、**代用貨幣**であるトークンを与えることによって、その行動の**強化**を図る技法である。トークンを一定数集めることにより、特定物品との**交換**や、特定活動の**許可**などが与えられる。適用に当たっては、いかなる行動に対してトークンが与えられ、トークンがいかなる物品・活動と交換可能かを、事前にクライエントと話し合っておく必要がある。この技法は、場所を選ばず、**即時的**に適切な行動の強化を図ることができるという点で効率的である。

タイム・アウト
time out

オペラント条件づけにおける**負の弱化**に基づく技法である。**望ましくない行動**が生じたら、クライエントにとって**好ましい刺激や状況**を取り去ることで、その行動の抑制を図る。おもに子どもの攻撃行動などの**問題行動**を抑制するために用いられることが多い。

問題行動を抑制するためになされる**叱責**や**注意**は、子どもにとって「かまってもらえる」という**強化子**となり、かえって問題行動を**強化**、**維持**してしまう場合がある。タイム・アウト法では、問題行動が生じたら、一定の時間、近くの**別室**へ移動させたり、活動を**中断**させることで、問題行動を**沈静化**させる。タイム・アウトを適用する場合、タイム・アウトがその子にとって**退屈なもの**であることや、タイム・アウトの時間は**一時的**であること、タイム・アウトさせる際、対応する者は**機械的**、**事務的**、**穏やか**であることなどが挙げられる。

モデリング療法
modeling therapy

モデルの行動を**観察**することによって、新たな行動を学習したり、現在の行動の修正を図る行動療法の一技法である。クライエントは、モデルが適応的な行動をした後に**強化**される状況を**観察**することによって、不適応的な行動の**消去**と適応的な行動の**獲得**が同時に進む。クライエントが獲得すべき適応的行動が**具体的**に示されているため、**認知的な**変容も起こりやすい。**恐怖症**の治療、精神疾患患者や発達障害児の**スキル訓練**など、多くの場面に適用されている。

Q バイオフィードバックはオペラント条件づけを利用した行動療法の技法である。

07 認知行動療法

認知行動療法 ★★★
cognitive behavior therapy; CBT

　元来**学習理論**を理論的基盤とする**行動療法**は、その発展の過程でクライエントの**認知**にも目を向けるようになっていった。一方、Beck, A.T.（ベック）にはじまる**認知療法**も、徐々に**行動**への注目を高めていった。そのような背景から、「認知行動療法」は従来、**認知療法的**な色彩の強いものと、**行動療法的**な色彩の強いものが存在していた。近年、それらを統合する動きが次第に活発化し、両者を含む広義の意味で、「**認知行動療法**」という言葉が使われるようになった。

　このような点からすれば、認知行動療法とは、**認知療法**と**行動療法**の技法を組み合わせた心理療法の総称であると考えられる。実施においては、客観的に**効果**が実証されている複数の技法を組み込んだ**治療パッケージ**が適用される。現在では、さまざまな精神疾患に対して幅広く適用され、その効果が認められている。

> 認知行動療法は、治療効果や再発予防効果などが科学的に実証されていることから、エビデンス・ベースド・アプローチの考えに基づく心理療法といえます。

認知療法 ★★★
cognitive therapy

　広義では、Ellis, A.（エリス）の**論理療法**やMeichenbaum, D.（マイケンバウム）による**自己教示訓練**など、**認知の変容**を目的とする治療法全般を指すが、一般的に、単に認知療法とい

> 認知行動療法とは、クライエントの認知に焦点を当てる認知的技法と、行動変容に焦点を当てる行動的技法を統合した心理療法です。ここでは、認知行動療法のおもな技法について取り上げています。

う場合、Beck, A.T.（ベック）によって創始されたものを指すことが多い。Beck, A.T.（ベック）は、知覚や思考などの情報処理プロセスに潜む、個人の常態化したクセのようなものを認知の歪みと呼び、それが極端な場合にうつ病をはじめとした不適応的な症状が現れると考えた。

この認知の歪みは、自動思考、推論の誤り、スキーマに分けることができる。自動思考とは、個人の意思によらず瞬間的に現れる、考えやイメージである。推論の誤りとは、「すべきである」「ちがいない」など根拠のない偏った解釈をする考え方の傾向をいう。スキーマとは、経験によって身につけられた、物事を考える枠組みであり心の深層にある信念体系のことである。治療では、まずは自動思考に焦点を当て、思考記録表（コラム表）を通じて、どのような推論の誤りが影響しているのかについて検討を行う。その誤りに気づき、修正することで、自動思考の抑制や、感情や行動の改善を図る。また、自動思考や推論の誤りを生じさせているスキーマに介入することもある。

論理療法（理性感情療法・合理情動療法）★★★
rational emotion therapy; RET

出来事そのものではなく、出来事に対する解釈こそが悩みをもたらすという考えから、個人の認知の変容を目標とする治療法である。Ellis, A.（エリス）によって創始された。

Ellis, A.（エリス）によれば、人はある出来事（Activating event）についての信念（Belief）をもつことによって、悩みや否定的感情などの結果（Consequence）が生じる。そこで、それらを生じさせる信念の論駁（Dispute）を通じて、効果

Q: Beck, A.T.の認知療法では、まずはスキーマに焦点を当て、それを生じさせている自動思考の検討を行う。

（Effect）のある治療を行うことができると考える。この考えを、それぞれの頭文字をとって、**ABCDE理論**と呼ぶこともある。治療に際しては、出来事についての**非合理的**な信念を見いだし、それに代わる**合理的**な信念への修正を促す。

クライエントがそれに抵抗を示すようであれば、クライエントと**論争**することもある。

社会的スキル訓練（ソーシャルスキル・トレーニング） ★★★
social skills training; SST

対人場面で適切に行動するための**スキル**の獲得や向上を目標としたもので、**認知行動療法**の一種としてとらえられている。**Liberman, R.P.**（リバーマン）によって考案、体系化された。日常場面を想定した小グループによる**ロールプレイ**のなかで、**会話技法**や**感情表現**のトレーニングを行う。他のメンバーは、被訓練者に対して、**良かった点**や**さらに良くする点**などの**正のフィードバック**のみを与える点が特徴である。

現在ではさまざまな年齢層、精神疾患の患者たちへも適用されるに至っている。

アサーショントレーニング ★☆☆
assertion training

相手の意見や気持ちを**尊重**しながら、同じように**自分**の意見や気持ちも大切にし、それらを押し殺すことなく、相手に上手に**表明する**トレーニングを指す。もともとは1960年代に女性や黒人といった**社会的弱者**のための自己表現トレーニングと

×：認知療法では、まずは自動思考に焦点を当て、それを生じさせている推論の誤りの検討を行う。

して展開されたが、より積極的な人間関係の促進に活用されるようになった。日本では1980年代に平木典子が導入した。例として、相手の同意が必要となる場面において、Describe（状況を描写する）、Explain（気持ちを説明する）、Specify（提案をする）、Choose（選択する）の4つから表現するDESC法がある。

認知再構成法
cognitive restructuring

何かの出来事があったときに、瞬間的にその人の頭に浮かぶ思考やイメージを自動思考という。この自動思考が不適応的なものである場合、その人の感情や行動に不適応的な影響をもたらすとされる。認知再構成法は、不適応的な自動思考の妥当性について、セラピストとクライエントが一緒に検討し、自動思考以外の適応的な思考やイメージをもつことができるようにしていく技法である。

認知の修正にあたっては、思考記録表（コラム表）を用いて、状況、気分、自動思考、適応的な思考などを書き込みながら取り組んでいくことが多い。また、セラピストが一方的に教えようとするのではなく、ソクラテス的対話と呼ばれる面接技法を用いながら、セラピストの質問を通してクライエントの気づきを促していく。

行動実験
Behavioural Experiment

クライエントのもつ認知の妥当性を実験的手法によって検証する技法をいう。具体的には、不安や恐怖を感じる事態を招くと考えて、クライエントが避けていた行動をあえて行ってもらい、本当にそのような事態が生じるのかを検証する。クライエ

クライエントのもつ認知の妥当性を実験的手法によって検証する技法を行動活性化という。

ントは自らの認知から**ネガティブな結果**を予測しているが、このような取り組みを通じて、クライエントが考えていることが**実は起こりにくい**ことに気づき、**適応的な考え方**ができるように支援していく。

このような行動実験が行えるようになるためには、セラピストの**共感的な寄り添い**が重要である。**セラピストの寄り添い**があってこそ治療関係が安定し、クライエントは自らの認知や現実に向き合うことが可能になる。

弁証法的行動療法 ★★☆
dialectical behavior therapy; DBT

Linehan, M.M.（リネハン）が開発した、**ボーダーラインパーソナリティ症**に特徴的な症状を系統立てて改善しようとする心理療法である。

ボーダーラインパーソナリティ症において不足しているおもなスキルとして、①**対人関係**を保持するスキル、②**感情**を統制するスキル、③**欲求不満耐性**スキル、④**マインドフルネス**スキルが挙げられる。こうしたスキルをグループトレーニングで身につけるなかで、ボーダーラインパーソナリティ症に特徴的とされる**衝動性**や**対人関係**の問題に取り組んでいく。さらに、週1回の**個人療法**、**24時間**の電話対応が組み合わされていることで、**ドロップアウト**や**衝動的行為**を抑制する。

現在は、ボーダーラインパーソナリティ症だけでなく、依存症、摂食症など、**衝動性**に問題があるクライエントに応用されている。

行動活性化 ★★★
behavioral activation

楽しさや**喜び**を感じるような活動を増やしたり、**楽しくない**

×：行動実験という。行動活性化は、楽しさや喜びを感じる行動を増やすことで、行動から気分の改善を図る技法である。

活動や何もしない時間を減らすことで、行動から気分の改善を図ることを目的とした技法である。基本的には、活動記録表を用いた日常生活での活動のモニタリングとその記録をもとに、それぞれの活動における楽しさや喜びをクライエントに得点化してもらう。それを参考にしながら、活動量の増加と、楽しさや喜びが高められるように活動スケジュールを計画し、日常生活のなかで実行してもらう。

また、行動のモニタリングや行動の変化にともなって、クライエントがもつ否定的な認知に対する確信が揺らぎ、認知に生じる変化も期待される。

マインドフルネス認知療法
mindfulness-based cognitive therapy

行動療法の第一世代である行動療法、第二世代である認知行動療法に続いて、第三世代に位置づけられている心理療法である。心理療法におけるマインドフルネスとは、自分の体験に対して、意図的に、今この瞬間に判断することなく、注意を向けることを指す。

これまでの認知行動療法は、クライエントがもつ不適応的な認知を明らかにし、修正することを目的としていた。しかし、マインドフルネス認知療法では、認知に直接働きかけることはなく、マインドフルネス瞑想などを通して、呼吸や瞑想に対して注意を向けることで、不適応的な認知や感情に巻き込まれることなく、それらと距離を置いたり、それらを一時的なものととらえる脱中心化ができるようになることを目指す。

認知行動療法における第一世代から第三世代の違いや技法について、しっかり押さえておきましょう。

Q マインドフルネス認知療法では、思考に注意を向けることで不適応的な認知の修正を図ることを目的としている。

08 人間性心理学

クライエント中心療法
client-centered therapy

Rogers, C.R.（ロジャーズ）により創始された心理療法を指す。それまでの指示的な**精神分析**や**行動療法**への批判として生まれた。以前は**非指示的療法**と呼ばれていたが、「非指示＝何もしない」という誤解を招いたため、**クライエント中心療法**と改名された。Rogers, C.R.（ロジャーズ）は、問題は何か、どう解決したらよいかについて、最もよく知っているのは**クライエント自身**であると考えた。そのため、セラピストはクライエントの体験を**尊重する**ことが重要であり、そのようなクライエント中心の態度によって、クライエントは**潜在的な成長力**を十分に発揮し、問題を解決していくと考えた。クライエントの潜在的な成長力を促進させるセラピストの態度として、①**自己一致**、②**無条件の肯定的配慮**、③**共感的理解**が挙げられる。その後、Rogers, C.R.（ロジャーズ）の関心が個人のカウンセリングよりも**エンカウンター・グループ**に移り、現在は**人間中心療法（パーソン・センタード・アプローチ）**とも呼ばれる。

十分に機能する人間
fully functioning person

有機体としての人間が**最高に実現された状態**であり、クライエント中心療法の**目標**でもある。自分の経験を**歪曲**することなく自己のなかに取り入れることができ、**経験に開かれている**、自己が流動的で新しい経験を同化する際に**柔軟に変化**する、いかなる**価値の条件**ももたないなどといった特徴をもっている。この理想的人間像は、**完成し終えた人間**ではなく、新しい状況

×：マインドフルネス認知療法では、呼吸や瞑想に注意を向けることで、不適応的な認知に巻き込まれないように距離を置くことを目指す。

精神分析や行動療法に対抗し、人間の主体性や自由意志といった肯定的な側面を強調したのが人間性心理学です。ここでは、クライエント中心療法、交流分析、ゲシュタルト療法などについて取り上げます。

に機能し得る過程に生きる人である。

自己理論 ★★★
self theory

有機体としての自己を現象学的な視点からとらえた理論である。Rogers, C.R.（ロジャーズ）は、有機体である人間は、その人が知覚、経験している独自の現象的世界、つまり「今、ここ」の世界に生きていると考えた。また、個人は自己を実現し、維持し、強化しようとする潜在的な傾向が備わっていると考えた。そして、有機体としての実際の体験を経験と呼び、その経験のなかから自己として象徴化・概念化された部分を自己概念と呼んだ。経験と自己概念が一致している領域が多いことが健全な状態であるとし、経験と自己概念が一致していない領域が多い場合に心理的適応に問題が生じると主張した。

自己一致 ★★★
self-congruence

純粋性とも呼ばれる、クライエント中心療法におけるセラピストに必要な態度のひとつである。自分自身が認識する自分である自己概念と、自分の体験である経験が一致している状態を指す。つまり、あるべき自分と、感じたり行動する自分に矛盾がない状態をいう。クライエント中心療法では、自己概念と経験の不一致がクライエントに心理的不適応をもたらすと考える。そのため、セラピストはクライエントが「こうあるべき」と考えている自己概念を修正し、ありのままの自分を受容、自己一致できるように支援していく。

Q クライエント中心療法では、自己概念と経験の不一致がクライエントに心理的不適応をもたらすと考える。

無条件の肯定的受容（配慮／関心）
unconditional positive acceptance(regard)

　クライエント中心療法におけるセラピストに必要な態度のひとつである。クライエントをひとりの人間として**無条件**に認め、ポジティブな面と同様に**ネガティブな面も受容**することをいう。つまり、「あなたが〜なら、あなたを受け入れる」といった態度ではなく、クライエントがどのようであれ、**受け入れる態度**をいう。

　クライエントが不適応状態にあるということは、クライエントが自分自身を**受容できていない**状態にあることを意味する。セラピストが**無条件**にクライエントを受容することで、クライエントは**防衛**することなく自己を見つめ直し、自分自身を**受容できる**ようになる。

共感的理解
empathic understanding

　クライエント中心療法におけるセラピストに必要な態度のひとつである。「**あたかも（as if）**」という感覚を失わず、クライエントの感情に**巻き込まれることなく**、クライエントの私的世界をセラピスト自身も**感じる**状態をいう。

　セラピストの共感的理解によって、クライエントは**理解されている**という体験をし、それが**支え**となり、自分のなかから生じてくる**自然な感情**を感じることが可能になってくる。

体験過程
experiencing

　Rogers, C.R.（ロジャーズ）の共同研究者であった**Gendlin, E.T.（ジェンドリン）**が提唱した概念である。カウンセリングの過程において、クライエントが刻一刻と感じている**主観的**かつ**具体的**な**体験の流れ**をいう。それは今この瞬間に生起する感

情の流れであり、未だ言語化されない前概念的なものであるが、そのなかには豊かな意味が含まれており、クライエントの身体を通して感じることができるものである。Gendlin, E.T.（ジェンドリン）は、不適応状態にある人は体験過程が滞っていると考え、体験過程に近づく方法として、フォーカシングを開発した。

フォーカシング
focusing

　Gendlin, E.T.（ジェンドリン）の体験過程理論に基づいて開発された技法である。心理療法の成否はクライエントの感情体験が深く関わるが、この感情は身体感覚として体験される。これを明確化するものがフォーカシングである。

　身体に注意を向けて、気になる身体感覚が感じられるのを待つ。この言葉にならない不明確な意味を含んだ身体感覚をフェルトセンスといい、これをぴったりと表現できるようなイメージや名前であるハンドルを探す。フェルトセンスとハンドルが、ぴったりと一致したときに感じられる「これだ！」という感じへの変化をフェルトシフトという。フォーカシングでは、フェルトシフトを実感することで新たな気づきが得られ、それを受容することで効果が発揮される。

エンカウンター・グループ
encounter group

　1960年代からアメリカで展開された、自己成長を目指す集中的グループ体験を指す。狭義には、Rogers, C.R.（ロジャーズ）のベーシック・エンカウンター・グループを指す。一般的には、10～12名の参加者と1～2名のファシリテーターで構成され、4～5日間の合宿形式をとる。

　ファシリテーターは、参加者の心理的安全を保障するととも

Q　クライエント中心療法では、クライエントのネガティブな側面に対して受容的な態度を控える。

に、参加者の「今、ここ」での率直な自己開示や、自分や他者についての気づきや受容を促し、自己成長を促進していく。

交流分析
transactional analysis; TA

Berne, E.（バーン）によって提唱された心理療法である。その理論的背景から精神分析の口語版と呼ばれているが、基本的には無意識を仮定せず、「今、ここ」を重視することから、人間性心理学のなかに位置づけられている。心の構造や機能を、記号や図式を使って説明するところに特徴がある。

交流分析にはおもに、①個人のなかにある親、大人、子どもの3つの自我状態を分析することによって理解しようとする構造分析、②2者間のコミュニケーションについて互いの自我状態のベクトルから分析し、不適応的な交流を修正する交流（やりとり）分析、③悪循環に陥った対人関係パターンであるゲームを分析することによって、それからの脱却を図るゲーム分析、④人生の早期に養育者から受け取ったメッセージに基づいて書かれた人生脚本を分析し、それを今ここで書き変える決心をすることで新しい人生を歩みだす脚本分析がある。

ゲシュタルト療法
Gestalt therapy

Perls, F.S.（パールズ）によって提唱された心理療法である。クライエントの「今、ここ」での体験を重視することから人間性心理学のなかに位置づけられる。クライエントは、過去の経験が完結されておらず心残りとなっている未完結の問題を抱えているため、感情と身体がばらばらになって全体性を欠き、不適応に陥っている。その問題を「今、ここ」で再体験させることによって、感情と身体の再統合を図り、全体性の回復を目指

×：クライエントのネガティブな側面も受容する。

す。代表的な技法として、誰も座っていない**空の椅子**を用意し、クライエントにとって重要な人物などがその椅子に座っているように想像してもらい、クライエントが普段その相手に伝えることのできない感情や意見を話してもらうことによって、自己への**気づき**を深める**エンプティチェア・テクニック**がある。

ロゴセラピー ★★★
logotherapy

Frankl, V.E.（**フランクル**）が提唱した心理療法である。人は、自らの**生の意味**を**実存的**に追い求める存在であり、その**人生の意味**が満たされないことが心の問題と関係しているという考えに基づく。クライエントがその答えを探していく**プロセス**を、しっかり成し遂げることができるように支援していくことがロゴセラピーの目的である。

おもな技法として、症状を**意識的**に起こさせようとすることによって、逆に症状を起こらなくさせる**逆説志向**や、症状への関心を人生に意味と価値を与えてくれるような**外部の事物**に積極的に向けることで**とらわれ**から解放させる**反省除去**がある。

現存在分析 ★★★
daseinsanalysis

Binswanger, L.（**ビンスワンガー**）が提唱した心理療法である。彼は、人間を客観視する**エビデンス・ベースド**な方法論に基づいた20世紀初期の精神医学を批判し、現存在としての人間を直接的に**ありのまま**理解しようとする**現象学的な立場**を強調した。つまり、クライエントの**内的世界**を重視し、それに**寄り添うこと**による理解を重視したのである。彼は、精神疾患の患者についてもそのような姿勢を貫いており、症例「**エレン・ウェスト**」は代表的な事例である。

Q Dusay, J.M.は、その理論的背景から精神分析の口語版と呼ばれる交流分析を開発した。

09 家族療法

家族療法
family therapy

　家族療法は、家族を**ひとつのまとまり**をもった**システム**とみなし、その**全体**に働きかけようとする心理療法である。家族療法では、ある家族成員の病理の原因が特定の家族成員にあるといった**直接的因果関係**ではとらえず、その成員は家族の病理を代表してたまたま症状や問題を抱えているみなし患者（**IP：identified patient**）と考え、**円環的因果関係**のなかでとらえる。

　現在は、構造派、コミュニケーション派、戦略派などさまざまな理論的立場が存在しているが、これらは**相互排他的**なものではなく、①**システム論**に基づいている、②**コミュニケーション**を重視している、③**チーム・アプローチ**を用いているといった共通点がある。

ジェノグラム
genogram

　三世代ほどさかのぼった家族構成やその関係性を図示したものをいう。単なる**生物学上の血縁**や**法律上の家族関係**だけでなく、融合や敵対といった家族成員間の**心理的な相互作用**もとらえていく。そのため、ジェノグラムから家族の**アセスメント**や支援に有用な情報を得ることができる。また、ジェノグラムの作成過程そのものが家族への**ジョイニング**につながることから、家族に教えてもらって一緒に完成させるといった態度で臨むことが望ましいとされる。

　インテーク面接で、家族についてすべての情報を収集することは困難ではあるが、**基本的な事項**については最初の数回の面

×：交流分析を開発したのはBerne, E.である。交流分析に基づいてDusay, J.M.が開発したのがエゴグラムである。

家族療法はシステム論に基づき、家族をひとつのシステムとみなしてその全体に働きかける心理療法です。ここでは、家族療法におけるさまざまな理論的立場や技法について取り上げています。

接で聞いておくことが適切である。また、情報収集の際、セラピストは家族について細かく聞かれたといった**被害感**を抱かせたり、家族の秘密を**暴露してしまう**危険性を自覚し、細心の注意を払うことが求められる。

構造派
structural theory

Minuchin, S.（ミニューチン）によって創始された家族療法の一派である。家族療法のさまざまな理論的立場において、**システム論**に基づいた家族のとらえ方がなされているが、構造派では特に家族の「**構造**」に重点を置いている。構造派では、個人の問題は**家族構造の歪み**から生じると考えるため、歪んだ家族構造を変化させ、適切な家族構造への**再構造化**を目指す。具体的には、セラピストが家族システムに溶け込む**ジョイニング**を行い、**サブシステム**の**境界**に働きかけ、構造変化を促す。

また、家族構造の分析と理解を行うために、実際の生活場面での家族の相互作用を治療場面で再現してもらう**エナクトメント**を用いることもある。

コミュニケーション派
communication theory

ダブルバインドを提唱したBateson, G.（ベイトソン）の流れをくむ家族療法の一派である。MRI（Mental Research Institute）を創設したことからMRIアプローチとも呼ばれる。家族をシステムとしてとらえており、問題をめぐる家族の**相互作用**に注目する。問題が発生すると、家族成員は**解決**に向けた

> Q 家族療法では、ある家族成員の病理の原因を特定の家族成員へ帰属する直接的因果関係の立場をとる。

行動を起こすが、それがかえって**悪循環**を生む場合もある。この**悪循環**を生む**コミュニケーション**をみつけ、それとは**異なるコミュニケーション**を行うことにより、家族内における**コミュニケーションの質的改善**を目指す。

ダブルバインド ★★★
double bind

Bateson, G.（ベイトソン）が提唱した**統合失調症患者**とその家族の**コミュニケーション**にみられる病理を示す理論である。具体的には、**言語メッセージ**と同時に、矛盾した**非言語的メッセージ**が伝達されることをいう。例えば、母親が「いい子ね、おいで」と子どもに言いながら、冷たい表情や言い方をするような場合である。子どもは、言語と非言語で矛盾するメッセージに対して**混乱**し、どうすればいいのか**身動き**が取れなくなる。このようなコミュニケーションが繰り返されることによってメッセージの受け手が**統合失調症**を発症すると考える。現在では統合失調症の原因としては否定されているが、**心理的葛藤**や**苦痛**が起こることが指摘されている。

リフレーミング ★★★
reframing

客観的事実に対する**否定的な見方**を**再解釈**し、**肯定的**に受け取り直させることによって、その事実がもつ**否定的**な意味合いを構築し直し、**問題の解決**や**心理的苦痛**の軽減をもたらす技法である。クライエントの**フレーム（枠組み）**に対し、セラピストがリフレーミングを示すことによって、**認知の再体制化**を促進する効果がある。

例えば、「上司はいつも私ばかり注意するんですよ」と言うクライエントに対して、「その上司はあなたが成長するように

300　×：その成員を家族の病理を代表してたまたま症状や問題を抱えている人（IP）ととらえ、円環的因果関係の立場をとる。

毎回助言をくれているのですね」と言うことによって、口うるさい上司という**否定的な認知**を、指導熱心な上司という**肯定的な認知**に変えていくといった例が挙げられる。

エナクトメント
enactment

　家族療法において、実際に家族の**交流場面**で起こった出来事を家族成員に**再現してもらう**技法を指す。問題となっている家族の交流場面について、セラピストの質問に対する**言語報告**では、家族の**主観的な感情や欲求**が含まれてしまう。そのため、実際にその**交流パターン**を再現してもらい、**客観的**に観察することにより、家族システムの**構造**や**機能**を家族成員自身が気づいたり、理解することが可能になる。また、それにより、**家族構造の変化**への働きかけが促進される効果がある。

逆説的介入（治療的ダブルバインド）
paradoxical intervention (therapeutic double bind)

　治療二重拘束、**治療パラドックス**とも呼ばれる。例えば、反抗的な態度の少年に対して、親が「もっと反抗しろ」と命令をする。もし、少年が反抗するのをやめた場合、それは「反抗しろ」という**指示に対する反抗**であると考えられる。また、もし少年が反抗した場合、それは反抗ではなく**親の指示**に従ったことになる。つまり、「反抗しろ」という**逆説的な指示**をすることによって、親にとってはどちらになっても**問題解決的な状況**になる。

　このように、逆説的介入とは表面上は症状を**悪化させる方向**へ指示することで、そこから**逃れられない**という性質を**治療に利用**する技法をいう。

家族の交流場面において起こった出来事を治療場面で家族成員に再現してもらう技法をアクティングアウトという。

ソリューション・フォーカスト・アプローチ ★★★
Solution Focused Approach; SFA

Shazer.de.S.（シェイザー）とBerg, I.K.（バーグ）によって提唱された、**短期療法**のひとつとして位置づけられている。**解決志向アプローチ**とも呼ばれる。SFAでは「**例外**」に注目する。クライエントにとっては問題ばかりが起きているように見えるが、問題が**小さい**場合や**起きていない**場合もあり、SFAではそれを**解決の一部**とみなす。まず、この例外が**どのような条件**で起こるのかを明らかにし、**例外を繰り返す**ことで解決を拡張していく。

代表的な技法としては「もし、あなたが寝ている間に奇跡が起こっていて、翌朝すべての問題が解決していたとしたら、あなたはどうやってそのことがわかると思う？」などと問う**ミラクル・クエスチョン**や、「あなたがこうあってほしいという状態を10、最悪だった状態を0とすると、今の状態はどれくらい？」などの**スケーリング・クエスチョン**が挙げられる。

ナラティブ・セラピー ★★★
narrative therapy

ナラティブ・セラピーとは、**社会構成主義**に基づく治療理論及び技法である。社会構成主義では、**客観的現実**というものは存在せず、現実は**言語**を介した人びとの**相互作用**によって構成されるものと考える。ナラティブ・セラピーでは、クライエントを支配する**否定的**な**ドミナント・ストーリー**を、セラピストとの**対話**を通して、新しい**肯定的・建設的**な**オルタナティブ・ストーリー**へとつくり直していく。それによって、クライエントのさまざまな**能力**や**リソース**を引き出していく。セラピストは、知識や理論に基づいてクライエントの話を解釈しない**無知の姿勢**をとり、早急な理解を避けながら**対話**を続け、その文脈

のなかで理解を共同探索していく姿勢が求められる。

ドミナント・ストーリーとオルタナティブ・ストーリー ★★★
dominant story / alternative story

ナラティブ・セラピーにおいて、クライエントが真実と考えている問題の浸透した物語をドミナント・ストーリーと呼ぶ。また、ドミナント・ストーリーとは異なった、それにとって替わるストーリーをオルタナティブ・ストーリーと呼ぶ。ナラティブ・セラピーでは、セラピストがクライエントと対話を進めていくことで、オルタナティブ・ストーリーを構築し、問題解決を図っていく。その際、クライエントのドミナント・ストーリーとは矛盾している経験や例外的なエピソードに焦点をあて、クライエントが生きていくうえで有効なストーリーに書き換えていく。そのためには、セラピストは無知の姿勢をとり、クライエントに教えを請うような態度で、クライエントの話に耳を傾けるべきであるとされている。

問題の外在化 ★★★
externalization of problems

クライエントが自らの問題を客観化あるいは人格化するアプローチである。具体的には、問題に名前をつけることによって人格化し、クライエントが自分と問題を切り離して、問題との関係を考えやすい状態をつくる。

例えば、苛立ちを感じる出来事が起こると、親に暴力をふるう子どもの問題行動に対して、暴力の要因を本人の性格や親のしつけではなく、「イライラ虫」と名づけて擬人化する。このようにすることで、「人」が問題なのではなく、「問題が問題である」ことを認識させ、人と問題を切り離し、問題により取り組みやすいようにする。

Q ナラティブ・セラピーでは、クライエントを支配するオルタナティブ・ストーリーをドミナント・ストーリーへとつくり直すことを目的とする。

10 東洋的心理療法

森田療法
Morita therapy

森田正馬によって開発された**森田神経質**に対する心理療法である。森田神経質は**ヒポコンドリー性基調**をもつ者が、何らかのきっかけによって**心身の不調**に注意を集中することで、さらに苦悩が増大する**精神交互作用**が発展し、発症するという考えに基づく。**精神交互作用**を生み出す症状への**とらわれ**から抜け出し、**あるがまま**を受け入れられるように支援していく。

入院治療では、①個室に隔離され、食事やトイレなど以外は布団に寝ている**絶対臥褥期**、②隔離はされているが、日中は外界に触れ、観察や軽作業を行う**軽作業期**、③さまざまな作業に従事し、他者との共同作業も行う**重作業期**、④退院準備期間として、日常生活に戻る準備をする**生活訓練期**の4つの過程を経る。最近では、面接や日記指導を中心とする**通院治療**も行われている。

■森田療法の治療段階

①絶対臥褥期	4〜7日間	食事やトイレなど以外は寝るだけであり、その他一切の行動が禁じられる。
②軽作業期	3〜7日間程度	ひとりで行う軽作業のみが許されるようになる。
③重作業期	7日間程度	共同作業が許されるようになる。
④生活訓練期	1〜2週間	学校や会社に通うことにより、日常生活に戻る準備を進める。

精神交互作用とは、緊張している人が「緊張するな」と思えば思うほど身体が硬くなるというような、感覚と注意の悪循環のことです。

×：ドミナント・ストーリーをオルタナティブ・ストーリーへとつくり直すことを目的とする。

日本人によって開発された、おもに東洋的な思想を心理療法のなかに取り入れたものを東洋的心理療法といいます。ここでは、森田療法や内観療法、臨床動作法について取り上げています。

内観療法
Naikan therapy

浄土真宗の「**身調べ**」をもとに、**吉本伊信**が開発した自己啓発法であり、心理療法としても効果が認められている。1週間程度の合宿形式で行う**集中内観**は、内観道場の屏風で囲まれた静かな空間で、自分の母、父、夫や妻、子ども、きょうだい、先生などとの関わりについて、①**していただいたこと**、②**して返したこと**、③**迷惑をかけたこと**の**内観三問**について、過去から現在まで回想する。それを1～2時間ごとに訪れる面接者に報告し、面接者は**礼節**を重んじた態度で、それを**傾聴**していく。

日常内観は、集中内観の効果維持のために、日常生活のなかで1～2時間の内観を行う。内観三問による過去の人生の内省により、**自己中心的な**自分が**他者の愛**で生かされてきたことを理解し、**他者への感謝**とともに**前向きな気持ち**に変化していく。

臨床動作法
clinical Dohsa-hou

脳性まひ児の肢体不自由の改善を目的に、**成瀬悟策**が開発した**動作訓練**がはじまりである。意図した通りの身体運動ができるように、動かす過程の感じや力の入れ方などに焦点を当て、**不適切な緊張**を解き、自分の身体に対する自己制御方法を学んでいく。その後、自閉症児や多動児を**落ち着かせたり**、**コミュニケーション**がとりやすくなるといった効果が明らかになった。臨床動作法では、**身体運動のパターン**を課題としてクライエントにその実現を努力させながら、支援者が**身体**を介してクライエントの**心**に働きかけ、その**主体的活動**を促進していく。

Q 内観療法では、していただいたこと、して返したこと、しなくて後悔したことの3つについて回想していく。

11 遊戯療法

遊戯療法 ★★★
play therapy

　子どもを対象として、おもちゃや遊具などを使い、**遊び**を介して行う心理療法である。

　子どもは十分な**言語活動**が行えないため、遊びを通して**自己表現**が行われるという考え方に基づく。標準的には、週1回**40〜50分間**、誰にも介入されずに遊べる**プレイルーム**で子どもとセラピストが自由に遊ぶ。セラピストは子どもに対して**受容的**に接し、子どもの**主体性**を尊重することによって、子どもとの**信頼関係**を形成していく。そのようなあたたかい関係に支えられながら、子どもは自分のありのままを**表現**し、**問題の解決**や**自己成長**が促進される。

> 子どものアセスメントでは、発達状況の把握だけでなく、養育者との関係性やプレイセラピーでの様子、セラピストとの関わり方をとらえることも重要です。それらをできる限り直接観察することで、より適切なアセスメントが可能になります。

親子並行面接 ★★★
parent-child concomitant counseling

　子どもの問題は**親の関わり**が大きいため、**親との面接**を並行して行うことが一般的である。

　子どもとその親に対して面接を行う形態を親子並行面接という。**同じ**時間帯で**別**の部屋で**別**の担当者が行うことが多い。2人のセラピストの間の**信頼関係**が重要であり、それによって親と子どもの双方からの**抵抗**や**転移**の処理を扱うことが可能になる。

×：内観三問は、していただいたこと、して返したこと、迷惑をかけたことの3つである。

十分な言語活動を行うことがむずかしい子どもを対象として、遊びを介して行う心理療法が遊戯療法です。ここでは遊戯療法に関わる重要キーワードについて取り上げます。

アクスラインの8原則 ★★★
Axline's eight principles

Axline, V.M.（**アクスライン**）が提唱した、遊戯療法におけるセラピストの**8つ**の基本的態度のことである。

それは、「子どもとの間に**あたたかい友好的な関係**をつくる」「子どもの**ありのままの姿を受容**する」「子どもとの関係のなかで、**受容的な感情**をもつ」「子どもの気持ちを理解し、その**気持ちを伝え返す**ことによって、子どもの**気づき**を促す」「子どもの問題解決能力を信頼し、選択し、変化するかどうかの**責任は子どもにある**ことを尊重する」「子どもがリードをとり、**セラピストは追従**する」「子どものペースを大事にして**進展を急がない**」「治療構造を守り、破壊行動や攻撃行動を制限するなど治療に**必要な制限の設定**をする」の8つである。

この原則は、理論的立場の違いを超えて、遊戯療法の基本原則とされている。

> Axline, V.M.（アクスライン）は、クライエント中心療法を子どもに当てはめて児童中心療法を提唱しました。

箱庭療法 ★★★
sandplay therapy

木箱のなかに**砂**や**ミニチュア**を自由に並べることによって、自分の**内的世界**を表現する心理療法である。**非言語的**であるため、自分の内面を**言語化**するのが困難な子どもやクライエントに対しても適用が可能である。

セラピストは、クライエントに寄り添い、一緒に**箱庭の表現**を味わう。それにより、箱庭の性質である「**自由にして保護さ**

Q Winnicott, D.W.は、遊戯療法の8つの原則を提唱した。

れた空間」において、クライエントの自己治癒力が働きはじめ、作品から気づきが得られたりする。クライン派のLowenfeld, M.（ローエンフェルト）の世界技法に由来し、ユング派のKalff, D.M.（カルフ）によって発展した。その後、河合隼雄が日本に紹介し、普及した。

箱庭の大きさは国際規格で規定されており、縦57cm、横72cm、高さ7cmです。

自由にして保護された空間 ★★★

the free and sheltered space

　箱庭療法の創始者であるKalff, D.M.（カルフ）は、セラピーでは、セラピストとクライエントの関係のなかで自由であると同時に保護された空間をつくり出すことの重要性を指摘している。セラピストによる心理的な守りと箱庭の枠の守りによって、セラピストとクライエントの間に母子一体性が再現され、クライエントの内にある自己治癒力が働きはじめるとされている。

　クライエントの表現を保護することはセラピストの役割であり、セラピストはその空間内における自由を保障すると同時に、クライエントの自我やセラピストの身体を守るための制限を与える。なお、自由にして保護された空間をつくることは、箱庭療法に限らず、心理療法全般においても重要である。

×：Axline, V. M.である。

スクイグル
squiggle

　Winnicott, D.W.（ウィニコット）が考案した、おもに子どもとの面接において用いられる描画法である。日本には中井久夫によって紹介された。具体的には、セラピストと子どものうち、一方が行ったなぐり描きの描線に、もう一方が補助線や色を付け加えてひとつの絵を完成させる。今度は役割を変えて交互に描く。Winnicott, D.W.（ウィニコット）は、子どもとのコミュニケーションや遊びに用いた。スクイグルには子どもの心理的なテーマが表され、そこから空想や夢の話につながることもあり、結果的に子どもの治療にとって有意義なものとなることも多い。つまり、スクイグルは二者の間で遊びながら、より深い次元でのコミュニケーションにつながるものと考えられている。

　また、Naumburg, M.（ナウムブルグ）が考案した、クライエントが行ったなぐり描きの描線にクライエント自身が補助線や色を付け加えて絵を完成させるものをスクリブル（scribble）と呼ぶ。

箱庭療法において、セラピストはクライエントに対して「自由にして保護された空間」を保障することが求められる。

12 統合的心理療法

統合的心理療法 ★★★
integrative psychotherapy

　さまざまな治療理論の**領域**を超えて、それぞれの治療技法における**共通点**や**相補点**を組み合わせたひとつの**まとまり**をもった治療アプローチをいう。クライエントの抱える問題はさまざまな要因が**複雑**に絡まっている。そのため、単一の理論や技法で対応すると**不十分**になることがあり、複数の理論や技法を**有機的に**組み合わせて適用することが試みられるようになってきた。統合的心理療法は、**理論的統合、共通要因アプローチ、技法的折衷、同化的統合**に分類される。

EMDR ★★
eye movement desensitization and reprocessing

　クライエントが**トラウマ記憶**を想起しつつ、セラピストの**指運動**を追視しながら**眼球運動**を行う治療法である。「眼球運動による脱感作と再処理法」ともいう。**Shapiro, F.**（シャピロ）によって開発された。クライエントは**トラウマ記憶**を想起し、それに関連した思考や感情に焦点を当てるように求められる。同時に、セラピストの**指運動**を追視しながら**眼球運動**を行う。**記憶の想起**と感覚刺激に**注意**を向ける二重課題によって、**トラウマ記憶**から距離がとれ、**恐怖**が軽減されていく。さらに、記憶や体験に対する新たな意味づけにより**認知的再構成**を行う。

認知行動分析システム精神療法 ★★★
cognitive behavioral analysis system of psychotherapy

　McCullough, J.P.（マックロウ）が開発した、**慢性うつ病**に

対する心理療法である。慢性うつ病の人は、Piaget, J.（ピアジェ）の前操作期に留まっており、自らの行動の結果を予測したり、他者からの反応によって行動を変化させることがむずかしく、好ましくない結果を引き出し続けていると考える。認知行動分析システム療法では、クライエントに対して形式操作的な能力を向上させ、社会的な問題解決能力と共感的反応性を促進させることを目的とする。そのために、クライエントはセラピストとの関係性を媒介として、状況分析や対人弁別練習、行動スキル・トレーニングなどに取り組む。

感情焦点化療法
emotionally focused therapy

Greenberg, L.S.（グリーンバーグ）によって提唱された、感情理論や愛着理論、クライエント中心療法やゲシュタルト療法を統合したアプローチである。クライエントの問題を、感情やその体験の処理が滞っている状態と考え、自分の感情に気づきを深めることで、不適応的な感情的反応を理解し、適応的な感情のあり方を身につけることを目標とする。安全なセラピーの場において、セラピストの共感的理解に支えられながら、クライエントは生じてくる感情を経験する。セラピストは、その感情が適応的なものであるのか、または、現在のクライエントの状況にとって不適応なものであるかを見分け、それらがどのように影響を及ぼしているかを明らかにする。クライエントは、これまで無視したり、恐れたり、避けてきた感情や、記憶や思考、身体的感覚との適切なコンタクトの仕方を学ぶことで、感情をコントロールする機能を高めていく。

EMDRにおいて、クライエントはトラウマ記憶とは別のことを想起しながら、セラピストの指運動を追視する。

13 集団療法

集団療法　group therapy

問題や悩みをもっていたり、自己成長を目指す複数の対象者に対して、言語コミュニケーションや活動、集団内相互作用などを通して、支援していくアプローチを指す。Bion, W.R.（ビオン）の精神分析的な立場、Moreno, J.M.（モレノ）の心理劇の立場、Rogers, C.R.（ロジャーズ）のエンカウンター・グループの立場、SSTなどの認知行動論的な立場などがある。

集団療法の特徴としては、個人の生活場面の多くが集団場面であることから現実状況との近さや、時間的・労力的・金銭的に経済的であるという効率性、愛他性や観察効果、普遍性、対人関係の学習、集団凝集性といった集団療法特有の効果要因などが挙げられる。集団療法は、目的や担当者、メンバー編成、場面設定、セッションの形態といった構成要素によって、そのプロセスが大きな影響を受けるため、これらについて十分に検討することが重要である。

構成的エンカウンター・グループ　structured encounter group

國分康孝が開発したエンカウンター・グループである。ファシリテーターから与えられた課題についてグループで行うエクササイズと、エクササイズの後にグループのなかでそれぞれ感じたこと、考えたことをお互いに話し合うシェアリングから構成される。

ベーシック・エンカウンター・グループとの相違点として、①あらかじめ定められたエクササイズに比重が置かれる、②プ

×：EMDRでは、クライエントはトラウマ記憶を想起しながら、セラピストの指運動を追視する。

> 集団のなかで生じるさまざまな力動を活用して行われるのが集団療法です。ここでは、心理劇や構成的エンカウンター・グループなどについて取り上げています。

ログラムを**定型化**することにより、ファシリテーターが**熟練者**でなくても可能である、③エクササイズをどのように扱うかによって、交流の**方向**や**深さ**をコントロールできる、④**短時間**でもできるなどが挙げられる。

心理劇 ★★★
psychodrama

Moreno, J.L.（モレノ）が考案した集団心理療法である。参加者は**台本のない劇**のなかで、ある役割を**即興的**かつ**自発的**に演じる。心理劇の構成要素は、①劇の**責任者**であり、場面設定、配役、進行を行う**監督**、②演者や監督の**サポート**を行う**補助自我**、③劇のなかで実際に演じる人である**演者**、④観劇する人びとである**観客**、⑤劇を演じる空間である**舞台**である。

心理劇で用いられる技法には、劇のなかで演者が役割を交換する**役割交換法**や、演者が演じ切れていない部分を**補助自我**が補い、両者が一体であるかのように演じる**二重自我法**などがあ

Q 心理劇では、演者の心理的負担を減らすために、あらかじめ台本が用意される。

る。これによって、他者理解や自分の対する新たな気づきを得ることが可能になる。

セルフヘルプ・グループ
self help-group

　共通の問題や障害、疾患をもつ人びとが自発的に集まり、問題の軽減や回復、受容などを目的として、継続的に活動するグループである。具体的には、薬物依存や、精神障害やがん等の疾患、ひとり親やセクシャル・マイノリティなどといった悩みをもつ当事者やその家族によるグループがある。

　セルフヘルプ・グループは、専門的な支援とは異なり、基本的にはグループの構成メンバーとして専門家は存在しない。ただし、専門家がアドバイザー的な役割として関与したり、連携することもある。

　セルフヘルプ・グループの意義としては、グループに参加することで、同じ問題を抱えた仲間に出会うことでエンパワメントされたり、メンバーを支えることが自分を支えることにもつながることが挙げられる。また、専門家による知識とは異なった、メンバーのこれまでの経験から得られた体験的知識が得られることも含まれる。

セルフヘルプ・グループへの参加は、第三次予防に含まれます。

ブレインストーミング
brainstorming

　Osborn, A.F.（オズボーン）によって開発された集団による発想技法である。少人数のグループで、あるテーマについてメンバーが自由に意見やアイデアを出し合うことで、考えをまとめたり、新しい発想を生み出す手法である。ブレインストー

ングの4原則として、自由なアイデアを制限するような**批判**は慎む、**自由奔放な意見**を重視する、**質**よりもまずは**量**を重視する、他者の意見を**改良したり組み合わせる**ことも推奨されるといったことが挙げられる。

　ブレインストーミングは、多くのアイデアが産出されるため、それらを整理することが必要である。代表的な整理方法として、出てきたアイデアについて**関連性**のあるものを**グループ化**し、各グループ間の**関連**を図解する**KJ法**が挙げられる。

Q 少人数のグループにて、あるテーマについて自由に意見やアイデアを出し合い、新しい発想を生み出す方法をKJ法という。

14 コミュニティ心理学

コンサルテーション
consultation ★★★

　相談に応じる立場の専門家（**コンサルタント**）が、相談する立場の専門家（**コンサルティ**）が担当するクライエントの問題について、**専門的な助言**を行うことによって**間接的な支援**を行うことを指す。

　例えば、自分のクラスの生徒のことで問題を抱えている教員が、そのことについてスクールカウンセラーに相談することが挙げられる。コンサルタントである**スクールカウンセラー**は、コンサルティである**教員**とよく話し合い、その生徒についてよりよく理解できるように**助言**し、コンサルティがその問題に取り組めるように支援していく。コンサルテーションによって、コンサルティの**問題対処能力**が高められ、同様の問題が起きたときに過去のコンサルテーションの経験をもとに、速やかに**対処できる**ようになることが期待される。

特定の問題について、相談に応じる立場の専門家が、相談する立場の専門家に助言を行う。

×：少人数のグループにて、あるテーマについて自由に意見やアイデアを出し合い、新しい発想を生み出す方法をブレインストーミングという。

> コミュニティ心理学とは地域社会で生活する人びとに対して、心理支援や社会的スキルの向上、生活環境の整備、心に関する情報提供などを行うアプローチです。ここではアプローチ法や予防について取り上げます。

リエゾン
liaison ★★★

専門的な連携を意味する。精神医学におけるリエゾンとは、**身体疾患**の治療に**心理的・社会的要因**を含めることを重視し、**精神科**との共同治療とその組織化を意味する。つまり、クライエントを診る各診療科の医師、看護師、臨床心理士、ソーシャルワーカーなどが連携して、**治療チーム**として組織されることを指す。「病気より病人」を診る**全人的医療**を目指す流れのなかから生まれた。また、クライエントの心理的問題について、身体診療科からの**相談・連携**に基づくことから、**コンサルテーション・リエゾン精神医学**という場合もある。

一次予防
primary prevention ★★★

Caplan, G.（キャプラン）は、**精神障害の予防**を3つの段階に分類している。一次予防とは、健康な人びとに働きかけて精神障害の発生を**未然に防ぐ**ことである。つまり、ある一定の集団における精神障害の**発生率**を低下させることである。具体的には、**精神保健に関する知識の普及**、身体的・心理的・社会的な**環境の整備**などによって、**精神的健康**を維持・増進することで精神障害の**発症予防**を目指していく。

二次予防
secondary prevention ★★★

二次予防とは、**早期発見**と**早期治療**によって、精神障害の**罹病期間**を短縮し、**重篤化**や**慢性化**を防ぐことである。つまり、

Q: コンサルテーションでは、コンサルタントがコンサルティと協力して、直接的にクライエントを支援する。

ある一定の集団における精神障害の有病率を低下させることである。そのなかで重要なことは、明確な症状を呈していない人びとや支援を求めようとしない人びとをいかに早期に発見するかということである。そのため、効果的な診断技術や治療方法、本人や周囲の人びとへの初期兆候に関する情報提供やコンサルテーションが必要となる。

三次予防
tertiary prevention

三次予防とは、精神障害の治療後の社会復帰や再発防止への取り組みである。具体的には、再発予防のための薬物療法の継続や、退院に向けてのプログラムの開始、休職者への職場復帰支援などが挙げられる。医療機関や福祉施設、職場、セルフヘルプ・グループなどの連携によって、本人をサポートしていくことが必要になる。

予防の3段階について覚えておきましょう。

アウトリーチ
outreach

問題や困難を抱えながらも自ら支援にアクセスできない個人に対して、支援者がその人のもとに出向いて、専門的な支援につなげたり、訪問先で専門的な支援を行うアプローチをいう。具体的には、生活困窮者自立支援、子育て支援、介護者支援などが挙げられる。場合によっては、対象者の支援に対するニーズが低かったり、支援への抵抗感から、対象者が拒否的・攻撃的な態度をとることもある。そのため、対象者に寄り添い、受容的な態度でその話に耳を傾け、時間をかけて何度も訪問するなど、関係性を築いていくことが求められる。

×：コンサルタントはコンサルティを支援することによって、間接的にクライエントを支援する。

アウトリーチを行うには、地域資源についての知識や、生物―心理―社会モデルの視点からの総合的なアセスメントスキルが求められる。また、相談意欲が低い対象者の心を開き、問題解決のための動機づけを高めるためのカウンセリングスキルも必要である。

エンパワメント
empowerment

無力な状態の人びとに対し、自らのなかにある力に気づかせ、無力感を克服し、再び主体的に問題解決ができるように支援することを指す。これまでの支援のあり方が、支援を求める人びとを弱い存在ととらえ、専門家からの一方的なサービスを受けるように強いることによって、彼らが本来もっている力を発揮する機会を奪い、専門家に依存する状態に固定化させてきたことに対する批判から生まれた。

エンパワメントの方法として、①カウンセリングなどにより病的側面ではなく、クライエントの強さや健康的な側面に焦点を当てる個人的エンパワメント、②同じような体験を抱えて苦しんでいる人たちと交流することによって、互いを支え合う対人関係エンパワメント、③クライエントを取り巻く環境を見直し、今までよりも能動的に関わったり、クライエントの権利や利益を守ろうとする環境・組織的エンパワメント、④新たな社会資源の開発、世論の喚起、制度の変革などの目標に向けた運動への参加・組織化といった社会政治的エンパワメントの4つが挙げられる。

アドボカシー
advocacy

自ら主張することが困難な人びとが権利やニーズを主張する

二次予防とは、早期発見と早期治療によって、精神障害の重篤化や慢性化を防ぐことである。

ことを支援したり、彼らの代弁をすることを指す。認知症患者や障害者、子どもなどの社会的弱者は、権利を侵害されやすく、また権利が侵害されていることを主張しにくい。彼らの権利を守るために、支援者が彼らの代弁や弁護を行う。

アドボカシーは、単に社会的弱者の意思の代弁をするだけではなく、彼らの自己決定を支援し、権利を擁護する活動であり、社会的弱者にエンパワメントするための方法のひとつであるといえる。

危機介入
crisis intervention

人はそれまで平衡を保っていた心の状態を揺さぶられるような出来事に遭遇すると、まず習慣的な対処方法を用いるが、それらを用いてもうまく解決できずに、さまざまな困難に陥った状態を危機という。このような危機からの回復を支援するための短期集中型の支援を危機介入と呼ぶ。危機介入においては、迅速かつタイミングのよい支援が求められるため、周囲のコミュニティ資源を積極的に活用する。また、クライエントをできるだけ早く危機状態から脱出させることが先決であるため、支援者主導で積極的、指示的な支援が行われる場合もある。

危機介入はコンサルテーションと同じように、コミュニティ心理学の重要な技法のひとつです。

ピア・カウンセリング
peer counseling

同じ背景をもつ仲間同士によるカウンセリングを指す。もともとは、心身の障害などによって問題を抱える人が、自らカウンセリングの訓練を受け、同じ問題を抱えるクライエントを支

援する活動から始まった。ピア・カウンセリングでは**傾聴**だけでなく、**情報提供**や**アドバイス**を行うことでクライエント自身が**自分で問題を解決していける**ように支援していく。

専門家から受ける支援は、精神的に**上下関係**が生まれるために受け入れにくい場合がある。しかし**対等な立場**からの実体験に基づくアドバイスは比較的受け入れやすいといったメリットがある。

心理教育 ★★★
psychoeducation

個人の抱えている問題や今後起こりうるかもしれない問題について、**専門的な知識**や**対処方法**を教授することで、より豊かに生活していくための教育をいう。心理教育は、もともと**統合失調症**の再発予防のための**家族教室**から生まれた。現在では、疾患や問題を抱えた人たちだけでなく、**問題の予防**や**健康増進**のために健康な人を含めた**すべての人**が心理教育の対象となっている。

心理教育では、専門的な知識や支援に関する情報は専門家から参加者へ**一方的**に伝えられるのではなく、**双方向**のコミュニケーションを重視する。また、参加者の**体験**に結びつけることが内容の理解に有効であるとされているため、**構成的エンカウンター・グループ**といったグループ・アプローチが用いられることも多い。このような体験のなかで、参加者自身がこれまでの経験を振り返り、気づき、経験を意味づけることで、問題への**対処スキル**が獲得されていく。

このようにして参加者同士で体験を分かち合うことで、互いに**支え合う**ことが可能になる。

Q 危機介入では、クライエントの人格的成長を目指すため、指示的な対応は行わない。

15 その他の心理支援キーワード

治療構造 ★★★
therapeutic structure

　カウンセリングや心理療法における内的・外的な枠組みを指す。内的な枠組みとは、治療目標とそれを達成するための具体的な方法、クライエントとセラピストの義務と権利などを意味する。外的な枠組みとは、場所や時間、料金などを意味する。

　このような枠組みによって、①セラピスト−クライエント関係が支えられ、クライエントは安心して自由な表現ができる、②枠組みがあるために、枠組みを守ろうとしないクライエントの心的力動が明らかにされる、③非日常的な治療場面と日常場面の境界が明らかにされ、クライエントの治療意欲が高められるといった意義がある。

感情の反映 ★★★
reflection of feeling

　クライエントが話す内容に表現されている感情にカウンセラーが気づき、それを伝え返すことをいう。クライエントの言葉や非言語的コミュニケーションから、クライエントが感じていることをカウンセラーが正確に知覚してクライエントに伝えることで、クライエントに自己理解を促すことが可能になる。

直面化（対決） ★★★
confrontation

　カウンセラーがクライエントの矛盾や葛藤に気づき、それをクライエントにフィードバックして、クライエントが自らの内面にあるそれらに向き合うのを支えることである。

322　×：危機介入では、クライエントを早急に危機状態から脱出させることを目的とするため、指示的な対応を行うこともある。

ここでは、治療構造や動機づけ面接、負の相補性といった心理支援における
その他の重要キーワードを取り上げます。

対決は、クライエントに戸惑いや怒り、回避を招く危険性があることから、**ラポール**が十分に形成されてから導入することが望ましい。その際は、対決を回避したい気持ちは**誰にでもある**ことを念頭において、クライエントを**尊重**し、クライエントが自らをみつめることができるような支援をすることが大切である。

動機づけ面接 ★★★
motivational interviewing; MI

Miller, W.R.（ミラー）とRollnick, S.（ロルニック）によって開発された、個人が本来持っている**変化への動機づけ**を引き出し、**コミットメント**を高める面接技法である。

行動変容にともなう相談者の「変わりたい、でも、変わりたくない」といった**両価性**に対して、面接者は「**正したい**」という反射を抑えつつ、相談者の発話から**変化**に向かう言葉である**チェンジトーク**を選択的に強化したり、さらに引き出したりすることで、相談者の**両価性**を解消し、**行動変容**につなげる。

動機づけ面接の基盤として、面接者の姿勢や心構えである、**協働**（Partnership）、**受容**（Acceptance）、**思いやり**（Compassion）、**喚起**（Evocation）の精神が挙げられる。また、**関わる**（Engaging）、**焦点化する**（Focusing）、**引き出す**（Evoking）、**計画する**（Planning）という4つのプロセスのなかで、OARSと呼ばれる戦略的な面接スキルである**開かれた質問**（Asking Open question）、**是認**（Affirming）、**聞き返し**（Reflecting）、**要約**（Summarizing）を用いながら**チェンジトーク**を強化し引き出すことで、相談者自らの**宣言**による自己動機づけに結びつ

Q 動機づけ面接では、面接者が相談者の行動変容に対する両価性を正すことで、両価性を解消し行動変容につなげる。

くことを目標とする。

> 動機づけ面接は、ギャンブルや飲酒、喫煙、生活習慣などに対する行動変容を促進することが明らかにされています。

負の相補性
negative complementarity

治療関係における相補性とは、セラピストとクライエントが互いにつり合いのとれた相互作用を示すことを指す。

個人の行動はその後に続く相手の行動を規定するとされる。例えば、支配的な行動は同程度の相手の従順な行動を引き出し、相手の従順な行動は同程度の支配的な行動を引き出す。一般的に、相補性は、関係の調和と存続に重要であるとされる。

負の相補性とは、一方の敵対的な行動がもう一方から同程度の敵対的な行動を引き出すことを指す。

中断や失敗したケースでは、セラピストとクライエントの間で、負の相補性と呼ばれる同調の少なさや敵意、多様で反駁的なメッセージを互いに同時に送るといった複雑なコミュニケーションに特徴づけられる相互作用の割合が非常に高いことが指摘されている。

×：動機づけ面接では、面接者は相談者の行動変容に対する両価性を正したいという反射を抑える。

第6章

精神疾患とその治療

01	身体疾患	326
02	ストレス理論	336
03	診断基準	342
04	神経発達症群・子どもの問題行動	344
05	統合失調症・双極症・うつ病	350
06	不安症群・強迫症	352
07	心的外傷後ストレス症・解離症群	356
08	身体症状が関わる精神疾患	360
09	摂食症群	364
10	睡眠・覚醒障害群	366
11	依存症	368
12	神経認知障害群	370
13	パーソナリティ症群	374
14	薬理作用	378

01 身体疾患

がん
cancer

遺伝子の損傷によって臓器の細胞に異常が起こり、その結果として身体が必要としていないのにもかかわらず細胞が分裂を続け（自律性増殖）、がん細胞が発生した臓器や周囲の臓器に障害を与えたり、血液の流れに乗って別の場所にある臓器にも新しい病巣を形成し（浸潤と転移）、身体に必要な栄養素を奪い衰弱させる疾患をいう。悪性腫瘍と呼ばれる。がんの進行の程度は、ステージ0期からステージⅣまでの5段階である。ステージの判定は、T：がんの大きさと浸潤、N：リンパ節への転移、M：他の臓器への転移の3つの要素からなるTNM分類によって行われる。

がんは日本人の死因の第1位です。国民の生命や健康にとって重要な課題であることから、2007年にがん対策基本法が施行されました。

現在におけるがんの標準治療は、手術、薬物療法、放射線治療を単独あるいはいくつかを組み合わせた方法で行われる。また、がんそのものに対する治療に加えて、がんにともなう身体と心のつらさを和らげる緩和ケアが行われている。

脳血管疾患
cerebrovascular disease; CVD

脳血管疾患は、脳の血管の詰まりや破裂によって脳細胞が損傷し、身体にさまざまな障害が起こる疾患である。おもなものに、血管が詰まることで血液の流れが悪くなり引き起こされる脳梗塞や、血液の流れが一時的に悪くなり短時間で症状が消失

精神科医療だけでなく、内科や小児科、緩和ケアなどの診療科でも、心理職の果たす役割は大きくなっています。ここではがんや脳血管疾患、難病や糖尿病など、身体疾患について取り上げます。

してしまう一過性虚血性発作といった**虚血性脳血管疾患**、脳内の細かい血管が破れて起こる**脳出血**や、脳動脈瘤という血管にできたこぶが破裂するくも膜下出血といった**出血性脳血管疾患**がある。これらは**脳卒中**とも呼ばれる。

脳血管疾患は、その種類によって治療方針が異なってくるため、**初期の診断**が非常に重要である。**意識レベル、しびれや麻痺、頭痛**の有無などの症状の聴取や診察、**CT画像**などから診断される。脳血管疾患は**早期治療**が予後に影響を及ぼす。

また、後遺症が現れた場合も、早期からの**リハビリテーション**が重要である。

虚血性心疾患 ★★★
ischemic heart disease

心臓は一日に約10万回もの**収縮**と**拡張**を繰り返し、血液を全身に送り出す**ポンプの役割**を果たしている。収縮・拡張する心臓の筋肉である**心筋**に、**酸素**や**栄養**を含む血液を送り込んでいるのが、心臓を取り巻いている**冠動脈**である。虚血性心疾患は、冠動脈の**狭窄**や**閉塞**によって起こる疾患である。

その原因のひとつとして、**動脈硬化**がある。動脈硬化とは、**老化**によって血管が硬くなったり、血管の壁に脂肪などの固まりである**プラーク**が蓄積することで血管が狭くなる状態である。冠動脈が**動脈硬化**により狭くなると、**血流**が悪くなり、心筋に必要な血液が不足することで起こるのが**狭心症**である。一般的には、強い**胸の痛み**や**圧迫感、息切れ**などの症状がみられる。さらに、冠動脈が完全に閉塞して起こるのが**心筋梗塞**である。

Q がんの進行の程度は、ステージⅠ期からステージⅤ期までの5段階である。

睡眠時無呼吸症候群

sleep apnea syndrome; SAS

睡眠中に**無呼吸**を繰り返すことで、さまざまな合併症を起こす疾患である。本来、睡眠は日中で活動した**脳**と**身体**を十分に休息させるためのものである。しかし、睡眠中に無呼吸が繰り返されることで、身体中の**酸素**は減少してしまう。その酸素不足を補おうと、身体は**心拍数**を増加させる。このように、睡眠中に脳や身体に大きな負担がかかる結果、強い**眠気**や**倦怠感**、**集中力低下**などが引き起こされ、日中のさまざまな活動に影響が生じる。また、**不眠**や**抑うつ**、**性格の変化**、**幻覚**、**性機能障害**がみられることもある。

睡眠時無呼吸症候群は、空気の通り道である**上気道**が狭いことが原因のひとつである。首まわりの**脂肪**が多いと上気道が狭くなりやすくなることから、**肥満**との関連が指摘されている。また、脳や神経、心臓の疾患のために**呼吸**そのものが停止することが原因の場合もある。

骨粗鬆症

osteoporosis

骨の構造が**海綿状**になることで、**骨の強度**が低下し骨折しやすくなる疾患をいう。健康な骨では、骨を壊す働きである**骨吸収**と、骨をつくる働きである**骨形成**のバランスが維持されている。しかし、骨粗鬆症の骨では、**骨吸収**の進みが**骨形成**の進みを上回り、骨の内部に**すき間**が多くなりもろくなっている。それにより、**骨折リスク**が高まっている状態である。

骨粗鬆症は特に**女性**に多い。その原因として、女性ホルモンの一種である**エストロゲン**は、**骨吸収**を緩やかにして骨から**カルシウム**が溶けだすのを抑制する働きがある。そのため、**閉経後**に女性ホルモンの分泌が低下すると、急激に**骨密度**が減少し

×：ステージ0期からステージⅣ期までの5段階である。

やすく、骨粗鬆症になりやすいとされている。

ロコモティブ・シンドローム ★★★
locomotive syndrome

　運動器とは、随意運動を行う器官の総称であり、身体を支える骨、動く部位である関節や椎間板、骨格を動かすための筋肉や神経などに分かれる。これらの運動器の構成要素はネットワークを形成し、そのネットワークが機能することで起立や歩行などの移動動作が可能となる。ロコモティブ・シンドロームとは、運動器の障害により移動機能が低下し、要介護になるリスクの高い状態をいう。関節リウマチや変形性膝関節症など運動器自体の疾患によるものと、四肢や体幹の筋肉の低下など加齢にともなって起こる運動器の機能低下によるものがある。

　サルコペニアとは、加齢にともなって筋肉が衰えた状態であり、ロコモティブ・シンドロームを引き起こす疾患のひとつである。また、骨粗鬆症も骨の強度が低下し骨折しやすくなることから、ロコモティブ・シンドロームの原因のひとつとされている。

生活習慣病 ★★★
lifestyle disease

　食事や運動、喫煙、飲酒、ストレスなどの生活習慣が深く関与し、発症の原因となる疾患の総称である。代表的な生活習慣病として、がんや虚血性心疾患、Ⅱ型糖尿病、肥満症、高脂血症、高血圧症などが挙げられる。生活習慣病は、健康長寿の最大の阻害要因であるだけでなく、医療費にも大きな影響を与えている。生活習慣病の多くは、食べ過ぎや運動不足、喫煙などの積み重ねによって内臓脂肪型肥満となり、これが原因となって引き起こされる。そのため、日常生活における適度な運動やバラ

> Q サルコペニアは、ロコモティブ・シンドロームの要因のひとつであるが、骨粗鬆症はロコモティブ・シンドロームの要因には含まれない。

ンスの取れた食生活、禁煙などによって予防することができる。また、生活習慣病の予防と早期治療のために、メタボリック・シンドロームという状態が提唱された。

Ⅱ型糖尿病 ★★★
Type 2 diabetes mellitus ☐☐☐

インスリンの分泌不足や作用不足によって、血液中の血糖値が正常値よりも高くなる疾患をいう。インスリンは、すい臓のβ細胞から作られるホルモンであり、血糖値を下げる働きがある。何年にもわたって血糖値を高いままにしておくと、徐々に血管や神経が傷つけられ、糖尿病神経障害、糖尿病網膜症、糖尿病腎症といった合併症が引き起こされる。Ⅱ型糖尿病では、遺伝的な影響に加えて、食べ過ぎ、運動不足、肥満などの環境的な影響が関連すると考えられている。そのため、治療は基本的には食事療法と運動療法、生活習慣の改善が行われ、必要に応じて薬物療法が用いられる。

また、Ⅰ型糖尿病は、自己免疫によりβ細胞が壊されることでインスリンがほとんど分泌されなくなり、血糖値が高くなる疾患である。Ⅰ型糖尿病と診断された場合、インスリン注射による治療が必要となる。

Ⅰ型糖尿病とⅡ型糖尿病の違いを理解しておきましょう。

メタボリック・シンドローム ★★★
metabolic syndrome ☐☐☐

内臓脂肪型肥満に、高血圧・高血糖・脂質代謝異常が組み合わさり、動脈硬化を進行させ、心臓疾患や脳血管疾患を引き起こしやすい状態をいう。その判定基準は、腹囲が男性85cm、女性90cm以上に加えて、①高血圧が最高（収縮期）血圧

×：骨の強度が低下し骨折しやすくなる骨粗鬆症は、ロコモティブ・シンドロームの要因のひとつである。

130mmHg以上、最低（拡張期）血圧85mmHg以上のいずれかまたは両方、②高血糖が空腹時血糖値110mg/dl以上、③脂質代謝異常が中性脂肪値150mg/dl以上、HDLコレステロール値40mg/dl未満のいずれかまたは両方という3つの基準のうち**2つ**以上当てはまるとメタボリック・シンドロームと判定される。

メタボリック・シンドロームはさまざまな**生活習慣病**の原因となりうる。そのため、検査によって、腹囲や血圧、血糖、血中脂肪の状態を調べ、できるだけ早い段階でメタボリック・シンドロームを予防・改善することが、**生活習慣病発症**のリスクを低下させることにつながる。

難病　★★★
Intractable disease

難病とは「難病の患者に対する医療等に関する法律（難病法）」に規定される、**発病の機構**が明らかでなく、かつ、**治療方法**が確立していない**希少**な疾病であって、当該疾病にかかることにより**長期**にわたり**療養**を必要とすることとなるものと定義される。難病は、**長期間療養**が必要であり、患者やその家族は大きな負担を強いられる。2017年に、難病法が施行され、難病患者に対する**医療費助成制度**が整備された。難病法による医療費助成の対象となるのは、難病のうち、患者数が我が国において一定の人数に達しない、客観的な診断基準やそれに準ずるものが確立している**指定難病**と診断され、かつ**病状**の程度が一定程度以上の場合である。

AIDS　★★★
acquired iimmune deficiency syndrome

HIVとは、**ヒト免疫不全ウイルス**（Human Immunodeficiency

Q 皮下脂肪型肥満に、高血圧・高血糖・脂質代謝異常が組み合わさり、心臓疾患などを引き起こしやすい状態をメタボリック・シンドロームという。

Virus：HIV）を病原体とするウイルスである。AIDSとは、HIVに感染した人が、免疫機能の低下により規定された23の疾患のいずれかを発症した状態のことをいう。後天性免疫不全症候群とも呼ばれる。HIVに感染していても、23疾患のいずれかを発症しない限り、AIDSとは診断されない。つまりHIVとはAIDSの原因となるウイルスであり、AIDSはHIVによって引き起こされる疾患の総称である。AIDSはかつて死に至る病として恐れられていたが、現在では治療法は進歩し、抗HIV薬を適切に服用すれば、病気の進行は抑えられ、AIDSを発症せずに普通の生活が可能である。

ただし、生涯にわたる服薬が求められ、さまざまな副作用に苦しむことがある。そのため、服薬について患者と十分に話し合い、服薬を中断しないように支援することが求められる。

てんかん ★★★
epilepsy

繰り返し起こるてんかん発作をおもな症状とする、慢性的な脳の疾患をいう。てんかん発作は、脳の神経細胞の過剰な電気活動により引き起こされる。てんかん発作によって、突発的に運動神経や感覚神経、自律神経、意識、高次脳機能などが異常な活動をすることで症状が現れる。また、てんかん発作の起こった場所や広がり方によって、部分発作と全般性発作に分かれる。

てんかんの診断は、脳波検査とてんかん発作等の症状の聴取などから行われる。特に、脳波に棘波と鋭波と呼ばれる鋭角的な波形がみられるのが特徴である。治療は、抗てんかん薬を継続的に服用する薬物療法が中心であるが、心理支援が補助的に用いられることもある。

せん妄
delirium

急性で日内あるいは日間で変動する意識や注意の障害である。夜間せん妄とは、昼間は比較的落ち着いている一方で、夜間に症状が強く現れ、興奮したり、暴れたりと豹変する状態をいう。

せん妄には、不穏で活動量の増加がみられる過活動型、無関心や活動量の低下がみられる低活動型、それらの混合型がある。特に低活動型は抑うつ状態と間違われやすい。また、高齢者はせん妄のリスクが高いとされ、しばしば認知症と合併することから、これらの鑑別もむずかしいことが多い。せん妄の原因は加齢や疾患、薬の副作用や入院などさまざまである。そのため、せん妄のリスク因子をアセスメントすることは、せん妄の原因を特定し、治療を進めていくうえで重要である。

緩和ケア
palliative care

WHOは2002年に、緩和ケアを、生命を脅かす疾患による問題に直面している患者とその家族に対して、疾患の早期より痛み、身体的問題、心理社会的問題、スピリチュアルな問題に関してきちんとした評価を行い、それが障害とならないように予防したり対処したりすることで、QOLを改善するためのアプローチであると定義づけた。これまで緩和ケアは、治療がむずかしくなった患者や終末期の患者などに提供されるものとされてきた。しかし、現在では、緩和ケアは疾患の早期からの対応と位置づけられ、病の全過程を通じた全人的ケアとされている。日本では、がん対策における緩和ケアの推進を、第1期がん対策推進基本計画から重点的に取り組むべき課題として掲げてきた。そのため、すべての拠点病院等において緩和ケアチームや緩和ケア外来等の専門部門の整備や、がん等の診療に携わ

Q 乳幼児はせん妄のリスクが高いとされている。

る医療従事者を対象にした基本的な緩和ケアの知識と技術を習得させるための**緩和ケア研修会**の開催、国民を対象とした**医療用麻薬**に対する正しい知識の普及活動など、その充実を図ってきた。

喪の仕事
mourning work ★★★

愛情や依存の対象を、その死や別れによって失う体験を**対象喪失**という。Freud, S.（フロイト, S.）は、対象喪失後における、失った対象から次第に**離脱**していく心的過程を**喪の仕事**と呼んだ。喪の仕事では、失った対象への愛情と憎しみの**両価性**を体験し、対象への罪悪感や悔やみ、償い、恨みや、対象からの怒りへの恐怖などさまざまな体験をしていく。そして、対象への**両価性**を受容して、はじめて対象への**とらわれ**が解消されていくとした。

また、Freud, S.（フロイト, S.）は、失われた対象と自己が**分化**したうえでの喪の仕事は**正常な過程**をたどるが、自己と対象が**未分化**な場合は、対象喪失が**自己喪失**にもなり、病的な**メランコリー**に陥るとした。つまり、喪の仕事を進めていくためには、自己と対象の**分化**や**両価性**に耐える能力が必要である。ただし、これらの能力は**喪の仕事**を経過していくうちに練り上げられることもある。Freud, S.（フロイト, S.）以後も、喪の仕事についてさまざまな理論が提唱された。Bowlby, J.M.（ボウルビィ）は、乳幼児は対象喪失後、**情緒危機**、**抗議**、**断念**、**離脱**という4つの過程を経ると考えた。

死の受容
acceptance of death ★★★

Kübler-Ross, E.（キューブラーロス）は、死の宣告を受け

た患者200名と面談し、死にゆく人びとの心理を分析した。その結果、死の宣告を受けた後、最終的に死を受容するに至るまで、否認、怒り、取引、抑うつ、受容の5つの段階を経ると述べた。

死の宣告を受けることで不安になり、まずはそれを否認し、診断が間違っているのではないかと考える。否認は、自我を脅かすような衝撃的な現実に対して、その衝撃を和らげる防衛機制である。

次に、「なぜ自分がこのような目に遭うのか」という疑問とともに、怒りがこみあげてくる。それを家族や医療スタッフにぶつけることで、周囲から避けられ、さらに不安や怒りの感情を募らせてしまう。その後、その避けられない結果を何とか先に延ばそうと、よい行いをするので、少しでも長く生きたいと神や医療スタッフと取引をしようとする。

ある程度病状が進行し、自分の病気が否定できなくなると、避けられない現実に直面して抑うつ状態になる。最終的に、最期のときが近づくのを静観するようになる。積極的に自らの死を受け入れた幸福な段階というのではなく、衰弱がひどくなり、周囲への関心も薄れ、静かに最期のときを生きる状態である。

その一方で、Kübler-Ross, E.（キューブラーロス）は、多くの患者は最期まで何らかの希望を持ち続けていたことを見いだしている。

死の宣告を受けると、はじめは否認するものの、最終的には死を受け入れるようになる。

Kübler-Ross, E.は、人は死の宣告を受けた後、最終的に死を受容するまでに、怒り→否認→抑うつ→取引→受容の5段階を経るとした。

02 ストレス理論

汎適応症候群
general adaptation syndrome; GAS

外界のストレッサーによって身体に生じる非特異的反応のことで、Selye, H.（セリエ）によって提唱された。Selye, H.（セリエ）は、ストレッサーの種類にかかわらず、生体がそれに適応しようとして共通の反応を示すということを発見した。

この共通反応である汎適応症候群は、警告反応期、抵抗期、疲憊期の3つの段階を経るとされる。

警告反応期はストレッサーへの抵抗の準備段階であり、ストレッサーによって一時的に抵抗力が弱まるショック相と、その後抵抗力が増加する反ショック相からなる。抵抗期は、ストレッサーへの抵抗力が増加、維持される段階である。疲憊期は、持続するストレッサーに対して徐々に抵抗力が弱まりはじめる段階で、この状態が慢性化するとさまざまな障害が生じる。

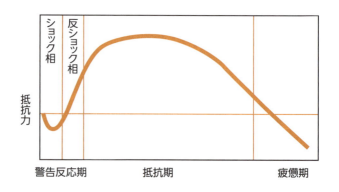

×：否認→怒り→取引→抑うつ→受容の5段階である。

心理職にとってストレスに関する知識は必須です。ここでは、汎適応症候群やデイリーハッスル、認知的評価理論、ストレスコーピングなど、ストレスに関するキーワードを取り上げています。

緊急反応（闘争―逃走反応） ★★★
emergency reaction

　生体が危険に曝されたときの**交感神経**の活動亢進と副腎髄質からの**アドレナリン分泌**を中心とする反応をいう。生命が脅かされるような緊急事態にあたって、生体は生存のためにそれに**立ち向かうか、逃げ出すか**の選択をしなければならない。

　Cannon, W.B.（**キャノン**）は、この反応を**闘争**あるいは**逃走**するための準備であると考えた。具体的には、**瞳孔の拡大**や**呼吸・心拍数の増加**、**血圧の上昇**、**胃腸の運動の抑制**、唾液や消化液の**減少**などがみられる。

ライフイベント理論 ★★★
life events theory of stress

　Holmes, T.H.（**ホームズ**）とRahe, R.H.（**レイ**）が提唱したストレス理論を指す。人生におけるさまざまな**大きな出来事**による生活の変化に対して、人が**再適応**するまでの労力が健康に影響を及ぼし、その労力が一定以上になると**ストレス関連**の疾患を引き起こすと考える。

　彼らの作成した**社会的再適応評価尺度**は、再適応の労力を**マグニチュード**という数量で表したものである。この尺度は、結婚の**50**を基準に順位づけがなされており、配偶者の死が**100**と最も高い。

　つまり、健康上の問題を引き起こし得るストレッサーとして、配偶者の死といった**ネガティブ**なライフイベントだけでなく、結婚や昇進のような**ポジティブ**なライフイベントも含まれている。

Q. 汎適応症候群とは、ストレッサーの種類に応じて生体の反応とプロセスが異なることを示したものである。

デイリーハッスル
daily hassles

日常的な生活場面で生じる些細な苛立ちごとを指す。例えば、道を歩いていてぶつかったにもかかわらず相手が謝ってくれなかった、親が口うるさいなどが挙げられる。Lazarus, R.S.（ラザルス）は、ライフイベントのような大きなストレッサーではなく、デイリーハッスルのような些細ではあるが、持続的で慢性的なストレッサーがストレス関連の疾患を引き起こすと主張した。

近年では、デイリーハッスルと対照的な概念として、日常の気分を高揚させるようなポジティブな出来事であるデイリーアップリフツが提唱されている。個人のストレス状態のアセスメントについて、デイリーハッスルとデイリーアップリフツの双方の把握が重要であることが指摘されている。

認知的評価理論
cognitive appraisal theory

Lazarus, R.S.（ラザルス）が提唱した、心理学的ストレス理論である。彼は、同じストレッサーでも個人によってストレス反応が異なることから、ストレッサーの受け手の認知が重要であると主張し、ストレスの認知的評価モデルを提唱した。トランスアクショナルモデル（transactional model）とも呼ばれる。

人がストレッサーに曝されると、まずはそのストレッサーが脅威か否かという一次的評価が行われる。それが脅威であると評価されると、そのストレッサーに対して対処できるか否かの二次的評価が行われる。これらの認知的評価の過程を経て、ストレス反応が規定される。ただし、これらの認知的評価の過程のみでストレス反応が決定されるのではなく、ストレス反応を緩和させる行動であるコーピングも影響している。

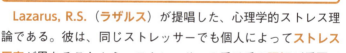
×：ストレッサーの種類に関係なく、反応とプロセスが非特異的であることを示したものである。

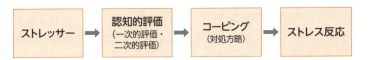

ストレスコーピング
stress coping

　ストレス反応を緩和するためになされる行動を指す。Lazarus, R.S.（ラザルス）は、2つのコーピングのタイプを提唱している。直面している問題に対して、自分の努力や周囲の協力を得て解決したり、対策を立てるといったストレッサーを取り除くための行動を問題焦点型コーピングという。また、ストレッサーの解決や対応の方法がなくどうにもならない場合に怒りや不満、悲しみなどの感情を誰かに話したり、気晴らしや気分転換を行うといったストレッサーによる不快な情動を軽減するための行動を情動焦点型コーピングという。

　どのコーピングを用いることがストレス反応を緩和するかについては、状況の性質や個人の認知的評価によって異なる。そのため、ストレッサーに適切に対処しストレス反応を緩和するためには、状況に合わせてコーピングを柔軟に使い分ける能力が必要であるとされている。このような能力をコーピングの柔軟性という。

ソーシャルサポート
social support

　困難な状況にある個人に対して、周囲の人びとからの有形・無形の資源が提供されることをいう。House, J.S,（ハウス）は、サポートの方法として直接的—間接的、道具的—情緒的という二次元から、手段的サポート、情報的サポート、情緒的サポート、評価的サポートの4つに分類している。

> Lazarus, R.S.は、ストレッサーに対する認知的評価に対して批判的な立場をとった。

また、地域社会のなかには、個人を支えるさまざまな支援が存在している。例えば、**家族**や**友人**などの自然発生的なサポート、**セルフヘルプ・グループ**や**ボランティア組織**などのより組織化されたサポート、**行政**や**専門家**によるサポートなどが挙げられる。ソーシャルサポートは、個人に**主観的**に知覚されることによって、ストレスに対する**緩衝効果**や、精神的健康に対する**直接効果**があることが明らかにされている。

ソーシャルサポートは、出題されやすいのでしっかり押さえておきましょう。

仕事要求度―コントロールモデル ★★★
a job demands-control approach

　Karasek, R.（カラセック）によって提唱された、職業ストレスモデルである。多忙さや時間的切迫感といった**仕事の要求度**の高低と、仕事上の裁量度や自由度といった**仕事のコントロール**の高低の組み合わせによって、要求度が高くコントロールが高い**活性化群**、要求度が高くコントロールが低い**高ストレイン群**、要求度が低くコントロールが高い**低ストレイン群**、要求

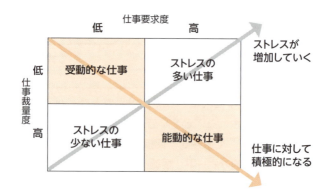

340　×：Lazarus, R.S.は、ストレス反応はストレッサーに対する認知的評価を経て生じると考えた。

度が低くコントロールも低い**不活性化群**に分けられる。

活性化群は活動水準が高いことで**生産性**が上がるとされており、**職務満足感**が高いとされている。

その一方で、要求度が高いにもかかわらず十分な裁量が与えられていない**高ストレイン群**は心身のストレス反応が高いとされている。

努力—報酬不均衡モデル
effort-reward imbalance model

Siegrist, J.（シーグリスト）によって提唱された、職業ストレスモデルである。職務遂行のために行われる**努力**に対して、その結果として得られる**報酬**が少ないと感じられると、ストレス反応が生じるという考えである。

報酬には、**金銭**だけでなく、**正当な評価**や**昇進**も含まれている。例えば、昇進の見通しや適切な報酬が与えられることなく高レベルの業績を求められる仕事、一生懸命やっているのに正当に評価されない状況が挙げられる。

努力—報酬不均衡モデルでは、報酬を、金銭である**経済的報酬**、尊重といった**心理的報酬**、仕事の安定や昇進といった**キャリア**の3要素からとらえる。また努力を、仕事の要求度や負担などの**外的**に規定される要因、**オーバーコミットメント**の2要素からとらえる。オーバーコミットメントとは、**過度**に仕事に傾注する個人特性であり、**仕事で認められたい**という願望と関連するとされる。また努力と報酬の不均衡状態が**交感神経系**の緊張に及ぼす影響は、**オーバーコミットメント**によって高められることが指摘されている。

Q: Siegrist, J.の提唱した努力—報酬不均衡モデルにおいて、報酬とは金銭に限られる。

03 診断基準

操作的診断
operational diagnostic

　かつての精神科医療では、医師が患者と面接し、そこから得られる情報に基づいて診断が行われていた。そのため、医師の主観による影響が大きく、このような伝統的診断では同じ患者を複数の医師が診察した場合に診断結果が一致しないこともめずらしくなかった。

　このような診断の信頼性の問題を解決するための方法として、導入されたのが操作的診断である。代表的なものとして、DSMやICDが挙げられる。

　この方法は、観察された症状のまとまりに基づいて各精神疾患を定義、分類し、患者の症状がそのまとまりのうち、いくつあてはまるかを確認し、それに基づいて診断するものである。各疾患の分類が重複しないような厳密かつ具体的で、それに基づけば誰でも一定の結論に達しうるような診断基準に照らして患者を評価することにより、精神疾患の診断の信頼性は向上したとされている。

ICD
International Statistical Classification of Diseases and Related Problems

　世界保健機関（WHO）による「国際疾病分類」の略称である。身体的・精神的疾患全般に関する分類であり、精神疾患は第Ⅴ章に記載されている。現在は2018年に公表されたICD-11が最新版である。

　DSMが診断と分類のために作成されているのに対して、ICDは疫学調査を想定して作成されているのが特徴である。

×：報酬とは、金銭だけでなく、正当な評価や昇進も含まれる。

かつての精神疾患の診断は医師の主観の影響が大きく、客観性に乏しいという限界がありました。現在は患者の症状が、ある精神疾患を定義するいくつかの症状のうち、どの程度あてはまるかで診断する操作的診断が採用されています。

DSM
Diagnostic and Statistical Manual of Mental Disorders

アメリカ精神医学会による「**精神疾患の分類と診断の手引**」の略称である。DSMでは**操作的診断基準**を採用し、病因論にあまり踏み込まず**症候学的・記述学的分類**を行う。これにより、診断基準が明確になり、これまで医師の**主観的**な判断に基づく傾向にあった診断が**客観的**になされるようになり、また診断の**ばらつき**も少なくなった。1952年にDSM-Iが作成されてから、順次改訂され、現在では**DSM-5-TR**が出版されている。

ディメンジョン診断
dimension diagnosis

精神的・行動的な症状を**多面的**にとらえて診断する方法である。症状の**スペクトラム**（連続体）を想定し、複数の**計量的**な尺度によってその**重症度**を評価する。つまり、各症状の**重症度**を「症状なし」から「重度」まで評価することにより、患者のさまざまな臨床的特徴を**系統的**あるいは**疾患横断的**にとらえることができる。

DSM-5への改訂にともない、ディメンジョン診断が採用されることになった。ただし、これまでの、典型的な症状がいくつかみられればその疾患と診断される**カテゴリー診断**の考え方も取り入れられている。

Q 伝統的診断における診断のばらつきを解消するために導入されたのが、操作的診断である。

04 神経発達症群・子どもの問題行動

知的発達症
mental retardation

　先天性あるいは**早期後天性**の障害による知的発達の遅れを指す。DSM-5では、臨床的診断と個別知能検査の両方で確認された全般的な**知的機能**の遅れや、**適応機能**の問題、これらの問題が**発達期**に出現することが特徴とされる。DSM-5では**適応機能**の程度に基づく重症度の特定化が行われるようになっている。原因は、**ダウン症**をはじめとした先天的なもの、出生後の事故によるものまで多岐にわたる。また、身体的な障害をともなうこともあり、特に重度の場合は多くに**身体合併症**がみられる。そのため、重症度や他の症状に合わせた適切な支援を行うことが重要である。

自閉スペクトラム症
autism spectrum disorder

　社会的コミュニケーション及び**対人相互反応**の持続的な欠陥、**興味の限局**と**常同的・反復的行動**といった特徴が発達早期から存在する精神発達の障害である。DSM-Ⅳでは広汎性発達障害という上位概念のもとに、自閉症、アスペルガー障害などの下位分類がなされていたが、DSM-5では**自閉スペクトラム症**という疾患概念として統一された。

　症状には、他者と関わろうとしないといった**対人相互作用**の障害や、冗談がわからないといった**コミュニケーション**の障害、同じ動作を繰り返す**常同行動**、**感覚の過敏さや鈍感さ**などが挙げられるが、それらがどのように現れるかは個人差がある。

　近年、自閉スペクトラム症の症状について、その認知的特徴

> DSM-5における神経発達症群には、知的発達症、自閉スペクトラム症、注意欠如多動症、限局性学習症が含まれています。ここではそれらの疾患とその支援方法などについて取り上げています。

からさまざまな理論が提唱されている。例えば、自閉スペクトラム症では**共同注意**や**他者の視線**を処理するメカニズムが獲得されていないことが明らかにされており、そのことが不適切な**対人行動**に関連すると指摘されている。また、知覚情報を処理する際に、**部分処理**や**細部**に集中する傾向によって**全体処理**が二次的に低下するため、さまざまな情報を**まとめる**ことに困難さがみられるとされている。

自閉症スペクトラム
autism spectrum

Wing, L.（ウィング）が提唱した**自閉症**、**アスペルガー症候群**など広汎性発達障害と分類されているものを包括した概念で、これらの障害を明確に区別することなく、それぞれが**連続した状態**であるという意味で**スペクトラム**という用語を用いている。**社会性**、**コミュニケーション**、**想像性**の3領域で何らかの障害がみられる状態と定義される。社会的な**対人関係**を築きにくい、他人と**コミュニケーション**を取りにくい、**活動や興味の範囲**が狭く**こだわり**が強いといった症状がみられる。

TEACCH
Treatment and Education of Autistic and related Communication handicapped Children

Schopler, E.（ショプラー）が提唱した、自閉症スペクトラムの人たちのために開発された**治療教育プログラム**である。特徴としては、**自閉症スペクトラムの特性**を理解することから出発し、**家族との協力関係**を重視することや、**アセスメント**を通して本人を理解したうえで能力を促進させたり困難を補ったり

Q 自閉症スペクトラムとは、社会性、コミュニケーション、柔軟性という「三つ組の障害」からとらえた概念である。

するように環境を整えること、視覚優位な特性を生かした構造化の手法を中心とした指導・教育を行うことなどが挙げられる。これらにより自閉症スペクトラムの人たちが生涯地域社会で自立した生活を送れるようにすることを目指している。

TEACCHにおける構造化には、自閉症スペクトラムの人たちが生活しやすいように勉強と食事の場所を分ける物理的構造化、1日や1週間のスケジュールを文字や絵で示す時間の構造化、作業手順を文字や絵で示す活動の構造化などがある。

注意欠如多動症
Attention Deficit / Hyperactivity Disorder; ADHD

年齢や発達水準につり合わない不注意、多動性、衝動性という3つの特徴をもち、生活機能や社会適応に困難を示す障害である。知的発達に遅れはないが、落ち着きがなく不注意な失敗が目立つといった行動がみられる。幼児期ではこれらの症状が個性としてみられていたが、児童期以降に、集団生活の場で支障が生じて気づかれることが多い。環境調整やペアレント・トレーニングなど本人の特徴を理解した関わり方が有効であるとされるが、症状の程度によっては、メチル・フェニデートなどの薬物療法を併用する場合もある。

限局性学習症
Specific Learning Disorder; SLD

医学領域では、読む、書く、計算するといった学習スキルのうち、その習得と使用に困難を示す障害を指す。教育領域においても、学習障害という用語がある。これは、知的発達において全般的な遅れはないが、聞く・話す・書く・読む・計算するなど特定の能力の習得と使用に著しい困難を示す状態をいう。具体的には、文字が読めない、書き間違える、計算ができない

×：社会性、コミュニケーション、想像性である。

といった症状がみられる。原因としては、**中枢神経系**に何らかの機能障害があると考えられている。パソコンや計算機を使うなど本人の特徴に合った学習の仕方で、**学びやすい環境**を作っていくことが重要である。

微細脳機能不全
Minimal Brain Dysfunction; MBD

1950年代に提唱された概念で、脳腫瘍や脳炎などの目に見える**病理学的所見**や、**麻痺**や**知的**な発達の遅れなどの重篤症状もなく、一見**健常**にも見えるが、読み書きや計算の困難さや、落ち着きのなさ、不器用さなどの**行動上の問題**がみられる状態を指す。もともとは**微細な脳の損傷**が**中枢神経系**の機能不全をもたらし、特定の領域における**学習の困難さ**や**多動**などの問題を引き起こすと考えられていた。しかし、根拠となる脳の損傷を明らかにできないことから、次第に**機能障害**という見方がなされるようになった。

やがて、広範な行動上の問題を示す微細脳機能不全の概念は発展的に解体され、学習上の問題は**限局性学習症**に、行動上の問題は**注意欠如多動症**へと細分化されていった。

感覚統合療法
Sensory Integration

Ayres, A.J.（**エアーズ**）が考案した、おもに学習障害児や注意欠如多動症児、自閉スペクトラム症児などに対する**リハビリテーション**である。人は**自分**の**身体**を環境のなかで適応的に反応させるために、さまざまな**感覚情報**を整理、統合している。**感覚統合**がうまく機能しないことが、学習や行動、コミュニケーションなどの問題に影響すると考え、**身体**を使った活動を通して、**感覚情報処理機能**を改善する支援方法である。特に身体

Q 注意欠如多動症には、心の理論の障害があると考えられている。

347

の傾きや速さ、回転を感じる前庭系、身体の位置や動き、力加減を感じる固有受容覚、触覚での感覚情報処理が重視される。

感覚統合療法では、子どもの姿勢反応や適応反応を自然に誘発していくように、揺れや回転といった前庭系の刺激や、筋肉や関節、皮膚からの感覚刺激を子どもに合わせて提示することを基本とする。子どもの反応をセラピストが観察しながら揺れや回転を調整し、子どもを楽しませながらその適応反応を引き出していくことが重要である。

反抗挑発症
oppositional defiant disorder; ODD

同年代の子どもの行動範囲の限度を明らかに超えた水準で、大人や社会に対して非常に挑発的であったり、反抗的な態度で適応上の問題がみられる状態をいう。例えば、大人との口論や、わざと他者を苛立たせるといった行動である。ただし、法律に触れる、他者の権利を侵害するような行動はみられない。

近年、注意欠如多動症の一部が学童期に反抗挑発症の診断基準を満たし、その一部が思春期に入るあたりに素行症の特徴を呈し、さらにその一部が成人以降、社会的に予後不良な経過をたどるとした変遷を「DBDマーチ」と呼ぶ。そのため注意欠如多動症児において反抗挑発症を早期に診断、治療することで素行症を予防、軽症化しうる可能性が指摘されている。

素行症
conduct disorder

他者の基本的人権を侵害したり、または年齢相応の社会的規範に従わないことを繰り返し行うといった適応上の問題がみられる状態をいう。例えば、人や動物を殴るなどの攻撃行動や、物の破壊、または窃盗や詐欺など犯罪行為が挙げられる。

×:心の理論の障害が指摘されているのは自閉スペクトラム症である。

素行症と**注意欠如多動症**との高い関連は多くの知見から指摘されている。例えば、注意欠如多動症の一部が反抗挑発症や素行症を併存する一方で、素行症の半数程度が注意欠如多動症を併存しているとされる。また、素行症は、**反社会性パーソナリティ症**へ移行したり、**不安症**や**うつ病**、**物質関連症**などを併存する可能性もあることから、その予後は決して楽観できるものではないとされている。また、**重度**の素行症の場合、治療が困難であることも多い。そのため、できるだけ早い段階からの介入や治療が推奨されており、可塑性のある**反抗挑発症**の段階での治療の重要性が指摘されている。

チック症
disorder

筋肉の一部分の**不規則**かつ**突発的な運動**や**発声**及びそれが一定期間継続する状態を指す。激しい**まばたき**や極端に**顔をしかめる**といった**運動チック**と、**咳払い**や**うなり声**などといった**音声チック**に分類され、上半身にみられることが多い。こうした運動は、本人の意思にかかわらず**不随意的**に生じる。

代表的なものとして**トゥレット症**が挙げられる。これは、**18歳**以前から**運動・音声**の多様なチックが1年以上持続する状態のことである。また、相手の言葉を同様に繰り返す**エコラリア**や、他者を罵倒したりする**汚言症**がみられることもあり、これらも本人の**意思**による抑制は困難である。また、症状の特異性から、他者から奇異な目で見られることもあり、**自己評価の低下**や**劣等感**を招くこともある。発症の原因としては、遺伝的要因、器質的要因、心理的要因などの関与が考えられている。治療としては、**抗精神病薬**による薬物療法のほか、**行動療法**や**遊戯療法**も用いられる。自己評価の低下や劣等感などの**二次障害**を予防、軽減するための介入も必要である。

Q さまざまな運動チックと音声チックが1年以上持続して存在する状態をトゥレット症という。

05 統合失調症・双極症・うつ病

統合失調症
schizophrenia

　内因性精神疾患のひとつで、**妄想**や**幻覚**、**感情の平板化**などを主症状とする。好発期は**思春期**から**青年期**である。Kraepelin, E. (**クレペリン**)、Bleuler, E. (**ブロイラー**) を中心にひとつの疾患としてまとめられ、Schneider, K. (**シュナイダー**) によって診断上重要である**一級症状**が提唱された。症状は、大きく**陽性症状**と**陰性症状**に分けられる。陽性症状は、**妄想**や**幻覚**など、健常者にはない**特異な症状**を指し、陰性症状は、**感情の平板化**や**意欲**の低下、**思考**の貧困化など、通常あるべき**機能が失われていく症状**を指す。発症因については、**ドパミン仮説**などが提唱されてきたものの、未だ不明である。治療は**薬物療法**が中心であり、これまでおもに**陽性症状**の軽減に効果のある**抗精神病薬**が用いられてきたが、近年では**陰性症状**にも効果のある**非定型抗精神病薬**も開発されている。また、薬物療法と並行して、**ソーシャルスキルトレーニング**や**作業療法**を行うことも多い。

自我障害
ego disorder

　自らの行為や思考が**自分のもの**であるという意識や、それらを**自分の意思**で行っているという意識 (**自我意識**) が変質し、自らの行為や思考が**自分のもの**だと感じられなくなったり、自分の意思ではなく誰かに操られていると感じる状態をいう。

　自我障害は統合失調症に特徴的な症状である。種類としては、自分の考えが他者に筒抜けだと感じる**考想伝播**、他者の考えが自分のなかに直接入ってくると感じる**考想吹入**、自分の考えが

Kraepelin, E.（クレペリン）は、それまで別の精神疾患とされてきた症状をまとめ、早発性認知症（統合失調症）、躁うつ病（双極症）に分類しました。ここでは、それらについて取り上げています。

他者に奪われると感じる**考想奪取**、自分の思考や行動が誰かに操られているように感じる**させられ体験**などがある。

双極症 ★★☆
bipolar disorder

躁状態と**うつ**状態を繰り返す疾患であり、病状によって**躁**状態のある**双極症Ⅰ型**、軽躁状態のある**双極症Ⅱ型**に分類される。また、躁状態とうつ状態が混在する混合状態が出現することもある。躁状態の症状には、気分の**高揚**、**易刺激性**（怒りやすい）、**観念奔逸**、**不眠**などがある。うつ状態の症状には、気分の**落ち込み**、**興味や喜びの喪失**、**希死念慮**、**不眠**などがある。一方の状態からもう一方の状態への移行間隔は一般的に数ヵ月〜数年であるが、1年間に**4回**以上の病相を繰り返す**急速交代型**や、一晩でうつ状態から躁状態になる**躁転**もみられることがある。発症に、うつ病よりも**遺伝的要因**の関与が大きいとされるが、ストレスなどの外的要因も関与している。治療は**気分安定薬**を中心とした薬物療法及び心理療法が用いられる。

うつ病 ★★★
depressive disorders

気分の**落ち込み**、**興味や喜びの喪失**、**希死念慮**、**不眠**などを主症状とする精神疾患である。治療は**抗うつ薬**による薬物療法が基本であり、選択的セロトニン再取り込み阻害薬（SSRI）やセロトニン・ノルアドレナリン再取り込み阻害薬（SNRI）が第一選択薬となる。また、**認知行動療法**を併用することで高い改善効果や**再発率**の低下が得られることが知られている。

Q 統合失調症では観念奔逸という思考障害がみられる。

06 不安症群・強迫症

不安症群
anxiety disorders

DSM-5における不安症群は**過剰な不安**や**恐怖**を主症状とする疾患群で、パニック症、限局性恐怖症、社交不安症、全般不安症などを含んでいる。**ストレス**の関与が大きいとされているが、各疾患によってその度合いは異なる。治療は、**抗不安薬**や**SSRI**などの薬物療法、**行動療法**や**認知行動療法**をはじめとする心理療法がある。

パニック症
panic disorder

パニック発作と、その結果によるさらなるパニック発作についての**持続的な心配**、それに関連した**不適応的な行動**を主症状とする疾患である。男性よりも女性の発症率が**2倍**程度高いとされている。パニック発作とは、**動悸**、**呼吸困難**、**発汗**、**めまい**などの多様な症状を含む**突発的な発作**である。この強烈な発作を経験したときの**苦痛**や**恐怖**により、「また同じことが起こるのでは」という**予期不安**を抱くようになる。また、発作が起こったときに逃げられない、あるいは助けを得られないような場所を**回避**するようになる**広場恐怖症**をともなう場合も多い。こうした状態が続くと、生活に支障をきたして**うつ病**を併発する例もある。病因には、**中枢神経系**の異常活動や、日常生活上の**ストレス**、**パーソナリティ特性**などが指摘されている。治療には薬物療法及び認知行動療法が広く適用されている。認知行動療法では**エクスポージャー**を用いて、**パニック発作**ならびに**回避**している場所や状況への不安を徐々に軽減していく。

×：観念奔逸がみられるのは双極症である。

DSM-5における不安症群とは、通常想定される以上の過度な不安や恐怖などによって社会生活に支障をきたす精神疾患の一群です。不安症群にはさまざまな下位疾患があり、ここではそれらについて取り上げています。

広場恐怖症
agoraphobia

DSM-5によれば、**公共交通機関**、**広い空間**や**囲まれた空間**、**混雑したところ**、外出先に**ひとりでいるとき**といった状況のうち、**2つ以上の状況で過度の恐怖や不安**を体験している状態をいう。**パニック発作**や、**恥**や**困惑**するようなことが起きた場合に、逃げられない、助けてもらえないと考え、そのような状況を恐れ、**回避**し、日常生活に支障をきたす。また、**パニック症患者**の多くに**広場恐怖症**の併発がある。パニック症は強い恐怖体験であるため、発作が起きた場所や起きそうな場所が怖くなり**避ける**、行くことができても過剰な恐怖を抱いて**我慢し続けている**可能性がある。治療はパニック症と同様に、SSRIを中心とした**薬物療法**や、**エクスポージャー**などが行われる。

社交不安症
social anxiety disorder

対人場面や不特定の他者から**注目される場面**に**極度の不安**や**恐怖**を覚え、動悸、赤面、発汗、震えなどが生じ、次第にそうした場面を**回避**するようになる疾患である。多くの人から**注目**されたり、人前で**スピーチ**をすると、誰もが多少は緊張や不安を抱くものだが、社交不安症患者はそうした場面を極度に恐れ、日常生活が困難になる。一方で、患者は自身の反応や観念が**過剰**であることを認識している。慢性化した場合、**うつ病**や**パニック症**などを併発することもある。治療は**抗不安薬**や**SSRI**などの薬物療法や**認知行動療法**などの心理療法が用いられる。

DSM-5における広場恐怖症は、公共交通機関や広い空間などの状況のうち、2つの状況で過度の恐怖や不安を体験している状態をいう。

分離不安症

separation anxiety disorder; SAD

　分離不安とは、乳幼児が**愛着をもった人物**から離れることに対する不安を指す。分離不安自体は病的なものではないが、程度が強すぎると日常生活に支障をきたす恐れがある。分離不安症とは、**家**または**愛着**をもっている**人物からの分離**について、発達的に**過剰で不適切**な恐怖や不安を抱いている状態をいう。愛着をもつ人物から分離させられた際にその人の健康や死について過剰に心配する、家から離れることに激しく抵抗するなど、分離への**過剰な恐怖や不安**のために、本人または家族の生活に不都合が生じてしまう。分離不安症は、DSM-IVでは分離不安障害として、「通常、幼児期、小児期、または青年期に初めて診断される障害」に分類されていた。しかし、症状が**成人期**にも持続する場合があることや、他の**不安症**への移行や併存がみられることから、DSM-5では**場面緘黙**とともに、不安症群に含まれることになった。

　治療は**行動療法**や**認知行動療法**、SSRIといった**薬物療法**などが行われる。

場面緘黙（かんもく）

selective mutism

　おもに学校など特定の**社会的状況**において、**発話困難な状態**を一貫して示すが、**家庭**などの他の場面では**通常の発話**が可能な状態を指す。まったく**言語表出**がない状態から、必要最低限なことを**小声**で言う状態まで個人差がある。もともと不安になりやすいといった**生得的素因**と養育環境などの**環境的要因**が影響しあい、入園や入学といった**環境の変化**をきっかけに発症することが多いとされている。

　発祥のメカニズムとしては、**コミュニケーション**の困難があ

×：2つ以上の状況である。

る場面で、解決策として「話さないでいる」という回避行動が習慣となった状態という考えがある。回避行動を行うと不安が一時的に減少するため、緘黙が維持されやすい。話さないことから周囲は子どもに対して働きかけを減らすため、コミュニケーションの機会は減り、コミュニケーションスキルの発達の機会が失われる。それによって、子どもの社交不安が高まり、ますます話すことが困難になるといった悪循環が生じると考えられる。治療は、他の不安症と同様に、行動療法や認知行動療法、SSRIといった薬物療法などが行われる。また、家庭と学校の連携、教育・医療・福祉など多職種連携も必要であるとされている。

強迫症
obsessive-compulsive disorder

　反復、持続する強迫観念及び強迫行為を主症状とする疾患である。強迫観念とは、ある思考やイメージが本人の意思に反して繰り返し浮かんでくることで、菌や不潔などの汚染に関するもの、数字や順序に対するこだわりなどがある。

　強迫行為とは、強迫観念によって生じた不安や苦痛の軽減のために、何らかの行動を儀式的に繰り返すことであり、手洗い行動や確認作業などがある。いずれも本人は不合理だと認識している場合が多いが、自分の意思で無視や抑制はできない。症状の持続により、不安症やうつ病を併発する場合が多い。原因にはさまざまな仮説があり、神経伝達物質であるセロトニンの関与が想定されているが、通常何らかの出来事がきっかけとなって発症することが多い。治療はSSRIなどの薬物療法及び曝露反応妨害法を中心とする心理療法を用いる。

分離不安症は子どものみにみられる。

07 心的外傷後ストレス症・解離症群

心的外傷後ストレス症 ★★★
post-traumatic stress disorder; PTSD

災害、暴行、事故などによって、自分自身や他者が**死にそうになる**、あるいは実際に他者が**死ぬ**のを目撃するなどの経験によって発症する。症状としては、外傷的出来事に関連した**悪夢**や**フラッシュバック**などの**侵入症状**、外傷的出来事に関連した事物からの持続的な**回避**、外傷的出来事と関連した**感情と認知の陰性の変化**、緊張や**不眠**などをはじめとした**過覚醒状態**などが挙げられる。これらの症状が出来事の後**1ヵ月**以上続いている場合はPTSD、1ヵ月未満の場合にはASD（**急性ストレス症**）と診断される。PTSD患者はしばしば**アルコール**や**薬物への依存**など、さらなる問題を抱えることがあるが、これはPTSD症状の耐えがたい**苦痛**への対処行動の結果生じるものであるとされる。治療はSSRIなどの薬物療法と**持続エクスポージャー**やEMDRなどの心理療法を併用する場合が多い。

外傷的出来事から6ヵ月以上経過してから発症するものを遅延顕症型といいます。

複雑性PTSD ★★☆
complex post-traumatic stress disorder

長期間に渡って続く、**反復性・持続性**の外傷的出来事、または虐待やDVなどのさまざまな形態の**対人ストレス**を原因として生じる症状を指す。具体的な外傷的出来事としては、被虐待経験、DV被害、人身売買、組織的暴力の体験などが挙げられる。長期的・反復的な外傷的体験の被害者が呈するさまざまな症状

> ここでは心的外傷となるような出来事や強いストレッサーなどにより引き起こされる心的外傷後ストレス症、また意識や記憶、同一性などの統合が損なわれる疾患である解離症群について取り上げます。

は、**単回性**の外傷的出来事から生じるPTSDの概念では網羅しきれないことから、**Herman, J.L.（ハーマン）** によって提唱された。

その特徴としては、PTSDの中核症状とともに、**感情調整**の困難さや、**否定的自己概念**、**対人関係能力**の障害からなる自己組織化の障害が挙げられる。

反応性アタッチメント症／脱抑制型対人交流症 ★★☆
reactive attachment disorder / disinhibited social engagement disorder □□□

両者とも、重度の**社会的ネグレクト**や養育者の**頻回な変更**といった、乳幼児期における**適切な養育の著しい欠如**によって引き起こされる愛着行動の障害である。DSM-5において、心的外傷及びストレス因関連症群に含まれる。

反応性アタッチメント症と脱抑制型対人交流症は、同様の環境に起因して生じるが、その現れ方は異なる。

反応性アタッチメント症は、発達早期に**選択的愛着**を形成する機会が制限されたことから、**苦痛**のときでも、大人に養育者に対して**めったに**または**最小限**にしかアタッチメント行動を示さない。また、大人の養育者からの安楽を与えようとする行動に対して**めったに**または**最小限**にしか反応しない。ポジティブな感情を示すことがほとんどなく、**感情調節**の困難さがみられる。

脱抑制型対人交流症は、発達早期に**選択的愛着**を形成する機会が制限されたことから、見慣れない大人に対して、文化的に不適切で**過度に馴れ馴れしく**近づき交流したり、**ためらうことなく**進んでついていこうとするといった行動がみられる。また、

Q PTSDは症状が1週間以上続いた場合に診断が可能である。

不慣れな状況でも大人の養育者から離れてしまい、振り返って確認することがほとんどない。

適応反応症
adjustment disorder

明確なストレス因子によって発症し、抑うつや不安などの**情緒**の障害、仕事の停滞やひきこもりなどの**行動**の障害を主症状とする疾患である。それらの症状がストレス因子に対する通常の反応よりも明らかに逸脱しており、**社会機能**に明らかな障害が生じている場合に診断される。

DSM-5において診断には、ストレス因子のはじまりから**3ヵ月**以内であることが必要であるが、ストレス因子の内容に規定はなく、病気や離別などの**急性**のものもあれば、人間関係の軋轢、過重労働などの**慢性**のものもある。治療として、**環境調整**によってストレス因子を除去したり、心理療法を行い本人のストレスに対する**対処能力**を高めていくことが挙げられる。

解離症群
dissociative disorders

解離症状を示す精神疾患の総称であり、多くの場合、**外傷体験**によってもたらされる。解離とは、思考、感情、記憶などの個人を構成する要素が、**一部あるいはすべて失われる状態**のことである。解離症群は、その病態に応じて**解離性健忘、解離性同一症、離人感・現実感消失症**に分けられる。

解離症は、現在のところ有効な治療薬がなく、症状に合わせた**薬物療法**を行ったり、周囲の理解を得ながら**環境調整**を図るアプローチがとられる。

PTSDやASDの症状として、解離症状がみられることもあります。

×：PTSDは症状が1ヵ月以上続いた場合に診断される。

解離性健忘
dissociative amnesia

　重要な自伝的情報であり、一般的に心的外傷的出来事と関連するものの**想起**が不可能になる疾患である。ある**一定期間**の記憶のみを喪失する場合や、個人の**全生活史**に関する記憶を喪失する場合などがあるが、多くの場合、喪失された記憶は回復する。また、生活史に関連しない記憶や新たな情報を取り入れる能力は維持されるため、ある程度安定した**社会生活**を送ることは可能である。

解離性同一症
dissociative identity disorder

　ひとりの人間のなかに、異なる**2つ**以上のパーソナリティ状態が存在する疾患である。それぞれのパーソナリティ状態は異なる思考、感情、行動を有し、それらが**交流**することはなく、それぞれの**記憶**は断絶されている場合が多い。
　幼少期の被虐待経験をはじめとした、深刻な**外傷体験**が発症に関連しているとされる。

離人感・現実感消失症
depersonalization disorder

　自分自身や外界に対して**非現実**や**離隔**を経験する疾患である。自分の考えや感情、行動などが自分のものと感じられなかったり、自分と世界の間にベールやガラスの**壁**があるかのように感じられることがある。ただし、**健忘**はみられず、**現実検討力**も保たれる。
　強い**ストレス**によって発症することが多いが、健康な人でも過労などによって同様の経験をすることがある。

Q 離人感・現実感消失症では、現実検討力が保たれる。

08 身体症状が関わる精神疾患

身体症状症
somatic symptom disorder

身体症状に関連した**過度な思考**や**感情**、**行動**がみられ、**苦痛**をともなう**身体症状**が長期に持続する疾患である。

DSM-5において、身体症状症は、**身体症状**に対する**反応**としての過度な思考や感情、行動に基づいて診断される。そのため、DSM-Ⅳにおける身体化障害のように、身体症状に対して**医学的**に説明できるかどうかは問われない。気管支喘息やアトピー性皮膚炎といった身体疾患による**身体症状**であっても、症状に対する不安や極端な思考が持続する場合には、**身体症状症**と診断される。また、身体症状症は、その症状に対して十分に説明可能な**器質的異常**が認められないこともある。

身体症状症の要因には、**遺伝的素因**や、生活上のストレスといった**環境要因**の両方が関係していると示唆されている。治療には、**認知行動療法**や**リラクセーション法**、**薬物療法**などが行われる。

患者が症状の**身体的原因の究明**と**治療**を期待する場合、治療者がその期待に応えることはむずかしく、**治療関係**が困難になる。そのため、治療の際には、**治療同盟**の形成が重要であるとされる。

> 身体症状症は身体症状が存在し、症状や健康に関して極めて高い不安を有している場合に身体症状症と診断されます。一方、病気不安症は身体症状があっても最小限であり、おもに自分が病気であることにとらわれている状態を指します。

身体症状のなかには、身体的な原因ではなく、心理的・社会的なストレッサーが引き起こしている場合があります。ここでは、身体症状症や病気不安症などについて取り上げています。

病気不安症
Illness Anxiety Disorder

重篤な身体疾患にかかっている、またはかかりつつあるという**とらわれ**を引き起こす疾患をいう。

身体症状は**存在しない**か、あっても**ごく軽度**であり、その不安ととらわれは**過度**で**不釣り合い**なもので、そのために日常生活に支障が生じている状態である。

病気不安症の人は、自分が**医学的な病気**であると信じているため、**身体科医療**の場において多くみられる。

つまり、病気に対する**不安**や**とらわれ**のために、医療機関への受診を繰り返しては**陰性の診断**に納得できず不満を抱いている。その健康への**過度な不安**と**健康関連行動**は、しばしば対人関係を妨げたり、社会的適応に支障をきたす。治療には、**薬物療法**や**認知行動療法**などが行われる。

機能性神経学的症状症
functional neurological symptom disorder

臨床的所見と適合しない、1つまたはそれ以上の**随意運動**や**感覚機能**の症状がみられる病態を指す。具体的には、**運動症状**では麻痺や脱力、振戦や歩行障害、**感覚症状**では視覚や聴覚、

Q 病気不安症は、すでに重篤な身体疾患にかかっており、そのために日常生活に支障をきたすほどの健康に対する強いとらわれがみられる状態をいう。

皮膚感覚などの変化や減弱、知覚麻痺などが挙げられる。もともとは精神分析理論に由来し、無意識の心の葛藤が身体症状に「**転換**」されたものと考えられてきたことから、DSM-Ⅳでは**転換性障害**と呼ばれていた。

なお、病気に逃避することで外的な利益を得たり、本来果たさなければならない責任を回避することを**疾病利得**という。病気の状態が現実では満たされない願望を無意識的に満足させており、病気が精神的な安定の手段になっている**一次疾病利得**、病気になることで家族や周囲から労わってもらえたり、保険会社から保険金が得られる**二次疾病利得**に分かれる。

心身症 ★★★
psychosomatic disease

身体疾患のなかで、**心理的・社会的な因子**が密接に関与していると考えられるものを指す。代表的なものに、偏頭痛、胃潰瘍、円形脱毛症などが挙げられる。

ただし、これらの症状を有する人が、必ずしも心身症であるというわけではない。慢性的な**ストレス**や**緊張**がおもな要因であるが、**アレキシサイミア**や**タイプＡ行動パターン**など、特定のパーソナリティの関与も考えられている。身体的な治療と並行して、心理支援が必要である場合が多い。

心身症は身体疾患であり、精神疾患ではありませんので注意しましょう。

タイプＡ行動パターン ★★★
type A behavior pattern

常に**時間**に追われ、**競争心**が強く、**攻撃的**で、**野心家**であるような性格や行動傾向をいう。**Friedman, M.**（フリードマン）

 ×：病気不安症では、身体症状はみられないか、あってもごく軽度である。それに対する不安やとらわれは過度で不釣り合いなものである。

らが、虚血性心疾患の患者を調査した結果、そうした傾向が共通の特徴として見いだされた。休みや遊びの時間をつくらず、疲れていてもそれを訴えようとはせず、常に高いストレス状態にあるため、交感神経系の活動が優位になり、そのような疾患にかかりやすいとされている。また、タイプAとは反対の、大らかで競争的でない人の性格や行動傾向をタイプBという。

アレキシサイミア ★★★
alexithymia

感情をはじめとした自身の内的状態の認知や言語化の困難、想像力や空想力の乏しさ、外的志向を示すパーソナリティ傾向である。Sifneos, P.E.（シフネオス）によって提唱された。失感情症とも呼ばれる。

自分の内的状態に気づきにくく、適切な対処行動がとれないことから心身症を発症することが多いとされる。

心身症以外にも、摂食症やアルコール依存症などとの関連も指摘されている。さらに、他者に対して自己の内的状態を適切に伝えることがむずかしいことから、良好な対人関係を築くのがむずかしく、セラピストとの間に十分なラポールを形成しづらいことも多い。

> 以前より、感情の認識・言語的表現や空想が苦手で、精神分析的心理療法への反応に乏しい患者群の存在は指摘されていました。Sifneos、P.E.（シフネオス）は、このような傾向がもつ心身症患者の特徴を明らかにし、アレキシサイミアと名づけました。

Q タイプA行動パターンとは、常に時間に追われており、攻撃的で野心家であるような性格や行動傾向で、一般的に、がんになりやすいとされている。

09 摂食症群

神経性やせ症
anorexia nervosa

　カロリー摂取を持続的に制限し、年齢や身体的健康状態などに対して**有意に低い体重**に至り、体重増加への**恐怖**や自身の**体重及び体型への歪んだ認識**をもつことなどが特徴である。自分の身体に対する**イメージの歪み**から、極端に痩せていてもさらに痩せたいという願望を抱く。

　また、太ることへの**恐怖**から、**絶食**したり、嘔吐や下剤の使用などによる**排出行動**をともなったりする。重篤な低栄養状態により**死亡率**が他の精神疾患と比較して高いことから、場合によっては**強制入院**を行い、**点滴**による栄養補給といった身体的治療を優先することもある。心理支援としては、認知行動療法による身体に対する**歪んだイメージ**の修正、また**家族療法**によるアプローチなどがとられる。

神経性やせ症、神経性過食症、むちゃ食い症の違いについてしっかり理解しておきましょう。

神経性過食症
bulimia nervosa

むちゃ食いエピソードの繰り返しや、**排出行動**をはじめとし

×：一般的に、タイプA行動パターンと虚血性心疾患の関連が指摘されている。

> 摂食症群は、おもに神経性やせ症と神経性過食症に分かれます。症状としては反対のように見えますが、その背景は同じで、表裏一体の関係とされています。

た体重増加防止のための不適切な**代償行動**、**自己評価に対する体重や体型の過剰な影響**などが特徴である。**体重**は正常から過体重の範囲である場合が多い。

繰り返しの**嘔吐**をともなう場合は、歯のエナメル質の脱灰や唾液腺の腫れなどの症状がみられる。むちゃ食いやその後の排出行動は、それを行ってしまったことに対する**自己嫌悪**や**敗北感**を生じさせ、**うつ病**や**不安症**、最悪の場合は**自殺**を招くこともある。

治療は、SSRIなどの**薬物療法**、体重や体型に関する**歪んだ考え**を修正していく認知行動療法などが挙げられる。

むちゃ食い症
Binge Eating Disorder; BED

食べることをやめられない、苦しいくらい満腹になるまで食べる、大量に食べていることが恥ずかしくひとりで食べるといった**むちゃ食いエピソード**が繰り返されるが、嘔吐や下剤の使用といった**不適切な代償行動**をともなわないことが特徴である。体重増加を抑制する不適切な代償行動をともなわないため、体重は**正常**か**過体重**または**肥満**である。

むちゃ食いエピソードの前に**対人ストレス**や食事制限、体重や体型、食べ物に関する**ネガティブな感情**などがみられることがある。むちゃ食いがこれらのストレッサーを一時的に**軽減する**が、後になってそれによる**否定的な自己評価**と**不快気分**がしばしば遅れて生じ、**主観的苦痛**は大きい。治療は、**認知行動療法**や**対人関係療法**、**SSRI**や**減量薬**といった薬物療法などが行われる。

Q 神経性やせ症は死亡リスクが高いが、神経性過食症は死亡リスクが低い。

10 睡眠・覚醒障害群

不眠障害
insomnia disorder

　睡眠の開始や維持が困難であり、睡眠の量と質に関する不満足な状態をいう。就床時に睡眠の開始困難がみられる入眠困難、夜間に何度も覚醒し、目覚めると再び入眠できない中途覚醒、早朝に覚醒し再び入眠できない早朝覚醒がある。不眠障害は夜間の睡眠困難だけでなく、日中の生活にも支障をきたす。疲労感や日中の眠気、注意や集中、記憶の困難といった認知機能障害、易怒性や気分の不安定性といった気分の障害がみられる。治療は、睡眠薬を用いた薬物療法、生活指導、認知行動療法、リラクセーション法などがある。

睡眠障害の原因として、Physical（身体的）、Physiological（生理的）、Phychological（心理的）、Psychiatric（精神医学的）、Pharmacological（薬理学的）の5つのPからとらえる5分類が理解しやすいとされています。

ナルコレプシー
narcolepsy

　日中に耐えがたい眠気や睡眠が繰り返される疾患である。会議で発言中など通常では眠れないような状況でも、突然の眠気により眠ってしまう。情動脱力発作（カタプレキシー）とは、ナルコレプシーに特徴的な症状で、笑いや怒りなど強い情動により、両側性の骨格筋の筋緊張の発作的消失がみられる。発作中は意識障害もなく、通常、数秒から数分で回復する。いわゆる金縛りである睡眠麻痺や入眠時幻覚をともなうこともある。

 ×：神経性過食症はうつ病などを併発する可能性があり、最悪の場合自殺の可能性があることから決して低くはない。

ここでは、DSM-5で睡眠・覚醒障害群として構成されている不眠障害、ナルコレプシー、睡眠時随伴症群について取り上げています。

病因として、**神経ペプチド**である**オレキシン**を産生する神経細胞の脱落や、**ヒト白血球抗原型（HLA型）**との関連性も指摘されている。過眠症状に対しては**メチルフェニデート**、ペモリン、モダフィニルなど**中枢神経刺激薬**、**情動脱力発作**に対しては**SSRI**、**SNRI**などの抗うつ薬が用いられる。

睡眠時随伴症群 ★★☆
parasomnias

　睡眠や特定の睡眠段階、または睡眠・覚醒の移行に関連してみられる**行動異常**や**体験**をいう。パラソムニアともいう。下位分類には、ノンレム睡眠からの覚醒障害として、不完全な覚醒状態であり、睡眠中にみられる複雑な運動行動である**睡眠時遊行症**や、睡眠からの突然の覚醒を繰り返す**睡眠時驚愕症**がある。これらは覚醒エピソードについての**健忘**がみられる。また、**小児期**によく起こり、成長とともに消失することが多いため、行動に危険がなければ特別な治療を必要としない。

　また、睡眠時随伴症群の下位分類として、睡眠中に発声や複雑な運動行動により覚醒する**レム睡眠行動障害**がある。このような行動は夢の内容に対する反応として表出されたものであるとされ、覚醒した際には夢を見ていたことを覚えている。レム睡眠行動障害は、**中年期**以降にみられることが多い。治療としては、危険を避けるための環境調整や、激しい行動異常がみられる場合はクロナゼパムなどの**薬物療法**を行う。

Q　ナルコレプシーでは、カタレプシーと呼ばれる、強い情動による骨格筋の筋緊張の発作的消失がみられる。

11 依存症

依存症
dependence ★★★

　特定の物質や行為を**やめたくても、やめられない**状態をいう。依存対象は、アルコールや薬物、ギャンブルなどさまざまである。依存症になると、依存対象への**耽溺**を優先し、家庭や職業における他の活動が**疎か**になる。その結果、自分や家族の**健全な社会生活**に困難が生じる。

　依存症は、**物質への依存**と、**プロセスへの依存**の2つに大きく分かれる。物質への依存では、アルコールや薬物などの**依存性のある物質**の摂取を繰り返すことにより、以前と同じ量や回数ではその効果に満足できずに、次第に使う量や回数が増え、使い続けなければ気が済まなくなり、自分でもコントロールできなくなってしまう。プロセスへの依存では、ギャンブルやゲームなどの**特定の行為やプロセス**に心を奪われており、のめり込んでしまう状態である。

　現在の医療では、その治療は、依存対象を**生涯**断つ以外にはないため、依存症者本人の治療への**動機づけ**が重要である。そのため、**家族**や**周囲**からの長期的な支援が本人を支えるうえで必要である。

　それを踏まえて、**物質使用欲求**を低減させるための**薬物療法**や、**認知行動療法**、**自助グループ**への参加などが行われる。

物質関連症
substance related disorders ★★★

　本来は**生体内**に存在しない物質が体内に入り、**脳**に影響を及ぼすことによって生じるさまざまな症状を指す。DSM-5では、

×：カタプレキシーという。カタレプシーとは、いったんある姿勢をとらされると、その姿勢を戻そうとはせず、長時間同じ姿勢を保持する症状である。

依存症とは、ある対象に過度に耽って溺れ、不適応状態に陥っている状態を指します。依存対象には、アルコールや薬物、ギャンブル、性、ニコチン、買い物などが挙げられます。

アルコールやカフェイン、大麻など10の物質が物質関連症群として含まれている。物質関連症は、物質に関連した重大な問題が生じているのにもかかわらず、使用し続けることでみられる認知的、行動的、生物学的症状である物質使用症と、物質中毒や物質離脱、及び物質・医薬品誘発性精神疾患を示す物質誘発性症に分かれる。

DSM-5では、非物質関連症として、反復性の問題賭博行為であるギャンブル行動症が含まれています。

離脱（禁断）症状 ★★☆
withdrawal symptom

依存物質の使用を中止したり減量した後、数時間から数日後に現れる身体的・精神的な症状をいう。禁断症状ともいう。身体症状として、発汗や不眠、振戦せん妄や体感幻覚などがみられる。精神症状として、焦燥感や不安、その物質への渇望などがみられる。

身体依存とは、物質を使用し続けた結果、身体がその生理的作用に適応してしまい、物質の使用を中止・減量すると、離脱症状が出現するようになった状態をいう。つまり、身体的な離脱症状は身体依存の指標になる。また、物質を使用し続けると、その効果は次第に減弱し、使用初期の頃と同じ効果を得るために用量を増やさなければならない。この状態を耐性という。

Q 依存物質の使用を中断したり、減量することでみられる身体的・精神的症状を陰性症状という。

12 神経認知障害群

認知症 ★★★
dementia

　何らかの後天的な脳の器質的障害により、さまざまな精神機能が低下する障害であり、一般的な症状として、記憶障害、失語・失認などの認知障害、見当識障害などが現れる。その原因や病態によって、脳の神経細胞の異常な変化、脱落による変性性認知症、脳梗塞や脳出血などによって生じる血管性認知症などに分類される。代表的な変性性認知症として、脳全体の萎縮がみられるアルツハイマー型認知症が挙げられる。アルツハイマー型認知症では、記憶をはじめとするさまざまな精神機能が漸進的に悪化し、人格の変容、感情の平板化などを経て、最終的には寝たきりになる。一般的に有病率は女性の方が高いとされる。

　一方、血管性認知症の場合、症状は脳の損傷部位に依存し、進行も段階的である。また、変性性認知症に比べ、人格は保たれやすい。一般的に有病率は男性の方が高いとされる。

　いずれにおいても、根本的な治療方法は現在までに開発されていないが、薬物治療や回想法などによって、ある程度進行を遅らせることは可能といわれている。

アルツハイマー型認知症 ★★★
Alzheimer-type dementia

　大脳皮質の神経細胞が変性、脱落し、脳が萎縮していく疾患である。特徴的な病理組織学的所見として、老人斑、神経原線維変化がみられる。老人斑はアミロイドβから、神経原線維変化はタウ蛋白から生じる。これらによって神経細胞死が起こり、

×：離脱（禁断）症状である。

老年期はうつ病やせん妄など精神疾患を発症しやすい年代ですが、代表的なものとして認知症が挙げられます。ここではおもな認知症とその治療について取り上げています。

認知症の症状が出現する。**緩徐な発症と進行**が特徴で、病変は**海馬**周辺からはじまり、**頭頂葉**や**前頭葉**などへ徐々に広がっていく。病変が側頭葉にある場合、**記憶障害**がおもな症状であり、特に**エピソード記憶**や**自伝的記憶**の障害がみられる。頭頂葉へ進行すると、**失行**や**失認**、**失算**、**失読**が起こる。前頭葉に及ぶと、**自発性**の低下や**遂行機能**などの**高次脳機能障害**や**人格変化**がみられる。治療は、認知機能低下の抑制のための**薬物療法**と、BPSDに対する**非薬物療法**を中心としたアプローチが行われる。

血管性認知症 ★★★
vascular dementia

脳梗塞や**脳出血**などが原因となる認知症である。脳の太い血管が**梗塞**を起こすと広範囲の神経細胞が死滅し、急激に**認知障害**や**運動機能障害**が引き起こされる。ひとつひとつは小さな梗塞でも繰り返し起こり次第に発症する**多発梗塞性認知症**や、おもに**皮質下**における小血管の病変による認知症もある。症状は、梗塞巣の分布が不均等で知的機能の低下が一様でなく、**まだら状**に障害される。初期より**頭痛**や**頭重**、**しびれ感**、**めまい**などの身体的自覚症状を訴え、脳動脈硬化が進行すると**感情失禁**がしばしばみられる。また、**せん妄**を合併しやすい。経過は、脳血管障害の発症にともない、**段階状**に悪化することが多い。

レビー小体型認知症 ★★☆
dementia with Lewy bodies; DLB

幻視や**認知機能の変動**、**パーキンソン症状**、**レム睡眠行動障害**を中核症状とする認知症のひとつである。幻視は、「人や動

第6章 精神疾患とその治療

Q アルツハイマー型認知症は、急激な発症と進行が特徴である。

物が見える」などの具体的で生々しいものが現れる。初期における記憶障害は少ないとされるが、他の認知症に比べ、症状の進行により寝たきりになる確率が極めて高い。アルツハイマー型認知症に次いで多い認知症であり、男性の有病率が高い。早期の診断がむずかしく、アルツハイマー型認知症やパーキンソン病と間違われることもある。

前頭側頭型認知症
frontotemporal dementia; FLD

前頭葉や側頭葉に萎縮や変性がみられる認知症である。代表的なものとしてピック病が挙げられ、おもな症状に極めて自分勝手な行動や、万引きなどの反社会的行為が現れるような人格の変容がある。また、病気の進行にともない、言語機能の障害がみられる。アルツハイマー型認知症と比べ、ある程度進行するまで記憶や見当識は保たれている。発症年齢が50代～60代と比較的若く、65歳未満で発症する若年性認知症のおもな原因のひとつになっている。

BPSD
behavior and psychological symptoms of dementia

認知症の記憶障害、認知障害、見当識障害などの中核症状から二次的に起こる障害を指す。周辺症状とも呼ぶ。暴力、徘徊、拒絶などの行動症状、抑うつ、不安、幻覚、妄想などの心理症状がある。中核症状以上に介護を困難にする一方で、環境調整や適切な薬物療法を行うことで改善の可能性がある。

回想法
reminiscence therapy; RT

Butler, R.（バトラー）が開発した、おもに認知症高齢者に

×：アルツハイマー型認知症は、緩徐な発症と進行が特徴である。

対する心理療法である。彼は、これまで否定的にとらえられてきた高齢者の過去への回想を意味あるものとし、それは死が近づくことにより自然に起こる心的過程で、過去の未解決の課題を再度とらえ直すことにつながり得る積極的な役割があると主張した。回想法では、高齢者の回想を支援者が共感的・受容的な姿勢をもって傾聴することが重要である。日本では集団で行われることが多いが、個別に行うことも可能である。また、回想しやすいように、写真や音楽、食べ物、花などの香りのするものなどが用意されることがある。

リアリティ・オリエンテーション
reality orientation; RO

Folsom, J.C.（フォルソム）によって開発された、認知症の人に対して、日にちや曜日、時間、季節、場所などの情報を随時提示することで見当識を補い、彼らの生活上の混乱を少なくし、安心して過ごせるようにするための関わりである。認知症の人は、「今」が不確かなうえに、記憶障害によって過去とのつながりが絶たれ、実行機能障害などによって見通しをもって行動することもむずかしい。「今」を伝え、何をすればいいのかを伝えていくことで、認知症の人の不安は緩和される。

リアリティ・オリエンテーションは24時間型（非定型）とクラスルーム型（定型）の２つに分かれる。24時間型は、日常生活のあらゆる機会において、「今」の状況を確認できるような言葉や、食事や風景などの五感を通じて、個別に意図的に働きかける方法である。クラスルーム型は、集団を対象とした１時間程度のプログラムを行うことで、24時間型の補完的役割をする。参加者が共通して関心を持てるような物品を準備し、参加者間の会話が促進されるように働きかけていくことで、コミュニケーションの促進効果が期待される。

Q レビー小体型認知症では、言語障害や反社会的な行為がみられるような人格変容が特徴である。

13 パーソナリティ症群

Kernberg, O.F.（カーンバーグ）の人格構造論 ★★★
Kernberg's model of the structure of personality □□□

　Kernberg, O.F.（カーンバーグ）によって提唱された、人格構造を同一性の統合度、防衛操作、現実吟味からとらえる考え方である。同一性の統合度とは、自他の表象を含んだ自他の区別である自我境界や、自己や他者の表象の統合の程度を指す。防衛操作とは、現実適応や葛藤処理のために用いられる防衛機制のことである。現実吟味とは、現実世界を正しく認識して判断する能力をいう。これらの観点から、神経症人格構造、境界性人格構造、精神病人格構造に分類した。

　神経症人格構造は、自己表象と他者表象が明確に区別され、また矛盾した部分も統合されており、抑圧や反動形成、合理化などの高次の防衛機制を用い、現実を適切に認識している。境界性人格構造は、自己表象と他者表象は明確に区別されているが、矛盾した部分は統合されずに分離しており、分裂を中心とした否認や投影性同一視などの低次の防衛機制を用い、しばしば現実が歪められる。精神病人格構造は、自我境界は不明瞭であり、低次の防衛機制を用い、現実吟味能力は失われている。

　Kernberg, O.F.（カーンバーグ）の考え方は、精神分析的なアセスメントにおいて心理療法の方針や予後を検討するにあたって重要な概念であるとされている。

パーソナリティ症 ★★★
personality disorder □□□

　行動や考え方など一般的にパーソナリティあるいは性格とされるその人の特徴が、社会的規範や周囲の一般的常識と比べて

×：前頭葉側頭葉型認知症のひとつであるピック病の特徴である。

パーソナリティ症とは、著しいパーソナリティの偏りのために、社会生活に支障をきたす状態です。ここでは、おもなパーソナリティ症について取り上げています。

著しく偏っている状態をいう。そのために社会生活に支障をきたしていたり、周囲に迷惑をかけたりする。その偏りは、一時的なものではなく、パーソナリティとして**持続的**に存在し、本人にとっては**自然なもの**として感じられている。DSM-5の分類では、猜疑性、シゾイド、統合失調型パーソナリティ症からなる奇妙で風変わりな信念や習慣を特徴とする**A群**、反社会性、ボーダーライン、自己愛性、演技性パーソナリティ症からなる劇的・過度な感情や言動がみられる**B群**、回避性、依存性、強迫性パーソナリティ症からなる不安や自信のなさが強い**C群**に分けられる。

ボーダーラインパーソナリティ症 ★★★
borderline personality disorder

不安定な思考や感情、**衝動性**の高さ、**慢性的な空虚感**などを特徴とする、パーソナリティ症のひとつである。他者を**理想化**したかと思えば、突然その人を**こきおろす**といった激しい対人関係パターンを示す。また、**薬物**の過剰摂取や**自傷行為**などの**自己破壊的行為**やそのそぶりを繰り返す。その不安定な精神状態から、**うつ病**や**不安症**をはじめとした他の精神疾患を併存しているケースが極めて多い。原因としては、ストレスへの先天的な**脆弱性**や、幼少期における虐待をはじめとした**過度のストレス経験**、社会文化的要因などさまざまなものが関与しているとされる。パーソナリティは個人の**持続的**で**安定した**特性であることから、それを根本から改善させるような治療は極めて困難である。ただし、併存する**うつ病**や**不安症**などの精神疾患に対しては**薬物療法**が適用可能であり、患者に安定した精神状態

Q ボーダーラインパーソナリティ症では、他者に対する親和欲求が強いため、他者を理想化することはあってもこきおろすことはない。

をもたらすという点においては有効であるといえる。

近年では**弁証法的行動療法**や**メンタライゼーション療法**など、ボーダーラインパーソナリティ症の治療に効果の認められる心理療法が開発されている。

分離―個体化過程
separation-individuation process

乳幼児が**母親との共生**から抜け出して、**自他**を区別できるようになるまでの過程をいう。**Mahler, M.S.**（マーラー）が提唱した。

この過程以前には、まず**正常な自閉期**（生後0～1ヵ月）、**正常な共生期**（生後2～5ヵ月）があり、それ以降を分離―個体化期とした。分離―個体化期には、**自他**を区別しようとする行動がみられる**分化期**（生後5～9ヵ月）、**歩行**ができるようになって**外界の探索**に乗り出し、母親の存在を忘れたかのように見えるがしばしば母親のもとに戻って**接触**を求める**練習期**（生後9～14ヵ月）、**分離不安**を感じ**不安定**になり、母親に近づいたり離れたりしながら適切な**心理的距離**を見つけていく**再接近期**（生後14～24ヵ月）、複雑な**自我機能**の発達が進み、実際に母親がいなくても自分のなかに安定した**母親像**を内在化させることができるようになる**情緒的対象恒常性の萌芽期**（生後25～36ヵ月）の4段階がある。

再接近期危機
rapprochement crisis

分離―個体化過程における**再接近期**は、幼児がひとり歩きできるようになり、その喜びと同時に**分離不安**を感じる時期である。そのため、母親との分離について**両価的**であり、母親への**まとわり**や**しがみつき**がみられたり、あるいは母親が自分を追

×：他者に対する理想化とこきおろしはボーダーラインパーソナリティ症の特徴である。

いかけてくれるのを期待するように、急に母親から離れて**飛び出したり**といった行動がみられる。このような時期に母親からの**適切な情緒的応答**が与えられないと、幼児は**傷つき、不安定な状態**になる。これを**再接近期危機**という。

Kernberg, O.F.(カーンバーグ)は、境界性人格構造をもつ人は、再接近期にその大きな不安を抱えてもらうことが困難な環境にあったことによって、その時期に固着していると考えました。

自己愛性パーソナリティ症 ★☆☆
narcissistic personality disorder □□□

自己の**重要さ**に対する**誇大性**が特徴的なパーソナリティ症のひとつである。他者からの**賞賛**を強く求める一方で、他者に対する**共感の欠如**を示す。そのため、**傲慢な態度**を取ったり、自分の目標を達成するために不当に**他者を利用する**。

他者に対する**嫉妬深さ**も特徴のひとつである。一方で、こうした誇大性や特権意識は根拠のない**幻想的**なものであり、容易に崩壊し得ることから、**傷つきやすい**という一面も併せもつ。**うつ病**や**摂食症**、**依存症**さらには他のパーソナリティ症との併存もみられる。

原因としては、先天的な気質、幼少期に周囲から受けた**過大評価**、**虐待経験**などが考えられている。

治療としては、**認知行動療法**や**対人関係療法**などの心理療法が中心であり、併存する他の症状を軽減するために**薬物療法**を併用する場合もある。

自己愛性パーソナリティ症では、自己の重要性に対する誇大性が特徴であり、傷つきやすさはまったくみられない。

14 薬理作用

コンプライアンス
compliance

　コンプライアンスとは**服薬遵守**のことであり、患者が**医師の指示**どおりに服薬することを指す。つまり、**医療者主体**の服薬である。

　コンプライアンスの低下は、薬物療法の効果に大きな影響を及ぼすとされる。コンプライアンスを低下させる要因としては、病気に対する**理解不足**や**医療不信**など患者側の心理的要因、生活が**不規則**で服薬がむずかしい、**保険適用外の薬**であるなどの物理的・経済的要因、**病識**や**意欲**の欠如などの精神症状などのほかに、服薬についての**説明不足**や**治療的コミュニケーション**の不足などの治療者側の要因、薬物療法に懐疑的な**周囲の人たち**の態度、薬物の**味**や**形状**、**副作用**が強いといった薬物自体の要因が挙げられる。

　2001年にWHOは、コンプライアンスではなく**アドヒアランス**を推進するという方向性を示した。これによって、患者が積極的に**治療方針の決定**に参加し、その決定に従って**主体的**に治療を受けるという考え方が主流になりつつある。

アドヒアランス
adherence

　アドヒアランスとは、患者が薬の**効果**や**副作用**について十分な**説明**を受け、納得したうえで**服薬意義**を理解し、**主体的**に**服薬**を継続することを指す。

　これまで用いられてきたコンプライアンスは、**医師の指示**どおりに、患者が正しく薬を服用することを意味しており、医師

×：自己愛性パーソナリティ症の人がもつ誇大性は、根拠のない幻想的なものであり、容易に崩れやすく傷つきやすいという一面をもつ。

精神症状がみられる患者に心理療法や心理教育などの心理支援を行う際は、薬物療法を併用することが多くあります。ここでは向精神薬である抗精神病薬や抗うつ薬、抗認知症薬などについて取り上げます。

に対して**受身的**に従う患者像が前提にあった。しかし、**インフォームド・コンセント**の考えが普及されるにつれて、患者自身が自らの病気の治療法について**自己決定**する権利が主張されるようになった。それにより、アドヒアランスの考えに移行していった。

特に、高血圧や糖尿病といった**慢性疾患**の治療においては服薬などの**薬物療法**は重要な役割を担っている。しかし、日常生活のなかで確実に定期的な**服薬**を行っていくことはむずかしく、**服薬率**が低いことが問題とされている。慢性疾患患者の服薬の**自己管理**には、患者の**理解**や医療従事者との**良好な関係**、治療への**参加意識**、治療への**同意**や**納得**、**ソーシャルサポート**などのさまざまな心理社会的要因が関連していることが明らかにされている。

デポ剤 ★★★
depot

デポ剤は**注射剤**の一種である。体内に投与後、薬効成分を少しずつ放出し続けるため、作用が**数週間程度**持続するというメリットがある。

経口薬と比べて服薬の頻度が明らかに**少なくなる**ため、薬を飲むことを**忘れがちな**患者や**拒薬する**患者への投与に適している。また、投与できる薬の量が**経口薬**よりも多いため、経口薬だけでは十分な効果が得られない患者にも適用されている。

その一方で、注射による投与のため、**痛み**をともなったり、効果を発揮するまでに**時間**がかかったり、副作用がみられるとそれが**長く続いてしまう**といったデメリットもある。

> Q インフォームド・コンセントの考えが普及されるにつれて、服薬に対してアドヒアランスからコンプライアンスの考えに移行していった。

向精神薬

psychotropic

脳の**中枢神経系**に作用してさまざまな精神疾患の治療に使用される薬物の総称を指す。向精神薬は、**抗精神病薬**、**抗うつ薬**、**気分安定薬**、**抗不安薬**、**睡眠薬**、**中枢神経刺激薬**、**抗認知症薬**などに分類される。向精神薬による治療は、精神疾患の原因を治すものではなく、その症状を軽減する**対症療法**である。また、向精神薬の効果は、**個人差**が非常に大きく、その効果を予測することが困難であることが多い。

医薬品が患者にもたらす作用のうち、治療の目的に合った、患者にとって有益な作用を**主作用**といい、治療上不要な、患者にとって障害となる作用を**副作用**という。向精神薬のおもな副作用には、抗精神病薬による**錐体外路症状**や、SSRIによる**悪心**や**嘔吐**、**便秘**などが挙げられる。

精神症状を示す患者に心理療法や心理支援を行う際は、薬物療法を併用することが多いです。

抗精神病薬

antipsychotics

抗精神病薬は、おもに**幻覚**や**妄想**、**精神運動興奮**などを改善するための薬剤である。作用機序はおもに**ドパミン（D2）受容体遮断作用**である。適応は、おもに**統合失調症**や**躁状態**、**器質性精神障害**などである。

抗精神病薬は、**定型抗精神病薬**と**非定型抗精神病薬**に分類される。定型抗精神病薬は、**幻覚**や**妄想**などの陽性症状の改善のために従来から用いられていたが、**治療効果**や**副作用**の面で欠点があった。その後、それらを改良した**非定型抗精神病薬**が開発された。非定型抗精神病薬は、定型抗精神病薬と比べて、過

×：コンプライアンスからアドヒアランスに移行していった。

剰な**鎮静感**や**錐体外路症状**、**抗コリン作用**などの副作用が少なく、定型抗精神病薬では十分な効果がみられなかった**陰性症状**や**認知機能障害**に対しても有効性を示されている。そのため、統合失調症では非定型抗精神病薬が**第一選択薬**として適用される。副作用として、**パーキンソン症状やアカシジア、ジストニア**などの**錐体外路症状**がみられることがある。

抗精神病薬や抗うつ薬、抗不安薬の副作用は出題されやすいので、しっかり押さえておきましょう。

錐体外路症状 ★★★
extrapyramidal symptom

　統合失調症などの治療に用いられる**抗精神病薬**を服用した際に起きる**手の震え**や**筋肉のこわばり**などを特徴とする副作用をいう。ただし、これらの症状は薬剤の副作用だけでなく、**パーキンソン病**や**レビー小体型認知症**などにもみられる。錐体外路症状は**ドパミン**が減少することで現れるとされている。

　錐体外路症状には、**アカシジア、アキネジア、ジストニア、ジスキネジア**などがある。アカシジアは**足がむずむず**してじっとしていられず、絶えず**歩き回ったり**、落ち着きなく**揺らす**状態である。アキネジアは動きが**緩慢**になったり、**動かない状態**である。ジストニアは**眼球**が上を向いたり、**ろれつ**が回らなかったり、**首**が曲がるなどの状態である。ジスキネジアとは、**口をもぐもぐ**させたり、**舌**が出たり、**手足**が勝手に動いてしまう状態である。

Q　錐体外路症状のひとつであるアカシジアとは、足がむずむずしてじっとしていられず、歩き回ったり、落ち着きなく揺らす状態をいう。

抗コリン作用
anticholinergic

　アセチルコリンが**アセチルコリン受容体**に結合するのを阻害する作用である。アセチルコリンは**副交感神経**に作用する。そのため、**副交感神経**の活動が抑制された結果、身体症状として、**口渇**や**便秘**、**排尿障害**などがみられる。また、脳内のアセチルコリンが減少することで、**記憶**や**注意**などの認知機能の低下も現れる。

　抗コリン作用をもつ薬剤は、**抗精神病薬**や**抗うつ薬**などの向精神薬だけでなく、**抗パーキンソン病薬**や胃腸薬、抗アレルギー薬などさまざまある。特に**高齢者**は、抗コリン作用をもつ薬剤を使用することが多く、**加齢**にともなう薬剤に対する代謝や吸収、排泄の**機能低下**、**感受性の亢進**、**血液脳関門**の脆弱化などのさまざまな身体的変化が**副作用**の出現に影響するため注意を要する。

SSRI（選択的セロトニン再取り込み阻害薬）
selective serotonin reuptake inhibitor

　抗うつ薬のひとつである。**シナプス前細胞**の神経終末に存在する**トランスポーター**に作用してセロトニンの**再取り込み**を阻害する。それによって、シナプス間隙のセロトニンの**濃度**を増加させ、シナプス後細胞の**セロトニン受容体**への神経伝達物質の作用を増強させ、う

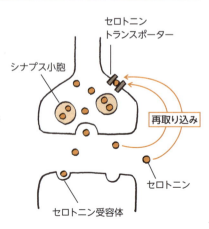

つや不安症状を改善する。このことから、うつ病はシナプスにおいて**セロトニン**の濃度が低下し、**セロトニン受容体**へ作用しにくくなることで発症するという**モノアミン仮説**が提唱された。また、強迫症や**パニック症**、**神経性過食症**などについても有効性も報告されている。

SSRIはセロトニン再取り込み阻害作用しか有しておらず、従来の三環系抗うつ薬に比べて**副作用**が少ない。

抗不安薬
Anxiolytic

不安症状を緩和する薬剤をいう。具体的には、**不安**や**緊張**の緩和、**鎮静・催眠作用**、**筋弛緩作用**、**抗けいれん作用**、**自律神経調整作用**といった効果がみられる。適応は、**不安症**に限らず、**うつ病**、**統合失調症**、心身症における**不安**や**緊張**、**抑うつ**、**睡眠障害**、**自律神経失調症**などである。

ベンゾジアゼピン系抗不安薬は、**GABA受容体**と複合体を形成している**ベンゾジアゼピン受容体**に作用する。GABAは**抗不安**や、**催眠・鎮静**などに関わっており、ベンゾジアゼピン系抗不安薬がGABAの働きを助けることで抗不安作用や鎮静・催眠作用がみられる。ベンゾジアゼピン系抗不安薬の副作用には、**眠気**、**疲労感**、**筋弛緩**、**注意力低下**、**記憶障害**、**運動失調**などがある。また**依存**や**耐性**が生じやすいため、**常用量依存**の問題が指摘されている。近年では、**SSRI**がパニック症や社交不安症などに適用されるようになり、その抗不安作用が認知されるようになった。

> 抗不安薬は、アルコールと併用すると作用が増強してしまうため、併用は禁じられています。

Q: SSRIは、シナプス後細胞のセロトニン受容体に結合することによって抗うつ効果をもたらす。

気分安定薬
mood stabilizer

気分を安定させ、躁状態やうつ状態を軽減させる作用を有する薬剤である。適応は、一般的に躁病及び双極症である。代表的なものとして、リチウム、カルバマゼピン、バルプロ酸が挙げられる。

リチウムの副作用としては、悪心や嘔吐などの消化器症状、多尿、振戦、全身倦怠、甲状腺機能低下などがある。また、血中濃度が高くなった場合に、意識障害やけいれん、腎障害などが現れ、死に至ることもあるので、定期的な血中濃度測定が必要である。

抗認知症薬
anti-dementia drugs

認知症の進行を抑える薬剤である。一般的にはアルツハイマー型認知症に適用されるが、レビー小体型認知症に用いられるものもある。代表的なものに、塩酸ドネペジル、ガランタミン、リバスチグミン、メマンチンがある。

抗認知症薬は、アセチルコリンエステラーゼ阻害薬とNMDA受容体拮抗薬に分類される。アセチルコリンエステラーゼ阻害薬は、記憶障害や見当識障害の進行を抑制したり、行動や感情、言語を活発化したりする効果がある。おもな副作用としては、悪心、嘔吐、食欲不振、下痢などがある。NMDA受容体拮抗薬は、患者の行動や感情を安定化させる、あるいはやや抑制的に作用する効果がある。特に、暴力や暴言、不穏、拒絶などのBPSDによって介護に困難をきたす場合に用いられることが多い。副作用としては、めまい、頭痛、眠気などがある。

×：シナプス前細胞の神経終末に存在するセロトニントランスポーターに作用し、セロトニン再取り込みを阻害することによって、抗うつ効果をもたらす。

第7章

関係行政論

01 保健医療 …………………………………… 386
02 福祉（児童）………………………………… 394
03 福祉（障害者）……………………………… 402
04 福祉（高齢者）……………………………… 410
05 教育 ………………………………………… 414
06 司法・犯罪 ………………………………… 420
07 産業・労働 ………………………………… 426

01 保健医療

医療法
Medical Care Act

　医療を受ける者が医療についての**適切な選択**を支援するために、医療の**提供体制**について定めた法律である。医療を受ける者の**利益の保護**及び**良質かつ適切な医療**を効率的に提供する体制の確保を図ることで、**国民の健康の保持**に寄与することを目的とする。具体的には、**医療提供の理念**や、**病院**や**診療所**、**助産所**等の定義、**医療事故調査・支援センター**、**医療提供体制の確保**を図るための基本方針、**医療計画**などについて規定している。

　医療提供の理念として、医療は、**生命の尊重**と**個人の尊厳**の保持を旨とし、医師をはじめとする医療の担い手と医療を受ける者との**信頼関係**に基づき、かつ医療を受ける者の**心身の状況**に応じて行われ、またその内容は、単に**治療**のみならず、疾病の**予防**のための**措置**及び**リハビリテーション**を含む良質かつ適切なものでなければならないとしている。

地域保健法
Community Health Act

　地域保健対策の推進に関する基本指針や**保健所**の設置等の**地域保健対策**の推進に関する基本事項を定めた法律である。地域保健対策に関する法律に基づく施策が**地域**において総合的に推進されることで、**地域住民の健康の保持及び増進**に寄与することを目的とする。

　地域保健において重要な役割を担うのが、総合的な保健衛生行政機関である**保健所**である。保健所は、対人保健サービスに

保健医療分野の心理職は疾患や薬に関する知識だけでなく、医療や福祉の制度についても理解しておく必要があります。ここでは医療法や精神保健福祉法、自殺対策基本法などについて取り上げます。

おいて**広域的**に行われるべきサービスや**専門的技術**を必要とするサービス、**多職種連携**が求められるサービス及び**対物保健サービス等**を実施する。また、**市町村**が行う保健サービスに対して必要な援助を行う。**保健所**は都道府県、指定都市、中核市、特別区などに設置されている。なお、市町村保健センターは、**健康相談**、**保健指導**、**健康診査**等、地域保健に関する事業を実施する施設である。

母子保健法 ★★☆
Maternal and Child Health Act

母性及び**乳幼児**の健康の保持及び増進を目的とした法律である。具体的には**母子健康手帳**の交付や**妊産婦**に対する健康診査、**乳幼児健康診査**、妊産婦や新生児等の**訪問指導**、**産後ケア事業**、**低出生体重児**の届出、**養育医療**、**こども家庭センター**などについて規定している。国及び地方公共団体の責務として、母子保健施策を講ずるにあたっては、当該施策が乳児や幼児に対する**虐待の予防及び早期発見**に資するものであることに留意するとともに、その施策を通じて、**母子保健**の理念が具現されるように配慮しなければならないと明記されている。この法律では、市町村には、**1歳6ヵ月児健康診査及び3歳児健康診査**の実施が義務づけられている。

精神保健福祉法 ★★★
Act on Mental Health and Welfare for the Mentally Disabled

正式名称は「精神保健及び精神障害者福祉に関する法律」である。精神障害者の権利の擁護を図りつつ、その**医療**及び**保護**

> 市町村に対して、1歳6ヵ月児健康診査と3歳児健康診査の実施を義務づけているのは地域保健法である。

387

を行い、**社会復帰**の促進及び**自立**と**社会経済活動への参加**の促進のために必要な援助をし、またその発生の**予防**や国民の精神的健康の**保持**及び**増進**に努めることにより、**精神障害者の福祉の増進及び国民の精神保健の向上**を図ることを目的とする。具体的には、精神障害者の定義、**精神医療審査会**、精神保健指定医、任意入院、**措置入院**、**医療保護入院**、**応急入院**、**精神障害者保健福祉手帳**、精神障害者社会復帰促進センターなどについて規定している。

精神医療審査会とは、都道府県や指定都市に設置される、精神科病院に入院している精神障害者の処遇等について専門的かつ独立的に審査を行う機関である。**都道府県**から提出された措置入院決定報告書や、**病院の管理者**から都道府県に提出された医療保護入院者の入院届及び更新届、措置入院者の定期病状報告書等についてその入院の必要性を審査する。また、精神科病院に入院中の患者やその家族等から、退院あるいは処遇改善の請求を受け、その入院の必要性や処遇の妥当性を審査する。委員は、精神障害者の医療に関する**学識経験者**（**精神保健指定医**）2名以上、精神障害者の**保健または福祉**に関する学識経験者1名以上、**法律**に関する学識経験者1名以上の5名から構成される。

措置入院／医療保護入院

involuntary admission / admission for medical care and protection

精神保健福祉法に規定されている入院形態である。措置入院では、精神保健指定医**2名**以上の診察により、医療や保護のために入院させなければ**自傷他害の恐れ**があると一致して診断された精神障害者を、**都道府県知事**が精神科病院や指定病院に入院させることができる。また**急速**を要し、正規の措置入院の手続きがとれない場合、精神保健指定医**1名**の診察の結果に基づ

いて、**72時間**に限って入院させることができるものを**緊急措置入院**という。

医療保護入院では、精神保健指定医の診察により医療や保護のための入院が必要と診断された精神障害者に対して、**家族等**の同意に基づき、精神科病院の**管理者**が入院させることができる。

措置入院及び医療保護入院は、本人の**同意**を得ることなく行われる入院のため、**人権擁護**の観点から、可能な限り早期治療、早期退院ができるよう、**退院後生活環境相談員**の選任が義務づけられている。

精神障害者保健福祉手帳
mental patient health welfare notebook

精神保健福祉法に規定されている、精神障害者が一定の障害を有していることを証明するための手帳制度である。精神障害者の**自立**と**社会経済活動への参加**の促進を目的としており、手帳を所持することでさまざまな支援やサービスを受けることができる。また、原則として、**知的障害者**は対象とされていない。

精神障害者保健福祉手帳は、精神障害をもつ人が**都道府県知事**に申請し、認定を受けて交付される。更新は**2年**ごとで、障害の等級は重い方から**1級**、**2級**、**3級**となっている。手帳交付の可否や障害の等級の判定は**精神保健福祉センター**が行う。

自殺対策基本法
Basic Act on Suicide Prevention

自殺対策に関する基本理念を定め、国、地方公共団体等の**責務**を明らかにし、自殺対策を総合的に推進して、**自殺の防止**及び自殺者の親族等の**支援の充実**を図ることで、国民が健康で生きがいをもって暮らすことのできる社会の実現に寄与することを目的とした法律である。

その基本理念として、①自殺対策は、生きることの**包括的な支援**として、生きがいや希望をもって暮らすことができるよう、その**妨げ**となる諸要因の解消に資するための支援とそれを**支え**かつ**促進する**ための環境の整備が図られることを旨として、実施されなければならないこと、②自殺対策は、自殺が個人的な問題としてのみとらえられるべきものではなく、その背景にさまざまな**社会的な要因**があることを踏まえ、社会的な取り組みとして実施されなければならないこと、③自殺対策は、自殺が**多様**かつ**複合的**な原因及び背景を有することを踏まえ、単に**精神保健的観点**からのみならず、自殺の実態に即して実施されるようにしなければならないこと、④自殺対策は、自殺の**事前予防**、自殺発生の**危機への対応**及び自殺が発生した後または自殺が未遂に終わった後の**事後対応**の各段階に応じて実施されなければならないこと、⑤自殺対策は、保健、医療、福祉、教育、労働その他の関連施策との**有機的な連携**が図られ、総合的に実施されなければならないことが規定されている。

ゲートキーパー ★★★
gatekeeper

　いわば「**命の門番**」として、**自殺の危険性**が高い人が示すサインに気づき、声をかけ、話を聴き、必要な援助につなげるといった適切な支援を行う人をいう。

　ゲートキーパーの役割は、その人の変化に気づいて声をかける「**気づき**」、本人の気持ちを尊重し耳を傾ける「**傾聴**」、専門家への早めの相談を促す「**つなぎ**」、温かく寄り添いつつ心配りする「**見守り**」が挙げられる。

　厚生労働省では、自殺対策として、自殺の危険性が高い人の早期発見、早期対応を図るために、自殺の危険を示す**サイン**に気づき、適切な対応をとることができるゲートキーパーを養成

することを目指している。

医療保険制度 ★★★
medical insurance system

医療機関の受診により発生した**医療費**の一部あるいは全部を**保険者**が給付する制度をいう。医療保険には職業や年齢などによってさまざまな種類があり、保険者も国や市町村、民間団体などさまざまである。日本では、すべての国民はいずれかの医療保険に加入する**国民皆保険制度**に基づいている。

医療保険は、会社員や公務員など被用者とその扶養家族が加入する**被用者保険**と、自営業者とその扶養家族などが加入する**国民健康保険**、75歳以上の人が加入する**後期高齢者医療制度**に大きく分けられる。医療保険による医療を受ける場合、医療機関で**被保険者証**を提示し、一部負担金を支払うことで医療そのものが給付される**現物給付**が一般的である。一部負担金は、年齢や所得によるが、かかった医療費の**1〜3割**であり、残りは保険者から支払われる。

医療倫理 ★☆☆
medical ethics

医療倫理とは、医療が提供される際に守られるべき**規範**を指す。その起源は、医師の職業倫理や任務などについてギリシャ神へ宣誓した「**ヒポクラテスの誓い**」にある。医療倫理の基本4原則とは、**自律的**な患者の意思決定を尊重するという**自律尊重原則**、患者に**利益**をもたらすという**善行原則**、患者に**危害**を及ぼすのを避けるという**無危害原則**、利益と負担を**公平**に配分するという**正義原則**である。患者の自律性を尊重するためには、患者が自分で**意思決定**できるように、**情報提供**や疑問への**丁寧な説明**などを行うことが重要である。

Q 医療保険は、被用者保険、国民健康保険、後期高齢者医療制度に大きく分けられる。

チーム医療
team medicine

　医療に従事する**多職種のスタッフ**が、**目的**と**情報**を共有し、それぞれの専門性に基づきつつ、**業務**を分担しながら互いに**連携・協働**することで患者の状況に対応した**望ましい医療**を提供することである。チーム医療が成立した背景には、医療専門職の技能の**高度化・複雑化**や、QOLや生物―心理―社会モデルといった**全人的医療**に対するニーズの高まりなどが挙げられる。

　チーム医療の目的は、専門職の積極的な活用や多職種連携・協働を図ることによって、**医療の質**を高め、**効率的な医療サービス**を提供することである。そのためには、専門家同士が互いの立場を**尊重**したうえで、コミュニケーションを図り、目的と情報を共有していくことが基盤となる。また、専門的な技術を効率よく提供するための**業務の標準化**も求められる。

　チーム医療の効果としては、疾患の**早期発見**や**早期治療**による**回復の促進**、**重症化の予防**など医療の質の向上、**医療の効率性の向上**による医療スタッフの負担軽減、医療の標準化・組織化を通じた**医療安全の向上**が期待される。

サイコロジカル・ファーストエイド
psychological-first aid; PFA

　サイコロジカル・ファーストエイドとは、心理的不適応を生じさせるような自然災害や事故、戦争、暴力などを経験し、深刻なストレスに曝された人びとに対する**応急処置的な支援方法**である。**専門家**にしかできないものではなく、また専門家が行う**カウンセリング**や**心理療法**とは異なるものである。サイコロジカル・ファーストエイドは、食料や水、情報など生きるうえでの**基本的ニーズ**を満たす手助けをすることを含む。また、周囲の安全や、明らかに急を要する人や深刻なストレス反応を示

す人を確認する「**見る**（Look）」、支援が必要だと思われる人に**寄り添い**、その話に耳を傾ける「**聞く**（Listen）」、ニーズが満たされるような支援を受けられるよう手助けをする「**つなぐ**（Link）」の **3L** を原則としている。

DPAT
Disaster Psychiatric Assistance Team

　自然災害や犯罪事件、航空機や列車事故等の**集団災害**が発生した場合、被災地域の**精神保健医療機能**が一時的に低下し、さらに**災害ストレス**などにより新たに精神衛生上の問題が生じるなど、精神保健医療への**ニーズ**が拡大することが想定される。DPATとは、被災地域の精神保健医療ニーズの**把握**、ほかの保健医療体制との**連携**、各種関係機関等との**調整**、専門性の高い精神科医療の**提供**と精神保健活動の**支援**を行うために、**都道府県**や**指定都市**に組織される専門的な研修・訓練を受けた**災害派遣精神医療チーム**を指す。

　DPATの活動原則として、移動や食事、宿泊、健康管理や安全管理などは自らで行う「**Self-sufficiency**（**自己完結型の活動**）」、被災・派遣自治体の災害対策本部やその担当者、被災地域の支援者及びほかの保健医療チームとの**情報共有・連携**を積極的に行う「**Share**（**積極的な情報共有**）」、支援活動の主体は被災地域の支援者であることから彼らを支え、その活動が円滑に行えるための活動を行うが、その一方で被災地域の支援者も**被災者**であることに留意する「**Support**（**名脇役であれ**）」の **SSS**（**スリーエス**）がある。

Q　サイコロジカル・ファーストエイドは、深刻なストレスに曝された人びとに対する応急処置的な支援方法であり、専門家しか行えない。

02 福祉（児童）

児童福祉法
Child Welfare Act

1947年に制定された、児童の健やかな育成に対する国及び地方公共団体、児童の保護者の責務を明らかにし、**児童福祉**に関わる公的機関の組織や施設、事業について定めた法律である。**国及び地方公共団体**は、児童が家庭において心身ともに健やかに養育されるよう、児童の**保護者**を支援しなければならないこと、ただし児童及びその保護者の**心身の状況**や置かれている**環境**等を踏まえ、児童を家庭において養育することが困難または適当でない場合は児童が家庭における養育環境と同様の養育環境において継続的に養育されるよう、児童を家庭及び当該養育環境において養育することが適当でない場合は児童ができる限り良好な家庭的環境において養育されるよう、**必要な措置**を講じなければならないことが明記されている。

児童福祉法は時代の**社会的ニーズ**に合わせて改正を繰り返しながら、児童福祉の**総合法**として位置づけられている。

児童相談所
child consultation center

児童福祉法第12条に規定される、**市町村**との適切な**役割分担**や**連携**を図りつつ、家庭等からの子どもに関する相談に応じ、その子どもが抱える問題やニーズ、置かれた状況などを的確にとらえて、子どもや家庭に対して最も効果的な援助を行うことで、**子どもの福祉**を保障し、その権利を擁護することを目的とする**行政機関**である。

児童相談所の基本的機能は、市町村による子どもや家庭に関

394　×：サイコロジカル・ファーストエイドは、専門家のみが行うものではなく、知識をもてば誰でも行うことが可能である。

児童福祉分野は、ほかの分野と同様に、多職種によるチームアプローチによって行われます。ここでは児童福祉法や児童虐待防止法、DV防止法、児童福祉施設などについて取り上げます。

する相談への対応について、市町村相互間の連絡調整や市町村への情報の提供等の援助を行う**市町村援助機能**、子どもに関する相談のうち、専門的な知識や技術を必要とするものについて、さまざまな角度から総合的に調査、診断、判定し、それに基づいて援助指針を定めて一貫した援助を行う**相談機能**、必要に応じて子どもを家庭から一時的に離して保護する**一時保護機能**、子どもや保護者を児童福祉司、児童委員、児童家庭支援センター等に指導させたり、子どもを児童福祉施設等に入所させたり、里親に委託する等の**措置機能**がある。

児童の権利に関する条約
Convention on the rights of the child

18歳未満のすべての子どもの人権を尊重、保障するための国際条約である。**前文**と**54条**から構成されており、子どもに大人と同じく、**ひとりの人間**としての人権を認めるとともに、成長・発達の過程にあって、**保護や配慮**が必要な子どもだからこその権利も定められている。

児童権利条約には、「**差別の禁止**」「**子どもの最善の利益**」「**生命・生存・発達に関する権利**」「**子どもの意見の尊重**」の4つの原則がある。これらの原則は、**こども基本法**にも取り入れられている。

児童虐待防止法
Act on the Prevention, etc. of child Abuse

正式名称は「児童虐待の防止等に関する法律」である。この法律では、児童虐待として、**保護者**による**身体的虐待**、ネグレ

児童相談所の機能は、市町村援助機能、相談機能、一時保護機能の3つである。

クト、**心理的虐待**、**性的虐待**の5つを規定している。児童虐待の通告等については、第6条において、**児童虐待を受けたと思われる児童**を発見した者は、速やかに、これを市町村、都道府県の設置する**福祉事務所**もしくは**児童相談所**または**児童委員**を介して市町村、都道府県の設置する福祉事務所もしくは児童相談所に**通告**しなければならないと定められている。

児童虐待を行った保護者に対する指導については、第11条において、**都道府県知事**または**児童相談所長**は、児童虐待を行った保護者について指導を行う場合は、児童虐待の再発を防止するため、**医学的**または**心理学的知見**に基づく指導を行うよう努めるものとし、児童虐待を行った保護者について行われる指導は、**親子の再統合**への配慮その他の児童虐待を受けた児童が**家庭**で生活するために必要な配慮の下に適切に行われなければならないと規定されている。

児童相談所による相談対応件数の増加や、虐待を原因とする死亡等の重大事件の発生などから、適宜改正が行われている。

要保護児童対策地域協議会 ★★★

regional council of countermeasures for children Requiring Aid

児童福祉法第25条の2に規定されている、地方公共団体において、**要保護児童等**の適切な保護を図るために、児童福祉、保健医療、教育、警察、司法等の関係機関等により構成される組織である。要保護児童対策地域協議会の支援対象は、**要保護児童**、**要支援児童**、**特定妊婦**である。要保護児童とは、**保護者**のない児童または**保護者**に監護させることが不適当であると認められる児童をいう。**虐待**を受けた児童だけでなく、**非行児童**も含まれる。要支援児童とは、**保護者の養育**を支援することが特に必要と認められる児童をいう。また、特定妊婦とは、**出産後の養育**について**出産前**において支援を行うことが特に必要と

×：措置機能を含めた4つである。

認められる妊婦をいう。

要保護児童対策地域協議会では、地域の関係機関等が要保護児童等やその家庭に関する**情報や考え方**を共有し、**適切な連携**のもとで対応していく。そのため、要保護児童等を早期に発見し迅速に支援を開始することができる、各関係機関等が情報の**共有化**を通して**同一の認識**のもとで**役割分担**しながら支援を行うことができるといった利点が挙げられる。

社会的養護
social care

社会的養護とは、**保護者**のない児童や、**保護者**の監護が適当でない児童を、**公的責任**で社会的に養育し、保護するとともに、養育に大きな困難を抱える**家庭への支援**を行うことをいう。社会的養護は、「子どもの**最善の利益**のために」と「**社会全体**で子どもを育む」の基本理念のもとに行われる。社会的養護は、その養護する場所によって、乳児院や児童養護施設などの施設で子どもを養育する**施設養護**と、特別養子縁組や里親、ファミリーホームなど家庭的な環境で子どもを育てる**家庭養護**に大きく分けられる。

2016年の児童福祉法の改正では、子どもが**権利の主体**であることを明確にし、**家庭養育優先の原則**が明記された。また、子どもが家庭で健やかに養育されるように、**保護者への支援**を原則としたうえで、家庭での養育が困難または適当でない場合は、**永続的解決**として**特別養子縁組**や、**里親等**への委託を推進するとした。さらに、これらが適当でない場合には、できる限り良好な家庭的環境として、**小規模**かつ**地域分散化**された児童養護施設等における養育の方向性が示された。

児童虐待防止法では、児童虐待の通告義務は、虐待の確証が得られない場合はその限りではない。

児童自立支援施設

A children's self-reliance support facility

　児童福祉法第44条に規定されている、児童福祉施設である。不良行為を行うまたは行う恐れのある児童や、家庭環境等の環境上の理由により生活指導等を必要とする児童を入所または通所させ、各児童の状況に応じて必要な指導を行い、その自立を支援し、また退所した者について相談等の援助を行うことを目的としている。児童が入所する経路は、児童相談所の児童福祉施設入所措置による場合と、家庭裁判所の少年審判における保護処分による場合がある。

　児童自立支援施設の支援は、職員と児童が共に生活し育ち合う「共生共育」が基本理念である。入所した児童は、家庭的雰囲気の寮舎で、保護者に変わる専任職員と、寝食を共にしながら規則正しい生活を送る。また、施設内にある学校に通学して義務教育を受けたり、寮において基礎学力の習得に努める。そのような安心感・安全感のある生活の中で、当該児童の基本的信頼感の形成、社会性の発達や基礎学力の獲得、生活自立や心理的自立の発達、アイデンティティの獲得やキャリア願望の発達など「育ち・育てなおし」を行っていく。

児童養護施設は、児童福祉法第41条に定められる、保護者のない児童や虐待されている児童等、環境上養護を要する児童を入所させて、養護する施設です。

児童心理治療施設

child psychotherapy facility

　児童福祉法第43条の2に規定される、家庭環境、学校における交友関係などの環境上の理由により社会生活への適応が困難となった児童を、短期間、入所または通所させ、社会生活に

×：児童虐待の通告義務は、虐待の確証が得られない場合も適用される。

適応するために必要な心理に関する治療や生活指導をおもに行い、併せて退所した者について相談等の援助を行うことを目的とする児童福祉施設である。おおむね学童期から18歳までの子どもを対象としているが、必要がある場合は20歳に達するまで措置延長が可能である。

児童心理治療施設における治療とは、福祉、医療、心理、教育の専門職の協働により、施設での生活を治療的な経験にできるように、日常生活や学校生活、個人治療、集団療法、家族支援、施設外での社会体験などを有機的に結びつけた総合的な治療・支援（総合環境療法）である。その基盤は、治療的に配慮された日々の生活であり、生活支援は治療的観点からそれぞれの子どものニーズに沿った生活上の日課を整えるなど、その子どもに合った関わりや支援を行う。

自立援助ホーム ★★★
self-help home

児童福祉法第6条の3に規定される、児童自立生活援助事業をいう。児童自立生活援助事業とは、義務教育終了後、児童養護施設や児童自立支援施設等を退所し、就職する児童等に対し、その自立を図る観点から共同生活を営む住居（自立援助ホーム）において、相談や日常生活上の援助、生活指導及び就業の支援を行い、併せて退所した者への相談等の援助を行うことによって、これらの者の社会的自立の促進に寄与することを目的とした事業である。

対象は、義務教育を終了した20歳未満の児童等や、20歳以上であっても大学等に在学中で満22歳になる年度の末日までにある者等、都道府県知事が自立のための援助及び生活指導等が必要と認めた児童等である。

社会的養護とは、乳児院や児童養護施設などの施設で子どもを養育する施設養護に限られる。

DV防止法

Act on the Prevention of Spousal Violence and the Protection of Victims

　正式名称は「配偶者からの暴力の防止及び被害者の保護等に関する法律」である。配偶者からの暴力に関する**通報**、**相談**、**保護**、**自立支援**等の体制を整備することにより、配偶者からの**暴力の防止**及び**被害者の保護**を図ることを目的としている。

　DV防止法第6条において、配偶者からの暴力（**身体に対する暴力**に限る）を受けている者を発見した者は、その旨を**配偶者暴力相談支援センター**または**警察官**に通報するよう努めなければならないと定められている。

　また、DV防止法第10条では接近禁止命令が規定されており、被害者（**身体に対する暴力**または生命、身体、自由、名誉、財産に対し害を加える旨の**脅迫**を受けた者に限る）が、配偶者からのさらなる身体に対する暴力等により、その生命または心身に重大な危害を受ける恐れが大きいときは、**地方裁判所**は被害者の申立てにより、当該配偶者に対して**1年間**、被害者の身辺に付きまとったり、徘徊してはならないことを命ずる。

　DV防止法第10条の2では**退去等命令**が規定されており、被害者（**身体に対する暴力**または生命あるいは身体に対し害を加える旨の**脅迫**を受けた者に限る）が、配偶者からさらに身体に対する暴力等により、その生命または身体に重大な危害を受ける恐れが大きいときは、**地方裁判所**は被害者の申立てにより、当該配偶者に対して**2ヵ月間**（生活の本拠として使用する住居の所有者または賃借人が被害者のみである場合は**6ヵ月間**）、被害者と共に生活の本拠としている住居からの退去を命ずる。

配偶者暴力相談支援センター

Spousal Violence Counseling and Support Centers

　DV防止法第3条に規定されている、配偶者からの暴力の防

×：社会的養護とは、施設養護だけでなく、特別養子縁組や里親、ファミリーホームなどの家庭養護や養育に大きな困難を抱える家庭への支援が含まれる。

止及び被害者の保護等のための**中核的な機能**を担う施設である。DV防止法において、**都道府県**には設置の義務が、**市町村**には設置の努力義務が定められている。

その業務として、①**相談**や**相談機関の紹介**、②医学的または心理学的等の必要な**指導**、③被害者やその同伴家族の緊急時における**安全の確保**及び**一時保護**、④**自立した生活の促進**のための就業、住宅、援護等に関する制度等についての**情報提供や助言**、関係機関との**連絡調整**等の援助、⑤**保護命令**の制度の利用についての情報提供や助言、関係機関への連絡等の援助、⑥被害者を**居住させ保護する施設**の利用についての**情報提供や助言**、関係機関との**連絡調整**等の援助が挙げられる。

生活保護制度 ★★★
welfare system

生活保護法に基づく、資産や能力等すべてを活用してもなお生活に困窮する人に対して、その困窮の程度に応じた必要な保護を行うことで**健康で文化的な最低限度の生活**を保障するとともに、その**自立の助長**を図ることを目的とした制度である。

生活保護の相談や申請は、住居する自治体の**福祉事務所**へ行う。生活保護を申請すると、**預貯金**や**保険**、**不動産**、扶養義務者による**扶養の可否**、年金などの**社会保障給付**、**就労収入**、**就労の可能性**が調査され、生活保護の適用の可否が判断される。具体的な保護費は、**最低生活費**から収入を差し引いた金額となる。保護の種類は、生活、住宅、教育、医療、介護、出産、生業、葬祭の**8つ**である。なお、生活保護法では、保護の原則として、**申請保護の原則**、**基準及び程度の原則**、**必要即応の原則**、**世帯単位の原則**が規定されている。

Q DV防止法における接近禁止命令は、配偶者からのあらゆる暴力が対象になる。

03 福祉（障害者）

ノーマライゼーション
normalization

　障害者の人権や尊厳は、障害のない人と同等であり、障害がある者もない者も平等に生活できる社会こそがノーマルな社会であること、そして障害者に必要な配慮をしながら可能な限り彼らがノーマルな生活ができるようにすべきであるという考えをいう。Bank-Mikkelsen, N.E.（バンク＝ミケルセン）によって提唱された。また、Nirje, B.（ニーリエ）は、彼の考えをノーマライゼーションの原理における8要素として具体的に示した。この8つの要素とは、①ノーマルな一日のリズム、②ノーマルな一週間のリズム、③ノーマルな一年のリズム、④ノーマルなライフサイクル、⑤ノーマルな自己決定の権利、⑥生活している文化圏にふさわしいノーマルな性的関係、⑦生活している国にふさわしいノーマルな経済水準、⑧生活している社会にふさわしいノーマルな環境形態である。

　その後、世界に広がったノーマライゼーションの理念を背景に、障害者福祉に関するパラダイムは、施設から地域へ、医療モデルから自立生活モデルへ、ADLからQOLへ、保護主義から人権尊重やエンパワメントへなどといった変化を遂げていった。

ソーシャル・インクルージョン
social inclusion

　社会的排除を意味するソーシャル・エクスクルージョンの反対語であり、社会的包括を意味する。つまり、さまざまな属性をもつすべての人を分け隔てなく、社会に包み込むことである。

402　　×：接近禁止命令の対象は、配偶者からの身体に対する暴力または生命、身体、自由、名誉、財産に対し害を加える旨の脅迫を受けた被害者に限られる。

障害者支援における心理職の業務には、個別の心理臨床業務に関する能力とともに、各福祉サービスを本人に適したものにするための調整能力が求められます。ここでは障害者支援に関する法律やキーワードを取り上げます。

日本では、2000年に旧厚生省の「社会的な援護を要する人びとに対する社会福祉のあり方に関する検討会」についての報告書のなかで、はじめてソーシャル・インクルージョンという言葉が用いられた。そして、これまでの伝統的な貧困や障害の枠組みによる社会福祉のあり方では不十分であることが指摘され、すべての人びとがその地域において、生き生きと自立した生活を送るために、誰もが差別・排除されない社会の実現を目標としているソーシャル・インクルージョンが新たな福祉課題に対応するための理念として位置づけられた。

障害者基本法
Basic Act for Persons with Disabilities

すべての国民が、障害の有無によって分け隔てられることなく、相互に人格と個性を尊重し合いながら共生する社会を実現するために、障害者の自立及び社会参加の支援等のための施策を総合的、計画的に推進することを目的とした法律である。

この法律では、障害者を身体障害、知的障害、精神障害(発達障害を含む)その他の心身の機能の障害がある者であって、障害及び社会的障壁により継続的に日常生活または社会生活に相当な制限を受ける状態にある者と定義されている。

また、障害の有無によって分け隔てられることのない共生社会の実現は、すべての障害者が、社会を構成する一員として社会、経済、文化その他あらゆる分野の活動に参加する機会が確保されること、可能な限りどこで誰と生活するかについての選択の機会が確保され、地域社会において他の人びとと共生することを妨げられないこと、可能な限り言語(手話を含む)その

Q さまざまな属性をもつすべての人を分け隔てなく、社会に包み込むことをノーマライゼーションという。

他の意思疎通のための手段についての選択の機会が確保されるとともに、情報の取得または利用のための手段についての選択の機会の拡大が図られることによると定められている。

障害者の権利に関する条約 ★★★
Convention on the Rights of Persons with Disabilities

2006年に国連で採択された、すべての障害者による人権や基本的自由の完全かつ平等な享有を促進し、保護し、確保すること、また障害者の固有の尊厳の尊重を促進することを目的として制定された国際条約である。この条約は、「私たち抜きに、私たちのことを決めないで（Nothing about us, without us）」というスローガンをもとに活動してきた障害者団体とともに作成されている。そして、障害者・児を治療や保護の客体ではなく、人権の主体としてとらえている。

日本は2007年に署名をし、以降、批准に向けて国内の関連する法制度や施策の整備が推進され、2014年に批准された。例えば、障害者基本法や障害者雇用促進法の改正や、障害者総合支援法や障害者差別解消法の施行などが具体的な取り組みとして挙げられる。

障害者総合支援法 ★★★
Service and Supports for Persons with Disabilities Act

正式名称は「障害者の日常生活及び社会生活を総合的に支援するための法律」である。障害者及び障害児が基本的人権を享有する個人としての尊厳にふさわしい日常生活または社会生活を営むことができるよう、必要な障害福祉サービスに関わる給付や地域生活支援事業等の支援を総合的に行うことで、障害者及び障害児の福祉の増進を図るとともに、障害の有無にかかわらず国民が相互に人格と個性を尊重し安心して暮らすことので

×：ノーマライゼーションとは、障害者に必要な配慮をしながら可能な限り彼らがノーマルな生活ができるようにすることを指す。

きる地域社会の実現に寄与することを目的とする。また、この法律における、障害者とは、身体障害者、知的障害者、精神障害者（発達障害者を含む）、難病等の患者を指す。

この法律における、障害福祉サービスには、居宅介護、重度訪問介護、同行援護、行動援護、療養介護、生活介護、短期入所、重度障害者等包括支援、施設入所支援といった**介護給付**、自立訓練、就労移行支援、就労継続支援、就労定着支援、自立生活援助及び共同生活援助といった**訓練等給付**がある。また、市町村を中心に、地域で生活する障害者のニーズをふまえ、地域の実情に応じて柔軟にサービスが提供される**地域生活支援事業**がある。サービスによっては、**障害支援区分**の認定が必要なものがある。**障害支援区分**とは、障害者等の障害の多様な特性や心身の状態に応じて必要とされる**標準的な支援**の度合を総合的に示す**6段階**の区分をいう。

発達障害者支援法 ★★★
Act on Support for Persons with Development Disabilities

発達障害者の**心理機能**の適正な発達及び円滑な社会生活の促進のために、**発達障害**を早期に発見し、**発達支援**を行うことに関する国及び地方公共団体の**責務**を明らかにするとともに、発達障害者の**自立**及び**社会参加**のためのその生活全般にわたる支援を図り、すべての国民が、障害の有無によって分け隔てられることなく、相互に人格と個性を尊重し合いながら共生する社会の実現に資することを目的とする法律である。具体的には、児童の発達障害の早期発見等、早期の発達支

> 市町村は1歳6ヵ月児健康診査及び3歳児健康診査、市町村の教育委員会は就学時の健康診断を行うにあたって、発達障害の早期発見に十分に留意しなければならないことが明記されています。

Q 障害者総合支援法における障害者とは、身体障害者、知的障害者、発達障害を含む精神障害者に限られる。

援、**発達障害者の家族**等への支援、**発達障害者支援センター**等について規定されている。

この法律において、発達障害とは、自閉症、アスペルガー症候群その他の**広汎性発達障害**、**学習障害**、**注意欠陥多動性障害**、その他これに類する**脳機能の障害**であってその症状が**通常低年齢**において発現するものとして政令で定めるものと定義される。

障害者虐待防止法 ★★★
Act on the Prevention of Abuse of Persons with Disabilities and Support for Caregivers

正式名称は、「障害者虐待の防止、障害者の養護者に対する支援等に関する法律」である。この法律において、養護者は障害者を現に養護する者であって障害者福祉施設従事者等及び使用者以外の者、使用者は障害者を雇用する事業主（障害者が派遣労働者である場合はその役務の提供を受ける事業主を含む）またはその事業の**経営担当者**等の事業主のために行為をする者と定義される。また、障害者虐待として、**養護者**、**障害者福祉施設従事者等**及び**使用者**による**身体的虐待**、**ネグレクト**、**心理的虐待**、**性的虐待**、**経済的虐待**の5つを規定している。

障害者虐待の通報等については、第7条において、養護者による**障害者虐待（18歳未満の障害者について行われるものを除く）を受けたと思われる**障害者を発見した者は、速やかに、これを**市町村**に通報しなければならないと定められている。第16条において、障害者福祉施設従事者等による**障害者虐待を受けたと思われる**障害者を発見した者は、速やかに、これを**市町村**に通報しなければならないと定められている。第22条において、使用者による**障害者虐待を受けたと思われる**障害者を発見した者は、速やかに、これを**市町村**または**都道府県**に通報しなければならないと定められている。

×：谷間のない支援を提供する観点から難病等の患者も含まれる。

障害者差別解消法

Act for Eliminating Discrimination against Persons with Disabilities

　正式名称は、「障害を理由とする差別の解消の推進に関する法律」である。障害を理由とする差別の解消の推進に関する基本的な事項や、行政機関等及び事業者における障害を理由とする差別を解消するための措置等を定めることにより、障害を理由とする差別の解消を推進することで、すべての国民が、障害の有無によって分け隔てられることなく、相互に人格と個性を尊重し合いながら共生する社会の実現に資することを目的としている。

　この法律において、行政機関等及び事業者は、その事業等を行うにあたり、障害者から社会的障壁の除去を必要としている旨の意思の表明があった場合に、その実施にともなう負担が過重でないときは、障害者の権利利益を侵害することとならないよう、社会的障壁の除去の実施について必要かつ合理的な配慮を提供することが義務づけられている。また、行政機関等及び事業者は、社会的障壁の除去の実施についての必要かつ合理的な配慮を的確に行うため、自ら設置する施設の構造の改善及び設備の整備、関係職員に対する研修等の必要な環境の整備に努めなければならないことが規定されている。

合理的配慮

Reasonable accommodation

　障害者から社会的障壁の除去を必要としている旨の意思の表明があり、その実施にともなう負担が過重でない場合に、障害者の権利利益を侵害することとならないよう、当該障害者の性別、年齢及び障害の状態に応じて提供される、社会的障壁の除去のための必要かつ合理的な配慮をいう。社会的障壁とは、障害がある者にとって日常生活または社会生活を営むうえで障壁

合理的配慮とは、障害者から社会的障壁の除去を必要としているという意思の表明があった際に、必ずそれに対応することを指す。

となるような社会における**事物**、**制度**、**慣行**、**観念**その他一切のものを指す。

合理的配慮は、障害の**社会モデル**に基づいている。障害の社会モデルとは、障害は個人の**心身機能**の問題と**社会的障壁**の相互作用によってつくり出されているものであり、社会的障壁を取り除くのは**社会の責務**であるという考えである。合理的配慮の提供にあたっては、障害者と社会的障壁の除去を求められている人のあいだで対話を重ね、ともに解決策を検討する**建設的対話**が重要であるとされている。

合理的配慮の具体的な例として、視覚障害のある人に対して**拡大文字**や**点字**を活用した資料を作成する、車いす利用者のために段差に携帯スロープをかける、書字が困難な学習障害のある人に対して、**スマートフォン**や**タブレット端末**などで板書を撮影できるようにするなどが挙げられる。

障害者雇用促進法

Act for Promotion of Employment of Persons with Disabilities

正式名称は、「障害者の雇用の促進等に関する法律」である。障害者の職業生活における自立を促進するための措置を総合的に講じ、障害者の**職業の安定**を図ることを目的としている。具体的には、**職業リハビリテーション**の原則や障害者に対する差別の禁止、雇用の分野における障害者と障害者でない者との**均等な機会**の確保等を図るための措置、**対象障害者**の雇用に関する事業主の責務等が規定されている。

この法律では、事業主は、**対象障害者**の雇用に対して、**社会連帯**の理念に基づいて適当な雇用の場を与える共同の責務を有することから、進んで対象障害者の雇入れに努めなければならないことが規定されている。対象障害者とは、**身体障害者**、**知的障害者**または**精神保健福祉手帳**の交付を受けている精神障害

×：障害者から社会的障壁の除去を必要としているという意思の表明があった際に、負担が重すぎない範囲でそれに対応することを指す。

者である。また、**法定雇用率**以上の割合で対象障害者を雇用することが義務づけられている。対象障害者の雇用にともなう**経済的負担**の調整やその雇用の促進及び継続を図るために、障害者法定雇用率未達成の事業主に対しては**障害者雇用納付金**が徴収される一方で、障害者法定雇用率を超えて対象障害者を雇用している事業主に対しては**障害者雇用調整金**が支給される。

また、**5人**以上の障害者を雇用する事業所では、厚生労働省で定める**相談員の資格**を有する労働者の中から**障害者職業生活相談員**を選任し、職業生活全般における相談・指導を行うよう義務づけられている。

ジョブコーチ ★☆☆
job coach

障害者が**一般の職場**で就労するにあたり、その適応に課題がある場合に、本人や事業主、従業員等に対してその**障害特性**をふまえた専門的な支援を提供する者を指す。**職場適応援助者**ともいう。ジョブコーチの形態として、地域障害者職業センターに所属するジョブコーチによる**配置型**、就労支援事業を行う社会福祉法人等に所属するジョブコーチによる**訪問型**、ジョブコーチ養成研修を受けた自社の従業員による**企業在籍型**の3つがある。

具体的な支援内容としては、障害者本人に対しては**職務の遂行**や、**職場におけるコミュニケーション**、**体調や生活リズムの管理**などについて支援を行う。事業主等に対しては障害特性に配慮した**雇用管理**や**配置**、**職務内容の設定**などについて支援を行う。また、ジョブコーチの支援は、事業所の上司や同僚による支援に徐々に**移行していく**ことを目指す。

Q 障害者雇用にともなう事業主の経済的負担の調整を図るために、法定雇用率未達成企業に対して障害者雇用調整金を徴収する。

04 福祉（高齢者）

介護保険制度 ★★★
Long-Term-Care Insurance System □ □ □

介護保険法に基づく、40歳以上の国民から徴収する保険料を財源に、地方自治体が介護を必要とする高齢者等に介護サービスを提供する制度である。高齢化にともない、要介護高齢者の増加や介護期間の増加によって介護に対するニーズが増加した。その一方で、核家族化や介護する家族の高齢化などの家族の状況の変化から、家族だけで高齢者を介護することが困難な時代となり、社会全体で要介護高齢者を支える必要性から設立された。

被保険者とは、介護保険の保険料の支払い義務があり、介護保険の受給対象となる資格を有する者をいう。被保険者のうち、65歳以上の者を第1号被保険者、40歳以上65歳未満の医療保険加入者を第2号保険者という。

第1号被保険者が支払う保険料は、市町村が基準額を設定し、年間の所得に応じて徴収される。第2号被保険者の保険料は、医療保険の保険料と併せて徴収される。

被保険者には介護保険料の納付義務があるが、すべての被保険者が介護保険の受給対象になるとは限らない。日常生活動作や心身の状態などから審査・判定され、介護が必要な状態であると市町村に認定される必要がある。介護保険の受給要件とは、第1号被保険者で要介護あるいは要支援状態と認定された者、第2号被保険者で特定疾病が原因で要介護あるいは要支援と認定された者である。

410　×：法定雇用率未達成企業に対して障害者雇用納付金を徴収する。

高齢者社会を迎えたわが国では、高齢者に対する支援の重要性はますます高まっています。ここでは介護保険制度、地域包括支援センター、高齢者虐待防止法などについて取り上げます。

地域包括支援センター
Community General Support Center

介護保険法に規定される、**市町村**が設置主体となって、保健師、社会福祉士、主任介護支援専門員等を配置し、住み慣れた自宅や地域で安心してその人らしい生活を続けていけるよう、住民の**健康の保持**及び**生活の安定**のために必要な援助を行うことにより、その保健医療の向上及び福祉の増進を包括的に支援することを目的とする施設である。地域包括支援センターのおもな業務は、**介護予防ケアマネジメント業務**、**総合相談支援業務**、**権利擁護業務**、**包括的・継続的ケアマネジメント支援業務**などの包括的支援事業及び**介護予防支援**である。これらの業務は、施設内の**多職種**によるチームアプローチや、施設外の制度横断的な連携ネットワークによって実施される。

地域包括ケアシステムとは、高齢者が重度の要介護状態になっても、住み慣れた地域で自分らしい暮らしを人生の最後まで続けることができるよう、**住まい**、**医療**、**介護**、**予防**、**生活支援**が一体的に提供される体制をいう。**地域包括支援センター**は、地域包括ケアシステムの構築において中心的な役割を担っている。

高齢者虐待防止法
Act on Prevention of Elderly Abuse and Support for Attendants of Elderly Persons

正式名称は「高齢者虐待の防止、高齢者の養護者に対する支援等に関する法律」である。この法律において、高齢者は**65歳**以上の者、養護者は高齢者を現に養護する者であって養介護施設従事者等以外の者と定義される。また、高齢者虐待として、

介護保険制度では、45歳以上の国民から徴収する保険料を財源に、地方自治体が介護を必要とする高齢者等に介護サービスを提供する。

養護者及び養介護施設従事者等による**身体的虐待**、**ネグレクト**、**心理的虐待**、**性的虐待**、**経済的虐待**の5つを規定している。

高齢者虐待の通報等については、第7条において、養護者による高齢者虐待を受けたと思われる高齢者を発見した者は、当該高齢者の**生命**または**身体**に**重大な危険**が生じている場合は、速やかに、これを**市町村**に通報しなければならないと定められている。また、第21条において、養介護施設従事者等は、その業務に従事している養介護施設または養介護事業において業務に従事する養介護施設従事者等による高齢者虐待を受けたと思われる高齢者を発見した場合は、速やかに、これを**市町村**に通報しなければならないと定められている。

高年齢者雇用安定法 ★★★

Act on Stabilization of Employment of Elderly Persons □ □ □

正式名称は、「高年齢者等の雇用の安定等に関する法律」である。**定年の引上げ**や**継続雇用制度**の導入等による高年齢者の**安定した雇用**の確保や**再就職**を促進し、定年退職者や高年齢退職者に対する**就業機会**の確保等の措置を総合的に講じることによって高年齢者等の**職業の安定**や**福祉の増進**を図るとともに、経済及び社会の発展に寄与することを目的とする。

この法律では、事業主が雇用する労働者の定年を定める場合、その年齢は**60歳**を下回ることができないことを規定している。また、定年年齢を65歳未満に定めている事業主に対して、雇用する高年齢者の65歳までの安定した雇用を確保するために、①**65歳**までの**定年の引上げ**、②**定年制の廃止**、③**65歳**までの**継続雇用制度**の導入のいずれかの措置が義務づけられている。さらに、定年年齢を65歳以上70歳未満に定めている事業主に対して、雇用する高年齢者の65歳から70歳までの就業機会を確保するために、①**70歳**までの定年引き上げ、②**定年制の廃止**、

×:保険料は40歳以上の国民から徴収する。

③**70歳**までの**継続雇用制度**の導入、④**70歳**まで継続的に**業務委託契約**を締結する制度の導入、⑤**70歳**まで事業主が実施するあるいは事業主が委託・出資等する団体が行う**社会貢献事業**に継続的に従事できる制度の導入のいずれかの措置を講ずることが**努力義務**として課せられている。

レスパイトケア
respite care

　自宅で障害者・児や高齢者などを介護している**家族**に対して、介護を**一時的**に代替することによって、日ごろの身体的、精神的な疲労を**回復できる**ように支援するサービスを指す。その目的は、家族が介護から解放される時間をつくり、**心身の疲労**や**共倒れ**などを防止することである。**介護負担感**は家族介護者の死亡率を高めるとされていることから、介護負担は家族介護者の**健康**にとって重大な問題である。

　具体的には、自宅で要介護者の食事や入浴、排泄などの**介護**や、掃除や調理、買い物などを支援する**訪問介護**、要介護者がデイサービスセンターなどに**日帰り**で通い、食事や入浴などの**介護**や**レクリエーション**などを通して心身機能の維持・回復のための**訓練**を受ける**通所介護**、要介護者が特別養護老人ホームなどに**短期間入所**し、食事や入浴、排泄などの**介護**や心身機能の維持・回復のための**訓練**を受ける**短期入所生活介護**がある。

　地域包括ケアシステムにおいて、要介護者が住み慣れた地域で人生の最後まで暮らすために、レスパイトケアは必要な家族支援サービスである。

高齢者虐待防止法では、身体的虐待、ネグレクト、心理的虐待、性的虐待の4つを高齢者虐待として規定している。

05 教育

チーム学校
School as a Team

2015年に中央教育審議会の答申「**チームとしての学校**の在り方と今後の改善方策について」において提起された学校体制を指す。具体的には、**校長**のリーダーシップの下、カリキュラム、日々の教育活動、学校の資源が一体的に**マネジメント**され、教職員や学校内の多様な人材が、それぞれの**専門性**を生かして能力を発揮し、子どもたちに必要な資質・能力を確実に身につけさせることができる学校である。また、チーム学校を実現させるために、「専門性に基づく**チーム体制の構築**」「学校の**マネジメント機能の強化**」「教職員一人一人が力を**発揮できる**環境の整備」の3つの視点を挙げている。

このような答申の背景には、これからの教育課程に、教育が普遍的に目指す根幹を堅持しつつ社会の変化を柔軟に受け止めていく、**社会に開かれた教育課程**としての役割が期待されることや、教育に関わる課題が**複雑化・多様化**しており、学校や教員だけでは十分に解決することができない課題が増えていること、わが国の教員は幅広い業務を担っており**労働時間**が長いことなどが挙げられる。

チーム学校の体制を整備することにより、教職員一人ひとりが自らの**専門性**を発揮するとともに、専門スタッフ等の参画を得て、課題の解決に求められる専門性や経験を補い、子どもたちの教育活動を充実していくことが期待されている。

×：経済的虐待を加えた5つを高齢者虐待としている。

教育分野の心理職には、教育機関での相談業務以外に、教員へのコンサルテーションや研修などの業務があります。ここではスクールカウンセラーやいじめ対策推進法、特別支援教育などのキーワードを取り上げています。

スクールカウンセラー
school counselor

　学校における教育相談体制の充実を目指し、児童生徒等が抱えるさまざまな悩みや問題行動に対して、臨床心理学の知識や技能を活用して対応する心の専門家である。1995年に、いじめ対策や不登校児童生徒支援を目的として、スクールカウンセラー制度が導入された。

　スクールカウンセラーの業務として、児童生徒に対する相談や助言、保護者へのカウンセリング、教職員に対するコンサルテーション、校内会議等への参加、教職員や児童生徒への研修や講話、相談者への心理アセスメントや対応、ストレスマネジメント等の予防的対応、事件・事故等の緊急対応における被害児童生徒の心のケアなどが挙げられる。

　学校で日常的に児童生徒に接しているのは教師であるため、スクールカウンセラーは教師を支援することにより児童生徒を支援することが重視される。また、一般的にカウンセリングとは異なり、治療構造を柔軟にとらえて臨機応変に対応することや、学校組織をひとつの援助チームとみなし、必要な情報の共有を行うチーム内守秘義務の視点が求められる。

不登校
school absenteeism

　文部科学省では、何らかの心理的、情緒的、身体的、あるいは社会的要因・背景により、児童生徒が登校しないあるいはしたくともできない状況にあるために年間30日以上欠席した者のうち、病気や経済的な理由による者を除いたものと定義され

Q　教育支援センターは、不登校児童の学校復帰や自立を支援するための施設である。

る。

文部科学省では、不登校児童生徒への支援に対する基本的な考え方として、「学校に登校する」という結果のみを目標にするのではなく、児童生徒が自らの進路を主体的にとらえて**社会的に自立する**ことを目指す必要があることや、不登校の時期が休養等の積極的な意味を持つことがある一方で、**学業の遅れ**や**進路選択上の不利益**等が存在することに留意することを挙げている。

また、2017年には、不登校児童生徒や義務教育未修了者等に対して、教育機会の確保や支援を規定した**教育機会確保法**（義務教育の段階における普通教育に相当する教育の機会の確保等に関する法律）が施行された。

教育支援センター
Education Support Center

教育委員会によって設置される、**不登校児童生徒**の学校復帰や自立を支援するために、当該児童生徒の**在籍校**と連携をとりつつ、**学習支援**や**集団活動相談**等を行う施設である。教育支援センターはおもに公共施設の中に設置されている。また、学校には登校できるがクラスには入れない児童生徒等に対して、余裕教室等利用して学校内の**居場所**を確保し、不登校を未然に防止するとともに、不登校児童生徒の**学校復帰**を支援する**校内教育支援センター**もある。

不登校児童生徒が教育支援センターやフリースクール等の学校外の公的機関や民間施設にて**相談・指導**を受けたり、自宅にて教育委員会や学校、民間事業者等が提供する**ICT**等を活用した学習活動を行った場合、一定の要件を満たすと、校長は指導要録上**出席扱い**としたり、学習の成果を成績に反映することができる。

適性処遇交互作用 ★★★
Aptitude Treatment Interaction; ATI

さまざまな適性の人びとが環境から異なる処遇を与えられたとき、その処遇による結果がその人の適性だけからも処遇だけからも説明されず、両者の組み合わせによる効果を示すことをいう。Cronbach, L.J.（クロンバック）が提唱した。現在では、特に教育場面において、どのような知能やパーソナリティ、認知スタイルなどの適性をもった学習者には、どのような指導方法やカリキュラムといった教授方法が最適かという、個人差に応じた教育環境を考えるうえでの基本的概念となっている。

> Cronbach, L.J.（クロンバック）はα係数（P45）でも有名です。

いじめ防止対策推進法 ★★★
The Act for the Promotion of Measures to Prevent Bullying

いじめの防止対策に関する基本理念、基本方針、基本事項等を定めることにより、いじめの防止対策を総合的かつ効果的に推進することを目的とした法律である。

この法律におけるいじめとは、児童等に対して、当該児童等が在籍する学校に在籍している等、当該児童等と一定の人的関係にある他の児童等が行う心理的または物理的な影響を与える行為であって、当該行為の対象となった児童等が心身の苦痛を感じているものを指す。また、その行為にはインターネットを通じて行われるものも含む。

また、いじめに対する措置として、学校の教職員などの児童等からの相談に応じる者及び児童等の保護者は、児童等からいじめの相談を受けた場合、いじめの事実があると思われるときは、いじめを受けたと思われる児童等が在籍する学校への通報

> Q 校長は、いじめを行った児童等の保護者に対して、当該児童等の出席停止を命ずる等、必要な措置を速やかに講じなければならない。

などの適切な措置をとることが規定されている。また、**市町村の教育委員会**は、いじめを行った児童等の**保護者**に対して、当該児童等の**出席停止**を命ずる等、いじめを受けた児童等が安心して教育を受けられるようにするために必要な措置を速やかに講ずることが定められている。

特別支援教育 ★★★
special needs education

障害のある子どもの、**自立**や**社会参加**に向けた主体的な取り組みを支援していくために、彼ら一人ひとりの**教育的なニーズ**を把握し、その能力を高め、**生活や学習上の困難**を改善、克服するために**適切な指導**や**必要な支援**を行うことを指す。

障害のある子どもの学びの場については、**インクルーシブ教育**の理念の実現に向けて、障害のある子どもと障害のない子どもが可能な限り共に教育を受けられるように整備を行うとともに、一人ひとりの教育的ニーズに最も的確に応える指導を提供できるよう、**通常の学級**、**通級による指導**、**特別支援学級**、**特別支援学校**といった、連続性のある多様な形態が提供されている。

特別支援教育は学校教育法に明記されており、学校教育法第72条に規定される、特別支援学校の対象とは**視覚障害者**、**聴覚障害者**、**知的障害者**、**肢体不自由者**、**病弱者**（身体虚弱者を含む）である。また、学校教育法第81条に規定される、特別支援学級の対象とは**知的障害者**、**肢体不自由者**、**身体虚弱者**、**弱視者**、**難聴者**である。

通級による指導 ★★★
special support services in resource rooms

学校教育法施行規則第140条に基づく、**特別支援教育**におけ

×：いじめを行った児童等の保護者に対して、当該児童等の出席停止を命ずることができるのは市町村の教育委員会である。

る教育形態のひとつである。**通常の学級**に在籍しながら、必要な時間のみ**通級指導教室**等で指導を受ける。障害の**態様**や**程度**が異なる個々の児童生徒に対して、**個別指導**を中心とした特別の指導をきめ細かに、**弾力的**に提供する。指導内容は、特別支援教育において重要な位置づけにある**自立活動**に相当する指導や、必要に応じて障害の様態や程度に合わせた**各教科学習**を補充するための特別の指導などが挙げられる。

学校教育法施行規則第140条に規定される、通級による指導の対象とは、特別支援学級に在籍していない、**言語障害者**、**自閉症者**、**情緒障害者**、**弱視者**、**難聴者**、**学習障害者**、**注意欠陥多動性障害者**等である。

学生相談
student consultation

大学や短期大学、高等専門学校などの**高等教育機関**において、学生が抱えるさまざまな悩みや問題行動に対する専門的な心理相談活動を指す。学生相談の具体的な活動としては、学生に対する**カウンセリング**や、教職員や家族などへの**コンサルテーション**、事件や事故に対する**危機介入**、心身の治療を要する学生の生活全般を援助する**療学援助**、心理的成長や適応を促す**講義**、心理教育的な**ワークショップ**や**情報提供**、**啓発活動**、**学内委員会等への参加**、**教職員への研修**などが挙げられる。

学生相談では、**学生期**特有の発達上の課題や学生の個別ニーズをふまえ、当該機関における各組織と有機的に連携して相談活動を展開していくことが重要である。

通級による指導の対象は、知的障害者、自閉症者、情緒障害者、弱視者、難聴者などである。

06 司法・犯罪

司法面接
forensic interview

専門的な訓練を受けた面接者が、犯罪等の目撃者あるいは被害者となった子ども等に対して、精神的負担を最小限にしつつ、その供述内容を司法手続きで利用することを想定して、正確な情報を最大限得ることを目的とした面接である。司法面接は、その手続きが構造化されているという特徴がある。具体的には、面接の目的と約束事の説明、ラポールの形成、自由報告の練習、本題の報告といった流れで進んでいく。また、繰り返しの聴取による二次被害や記憶の汚染を避けるために、原則として実施は1回に限られる。そのため、質問や報告内容、それらの状況は録画によってすべて記録される。

少年法
Juvenile Act

非行少年に対して行政機関が行う保護処分について定めた法律である。少年は人格的に発展途上であり、その未熟性、柔軟性ゆえに、適切な教育、処遇によって更生することができるという考え方が根底にある。そのため、この法律では少年には成人と同様の刑事処分を下すのではなく、原則として家庭裁判所による更生のための処分を下すことを定めている。家庭裁判所の判断により検察に逆送し、刑事裁判に起訴することも可能であるが、その場合においても不定期刑や量刑の緩和などさまざまな配慮を定めている。

2022年の民法改正により成年年齢が20歳から18歳に引き下げられたことにともない、18歳以上の少年に対して、その

×：通級による指導の対象に、知的障害者は含まれない。

立場に応じた取扱いをするため、**特定少年**という17歳以下の少年とは異なる特例を定めている。具体的には、**保護処分**として、**6ヵ月**の保護処分、**2年**の保護処分、**少年院送致**のいずれかを決定しなければならないこと、**虞犯少年**の規定は適用されないこと、検察官送致後に起訴された場合の**推知報道**の解禁などが挙げられる。

少年院
reformatory

少年院法に規定される、**少年院送致**の決定を受けた者や、少年院において**懲役や禁錮の刑**の執行を受ける者に対して、その**健全な育成**を図ることを目的として、**矯正教育**や**社会復帰支援**等を行う法務省所管の施設である。**矯正教育**は、在院者の特性に応じ、生活指導、職業指導、教科指導、体育指導、特別活動指導を組み合わせて行われる。

また、円滑な**社会復帰**を図るために、出院後に自立した生活を行うことがむずかしい者に対しては、その意向を尊重しつつ、修学や就業の支援、帰住先の確保、医療・福祉機関との連携による継続的な支援なども行う。

少年院は、心身に著しい障害がないおおむね**12歳以上23歳未満**の者を収容する第一種少年院、心身に著しい障害がない犯罪的傾向が進んだおおむね**16歳以上23歳未満**の者を収容する第二種少年院、心身に著しい障害があるおおむね**12歳以上26歳未満**の者を収容する第三種少年院、少年院において**刑の執行を受ける者**を収容する第四種少年院、2年の保護観察期間中において重大な遵守事項違反があった**特定少年**を収容する第五種

司法面接は原則として1回のみ実施される。

少年院に分けられる。

少年鑑別所 ★★★
juvenile classification home

　少年鑑別所法に規定される、**鑑別対象者**の鑑別や、**観護措置**により少年鑑別所に収容される者に対する**観護処遇**、地域社会における**非行や犯罪の防止**に関する援助を行う法務省所管の施設である。

　鑑別とは、医学、心理学、教育学、社会学などの**専門的知識や技術**に基づいて、鑑別対象者の**非行や犯罪**に影響を及ぼした資質上及び環境上の問題となる事情を明らかにしたうえで、その改善に寄与するために、当該鑑別対象者の**処遇に資する**適切な指針を示すことを指す。観護措置とは、在所者の**健全な育成**を目的とした、その者の特性に応じた適切な働きかけを指す。観護措置による収容期間は原則**2週間**であるが、特に必要のある場合は、**最長8週間**まで延長可能である。

保護観察 ★★★
probation

　更生保護とは、**犯罪者**や**非行少年**に対し、**社会内**において適切な処遇を行うことにより、**再犯や再非行**を防止し、これらの人たちが社会の一員として**自立**し、**改善更生する**ことを支援することで、**社会**を保護し、**個人や公共の福祉**を増進することを目的とする施策である。更生保護のひとつとして、**保護観察**が挙げられる。

　保護観察とは、保護観察対象者が社会内においてその一員として更生するように、国会公務員である**保護観察官**と民間ボランティアである**保護司**が、当該保護観察対象者の生活状況を把握したうえで必要な指導をしたり、自立した生活が送れるよう

になるための支援を行う活動である。

保護観察の対象は、**保護観察処分少年**、**少年院仮退院者**、**仮釈放者**、**保護観察付執行猶予者**である。また、保護観察中に保護観察対象者が守るべき決まりごとを**遵守事項**という。保護観察官や保護司が保護観察対象者を指導する際には、まずはこの**遵守事項**に違反していないかについて確認する。

検察官送致
referal to the public prosecutor

少年法第20条に規定されている、**家庭裁判所**が非行少年に対して行う処分のひとつである。少年の行った**罪や情状**に基づいて**刑事処分**が相当と判断される場合に、当該事件を**検察官**に送致することをいう。その後、**成人**と同様に、犯罪の嫌疑があると判断される場合は検察官によって**起訴され**、**刑事裁判の手続き**が行われる。

検察官送致は、犯行当時**14歳以上**の少年による死刑、懲役または禁錮に当たる罪の事件が対象である。また、犯行当時**16歳以上**の少年が、故意の犯罪行為により被害者を**死亡させた**場合は、原則として事件を**検察官**に送致しなければならない。なお、犯行当時18歳以上の特定少年については**原則逆送対象事件**が拡大されており、死刑、無期または短期1年以上の懲役・禁錮に当たる罪の事件が対象である。

犯罪被害者等基本法
Basic Act on Crime Victims

犯罪被害者等のための施策に関して基本理念を定め、国及び地方公共団体、国民の**責務**を明らかにし、それらを総合的かつ計画的に推進することにより、犯罪被害者等の**権利利益の保護**を図ることを目的とする法律である。

少年が故意の犯罪行為により被害者を死亡させた場合、すべての事件を検察官に送致しなければならない。

具体的な施策として、一定の事件の被害者や遺族等が刑事裁判に参加し、公判期日に出席したり被告人質問などを行うことができる**被害者参加制度**、被害者や遺族等が法廷で被害についての気持ちや事件について意見を述べることができる**意見陳述制度**、被害者やその親族等に対して事件の処分結果や加害者の処遇状況などの情報をできる限り提供する**被害者等通知制度**、犯罪により重傷病を受けたり障害が残った被害者や遺族への経済的支援を行う**犯罪被害給付制度**などが挙げられる。

> 民間支援団体による被害者支援センターでは、電話や面接による相談、裁判所や警察などへの付き添いや日常生活の手助けといった直接的支援を行っています。

医療観察法 ★★★

Medical Treatment and Supervision act

正式名称は「心神喪失等の状態で重大な他害行為を行った者の医療及び観察に関する法律」である。**心神喪失**または**心神耗弱**の状態で、**重大な他害行為**を行い、**不起訴処分**や**無罪**等が確定した人に対して、**適切な医療**及び観察を行うことにより、**病状の改善**と**再他害行為の防止**を図り、**社会復帰**を促進することを目的とする。この法律における重大な他害行為とは、**殺人**や**放火**、**強盗**、**不同意性交等**、**不同意わいせつ**、**傷害**を指す。

検察官は、**心神喪失**または**心神耗弱**の状態により不起訴処分や無罪等が確定した人に対して**医療観察法**に基づく医療及び観察を受けさせるべきかの申立てを**地方裁判所**に行う。申立てがなされると、裁判官より**鑑定入院**が命じられ、鑑定が行われる。**審判**は、**裁判官**1名と**精神保健審判員**1名からなる合議体によって行われる。審判の結果、**入院決定**、**通院決定**、**不処遇**のいずれかが決定される。

×：犯行当時16歳以上で故意の犯罪行為により被害者を死亡させた場合などが原則逆送対象事件に含まれる。

心神喪失と心神耗弱

insanity and diminished capacity

心神喪失とは、精神の障害により**弁識能力**がまったくない状態、または**行動制御能力**がまったくない状態を指す。心神耗弱とは、精神の障害により**弁識能力**が著しく低い状態、または**行動制御能力**が著しく低い状態を指す。弁識能力とは、自分の行為の**善悪を判断する能力**をいう。行動制御能力とは、その判断に従って自分の行動を**制御する能力**をいう。

刑法39条では、「心神喪失者の行為は、**罰しない**」、「心神耗弱者の行為は、その刑を**減軽する**」と規定されている。

裁判員制度

citizen judge system

抽選によって選ばれた一般市民が**裁判員**となり、裁判官とともに、被告人が**有罪か無罪**か、有罪の場合は**どれくらいの刑**を科すべきかを決める制度である。一般市民がそれぞれの知識経験を活かしつつ**裁判**に参加することで、**一般市民の視点や感覚**が裁判の内容に反映され、司法や裁判に対する理解が深まり、信頼が高まることが期待される。

裁判員裁判は、**殺人罪**や**強盗致死傷罪**、**現住建造物等放火罪**、**身代金目的誘拐罪**などの一定の重大事件を対象とする。**6人**の裁判員と**3人**の裁判官がチームとして、裁判で提出された証拠に基づいて評議を行う。

裁判員や裁判員だった者には、評議の**経過**や評議における裁判官や裁判員の**意見の内容**などの**評議の秘密**や、事件関係者の**プライバシー**に関わる事項や裁判員の名前といった評議以外の職務上知り得た秘密について**守秘義務**が課せられる。

医療観察法に基づく審判は、裁判官1名と精神保健参与員1名からなる合議体によって行われる。

07 産業・労働

労働三法
the three labor laws

労働者の労働に関する事項や権利などを定めたさまざまな法律の総称を**労働法**という。なかでも、**労働基準法**、**労働組合法**、**労働関係調整法**の3つの法律は労働三法と呼ばれる。

労働基準法は、労働条件の**最低基準**を定めた法律である。**賃金**や**労働時間**、**休憩**、**休日**、**時間外・休日労働**、**深夜労働**などについて規定している。労働組合法は、労働者が労働条件の維持・改善について**使用者**と**対等な立場**で交渉できるようにするために、**労働組合**を結成して交渉したり、労働条件の維持・改善を求めて団体で行動したりすることを保障する法律である。労働関係調整法は、労働者や労働組合と**使用者**のあいだで**労働争議**に発展する、またはその恐れがある場合に、その予防や解決のために、第三者である**労働委員会**による**斡旋**や**調停**、**仲裁**といった紛争の解決の手続きを定めた法律である。

安全配慮義務
obligations of considering security

使用者に課せられる、従業員が**安全**で**健康**に働くことができるように必要な配慮をする義務をいう。安全配慮義務は、労働契約法第5条において、労働契約上の**付随的義務**として使用者が負うことが規定されている。通常、従業員は**指定された場所**で、**提供された設備や器具**などを用いて、**使用者の指示**に従って労働に従事する。そのため、**労働契約**の内容として具体的に定められていなくても、**労働契約**の締結にともない、信義則上、**使用者**は従業員が生命や身体等の安全を確保しつつ労働するこ

×:医療観察法の審判は、裁判官1名と精神保健審判員1名からなる合議体によって行われる。

産業・労働分野における心理職は、産業保健スタッフの一員として、企業などの組織で働く人びとの心身の健康の保持や増進に対する役割を担っています。ここではメンタルヘルス対策に関する法律やキーワードを取り上げます。

とができるための必要な配慮をすべきであるとされる。

労働安全衛生法 ★★★
Industrial Safety and Health Act

労働災害の防止に関する総合的・計画的な対策を推進することにより、職場における労働者の安全と健康を確保するとともに、快適な職場環境の形成を促進することを目的とした法律である。第66条の8では、事業者が、長時間労働者に対して医師による面接指導を行わなければならないことが規定される。具体的には、時間外・休日労働時間が1月あたり80時間を超え、かつ疲労の蓄積が認められ、面接指導を申し出た者が対象である。また、事業者は面接指導の結果を踏まえた当該労働者の健康を保持するための措置について、医師から意見聴取を行い、必要に応じて実施しなければならない。第66条の10では、事業者が、労働者に対して、医師、保健師等による心理的な負担の程度を把握するための検査を行わなければならないと明記されており、ストレスチェック制度について規定している。

THP ★★☆
Total Health promotion Plan

トータル・ヘルスプロモーション・プランの略称であり、労働安全衛生法第69条に基づいて、事業者が講ずるよう努めるべき労働者の健康の保持増進を図るための措置をいう。

THPは、労働生活のすべての期間を通じて継続的かつ計画的に進めていくものであり、一次予防に関する内容が中心となる。具体的措置としては、運動指導、メンタルヘルスケア、栄

Q 安全配慮義務は労働契約上、従業員に課せられる。

養指導、口腔保健指導、保健指導などが挙げられる。

　労働者の健康の保持増進には、労働者が自主的、自発的に取り組むことが重要であるが、職場には労働者自身では取り除くことがむずかしい**疾病の増悪要因**や**ストレッサー**などが存在する。そのため、労働者の健康を保持増進するためには、労働者の**自助努力**に加えて、事業者による**健康管理**の積極的推進が求められている。また、事業者と医療保険者の連携により健康保持増進対策が行われる**コラボヘルス**の推進が必要とされている。

メンタルヘルス指針
mental health guidelines

　厚生労働省が定めた、職場における**メンタルヘルス対策**を推進するための指針である。労働安全衛生法第70条の2に基づき、同法第69条に規定される**健康の保持増進**を図るための措置が適切かつ有効に実施されることを目的として策定された。具体的には、**事業者**が講ずるよう努めるべき**メンタルヘルスケア**の原則的な実施方法が定められている。

　この指針では、**メンタルヘルスケア**の実施にあたっては、ストレスチェック制度の活用や職場環境の改善等を通じてメンタルヘルス不調を**未然に防止する**「一次予防」、メンタルヘルス不調を**早期に発見し**適切な措置を行う「二次予防」、メンタルヘルス不調となった労働者の**職場復帰支援**等を行う「三次予防」が円滑に行われることが求められる。これらの取り組みについては、労働者に対して教育研修や情報提供を行い、**セルフケア・ラインによるケア・事業場内産業保健スタッフ等によるケア・事業場外資源によるケア**の「4つのケア」を効果的に推進し、職場環境等の改善やメンタルヘルス不調への対応、休業した労働者の職場復帰のための支援等が円滑に行われる必要がある。

×：安全配慮義務は、労働契約法における労働契約上の付随的義務として使用者に課せられる。

ストレスチェック制度 ★★★
stress check program

　労働安全衛生法第66条の10に規定される、医師や保健師等による労働者の**心理的な負担**の程度を把握するための**検査**及びその結果に基づく**面接指導**の実施等に関する制度である。労働者数**50人**以上の事業場には義務づけられているが、労働者数**50人**未満の事業場では努力義務になる。

　この制度の目的は、労働者の**ストレスの状況**を検査し、労働者自身にストレスへの**気づき**を促すとともに、それらに対処することによって、労働者のメンタルヘルス不調を未然に防ぐ**一次予防**である。検査内容は、**仕事のストレス要因、心身のストレス反応、周囲のサポート**の3領域が含まれていることが求められ、**職業性ストレス簡易調査票**の使用が推奨されている。検査の結果は、検査の**実施者**から直接労働者本人に通知され、本人の**同意なく**事業者に提供されることは禁止されている。検査の結果、**高ストレス**と評価された労働者から申出があった場合、**事業者**は医師による**面接指導**を実施することが義務づけられている。

ストレスチェックは、厚生労働大臣が定める研修を受けた公認心理師も実施可能です。

職業性ストレス簡易調査票 ★★★
The Brief Job Stress Questionnaire

　平成11年度労働省委託研究「作業関連疾患の予防に関する研究」のストレス測定グループによって開発された調査票である。質問項目数は**57項目**であり、10分程度で**簡便**に回答できる。また質問項目は、**仕事上のストレス要因、ストレス反応、修飾要因**から多軸的に構成されている。仕事のストレス要因は、仕事の**量的負担**、仕事の**質的負担**、**身体的負担**、**コントロール**、

ストレスチェックの結果、高ストレスと評価された労働者は、医師による面接指導を受けなければならない。

技術の活用、対人関係、職場環境、仕事の適性度、働きがいからなる。ストレス反応は、心理的ストレス反応と身体的ストレス反応からなる。心理的ストレス反応には、イライラ感や疲労感、不安感といったネガティブな反応だけでなく、活気といったポジティブな反応も含まれる。修飾要因としては、上司からのサポート、同僚からのサポート、家族や友人からのサポート、仕事や生活に対する満足度からなる。

結果の評価や判定には、労働者個人レベルのストレス評価を行うための簡易採点法と標準化得点による採点法、及び、集団を単位としてストレス評価を行うための仕事のストレス判定図がある。

EAP
Employee Assistance Program

「従業員支援プログラム」とも呼ばれる、メンタルヘルスケアにおける事業場外資源のひとつである。もともとはアメリカにおいて、アルコール依存症の従業員の支援からはじまった。企業が専門機関と提携し、従業員の心身の健康の回復・増進を支援することによって、生産性の向上が期待される。また、企業にとって、業務起因性の健康障害による労災や民事訴訟のリスクを低減するというリスクマネジメントにもなる。

具体的な活動として、①問題をアセスメントしたうえでの適切な専門機関へのリファー、②問題に応じた短期問題解決型のカウンセリング、③管理監督者、人事労務担当者などへのコンサルテーション、④メンタルヘルス研修、⑤危機介入などが挙げられる。

×：高ストレスと評価された労働者から、医師による面接指導の申出があった場合、事業者はそれを実施しなければならない。

育児・介護休業法

Act on Childcare Leave, Caregiver Leave, and Other Measures for the Welfare of Workers Caring for Children or Other Family Members

　正式名称は「育児休業、介護休業等育児又は家族介護を行う労働者の福祉に関する法律」である。この法律では、子の養育や家族の介護を行う労働者に対する制度として、**育児休業**、**介護休業**、**子の看護休暇**、**介護休暇**、**所定外労働の制限**、**時間外労働の制限**、**深夜業の制限**、**所定労働時間の短縮**等が規定されている。育児・介護等による労働者の**離職**を防ぎ、男女ともにその希望に応じた**ワーク・ライフ・バランス**を実現できるように、適宜改正されている。また、事業者に対して育児・介護休業による**不利益取り扱いの禁止**や、**ハラスメント防止措置**が義務づけられている。

　この法律における育児休業とは、労働者が原則として1歳に満たない子を養育するためにする休業をいう。**父親**、**母親**のいずれも取得可能である。また、介護休業とは、労働者が**要介護状態**にある対象家族を介護するためにする休業をいう。この法律における要介護状態とは、負傷、疾病または身体上もしくは精神上の障害により、**2週間**以上の期間にわたり常時介護を必要とする状態と規定される。対象家族とは、**配偶者**、**父母**及び**子**（これらの者に準ずる者として**祖父母**、**兄弟姉妹**及び**孫**を含む）、**配偶者の父母**を指す。

ワーク・ライフ・バランス

work–life balance

　仕事と生活の調和を指す。2007年、仕事と生活の調和が実現した社会の必要性や目指すべき社会の姿、その実現に向けて**企業**と**労働者**、**国民**、**国や地方公共団体**が果たすべき役割など、仕事と生活の調和が実現した社会に向けて**国民的な取り組み**の

 育児休業は、原則として1歳に満たない子の養育のために、母親のみが取得可能な制度である。

大きな方向性を示す「仕事と生活の調和（ワーク・ライフ・バランス）憲章」が策定された。

仕事と生活の調和憲章では、仕事と生活の調和が実現した社会を、国民一人ひとりが**やりがい**や**充実感**を感じながら働き、**仕事上の責任**を果たすとともに、家庭や地域生活などにおいても、子育て期、中高年期といった**人生の各段階**に応じて多様な生き方が選択・実現できる社会としている。また、そのような社会を実現させるために、具体的には、**就労**による**経済的自立**が可能な社会、健康で豊かな生活のための**時間**が確保できる社会、**多様な働き方・生き方**が選択できる社会を目指すべきであるとしている。

過労死等 ★★★

death and injury from overwork

過労死等防止対策推進法において過労死等とは、業務における**過重な負荷**による**脳血管疾患**や**心臓疾患**を原因とする死亡または業務における**強い心理的負荷**による**精神障害**を原因とする自殺による死亡、あるいはこれらの**脳血管疾患**や**心臓疾患**、**精神障害**を指す。

労働者に発症した脳・心臓疾患を労災として認定する際の基準である「脳・心臓疾患の認定基準」では、長期間の過重業務として、発症前1ヵ月〜6ヵ月にわたって、1ヵ月あたりおおむね**45**時間を超える時間外労働が認められない場合は、業務と発症との関連性が**弱い**と評価され、発症前1ヵ月間におおむね**100**時間または発症前2ヵ月間〜6ヵ月間にわたって、1ヵ月あたりおおむね**80**時間を超える時間外労働が認められる場合は、業務と発症との関連性が**強い**と評価される。ただし、これらの時間には至らないが、それに近い時間外労働が認められる場合は、労働時間以外の**負荷要因**の状況を十分に考慮し、

×：育児休業は、父親、母親いずれも取得可能である。

業務と発症との関連性が強いと評価される。

また、労働者に発症した**精神障害**を労災として認定する際の基準である「心理的負荷による精神障害の認定基準」では、**対象疾病**を発病しており、対象疾病の発病前おおむね**6ヵ月**間に、業務による**強い心理的負荷**が認められ、**業務以外の心理的負荷**及び**個体側要因**により対象疾病を発病したとは認められないことが要件として挙げられる。

労働者派遣法 ★★★
Worker Dispatching Act

正式名称は、「労働者派遣事業の適正な運営の確保及び派遣労働者の保護等に関する法律」である。**労働力**の需給の適正な調整を図るために**労働者派遣事業**の適正な運営に関する措置を講ずるとともに、**派遣労働者の保護**等を図ることで派遣労働者の**雇用の安定**や**福祉の増進**に資することを目的として制定された。

この法律では、派遣期間が30日以内に定められた**日雇派遣**は原則禁止されている。派遣労働者の**雇用安定化**と**キャリアアップ**を図るために、派遣元との雇用契約が有期雇用の派遣労働者を**同一の事業所**に派遣できる期間は原則**3年**が上限と定められている。ただし、**60歳**以上の派遣労働者や、派遣元に**無期雇用**されている派遣労働者などは例外である。

また、派遣労働者と派遣先に直接雇用される通常の労働者の間に**不合理な待遇差**を設けてはならず、派遣元事業主に、**派遣先均等・均衡方式**あるいは**労使協定方式**のいずれかによって派遣労働者の待遇を確保することが義務づけられている。

パワー・ハラスメント ★★★
power harassment

職場において行われる、**優越的な関係**を背景とした言動であ

> Q 労働者派遣法において、派遣元に有期雇用される派遣労働者を同一の事業所に派遣できる期間は原則2年間である。

って、業務上必要かつ相当な範囲を超えたものにより、その雇用する労働者の就業環境が害されるものをいう。優越的な関係とは、上司から部下といった職務上の**地位**に限らず、同僚や部下であっても業務上**必要な知識**や**豊富な経験**を有していることや、集団による言動で**抵抗や拒絶することが困難な状況**などが挙げられる。また、業務上必要かつ相当な範囲を超えた言動かどうかの判断は、その言動の**目的**や、それが行われた経緯や状況、頻度、業務の内容や性質、言動を受けた労働者の**属性**や**心身の状況**、**両者の関係性**等を総合的に考慮することが適切である。なお、労働者に問題行動があった場合であっても、**人格**を否定するような言動など業務上必要かつ相当な範囲を超えた言動がなされれば、パワー・ハラスメントに該当しうる。

労働施策総合推進法（労働施策の総合的な推進並びに労働者の雇用の安定及び職業生活の充実等に関する法律）において、**事業主**に対して、パワー・ハラスメント防止のために雇用管理上必要な措置を講じることが義務づけられている。

セクシュアル・ハラスメント ★★★
sexual harassment

職場において行われる、労働者の意に反する**性的な言動**により、当該労働者が労働条件について**不利益**を受けたり、**就業環境**が害されたりすることをいう。職場の上司や同僚に限らず、取引先の顧客や患者、生徒などもセクシュアル・ハラスメントの行為者になりうる。また、**性自認や性的指向に関わらず**、性的な言動もセクシュアル・ハラスメントになりうる。**男女雇用機会均等法**において、**事業主**に対して、セクシュアル・ハラスメント対策のために雇用管理上必要な措置を講じることが義務づけられている。

職場におけるセクシュアル・ハラスメントの分類として、性

的な言動に対する労働者の拒否や抵抗により、当該労働者が解雇や降格、減給、労働契約の更新拒否、昇進や昇格の対象からの除外、不利益な配置転換などの不利益を受ける対価型セクシュアル・ハラスメント、性的な言動により労働者の就業環境が悪化することで、仕事への意欲が低下し、その能力の発揮に重大な悪影響が生じるなどの看過できない支障が生じる環境型セクシュアル・ハラスメントが挙げられる。

男女雇用機会均等法
Law for Equal Employment Opportunity of Men and Women □ □ □

正式名称は、「雇用の分野における男女の均等な機会及び待遇の確保等に関する法律」である。雇用における男女の均等な機会や待遇の確保を図るとともに、女性労働者がその母性を尊重されつつ、能力が十分に発揮されるための雇用管理上の措置を推進することを目的として制定された。具体的には、募集・採用・配置・昇進等における性別を理由とする差別の禁止や、婚姻、妊娠、出産等を理由とする不利益取扱いの禁止等が規定されている。また、事業主は、セクシュアル・ハラスメント対策や、女性労働者が妊娠や出産、育児休業や介護休業等を理由として、その就業環境が害されることがないように、雇用管理上必要な措置を講じることが義務づけられている。

職場復帰支援
support for return to work □ □ □

傷病等により休業していた労働者の復職を目的とした、企業による支援活動を指す。厚生労働省では、メンタルヘルス不調により休業した労働者に対する職場復帰を促進するため、事業場向けに「心の健康問題により休業した労働者の職場復帰支援の手引き」を策定している。それに基づくと、職場復帰支援は、

Q 職場復帰は、配置転換や異動のうえ、新しい職場で復帰させることが原則である。

「病気休業開始及び休業中のケア」「主治医による職場復帰可能の判断」「職場復帰の可否の判断及び職場復帰支援プランの作成」「最終的な職場復帰の決定」「職場復帰後のフォローアップ」の5つの段階から構成される。

職場復帰支援における留意事項として、主治医との連携が挙げられる。主治医との連携については、休業する労働者に対して事前に説明と同意を得ておく必要がある。また、職場復帰は元の慣れた職場へ復帰させることが原則である。ただし、異動等を誘因としてメンタルヘルス不調が生じた場合は、配置転換や異動のうえ、新しい職場で復帰させた方が適切なことがある。職場復帰後は業務負荷を軽減し、段階的に元へ戻すといった配慮が必要である。

ワーク・エンゲイジメント
work engagement

Schaufeli, W. B.（シャウフェリ）が提唱した、仕事に対するポジティブで充実した心理状態を指す。バーンアウト（燃え尽き症候群）の対極にある状態として提唱された。バーンアウト状態にある労働者は、仕事に対して心的エネルギーを過度に費やした結果、情緒的に疲弊し、仕事への熱意や関心が低下し、活動水準が低い状態である。一方、ワーク・エンゲイジメントの高い労働者は、活力にあふれ、仕事に積極的に関与している。

ワーク・エンゲイジメントは、活力、熱意、没頭の3つの要素からなる。活力とは、仕事中のエネルギーの高さや心理的な回復力、仕事に対して努力を惜しまない気持ち、困難な状況に直面した際の粘り強さを指す。熱意とは、仕事に強く関与し、その仕事に対する有意味感や誇り、意欲を指す。没頭とは、仕事にのめり込んでいるときの幸福感や、時間が早く経つ感覚、仕事から頭を切り替えることがむずかしい感覚を指す。

×：職場復帰は、元の慣れた職場へ復帰させることが原則である。

第8章

最重要
キーパーソン

基礎心理学 ································ 438
臨床心理学 ································ 449

キーパーソン

■基礎心理学

ア

Vygotsky, L.S.
ヴィゴツキー，L.S. (1896-1934)

旧ソ連の心理学者である。社会的・歴史的に形成されてきた道具である**言語**を媒介とすることで、人間は対象と間接的な関係をもつと考えた。また、言語は発達過程において、はじめは人びとの間で**精神間機能（社会的水準）**としての**外言**、次いで個人内の**精神機能（心理的水準）**としての**内言**という2つの水準で現れると主張した。そして、個人内の精神機能のみに視点を置くのではなく、**社会的・文化的要因**を加味しながら個人間の精神機能を分析し、それが個人内の精神機能にどのような影響を及ぼしていくかを研究した。

そのなかで、子どもが**独力**で問題解決できる**今日の発達水準**と、大人や友だちといった他者からの助けによって問題解決できる**明日の発達水準**という2つの水準の**ズレの範囲**を**発達の最近接領域**と呼んだ。子どもの発達にとって、この領域に働きかけることが**教育**の役割であると主張した。

Wechsler, D.
ウェクスラー，D. (1896-1981)

ウェクスラー式知能検査を考案したアメリカの心理学者である。ニューヨーク大学付属**ベルヴュー病院**において、臨床の目的に合った効率的で使いやすい道具を作るために1939年にウェクスラー＝ベルヴュー知能検査を開発した。その後、児童用の知能検査**WISC**、成人用知能検査の改訂版である**WAIS**、

幼児用の知能検査**WPPSI**を開発した。ウェクスラー式知能検査により幼児から高齢者まで多面的に知能を測定できるようになった。

Wertheimer, M.
ウェルトハイマー, M. (1880-1943)

ゲシュタルト心理学の創始者である。彼は、**仮現運動**の研究から、人間の知覚が連続的に与えられる視覚情報の間を自動的に補完し、全体として**まとまり**のある運動を知覚することから、全体は単なる**要素**の足し算ではないことを実証した。また、視野のなかで**図と地**が分化し、さらに**図**がまとまったかたまりとして知覚される**知覚の体制化**や、知覚の体制化が簡潔・単純な方向に向かって起こるという**プレグナンツの法則**を提唱した。

Wundt, W.
ヴント, W. (1832-1920)

ドイツ生まれの**実験（現代）心理学**の創始者と呼ばれる人物である。**1879**年にドイツの**ライプツィヒ大学**に世界初の心理学実験室を開設し、統制された条件のなかで、実験参加者に自分の**意識**を**内観**させる方法を用いて、意識の構成要素を明らかにしようとした。

彼は、近代の自然科学の強い影響を受けて、**哲学**から分離した**科学**としての心理学を確立しようとした。

その一方、内観法の限界に気づき、それを補うものとして**民族心理学**を研究した。そして、民族の言語や神話、慣習の調査によって、**個人の意識**を超えた**集団の精神**を検討した。

発達の最近接領域は、Vygotsky, L.S.によって提唱された。

Ebbinghaus, H.
エビングハウス，H. (1850-1909)

ドイツの心理学者である。Fechner, G.T.（フェヒナー）の著書『精神物理学原論』の影響を受け、記憶に関する研究を行った。

自分自身を被験者として、単語を連想させない子音―母音―子音の3文字から成り立つ無意味な音節の無意味綴りを暗記し、その再生率を調べることで経過時間ごとの忘却の過程を調べた。この結果をグラフに表したものがエビングハウスの忘却曲線である。記憶という高次精神機能が実験によって科学的に検証可能であることを実証したことから、彼の著書『記憶について』は心理学史上画期的な業績として評価されている。

Allport, G.W.
オルポート，G.W. (1897-1967)

アメリカの心理学者である。人のもつさまざまな特性に基づいたパーソナリティ理論を展開し、特性論の先駆者となった。特性を、個人に固有で他者との比較ができない独自特性と、人びとに共通し他者との比較が可能な共通特性に分けた。そして、心理生物学的基礎と共通特性のプロフィール

表示によって個人を記述する心誌（サイコグラフ）を考案した。

また、社会心理学における態度や偏見、流言、動機づけにおける機能的自律性など、彼の提唱した概念は多岐にわたる。

Cattell, R. B.
キャッテル，R.B. (1905-1998) ★★★

　イギリス生まれの心理学者である。**因子分析**による研究法を**パーソナリティ**や**知能**の研究に適用した。彼は**Allport, G.W.（オルポート）**の影響を受け、パーソナリティが外部から観察可能な35の**表面特性**と、**表面特性**の根底にある**因子分析**により抽出された12の**根源特性**に分けられることを明らかにした。さらに4つの根源特性が加わり、それをもとに開発されたのが**16PF**人格検査である。

　また、知能が過去の学習経験から得られる**結晶性知能**と、新しい場面への適応に関わる**流動性知能**に分かれることを**因子分析**によって見いだした。

Cannon, W.B.
キャノン，W.B. (1871-1945) ★★★★

　アメリカの生理学者である。外的刺激に対する身体的な反応を大脳が知覚することで情動体験が生じるという**末梢起源説（ジェームズ―ランゲ説）**を批判し、**中枢起源説（キャノン―バード説）**を提唱した。これは、外的刺激が感覚受容器から**視床**を経由して大脳皮質に達し、そこで処理された情報が視床に返され、それによって生じた**視床**の興奮が大脳皮質にフィードバックされて情動体験が生じ、同時に末梢の効果器にも伝えられ、身体反応が生じるというものである。

　また、彼は、生体が危険に曝されたときに、生存のためにその危険に立ち向かうか、逃げ出すかを選択しなければならず、その準備として**副腎髄質**から**アドレナリン**が分泌されることを**緊急反応（闘争―逃走反応）**と呼んだ。

Q Cannon, W.B.は生体が危険に曝された際、危険に立ち向かうか逃げるかの準備として、副腎皮質からアドレナリンが分泌されることを緊急反応と呼んだ。

Köhler, W.
ケーラー，W. (1887-1967)

　ドイツの心理学者で、**ゲシュタルト心理学**の中心人物のひとりである。**類人猿**の知能に関する研究を行い、問題解決が**試行錯誤的**になされるのではなく、さまざまな情報を統合して一気に解決の見通しを立てる**洞察**によってなされることを主張した。また、**ゲシュタルト特性**が心的現象だけでなく、**大脳皮質**の生理的過程にも存在すると考え、両者が同じ構造をもつという**心理物理同型説**を提唱し、**図形残効**などの研究によってそれを証明しようとした。

Gesell, A.L.
ゲゼル，A.L. (1880-1961)

　アメリカの発達心理学者である。**一卵性双生児**による**階段のぼり**の実験を行い、発達における成熟優位説を提唱し、**レディネス**の重要性を示唆した。

　また、子どもの心身の障害の診断や治療に役立つように、子どもの行動を縦断的に観察し、各能力の**年齢的発達基準**を作成した。彼は、**発達診断**を実施する重要な時期を**鍵年齢**と呼び、観察すべき行動として、**適応行動**、**粗大運動行動**、**微細運動行動**、**言語行動**、**個人一社会行動**の5つの領域を挙げた。彼の発達診断に基づいて、日本の子ども向けに作成されたものに**新版K式発達検査**や**乳幼児精神発達診断検査**がある。

Skinner, B.F.
スキナー，B.F. (1904-1990)

　アメリカの心理学者であり、**行動分析学**の創始者である。**ス**

×：副腎髄質からアドレナリンが分泌される。

キナー箱を用い、ハトやラットの自発的な行動を研究し、オペラント行動研究の基礎を築いた。彼は、Watson, J.B.（ワトソン）の提唱した行動主義とは異なり、意識や認知も行動と同様に客観的に観察可能であると考え、それらも行動とみなして研究対象として扱う徹底的行動主義を提唱した。そ

して、人間や動物の行動を分析し、そこから導かれた原理・法則を用いて、複雑な行動を説明したり、問題行動の解決に応用する行動分析学を創始した。

また、教育分野においてティーチング・マシンを用いて、学習内容をスモールステップで習得させるプログラム学習を考案したり、精神疾患の患者に対してオペラント条件づけを適用し、行動療法の発展に寄与するなど、さまざまな貢献をした。

Seligman, M.E.P.
セリグマン，M.E.P. (1942-)

アメリカの心理学者である。彼はイヌを被験体として、長期間回避不可能な電撃を与え続けた。その結果、イヌは電撃から回避可能な状況になっても苦痛から逃れようとする努力を行わなくなった。このことから、イヌが「何をやっても無駄」という無力感を学習したと考え、学習性無力を提唱した。

また、これまでの心理学は精神疾患や心理的問題を抱えた人びとを治したり解決することに焦点を当ててきたが、今後は普通の人びとがより豊かに生きることにも焦点を当てる必要があると主張し、ポジティブ心理学を提唱した。彼はウェルビーイングの構成要素として、"PERMA"（P：ポジティブ感情、E：エンゲージメント、R：関係性、M：意味や目的、A：達成）を挙げている。

Q Gesell, A.L.は発達における環境優位の立場から、レディネスの重要性を主張した。

Thorndike, E.L.
ソーンダイク, E.L. (1874-1949) ★★★

　アメリカの心理学者である。**ネコ**を被験体とした**問題箱**の実験が有名である。この箱のなかには**ひも**がついており、**ひも**を引かないと扉が開かないしくみになっている。問題箱に空腹のネコを入れると、はじめはすき間を通ろうとしたり、棒や金具を引っかくなど、さまざまな行動をみせるが、やがて偶然に**ひも**を引くことで脱出に成功する。こうした試行を繰り返すことによって、ネコは当初よりも**短時間**で脱出できるようになった。この実験から彼は、問題解決は**試行錯誤**によってもたらされると主張した。

　また、この過程を説明する原理として、ある**反応**によって**満足**や**快**がもたらされると、その**反応**はその**状況**と結びつき、その**状況**が再び起こるとその**反応**が生じやすくなるという**効果の法則**を提唱した。これはのちに Skinner, B.F.（スキナー）に引き継がれ、**強化の原理**として確立された。

Tolman, E.C.
トールマン, E.C. (1886-1959) ★★★

　アメリカの心理学者で、**新行動主義**の代表的な人物である。**ゲシュタルト心理学**の影響を受け、Watson, J.B.（ワトソン）の行動主義とは異なる**全体的・目的的**な視点から独自の理論を提唱した。彼は**ラットの迷路走行**の実験から、行動としては直接現れない**潜在的**な学習過程の存在を指摘した。そして、学習とは刺激と反応の結合ではなく、**手段**と**目的**の関係の**認知**（**サイン・**

×：Gesell, A.L.は成熟優位の立場をとった。

ゲシュタルト）の成立であると考えた。彼の理論を**S-S説**（**サイン・ゲシュタルト説**）という。そして、**手段―目的関係**の認知によって環境についての認知表象である**認知地図**が形成されると考えた。

Harlow, H.F.
ハーロウ，H.F. (1905-1981)

アメリカの心理学者である。アカゲザルの子どもを被験体とした針金製と布製の**代理母模型**を用いた実験から、**哺乳**の有無ではなく、**接触**による満足が**母親に対する愛着形成**において重要であることを明らかにした。つまり、**生理的欲求**を満たしてくれる母親に**愛着**を形成するといった、これまでの理論であるSears, R.R.（シアーズ）の**二次的動因説**を批判し、**コンタクト・コンフォート**（接触の快）によって愛着が形成されることを主張した。この実験結果は、Bowlby, J.M.（ボウルビィ）の**愛着理論**と同様に、母子関係の考え方に大きな影響を与えた。

また、**アカゲザル**の認知能力の研究のなかで、学習の仕方を学習することを意味する**学習の構え**（**学習セット**）を提唱した。

Havighurst, R.J.
ハヴィガースト，R.J. (1900-1991)

アメリカの教育学者、発達心理学者である。各発達段階において達成しておくべき課題である**発達課題**の概念を初めて提唱した。彼は、**発達課題**は身体的な**成熟**、社会の**文化的要求**、個人の**希望**や**価値**などから生じると考え、乳幼児期、児童期、青年期、成人期、中年期、老年期の各段階における**発達課題**を提示した。例えば、青年期については男性あるいは女性としての**社会的役割**の理解や親からの**情緒的独立**、**職業の選択**などが挙げられる。また、彼は、**発達課題**を自己と社会の**適応**に必要な

> Q　Tolman, E.C.は、学習とは手段と目的の関係の認知の成立であるとし、サイン・ゲシュタルト説を唱えた。

学習ととらえ、それを達成できるように支援するのが教育であると考えた。

Pavlov, I.P.
パヴロフ，I.P. (1849-1936)

ロシアの生理学者である。イヌを被験体とした唾液分泌の研究のなかで、食物を摂取するときだけでなく、食物を提示される前に聞かされていたベル音を聞いただけでも唾液が分泌されることを発見し、これをのちに条件反射と呼んだ。これはやがてWatson, J.B.（ワトソン）の提唱した行動主義の基本原理として、学習理論や行動療法の発展に大きな影響を与えた。また、彼はイヌに弁別することが困難な課題を与えることによって異常な状態を引き起こす実験神経症の実験を行った。

Piaget, J.
ピアジェ，J. (1896-1980)

スイスの心理学者である。子どもの認知の発達を研究し、自分の子ども3人の観察・実験から、その発達が感覚運動期、前操作期、具体的操作期、形式的操作期の4つの段階を経ることを主張した。また、人が外界の対象を認知する枠組みをシェマと呼び、外界の対象を自分のシェマに取り入れる同化と、外界の対象に合わせて自分のシェマを変えていく調節によってもたらされる均衡化を通じて認知発達が進むと考えた。彼の取り組みは、生物学的発生論に基づいて認識の発達のプロセスを明らかにしようとする発生的認識論として体系化され、

心理学や教育学に大きな影響を与えた。

Bowlby, J.M.
ボウルビィ，J.M. (1907-1990) ★★★

　イギリスの児童精神医学者である。精神医学に**エソロジー**（**動物行動学**）の視点を取り入れ、**愛着理論**をはじめとする**発達早期**の**母子関係**に関わる理論を提唱した。彼は**母性的養育**を剥奪された乳幼児の研究から、母子の情緒的な結びつきが子どもの**精神衛生**の基本になると考え、この結びつきを**愛着**と呼んだ。

　乳幼児は吸う、微笑む、泣くといった**生得的行動**によって母親から世話をしてもらう。このような母子の相互作用によって**愛着**は形成されると考えた。

Maslow, A.H.
マズロー，A.H. (1908-1970) ★★★

　アメリカの心理学者である。それまでの心理学において二大勢力であった**行動主義**や**精神分析**は、人間の**環境依存的**、**病的**な側面を明らかにしてきたが、人間の**健康的**な側面には焦点を当てていないと批判し、これらに対抗する第三勢力として**人間性心理学**を提唱した。

　また、自己実現の研究を行い、人間の欲求は**生理的欲求**、**安全欲求**、**所属と愛情欲求**、**承認と自尊欲求**、**自己実現欲求**という5つの階層からなる欲求階層説を唱えた。

　さらに、自己実現を超えた**自己超越**の研究から、第四勢力と

してトランスパーソナル心理学を位置づけた。

Lewin, K.
レヴィン, K. (1890-1947)

ドイツ生まれのアメリカの心理学者で、ゲシュタルト心理学の代表的な研究者である。彼は、人間の行動（B）とは個人（P）と環境（E）の関数である（B＝f (P,E)）という場理論を提唱した。そして、個人と環境の相互作用によって生じる場の構造を生活空間と呼び、トポロジーやベクトルの概念を用いて、力動的に人間の行動を説明しようとした。そのなかで、個人内に複数の欲求が同時に同程度存在するコンフリクトを接近─接近、回避─回避、接近─回避の３つに分類し、動機づけ研究に影響を与えた。

また、場理論を社会心理学に応用し、グループ・ダイナミクス（集団力学）研究を発展させた。

Watson, J.B.
ワトソン, J.B. (1878-1958)

アメリカの心理学者であり、行動主義の提唱者である。1913年、「行動主義者の見た心理学」において、これまでの内観に基づく意識を研究対象とした心理学を批判し、観察可能な行動を研究することでその予測と統制を心理学の目標とすることを主張した。また、S-R理論と呼ばれる、直接的に観察できる刺激と反応の結合を基本原理として、アルバート坊やの実験に代表されるような研究を行った。やがて筋収縮や腺分泌を研究対象にし

たことから末梢主義、個人のパーソナリティがすべて学習によって形成されるとする極端な環境主義などを主張したことによって、多くの批判を受けることになった。しかし、これまでの心理学の主観性や非科学性を批判し、心理学を客観的な科学へと前進させたことは、今日の心理学のあり方に大きな影響をもたらした。

■臨床心理学

Eysenck, H.J.
アイゼンク, H.J. (1916-1997)

　ベルリン生まれのイギリスの臨床心理学者である。精神分析を実証性が困難として批判した。科学的手法による研究法の重要性を主張し、神経症的症状を不適切に学習された情動反応と考える新しい神経症モデルを提唱し、1960年『行動療法と神経症』により学習理論に基づく行動療法を広めたとされる。彼はパーソナリティ研究も行っており、パーソナリティを遺伝と環境から決定される行動パターンであると考え、内向性—外向性、神経症的傾向を基本的人格次元とし、それを基にモーズレイ性格検査（MPI）を開発した。

Axline, V.M.
アクスライン, V.M. (1911-1988)

　Rogers, C.R.（ロジャーズ）に師事し、非指示的遊戯療法、児童中心療法を提唱した児童心理学者である。遊戯療法における8つの基本原則というセラピストの取るべき態度を示した。

Q　Eysenck, H.J.は、性格を構成する4つの因子を見いだし、MMPIを開発した。

具体的には、子どもとの**ラポール形成**、あるがままの**受容**、**受容的な雰囲気**、感情の**察知と伝え返し**、**主体性**の尊重、**非指示的態度**、**長い治療プロセス**の認識、必要最低限の**制限**の8つである。現在この原則は理論的立場を越え、遊戯療法の**基本原則**を示すものとされている。

Adler, A.
アドラー，A. (1870-1937)

オーストリア生まれのアメリカの精神医学者であり、**個人心理学**の創始者である。眼科医を開業したが、Freud, S.（フロイト,S.）の『**夢判断**』を読んだのがきっかけでFreud,S.（フロイト，S.）の研究会に参加し、精神分析運動のメンバーとなった。しかし、1911年、**エディプス・コンプレックス**をめぐる学説の相違のためFreud, S.（フロイト，S.）と決別し、**個人心理学**を創始した。

彼は人間には**劣等感**を補償するために、より強くより完全になろうという意志があると考え、これを「**権力への意志**」と呼んで重視した。また治療として、クライエントの**共同体感覚**を育成するためにクライエントとともに現実的に達成可能な**治療目標**を立て、**助言**や**開かれた質問**を多用する**積極的なカウンセリング**を行った。具体的には、クライエントから得られたさまざまな情報をもとに、クライエントや関係者の行動の目的を推測し、そのうえでクライエントの現在の行動がもたらす望ましくない結果をクライエントとともに考え、それに代わる新しい考えや行動を**提案**していく。

450　×：MMPIは「ミネソタ多面人格目録」であり、Eysenck, H.J.が開発したのは「モーズレイ性格検査（MPI）」である。

ウィニコット, D.W. (1896-1971)

中間派（独立派）のイギリスの児童精神分析家である。小児病院に40年勤めた豊富な臨床経験から、**乳幼児**と**内的対象（母親）**の関係をとらえる**対象関係論**を独自の視点から発展させ、**母子関係**に関わるさまざまな概念を提唱した。彼は、毛布・タオル・ぬいぐるみなど乳幼児が特別な**愛着**を寄せるおもに**無生物**の対象を**移行対象**と呼んだ。こうした対象は、**錯覚**から**脱錯覚**へ、また、**母子未分化**な状態から**分化**した状態への**移行**を促すとした。

つまり**移行対象**は、母親の不在や就眠時、慣れない環境といった**ストレスフル**な状況で、母親やその乳房の**象徴的代理**として、子どもの**分離不安**や**欲求不満**を軽減し、落ち着かせ、慰めるものとして機能するのである。

エリクソン, E.H (1902-1994)

自我心理学派の精神分析家である。デンマーク系の母親の元、ユダヤ系ドイツ人としてフランクフルトに生まれた。母親は彼が幼少のときにドイツ人小児科医と再婚した。彼はその北欧系の容貌からユダヤ人社会で**差別**を受け、またドイツ人社会からもユダヤ人であるという理由で**差別**を受け、さらに家庭では**養子**として家族に所属しきれず、ギムナジウム卒業後は大学には進まず画家を目指して**放浪**して過ごした。このような体験が、彼の理論形成に大きな影響を及ぼしたとされる。

のちにFreud, A.（フロイト, A.）の教育分析を受け、児童精神分析家となった。ナチスの迫害によってアメリカに渡り、

Adler, A.は、人は劣等感を補償するために、より強く完全になろうという「意味への意志」がその根源にあるとした。

Freud, S.（フロイト，S.）の心理＝性的発達段階説に社会的視点を取り入れ、人は生涯にわたって発達すると考えるライフサイクル論として、8つの発達段階を提唱した。また、各段階における発達課題を定め、その乗り越え方が、パーソナリティ形成に影響すると考えた。

Ellis, A.
エリス，A. (1913-2007)

アメリカの心理療法家であり、論理療法の創始者である。もともとは精神分析家としての訓練を受けていたが、やがて精神分析の理論と治療効果に疑問を抱くようになった。その後、行動療法や構成主義、認知論などの影響を受けながら、独自のABCDE理論を構築し、論理療法を提唱した。

Okonogi Keigo
小此木啓吾 (1930-2003)

東京生まれの精神科医、精神分析家である。日本の精神分析のパイオニアである古澤平作に師事し、対象喪失をはじめとした独自のフロイト解釈を展開した。また、心理療法一般に欠かすことのできない、セラピストとクライエントの交流に関わるさまざまな条件が構造化された枠組みである治療構造に関する理論を提唱した。著書から「モラトリアム人間」「ピーターパン・シンドローム」といった流行語を生み出し、平易な記述で難解な精神分析理論を専門家のみならず広く一般に紹介した。

Kernberg, O.F.
カーンバーグ, O.F. (1928-)

　オーストリア生まれのアメリカの精神分析医である。アメリカで発展した**自我心理学**に、イギリスの**対象関係論**を取り入れた独自の**自我心理学的対象関係論**を確立した。また、人格構造を**同一性**の**統合度**、**防衛操作**、**現実吟味**の3つの側面から、**神経症的人格構造**、**境界人格構造**、**精神病的人格構造**に区別した。特に境界人格構造の考え方は、これまで**精神病**と**神経症**の中間にある疾患ととらえられてきた**境界例**が、**パーソナリティ障害**として位置づけられるにあたって大きな役割を果たした。

Kanner, L.
カナー, L. (1894-1981)

　アメリカの精神科医で、児童精神医学の先駆的指導者である。1943年、『**情緒的接触の自閉的障害**』において早期児童期から**対人接触**の障害を示す11症例を詳細に記載し、1944年に初めて**早期幼児自閉症**と名づけた。これらの症例は、**統合失調症**が早期幼児期に発症したものととらえられ、その後長年にわたり、小児の統合失調症の典型的な一類型として位置づけられてきた。現在では、自閉症はDSM-5において**自閉スペクトラム症**として神経発達症群の中に含まれる。

Kalff, D.M.
カルフ, D.M. (1904-1990)

　スイスの心理療法家で、**箱庭療法**の創始者である。子どもに砂箱のなかに玩具を自由に置かせるLowenfeld, M.（**ローウェンフェルト**）の**世界技法**に関心をもち、これに**ユング心理学**を

箱庭療法は、Kalff, D.M.の世界技法をLowenfeld, M.が取り入れ、開発されたものである。

基盤として、**クライエントと治療者の関係**を重視する治療法を確立させた。子どものためのこの治療法を**砂遊び療法**（sand play therapy）と呼び、広く大人の治療にも使えるように完成させた。その後、**河合隼雄**によって日本に導入され、**箱庭療法**と意訳された。箱庭療法は、**言葉**では表されにくい、クライエントの奥深い精神世界が生き生きと、**可視的**に表現されるという特徴をもつ。

Kawai Hayao
河合隼雄 (1928-2007) ★★★

兵庫県出身の臨床心理学者、心理療法家である。1962年から3年間、スイスの**ユング研究所**で学び、日本人初の**ユング派分析家**の資格を取得した。帰国後、日本における**ユング心理学**の理解と実践に貢献した。**非言語的**な表現が日本人に向いていると考え、1965年、日本に**箱庭療法**を紹介した。ユング派以外の臨床心理学及び精神医学の発展にも寄与し、**日本心理臨床学会**や**日本臨床心理士資格認定協会**などの設立に尽力し、**日本臨床心理士会**の初代会長を務めた。

Caplan, G.
キャプラン, G. (1917-2008) ★★★

アメリカの精神科医である。精神医療に**公衆衛生的発想**を取り入れ、**予防精神医学**や**地域精神衛生**に影響を与えた。彼は生活環境の改善により精神疾患の発生を予防する**一次予防**、精神疾患の早期発見と早期治療につとめる**二次予防**、精神疾患の患者の社会復帰と再発防止を推進する**三次予防**を提唱した。また、Lindemann, E.（リンデマン）とともに行ったハーバード大学

×：Lowenfeld, M.の世界技法をKalff, D.M.が取り入れた。

での地域精神衛生プログラムの経験をもとに、危機に関する理論を整備した。さらに、精神科医のほとんどいない地域における精神衛生活動の経験から、**コンサルテーション**の理論と方法を確立させた。

Klein, M.
クライン，M. (1882-1960) ★★★

オーストリア生まれのイギリスの精神分析家で、**対象関係論**の基礎を築いた。**発達早期**の母子関係に生じる**対象関係**から、生後1年間のなかでそれぞれ特徴づけられる2つの時期を**妄想―分裂ポジション**と**抑うつポジション**に分けた。

児童分析においては、両親の態度など**環境要因**を重視したFreud, A.（**フロイト，A.**）に対して、子どもが遊びのなかで表現する**内的世界**を**解釈**すべきであると主張し論争が起こった。

Kretschmer, E.
クレッチマー，E. (1888-1964) ★★☆

ドイツの精神科医である。臨床経験を基にした主著『体格と性格』では、精神疾患の患者の**体格**と**気質**、**病前性格**に関連があると考え、3つの類型に分類した。

つまり、双極症（躁うつ病）の患者は、**肥満型**で**循環（躁うつ）気質**であり、**社交的**、**陽気**などの一方で、**もの静か**、**陰気**などを併せもった性格である。統合失調症の患者は、**細長型**で**分裂気質**であり、**非社交的**、**神経質**などの一方で、**従順**、**鈍感さ**を併

Kretschmer, E.の性格類型論によれば、細長型の人は分裂気質、肥満型の人は躁うつ気質、筋骨型の人は粘着気質が多い。

せもった性格である。てんかんの患者は、**筋骨（闘士）**型で**粘着気質**であり、**執着的**、**几帳面**などの一方で、**怒りっぽさ**、**頑固さ**を併せもった性格である。これは、のちに健常者にも当てはまるとされた。

Kosawa Heisaku
古澤平作 (1897-1988) ★★★

日本における臨床的な精神分析の土台を築いた精神分析家である。1932年から1年間、ウィーン精神分析研究所に留学した際にFreud, S.（フロイト, S.）と出会い、『**罪悪感の二種**』という論文を発表した。そのなかで、**母性原理**の強い日本文化を反映した日本人の根本的な複合感情（コンプレックス）として「**恨み**」と「**罪悪感**」という**阿闍世コンプレックス**を提唱した。帰国後、臨床医として日本で初めて開業し、戦後は**土居健郎**や**小此木啓吾**など多くの医師や心理臨床家の指導・育成に尽力した。

Sullivan, H.S.
サリヴァン, H.S. (1892-1949) ★★★

新フロイト派の精神分析家である。彼は、**前思春期**における**同世代**の**同性**との親密な関係である**チャムシップ**の構築が重要であると考えた。**統合失調症**の患者にはそのような経験が欠如しており、そのような雰囲気をつくり出すことによって治療できると考え、重度の**統合失調症**の患者への心理療法に成功したことで多大な名声を得た。

また、精神医学を**対人関係**の学問としてとらえ、**対人関係**の視点なくして患者を理解することはできないと考え、**対人関係論**を提唱した。治療者が患者との**関わり**のなかで患者を**観察する**「**関与しながらの観察**」は有名である。

Gendlin, E.T.
ジェンドリン, E.T. (1926-2017)

　オーストリア生まれのアメリカの心理学者であり、**フォーカシング**の提唱者である。もともと哲学を専攻していたが、大学院生時代に Rogers, C.R.（**ロジャーズ**）と出会い、心理療法を学び研究グループに参加する。1955年、**体験過程理論**を発表し、**クライエント中心療法**の発展に貢献した。体験過程とは、**今、この瞬間**に変化している感情の流れをいう。そして、それは言語化されない**前概念的**なものであるが、**身体の感じ**として体験される。この体験が、クライエントに内的な変化をもたらすと考え、その過程に気づくための技法として**フォーカシング**が提唱された。

Janet, P.
ジャネ, P. (1859-1947)

　フランスの精神医学者であり、Freud, S.（**フロイト, S.**）と同時代に活躍し、**力動精神医学**における新しい体系を打ち立てた人物のひとりである。Charcot, J.M.（**シャルコー**）に師事し、おもに**ヒステリー研究**に従事した。1889年の著書『心理自動症』において、ヒステリー患者に対して、**外傷的な出来事**から生まれた無意識の考えである**意識下固定観念**を暗示によって修正していく方法を提示した。そして、一時的な**心理的緊張**の低下によって、**意識**が統合できなくなり、心的機能が**意識**から離れて活動することによるさまざまな症状が**ヒステリー**であると考えた。これが、**解離**の概念の始まりだとされ

Rogers, C.R.は「関わりながらの観察」を提唱した。

る。20世紀後半、解離性障害が注目されてから、彼の理論が再び注目を集め、臨床実践に大きな影響を与えている。

シャルコー，J.M. (1825-1893)

フランスの神経学者である。サルペトリエール病院にて神経疾患などの研究に従事し、シャルコー病を発見する。やがて、ヒステリー研究に着手し、ヒステリー患者に対する催眠療法の研究を行う。そのなかで、催眠が嗜眠、カタレプシー、夢遊の3段階を経ることを発見した。彼のもとで、Freud, S.（フロイト, S.）やJanet, P.（ジャネ）など多くの医師や研究者などが学び、精神医学や心理学に大きな影響を与えた。

セリエ，H. (1907-1982)

ウイーン生まれのカナダ人生理学者で汎適応症候群の提唱者である。この説によると、刺激の種類に関係なく、その刺激に適応していく際の生体の反応とプロセスは非特異的であると考える。また反応のプロセスを、警告反応期―抵抗期―疲憊期の3つに分けた。彼はもともと物理学の用語であった「ストレス」という言語を、生体の緊張や歪みを表す用語として最初に使用した。

土居健郎 (1920-2009)

日本の精神科医、精神分析家である。1950年から2年間、アメリカのメニンガー精神医学校において精神分析的精神医学を学ぶ。そこでの異文化体験が、のちに、日本人の心理を理解するキーワードとしての「甘え」に関する理論を構築するきっ

×：Sullivan, H.S.である。

かけを作った。土居は日本語の「**甘え**」で表現される心理状態は、**Balint, M.**（バリント）のいう**一次愛**に相当すると指摘し、本人からも認められた。

Perls, F.S.
パールズ，F.S. (1893-1970)

ベルリン生まれのユダヤ人精神分析医である。妻のPerls, R.（ローラ・パールズ）と共に**ゲシュタルト療法**を開発した。『自我、飢餓、攻撃』の出版で精神分析から離れた後、ナチス・ドイツの迫害から逃れアメリカに渡った。

そして、ゲシュタルト心理学、実存主義的現象学、精神分析などをベースとする心理療法として、過去の経験の分析ではなく、「**今、ここ**」での**気づき**と**全体性**を重視する**ゲシュタルト療法**を提唱した。ゲシュタルト療法では、「**今、ここ**」の感情や**身体感覚**を通して自己に気づき、自己の**全体性**の回復を図り、自己実現を促進させていく。

Berne, E.
バーン，E. (1910-1970)

カナダ生まれのアメリカの精神科医で、**交流分析**の創始者である。1957年、米国集団精神療法学会の西部大会において「交流分析：新しい効果的な集団療法」と題する研究発表を行う。**交流分析**とは、精神分析、行動療法、サイバネティクスにおけるフィードバックなどを取り入れて開発された集団心理療法であるが、個人心理療法にも応用されて

Selye, H.は、警告反応期―抵抗期―疲憊期のプロセスからなる汎適応症候群を提唱した。

いる。交流分析は、治療だけでなく、人が交流する場における人間関係の改善や、効果的なリーダーシップの発揮を目的として、広く使用されている。

Frankl, V.E.
フランクル，V.E. (1905-1997)

オーストリア生まれのユダヤ人の精神科医で、ロゴセラピー（実存分析）の創始者である。彼は人間を身体・心・精神の三次元からなる存在と考え、その本質を精神に置いた。

また、「意味への意志」を重視し、これが満たされていない場合、実存的危機によって神経症に陥ると考えた。ロゴセラピーは、人がその生活状況において人生の意味を充実させたり、その価値の評価を変えることができるように支援するものである。第二次世界大戦中はナチス・ドイツに捕えられ、アウシュヴィッツの強制収容所での体験を記した『夜と霧』は名著といわれている。

Freud, A.
フロイト，A (1895-1982)

Freud, S.（フロイト, S.）の末娘で、精神分析を子どもに適用した児童分析の開拓者で、現在の遊戯療法の基礎を築いた人物である。そのあり方について、Klein, M.（クライン）とは長い間論争を行った。また、父であるFreud, S.（フロイト, S.）から継承した理論を発展させ、自我の防衛機制を体系化し、自我心理学派の確立に寄与した。

Freud, S.
フロイト, S. (1856-1939)

オーストリアの精神科医で、**精神分析**の創始者である。**ヒステリー**の治療を通して**精神分析**を創始し、**局所論**や**構造論**、**心理＝性的発達段階説**など多くの卓越した理論を提唱した。彼の理論は、精神医学や心理学だけでなく、文化人類学などの隣接諸科学に大きな影響を与えた。

Bateson, G.
ベイトソン, G. (1904-1980)

イギリス出身のアメリカの文化人類学者である。**統合失調症患者**とその家族とのコミュニケーション・パターンの研究から、発症因として**ダブルバインド仮説（二重拘束仮説）**を提唱した。これは、2つの**矛盾した**メッセージを受け取った者が、それを指摘することも許されず、どうすればいいのか**身動き**がとれなくなってしまう状態となり、このような**コミュニケーション**に曝され続けていると、**統合失調症**を発症するという説である。

また、1960年代に設立された**MRI**（Mental Research Institute）において、**家族療法**の理論的な指導者として活躍した。家族メンバーの**コミュニケーション**の改善を図るアプローチから、彼の理論に拠る立場は**コミュニケーション派**と呼ばれる。

Beck, A.T.
ベック, A.T. (1921-2021)

認知療法を創始したアメリカの精神科医である。それまでは精神分析療法を行っていたが、その有効性に疑問を抱くようになった。**うつ病**の研究を通して、**認知のあり方**が患者のうつ状

Bateson, G.は、2つの矛盾したメッセージを同時に受け取ることがうつ病を招くとする、ダブルバインド仮説を提唱した。

態と関連していることを明らかにした。そして**構造化**された面接のなかで非適応的な**認知の歪み**を修正して、**短期間**でうつ病やパニック症などの治療を行う**認知療法**を確立した。また、抑うつ症状の**重症度**を評価するために、**ベック抑うつ尺度（BDI）**を開発した。

Mahler, M.S.
マーラー, M.S. (1897-1985)

ハンガリー生まれのユダヤ人の精神分析家である。ナチス・ドイツの迫害から逃れアメリカに渡った後、児童を対象に研究を行い、**共生精神病**の概念を提唱した。

また、誕生〜3歳までの乳幼児の発達について、**分離—個体化**の概念（**正常な自閉期**、**正常な共生期**、**分離—個体化期**）を提唱した。さらに母子の交流を観察する研究を行い、**分化期**、**練習期**、**再接近期**、**情緒的対象恒常性**の萌芽期といった分離—個体化期の下位段階を明らかにした。

Minuchin, S.
ミニューチン, S. (1921-2017)

アルゼンチン生まれの家族療法家であり、**構造派家族療法**の創始者である。彼は、個人の問題は**家族構造の歪み**から生じると考えた。そして、**歪んだ家族構造**を変化させ、適切な家族構造への**再構造化**を目指した。具体的には、世代間に**境界**があり、両親が**連合関係**を築くように支援していく。もともとは**スラム街**の貧困層へのアプローチからはじまり、のちに**拒食症**へのアプローチとして高い評価を受けた。

×：Bateson, G.は「ダブルバインド」が統合失調症をもたらすと考えた。

Morita Masatake
森田正馬 (1874-1938)

★★★

森田神経質に対する精神療法である**森田療法**の創始者である。日本において**神経症**の概念が明確でなく、治療法が確立されていなかった1920年代に、**神経衰弱**と呼ばれていた患者の大部分が**神経症（森田神経質）**であることを明らかにし、森田療法を開発した。その内容は森田の独創的な考案  ではなく、**神経症**に対して有効とされていた国内外の治療法を取捨選択して科学的に組み合わせたものであるとされる。森田自身、青年期に神経衰弱症状に悩んだが、自棄気味に「死んでもかまわん」と無茶な勉強をしたところ、治ってしまったという経験が大きな影響を与えたといわれている。

Moreno, J.L.
モレノ, J.L. (1889-1974)

★★★

ルーマニア生まれのユダヤ人の精神科医である。即興劇やグループワークを通した実践から**心理劇**を考案し、**集団療法**の開拓者のひとりとなった。また、**小集団の人間関係**を測定する**ソシオメトリー**の考案者として知られる。

Jung, C.G.
ユング, C.G. (1875-1961)

★★★

スイスの心理学者であり、**分析心理学**の創始者である。Freud, S.（フロイト, S）と出会い、**初代国際精神分析学会会長**となるが、その後決別し、分析心理学を確立する。Freud, S.（フロイト, S.）が無意識を

Q Beck, A.T.は、個人の不安状態を測定するために、BDIを開発した。

個人的なものとみなしたのに対し、Jung, C.G.（ユング）は個人的なものが抑圧された**個人的無意識**と、人類に共通する**集合的（普遍的）無意識**の２層を仮定した。

集合的無意識ではペルソナ、シャドウ（影）、アニマ・アニムス、太母、老賢者などの**元型**の存在を想定した。また、人間の自己実現過程（**個性化**）に注目し、**夢分析**を通して治療と研究を続けた。

Lazarus, R.S.
ラザルス，R.S. (1922-2002)　★★★

人を対象にした**心理社会的ストレス研究**を行ったアメリカの心理学者である。同じストレッサーでも個人によって反応が異なることから、ストレッサーに対する**認知的評価**に基づくストレス理論を提唱した。彼は、人がストレスを経験する際には、そのストレッサーが脅威か否かという**一次的評価**と、そのストレッサーに際して**対処する**ことができるか否かという**二次的評価**、ストレッサーへの実際の対処である**コーピング**を経て、ストレス反応が規定されると考えた。また、コーピングは、ストレッサーを取り除くために行動する**問題焦点型コーピング**と、ストレッサーによって生起された不快な情動を軽減するために行う**情動焦点型コーピング**に分けられる。

Lindemann, E.
リンデマン，E. (1900-1974)　★★★

アメリカの精神科医である。**危機介入**に関する理論の基礎を築き、地域精神衛生や予防精神医学に影響を与えた。彼は、大災害によって亡くなった人びとの遺族や軍人の遺族への臨床的介入によって得られた知見から、身体的症状や故人への思慕、罪悪感などの段階がみられる**急性悲嘆反応**を提唱した。また、

×：BDIは個人の抑うつ症状の重症度を測定する尺度である。

病的な悲嘆では、悲嘆反応が死別の直後ではなく数週間から数年後の期間を経て顕在化したり、心身の疾患の発症や躁病的な過活動がみられたりするなど、悲嘆反応が歪曲されることを明らかにした。さらに、死別が予期される場合に家族にみられる**予期悲嘆**についても言及した。そして、心理面接による**グリーフワーク**を行うことで、精神衛生に対する予防的な介入が可能になることを示した。

Rorschach, H.
ロールシャッハ, H. (1884-1922) ★★★

ロールシャッハ・テストを考案したスイスの精神科医である。彼は児童や患者を対象に**インク・ブロット**を使ったテストを行い、のちに著書である**『精神診断学』**において**ロールシャッハ・テスト**を誕生させた。被検者は提示されたインク・ブロットを見て、**何**に見えるかや、インク・ブロットの**どのような特徴**がそのように見えるかを述べる。その際の**言語表現**を分析することによって被検者の**思考様式**や**感情状態**、**対人関係**などをとらえていく。

Rogers, C.R.
ロジャーズ, C.R. (1902-1987) ★★★

クライエント中心療法を創始したアメリカの心理臨床家である。児童相談所でのカウンセリング実践での経験から、それまでの精神分析や行動療法が行っていたクライエントへの指示的な心理療法ではない、**非指示的療法**を提唱し、その後**クライエント中心療法**と称するようになった。カウンセリングの**実証的**な研究や**統合失調症**の治療にも取り組んだ。後年は個人的治療を超えるものとして、**ベーシック・エンカウンター・グループ**を展開し、**パーソン・センタード・アプローチ**へと発展させた。

さくいん

英数字

16P-F 人格検査	224
3ヵ月微笑	183
4枚カード問題	73
8ヵ月不安	183
Ⅱ型糖尿病	330
ADAS-cog	247
AIDS	331
BDI	223
Big Five	118
BPSD	372
Bronfenbrenner,U. の生態システム論	202
Cloninger,R. のパーソナリティ理論	119
CMI	221
COGNISTAT	248
DoHaD 仮説	203
DPAT	393
DSM	343
DV 防止法	400
EAP	430
EMDR	310
ERG 理論	168
Erikson,E.H. の発達段階説	197
GHQ 精神健康調査票	225
Herzberg,F. の二要因論	169
HTP テスト	231
ICD	342
ICF	212
Jung,C.G. の発達理論	201
K-ABC 心理・教育アセスメントバッテリーⅡ	244
Kernberg,O.F. の人格構造論	374
KFD	232
KJ 法	30
Kohlberg,L. の道徳性の発達	207
Levinson,D. の人生の四季	202
MAS	222
McClelland,D.C. の達成動機理論	170
MMPI	220
MMSE	247
MPI	222
NEO-PI-R	225
N 式精神機能検査	248
Parten,M.B. の遊びの発達	207
P-F スタディ	228
Plutchik,R. の基本的感情論	112
PM 理論	160
REM 睡眠	133
Scammon,R.E. の発育曲線	204
Schlosberg,H. の表情説	113
SCT	228
SD 法	27
SDS	223
SL 理論	163
SOC 理論	211
SSRI	382
STAI	222
t 検定	39
TAT	227
TEACCH	345
TEG	224
THP	427
Vygotsky,L.S. の発達理論	192
WAB 失語症検査	239
WAIS-Ⅳ	242
Weiner,B. の帰属理論	148
WISC-Ⅴ	242

WPPSI-Ⅲ	242	いじめ防止対策推進法	417
XY理論	168	維持リハーサル	81
Y-G人格検査	220	依存症	368
χ^2検定	41	一次予防	317
		一貫性論争	121
		意味ネットワークモデル	70

あ

アージ理論	109	医療観察法	424
アイゼンク,H.J.	449	医療法	386
アイゼンクの特性論	117	医療保険制度	391
愛着	180	医療保護入院	388
アイデンティティ	198	医療倫理	391
アイデンティティ・ステイタス	199	因子分析	43
アイデンティティ拡散	199	印象形成	138
アウトリーチ	318	インテーク面接	216
アクスライン,V.M.	449	インフォーマル・グループ	155
アクスラインの8原則	307	インフォームド・コンセント	14
アクティング・アウト	255		
アサーショントレーニング	288		
アタッチメント	180		

う

アドヒアランス	378	ヴィゴツキー,L.S.	438
アドボカシー	319	ウィスコンシン・カード・ソーティング・テスト	235
アドラー,A.	450	ウィニコット,D.W.	451
アニマ・アニムス	259	ウェーバーの法則	55
アフォーダンス	65	ウェクスラー,D.	438
甘え理論	276	ウェクスラー式知能検査	241
アルゴリズム	72	ウェルトハイマー,M.	439
アルツハイマー型認知症	370	ウェルビーイング	11
アレキシサイミア	363	打ち消し	269
暗順応	57	内田クレペリン精神作業検査	234
安全配慮義務	426	うつ病	351
アンダーマイニング効果	100	ヴント,W.	439
暗黙のパーソナリティ理論	140	運動残効	62

い

え

家と樹木と人物描画検査	231	エクスナー法	226
閾下知覚	57	エクスポージャー	281
育児・介護休業法	431	エクマンらの表情研究	111
移行対象	276	エスノグラフィー	31

エソロジー ― 52
エディプス・コンプレックス ― 196
エナクトメント ― 301
エビデンス・ベースド・アプローチ ― 12
エビングハウス,H. ― 440
エビングハウスの忘却曲線 ― 78
エリクソン,E.H. ― 451
エリス,A. ― 452
エンカウンター・グループ ― 295
遠城寺式乳幼児分析的発達検査法 ― 244
援助行動 ― 141
エントレインメント ― 185
エンパワメント ― 319

お

横断的研究 ― 172
応用行動分析 ― 278
オーセンティック・リーダーシップ ― 165
置き換え ― 267
奥行き知覚 ― 63
小此木啓吾 ― 452
オペラント条件づけ ― 89
親子並行面接 ― 306
オルタナティブ・ストーリー ― 303
オルポート,G.W. ― 440

か

カーンバーグ,O.F. ― 453
絵画欲求不満テスト ― 228
外言 ― 205
介護保険制度 ― 410
回想法 ― 372
改訂長谷川式認知症スケール ― 246
海馬 ― 129
外発的動機づけ ― 100
回避学習 ― 94
解離 ― 271

解離症群 ― 358
解離性健忘 ― 359
解離性同一症 ― 359
カウンターバランス ― 25
科学者―実践家モデル ― 12
科学的管理法 ― 167
学習性無力 ― 95
学習の2要因説 ― 94
学習の構え ― 98
学習の生物学的制約 ― 88
学習の転移 ― 99
拡充法 ― 261
確証バイアス ― 72
学生相談 ― 419
拡張―形成理論 ― 110
カクテルパーティー効果 ― 66
隔離 ― 268
影 ― 260
仮現運動 ― 60
下垂体 ― 130
家族療法 ― 298
片側検定 ― 37
活性化拡散モデル ― 70
活動理論 ― 209
過渡的対象 ― 276
カナー,L. ― 453
カフェテリア実験 ― 103
ガルシア効果 ― 93
カルフ,D.M. ― 453
過労死等 ― 432
がん ― 326
感覚運動期 ― 186
感覚記憶 ― 80
間隔尺度 ― 33
感覚遮断 ― 103
感覚統合療法 ― 347
環境閾値説 ― 175
観察学習 ― 97

観察法	20
感情焦点化療法	311
感情転移	254
感情と認知の独立説	110
感情の反映	322
感情労働	16
関心	294
間脳	126
緩和ケア	333

き

記憶の2貯蔵庫モデル	78
記憶の変容	85
幾何学的錯視	58
危機介入	320
記述統計	32
期待違反法	178
基底不安	262
機能主義	49
機能性神経学的症状症	361
機能的固着	71
機能的自律性	101
機能分析	215
気分安定薬	384
気分一致効果	139
気分一状態依存効果	86
逆行性健忘	135
逆説的介入	301
逆転移	254
キャッテル, R.B.	441
キャッテルの特性論	117
キャノン, W.B.	441
キャノン・バード説	108
ギャング・エイジ	193
九大小児科改訂版	244
教育支援センター	416
教育分析	18
強化	90

強化スケジュール	92
共感覚	54
共感的理解	294
共感疲労	16
共同注意	184
強迫症	355
局所論	252
虚血性心疾患	327
緊急反応	337

く

クーイング	205
具体的操作期	191
グッドイナフ人物画知能検査	233
クライエント中心療法	292
グラウンデッド・セオリー・アプローチ	30
クラスター分析	44
グリア細胞	122
クレッチマーの類型論	114
クロンバックのα係数	45

け

形式的操作期	192
継続性理論	210
系統的脱感作法	279
係留と調整ヒューリスティック	75
系列位置効果	79
ケース・フォーミュレーション	214
ゲートキーパー	390
ケーラー, W.	442
ゲシュタルト心理学	51
ゲシュタルト療法	296
ゲゼル, A.L.	442
結果の知識	99
血管性認知症	371
ケリーの共変原理	147
原因帰属	146

嫌悪条件づけ	93
嫌悪療法	283
限局性学習症	346
言語獲得装置	206
言語相対性仮説	69
言語連想検査	229
顕在記憶	83
顕在性不安尺度	222
検察官送致	423
原始的防衛機制	273
原子の理想化	275
原始反射	176
現存在分析	297

こ

交感神経系	124
抗コリン作用	382
高次脳機能障害	134
向社会的行動	141
口唇期	195
抗精神病薬	380
向精神薬	380
構成的エンカウンター・グループ	312
構造化面接	23
構造派	299
構造方程式モデリング	44
構造論	252
行動活性化	290
行動実験	289
行動主義	50
行動描写法	22
行動目録法	20
行動療法	278
抗認知症薬	384
高年齢者雇用安定法	412
抗不安薬	383
衡平理論	170
肛門期	195

合理化	267
合理情動療法	287
合理的配慮	407
交流分析	296
高齢者虐待防止法	411
コース立方体組み合わせテスト	237
コーネル・メディカル・インデックス	221
刻印づけ	179
国立精研式認知症スクリーニングテスト	246
心の理論	190
古澤平作	456
個性化	258
骨粗鬆症	328
コホート分析	173
コミュニケーション派	299
コミュニティ心理学	53
コンサルテーション	316
コンタクト・コンフォート	181
コンプライアンス	378
コンフリクト	105
コンプレックス	260

さ

サーバント・リーダーシップ	165
再学習法	77
サイコロジカル・ファーストエイド	392
再生法	77
再接近期危機	376
再認ヒューリスティック	75
再認法	77
裁判員制度	425
サイモンズの親の養育態度と子どものパーソナリティ	118
作業記憶	81
作業検査法	218
作動記憶	81

項目	ページ
サリヴァン,H.S.	456
三次予防	318
散布図	40

し

項目	ページ
シェイピング	281
ジェームズ・ランゲ説	107
ジェノグラム	298
シェルドンの類型論	115
ジェンドリン,E.T.	457
視覚的断崖	179
自我障害	350
自我の防衛機制	264
時間制限心理療法	256
刺激閾	54
自己愛性パーソナリティ症	377
自己一致	293
試行錯誤学習	97
自己開示	150
自己決定理論	102
自己効力感	102
自己成就的予言	153
自己中心性	189
自己呈示	152
仕事要求度―コントロールモデル	340
自己評価維持モデル	152
自己評価式抑うつ性尺度	223
自己理論	293
自殺対策基本法	389
実験神経症	95
実験法	24
失語	137
失行	136
質的研究	29
失認	136
質問紙法	217
自伝的記憶	85
自動運動	61
児童虐待防止法	395
児童自立支援施設	398
児童心理治療施設	398
児童相談所	394
児童の権利に関する条約	395
児童福祉法	394
死の受容	334
自発的回復	91
自閉症スペクトラム	345
自閉スペクトラム症	344
司法面接	420
社会的アイデンティティ理論	159
社会的参照	184
社会的ジレンマ	154
社会的浸透理論	150
社会的スキル訓練	288
社会的勢力	160
社会的促進	153
社会的手抜き	153
社会的養護	397
社交不安症	353
シャドウ	260
ジャネ,P.	457
シャルコー,J.M.	458
重回帰分析	42
集合的無意識	259
修正情動体験	257
従属変数	42
集団圧力	156
集団極性化	157
集団思考	157
縦断的研究	172
集団療法	312
自由にして保護された空間	308
十分に機能する人間	292
自由連想法	250
主観的輪郭	59
主成分分析	43

主題（絵画）統覚検査	227
守秘義務	14
シュプランガーの類型論	116
馴化	177
循環反応	187
準拠集団	156
順序尺度	33
昇華	266
障害者基本法	403
障害者虐待防止法	406
障害者雇用促進法	408
障害者差別解消法	407
障害者総合支援法	404
障害者の権利に関する条約	404
消去	90
条件即応モデル	161
状態―特性不安検査	222
承諾先取り法	144
情動知能	208
情動調律	185
情動の2要因説	108
少年院	421
少年鑑別所	422
少年法	420
小脳	128
譲歩的誘導法	144
職業性ストレス簡易調査票	429
職場復帰支援	435
ジョハリの窓	151
ジョブコーチ	409
処理水準モデル	84
自立援助ホーム	399
自律訓練法	280
自律神経系	124
事例研究法	29
神経細胞	122
神経性過食症	364
神経性やせ症	364

神経伝達物質	130
信号検出理論	64
新行動主義	50
心神耗弱	425
心身症	362
心神喪失	425
身体症状症	360
心的外傷後ストレス症	356
心的回転	67
新版K式発達検査	244
信頼性	45
心理＝性的発達段階	194
心理アセスメント	214
心理教育	321
心理劇	313
心理的リアクタンス理論	143
心理的離乳	194
親和動機	104

す

推測統計	32
錐体外路症状	381
睡眠時随伴症群	367
睡眠時無呼吸症候群	328
睡眠段階	132
スーパービジョン	17
スキーマ	68
スキナー,B.F.	442
スクイグル	309
スクールカウンセラー	415
スクリプト	68
スティーヴンスの法則	56
スティグマ	158
スティルフェイス実験	178
ステレオタイプ	139
ストループ効果	67
ストレスコーピング	339
ストレスチェック制度	429

ストレンジ・シチュエーション法	183
スリーパー効果	142

せ

生活習慣病	329
生活保護制度	401
性器期	197
正規分布	35
成熟優位説	174
精神障害者保健福祉手帳	389
精神物理学	48
精神分析	49
精神分析的簡易療法	256
精神分析療法	250
精神保健福祉法	387
精緻化見込みモデル	145
精緻化リハーサル	81
成年被後見人	10
生物─心理─社会モデル	11
生理的早産	176
セクシュアル・ハラスメント	434
セリエ,H.	458
セリグマン,M.E.P.	443
セルフ・サービング・バイアス	148
セルフ・ハンディキャッピング	152
セルフヘルプ・グループ	314
前向性健忘	135
選好注視法	176
潜在学習	96
潜在記憶	83
漸進的筋弛緩法	280
前操作期	188
選択的セロトニン再取り込み阻害薬	382
選択的注意	65
前頭側頭型認知症	372
潜伏期	196
せん妄	333

そ

相関	40
双極症	351
操作的診断	342
双生児統制法	174
創造的退行	271
躁的防衛	275
相貌的知覚	188
ソーシャル・インクルージョン	402
ソーシャル・コンボイ	208
ソーシャルサポート	339
ソーシャルスキル・トレーニング	288
ソーンダイク,E.L.	444
素行症	348
ソシオメトリー	155
措置入院	388
ソリューション・フォーカスト・アプローチ	302

た

第一次反抗期	190
第1種の誤り	38
対応推論理論	146
対決	322
体験過程	294
退行	266
対象関係論	272
対象喪失	277
対象の永続性	187
対人関係論	263
対人魅力	140
体性神経系	124
第2種の誤り	38
大脳基底核	127
大脳半球優位性	134
大脳皮質	125
大脳辺縁系	127
対比	56

代表性ヒューリスティック	73
代表値	34
タイプA行動パターン	362
太母	260
タイム・アウト	285
多重関係	15
脱価値化	275
脱馴化	177
達成動機	104
脱中心化	191
脱抑制型対人交流症	357
妥当性	46
田中ビネーV	240
ダブルバインド	300
単一事例実験	26
段階的要請法	143
短期記憶	80
男根期	195
男女雇用機会均等法	435

ち

地域包括支援センター	411
地域保健法	386
チーム医療	392
チーム学校	414
知覚の恒常性	58
知性化	268
チック症	349
知的発達症	344
知能指数	241
注意欠如多動症	346
中枢神経系	123
中年期危機	201
長期記憶	82
調節	63
調節	186
直面化	322
治療構造	322

治療的ダブルバインド	301
治療同盟	253

つ

通級による指導	418
津守式乳幼児精神発達診断法	245

て

抵抗	255
ディスクレパンシー	243
ディセプション	27
ディブリーフィング	27
ディメンジョン診断	343
デイリーハッスル	338
適応反応症	358
適性処遇交互作用	417
テストバッテリー	219
デポ剤	379
デマ	171
転移	254
てんかん	332
展望記憶	84

と

土居健郎	458
同一化	266
同一視	266
動因低減説	105
投影	265
投影性同一視	274
投映法	218
同化	186
動機づけ面接	323
統計的仮説検定	36
統合失調症	350
統合的心理療法	310
洞察	98
投射	265

闘争―逃走反応	337
東大式エゴグラム	224
動的家族画	232
逃避	268
逃避学習	94
トークンエコノミー	284
トールマン,E.C.	444
特性論	116
特別支援教育	418
独立変数	42
閉ざされた質問	216
トップダウン処理	64
ドミナント・ストーリー	303
努力―報酬不均衡モデル	341
トレイルメイキングテスト	236

な

内観療法	305
内言	205
内集団びいき	158
内的ワーキングモデル	182
内発的動機づけ	100
ナラティブ・セラピー	302
ナラティブ・ベースド・アプローチ	12
ナルコレプシー	366
喃語	205
難病	331

に

二次予防	317
人間性心理学	51
認知行動分析システム精神療法	310
認知行動療法	286
認知再構成法	289
認知症	370
認知心理学	52
認知的均衡理論	148
認知的評価理論	338

認知的不協和理論	149
認知療法	286

ね

ネオ人格目録改訂版	225

の

脳幹	126
脳幹網様体	128
脳血管疾患	326
脳波	132
ノーマライゼーション	402
ノンパラメトリック検定	38

は

パーソナリティ症	374
パーソナル・コンストラクト理論	120
パールズ,F.S.	459
ハーロウ,H.F.	445
バーン,E.	459
バイオフィードバック	283
配偶者暴力相談支援センター	400
配慮	294
ハヴィガースト,R.J.	445
バウム（樹木画）テスト	230
パヴロフ,I.P.	446
曝露反応妨害法	282
箱庭療法	307
パス=ゴール理論	163
パス解析	44
長谷川式簡易知能評価スケール	246
罰	91
発達加速現象	204
発達課題	198
発達障害者支援法	405
発達の最近接領域	193
パニック症	352
場面緘黙	354

パラメトリック検定	38	不安症群	352
ハロー効果	138	風景構成法	232
パワー・ハラスメント	433	ブーメラン効果	143
般化	89	フェヒナーの法則	55
半構造化面接	24	フォーカシング	295
反抗挑発症	348	フォーマル・グループ	155
犯罪被害者等基本法	423	フォルス・コンセンサス	157
半側空間無視	135	副交感神経系	124
汎適応症候群	336	複雑性PTSD	356
反転図形	59	輻輳	63
反動形成	265	輻輳説	175
反応性アタッチメント症	357	物質関連症	368
		不登校	415

ひ

ピア・カウンセリング	320	負の相補性	324
ピアジェ,J.	446	不眠障害	366
ピグマリオン効果	153	プライミング	83
非構造化面接	23	フラストレーション耐性	106
微細脳機能不全	347	フラストレーション―攻撃仮説	106
非侵襲脳機能イメージング	131	プラセボ効果	25
非定型発達	211	フラッシュバルブ記憶	86
否認	274	フランクル,V.E.	460
ビネー式知能検査	240	フリーライダー効果	154
被保佐人	10	プルキンエ現象	57
ヒューマンエラー	76	ブレインストーミング	314
ヒューリスティック	72	プレグナンツの法則	59
描画法	230	フロイト,A.	460
病気不安症	361	フロイト,S.	461
標準得点	36	プロスペクト理論	76
標準偏差	35	分散	35
表情フィードバック仮説	109	分散分析	39
評定尺度法	21	文章完成法	228
開かれた質問	216	分析心理学	258
比率尺度	34	分離	268
広場恐怖症	353	分離―個体化過程	376
		分離不安症	354
		分裂	273

ふ

不安階層表	279

へ

- ペアレント・トレーニング ― 284
- ベイトソン,G. ― 461
- ベック,A.T. ― 461
- ベック抑うつ質問票 ― 223
- ペルソナ ― 259
- 変革型リーダーシップ ― 164
- 偏差知能指数 ― 243
- 弁証法的行動療法 ― 290
- ベンダー・ゲシュタルト検査 ― 234
- 扁桃体 ― 129
- ベントン視覚記銘検査 ― 236
- 弁別 ― 90
- 弁別閾 ― 54

ほ

- 包括システム ― 226
- 傍観者効果 ― 142
- ボウルビィ,J.M. ― 447
- ホーソン研究 ― 167
- ボーダーラインパーソナリティ症 ― 375
- ホールディング ― 275
- 保護観察 ― 422
- 母子保険法 ― 387
- 補償 ― 269
- ホスピタリズム ― 181
- 母性剥奪 ― 182
- 保存の概念 ― 191
- 没個性化 ― 171
- ボトムアップ処理 ― 64
- ほどよい母親 ― 276
- ホメオスタシス ― 125
- ホルモン ― 131

ま

- マーラー,M.S. ― 462
- マインドフルネス認知療法 ― 291
- マガーク効果 ― 62
- マズロー,A.H. ― 447
- 末梢神経系 ― 123
- マネジリアル・グリッド理論 ― 162

み

- 三つ山課題 ― 189
- ミニューチン,S. ― 462
- ミネソタ多面人格目録 ― 220
- 三宅式記銘力検査 ― 238

む

- 無条件の肯定的受容 ― 294
- むちゃ食い症 ― 365

め

- 名義尺度 ― 32
- 明順応 ― 57
- メタ認知 ― 87
- メタボリック・シンドローム ― 330
- 面接法 ― 22
- メンタルヘルス指針 ― 428
- メンタルレキシコン ― 69

も

- 妄想―分裂ポジション ― 272
- 燃え尽き症候群 ― 17
- モーズレイ性格検査 ― 222
- モデリング療法 ― 285
- 喪の仕事 ― 334
- モラトリアム ― 200
- 森田正馬 ― 463
- 森田療法 ― 304
- モレノ,J.L. ― 463
- 問題の外在化 ― 303

や

- ヤーキーズ・ダッドソンの法則 ― 101
- 矢田部―ギルフォード人格検査 ― 220

ゆ

- 有意水準 —— 37
- 遊戯療法 —— 306
- 誘導運動 —— 61
- 夢分析 —— 251
- ユング,C.G. —— 463
- ユングの類型論 —— 115

よ

- 要素主義 —— 48
- 要保護児童対策地域協議会 —— 396
- 抑圧 —— 264
- 抑うつポジション —— 273
- 欲求階層説 —— 107

ら

- ライフイベント理論 —— 337
- ラザルス,R.S. —— 464
- ラポール —— 13

り

- リアリティ・オリエンテーション —— 373
- リーダーシップの幻想論 —— 166
- リエゾン —— 317
- 離人感・現実感消失症 —— 359
- 理性感情療法 —— 287
- 離脱（禁断）症状 —— 369
- 離脱理論 —— 209
- リッカート法 —— 28
- リバーミード行動記憶検査 —— 239
- リビドー —— 252
- リファー —— 217
- リフレーミング —— 300
- 流言 —— 171
- 利用可能性ヒューリスティック —— 74
- 両側検定 —— 37
- 両眼視差 —— 64
- 両耳分離聴 —— 66

- 臨界期 —— 180
- 臨床心理学 —— 53
- 臨床動作法 —— 305
- リンデマン,E. —— 464

る

- 類型論 —— 114

れ

- レヴィン,K. —— 448
- レーヴン色彩マトリックス検査 —— 237
- レスパイトケア —— 413
- レスポンデント条件づけ —— 88
- 劣等感 —— 262
- レディネス —— 174
- レビー小体型認知症 —— 371

ろ

- 老賢者 —— 260
- 労働安全衛生法 —— 427
- 労働三法 —— 426
- 労働者派遣法 —— 433
- ローカス・オブ・コントロール —— 146
- ロールシャッハ,H. —— 465
- ロールシャッハ・テスト —— 226
- ロゴセラピー —— 297
- ロコモティブ・シンドローム —— 329
- ロジャーズ,C.R. —— 465
- 論理療法 —— 287

わ

- ワーク・エンゲイジメント —— 436
- ワーク・ライフ・バランス —— 431
- ワトソン,J.B. —— 448

おもな参考文献

氏原寛他編『心理臨床大事典』(培風館)

日本心理臨床学会編『心理臨床学事典』(丸善出版)

中島義明他編『心理学辞典』(有斐閣)

鹿取廣人他編『心理学』(東京大学出版会)

無藤隆他著『心理学』(有斐閣)

子安増生他編『キーワードコレクション 発達心理学』(新曜社)

二宮克美他編『キーワードコレクション 社会心理学』(新曜社)

篠原彰一著『学習心理学への招待―学習・記憶のしくみを探る』(サイエンス社)

山田剛史他著『よくわかる心理統計』(ミネルヴァ書房)

松原達哉編『心理テスト法入門』(日本文化科学社)

岡堂哲雄編『心理査定プラクティス』(至文堂)

片口安史著『新・心理診断法』(金子書房)

J・E・エクスナー著(中村紀子他監訳)『ロールシャッハ・テスト―包括システムの基礎と解釈の原理』(金剛出版)

長尾博著『ヴィジュアル 精神分析ガイダンス 図解による基本エッセンス』(創元社)

森則夫他編著『臨床家のためのDSM-5 虎の巻』(日本評論社)

山本和郎著『コミュニティ心理学―地域臨床の理論と実践』(東京大学出版会)

心理学専門校ファイブアカデミー著『一発合格! 公認心理師 対策テキスト&予想問題集』(ナツメ社)

髙橋三郎他監修『DSM-5-TR 精神疾患の診断・統計マニュアル』(医学書院)

上野一彦他著『日本版WISC-Ⅳによる発達障害のアセスメント』(日本文化科学社)

丹野義彦他著『臨床心理学』(有斐閣)

下山晴彦編『よくわかる臨床心理学』(ミネルヴァ書房)

一般財団法人日本心理研修センター監修『公認心理師標準テキスト』(金剛出版)

熊上崇他著『WISC-V・KABC-Ⅱ対応版 子どもの心理検査・知能検査:保護者と先生のための100%活用ブック』(合同出版)

●著者
心理学専門校ファイブアカデミー

心理学系大学院受験、公認心理師資格試験、臨床心理士資格試験対策に特化した教育サービスを展開している。公認心理師・臨床心理士資格試験対策等においては、3000名以上が模擬試験を受験している。実務経験豊富な講師陣、分かりやすい授業と手厚いサポート体制には定評がある。講座などの詳しい情報はホームページで。
URL：https://www.5academy.com/
著者：須賀知美（心理学専門校ファイブアカデミー）、榊原良太 他

- ●イラスト／中村知史
- ●本文デザイン・DTP／株式会社シーツ・デザイン
- ●編集協力／有限会社ヴュー企画
　　　　　　（加藤朱里／半田颯汰）
- ●編集担当／山路和彦（ナツメ出版企画株式会社）

ナツメ社Webサイト
https://www.natsume.co.jp
書籍の最新情報（正誤情報を含む）はナツメ社Webサイトをご覧ください。

本書に関するお問い合わせは、書名・発行日・該当ページを明記の上、下記のいずれかの方法にてお送りください。電話でのお問い合わせはお受けしておりません。
・ナツメ社webサイトの問い合わせフォーム
　https://www.natsume.co.jp/contact
・FAX（03-3291-1305）
・郵送（下記、ナツメ出版企画株式会社宛て）
なお、回答までに日にちをいただく場合があります。正誤のお問い合わせ以外の書籍内容に関する解説・個別の相談は行っておりません。あらかじめご了承ください。

心理学キーワード＆キーパーソン事典　第2版

2020年2月3日　初版発行
2025年4月2日　第2版発行

著　者	心理学専門校ファイブアカデミー	© Five Academy,2020-2025
発行者	田村正隆	

発行所　**株式会社ナツメ社**
　　　　東京都千代田区神田神保町1-52　ナツメ社ビル1F（〒101-0051）
　　　　電話　03(3291)1257(代表)　FAX　03(3291)5761
　　　　振替　00130-1-58661
制　作　**ナツメ出版企画株式会社**
　　　　東京都千代田区神田神保町1-52　ナツメ社ビル3F（〒101-0051）
　　　　電話　03(3295)3921(代表)
印刷所　ラン印刷社

ISBN978-4-8163-7682-5　　　　　　　　　　　　　　　　Printed in Japan
〈定価はカバーに表示してあります〉〈落丁・乱丁本はお取り替えします〉
本書の一部または全部を著作権法で定められている範囲を超え、ナツメ出版企画株式会社に無断で複写、複製、転載、データファイル化することを禁じます。